U0461986

外国法学精品译丛

主 编 李 昊

德国商法

（第12版）

［德］彼得·荣（Peter Jung） 著

葛平亮 译

Handelsrecht
(12. Auflage)

中国人民大学出版社
·北京·

主编简介 ◄

　　李昊，北京大学法学学士、民商法学硕士，清华大学民商法学博士，中国社会科学院法学研究所博士后。现任中南财经政法大学法学院教授、博士研究生导师、数字法治研究院执行院长。曾任北京航空航天大学人文与社会科学高等研究院副院长、北京航空航天大学法学院教授（院聘）、博士研究生导师。德国慕尼黑大学、明斯特大学，奥地利科学院欧洲损害赔偿法研究所等国外高校和研究机构访问学者。兼任德国奥格斯堡大学法学院客座教授、中国法学会网络与信息法学研究会理事、北京市法学会物权法学研究会副会长、北京中周法律应用研究院理事兼秘书长、北京法律谈判研究会常务理事、北京市金融服务法学研究会理事、北京市海淀区法学会理事、湖北省法学会民法学研究会理事，《燕大法学教室》（简体版为《法学教室》）主编、《月旦法学杂志》副主编、《中德私法研究》和《法治研究》编委委员。著有《纯经济上损失赔偿制度研究》、《交易安全义务论——德国侵权行为法结构变迁的一种解读》、《危险责任的动态体系论》、《不动产登记程序的制度建构》（合著）、《中国民法典侵权行为编规则》（合著）等多部书稿。在《法学研究》《清华法学》《法学》《比较法研究》《环球法律评论》等期刊或集刊发表论文五十余篇。主持"欧洲侵权法与保险法译丛""侵权法人文译丛""外国法学精品译丛""法律人进阶译丛""欧洲法与比较法前沿译丛"等多部法学译丛。

代译序 ◀

什么是理想的法学教科书

李　昊

　　2009 年上半年，我曾受《法治周末》之约，撰写过一篇小文《德国法学教科书漫谈》，择拾如下：

　　每一个初入德国法学之门者，必读之书定为德国教授所著教科书。笔者读硕士之时，梅迪库斯教授所著《德国民法总论》方由邵建东教授译成中文引入国内，一时洛阳纸贵。然当时习德文的法学者颇少，德文法学教科书更为罕见。及笔者 2004 年负笈德国，方得于慕尼黑大学图书馆大快朵颐，每日图书馆阅读疲倦之暇，便至图书馆楼下的小书店，翻阅新近出版的德国法学著作，耳濡目染，逐渐得窥德国法学教科书之堂奥。

　　德国的法学教科书通常可分为两类，即小型教科书（Kurzlehrbuch）与大型教科书（Großlehrbuch）。

　　Brox（布洛克斯）教授所著《民法总论》《债法总论/各论》，梅迪库斯教授所著《民法》《债法总论/各论》即属前者。该类教科书以篇幅简短、内容扼要著称（当然，我们看到梅迪库斯教授所著的《债法总论/各论》译成中文时已成大部头著作），多集中于对德国民法基本概念和制度的介绍和阐述。小型教科书最大的优势就是时效强、更新快。由于近年来德国民法修订频繁，民法教科书往往未过一两年即出新版，以 2002 年德国债法以及损害赔偿法修订前后为甚。另外，小型教科书价格也非常便宜，新书多为 20 欧元左右（不要换算成人民币，否则仍显昂贵）。而且这些教科书多是一两年便修订一次，每年在图书馆淘汰旧书时购买，往往仅需 0.5 至 1 欧元，这也让囊中羞涩的中国留学生得以保有一些原版的德文法学教科书。

　　后者中经典的如德国贝克出版社所出的绿皮书系列，包括拉伦茨教授所著的《德国民法通论》《债法总论/各论》，鲍尔/施蒂尔纳教授所著的《物权法》，以及德国 Springer 出版社出版的"法学与政治学百科全书"中属于法学部分的著作，如弗卢梅教授（已于 2009年 1 月 28 日仙逝）所著的民法总论三部曲、拉伦茨教授所著的《法学方法论》等等。大型教科书多奠基于作者自己的理论体系，借以对相关领域阐幽发微，因而部头颇为庞大。以译成中文的鲍尔/施蒂尔纳教授所著的《物权法》为例，竟然煌煌两大巨册。这种以理论体系建构为特色的教科书不讲求时效性，这也导致它的修订过程比较漫长。以拉伦茨教授的《债法总论》为例，至今使用的仍是 1987 年出版的第 14 版。

如果仔细翻阅德国法学教科书，无论是大型的还是小型的，均具有如下特点。

1. 由名家撰写

德国法学教科书多由各大学成名的法学教授撰写，偶尔可以见到由律师撰写的教科书。这与德国的法学教育体制有关，在各大学法学院，大课通常只能由教授讲授，因而，与之配套的教科书也多由教授基于其讲义撰写而成。而且德国大多数法学教科书都是教授独著而成的，不像国内的教科书多采主编制。

如果在翻阅德国民法教科书后，我们还会发现，德国教授撰写的民法教科书中以民法总论最为常见，似乎没有写过民法总论就不能称其写过民法教科书，可见德国法学抽象思维已经深入德国法学家的骨子里了。

2. 通常附有缩略语表和参考文献

如果翻阅德国法学教科书会发现大多数教科书在目录后都会有一个缩略语表，各教科书所附缩略语表内容则略有不同，其中部分为各种法学期刊或者经典教科书的缩略语，如德国常见的法学杂志 NJW、JuS、JZ 等，部分为德国法学专有名词的缩略语，如无因管理即可略为 GoA。这可谓德国法学教科书的一个特色。同时，多数教科书在每章或重要的节次前会提供一个主要参考文献的目录，这可以引导学生在从事研究时有针对性地去查找阅读资料。对于中国留学生而言，查找资料最方便的途径莫过于此。

3. 多援引判例并常常通过小的案例来阐释具体的问题

德国法学教科书最大的特点就是与实务结合紧密。各种教科书中必然会援引重要的法院判例，并加以归类。而小型教科书在阐述具体问题时，也会结合判例设计小的案型帮助初学者来理解复杂的法律制度。这是由于德国法科学生最终的目标是通过国家考试，而国家考试的主要内容即是案例分析，在日常的教科书中结合判例加以阐述，有助于学生掌握判例的基本观点，并加以运用。与此相配套，德国还出版有大量的案例练习书和判例汇编书，而评注书也多是对法院判例的分析整理，目的都在于帮助学生掌握案例分析的基本工具。

4. 师承修订

德国的法学教科书虽然种类繁多，但生命力最长的是那些被奉为经典的教科书。在最初的作者去世后，这些经典教科书便多由其后人或学生修订。如鲍尔（Fritz Baur）教授所著的《物权法》其后便由教授之子 Jürgen Fritz 和学生 Rolf Stürner 教授（弗里茨·鲍尔和罗尔夫·施蒂尔纳教授）续订，韦斯特曼（Harry Westermann）教授所著的《德国民法的基本概念》和《物权法》也由其子 Harm Peter Westermann 教授续订。当然，也存在一些经典教科书并非由原作者的后人或学生修订的情况，如拉伦茨教授的《德国民法通论》后来便由与其并无师承关系的 Manfred Wolf 教授（曼弗雷德·沃尔夫教授，其《物权法》已由吴越和李大雪教授译成中文）续订。续订后，教科书的书名页便会写明本教科书由谁奠基，由谁修订，作者一栏也随着时间越变越长。

反观国内的法学教科书，是否也有很多可以向德国学习之处呢？

历时十年，该文反映的德国法学教科书的外在特征仍不过时，缺憾的是，没有进一步揭示出德国法学教科书与其法教义学及法典化的关系。就民法而言，可以说，作为 19 世纪民法法典化典范的《德国民法典》的五编制体系即奠基于该世纪萨维尼、普赫塔和温德沙伊德等法学大家基于对古罗马《学说汇纂》进行研究而形成的潘德克顿教科书及由此演化出的近代民法的概念体系之上。法典化之后的法学教科书则要进一步关注法典的解释和适用，促进法教义学的形成和发展。在此，小型/基础教科书和大型教科书/体系书发挥着不同的作用。德国小型/基础法学教科书最重要的作用就是以通说为基础，借助最精炼准确的语言来表达最为复杂的概念，并借助案例的导入和判例的引入，让抽象概念具象化，奠定学生的基础法学知识体系。而大型教科书/体系书则是在小型/基础教科书的体系之上凝聚作者的学术睿见和思想体系，通过对关键问题的深入分析促进法教义学的发展，进而开拓学生的思维和视野，使其形成更广博的知识结构。

早在 2001 年，谢怀栻先生就在其讲座《民法学习当中的方法问题》中提到了在专与博的基础上来学习民法。[①] 2019 年 8 月 15 日，在谢怀栻先生诞辰 100 周年纪念日之际，该讲座稿又以《谢怀栻先生谈民法的学习与研究》为题在微信朋友圈广泛传播，今日读来仍振聋发聩：

我看到有一些民法书，总觉得他们介绍民事权利，不是整体地从体系上介绍，而是零零碎碎地遇到一点介绍一点。我觉得这样不好。我认为学习民法要首先了解民法的全貌，然后对于民法的基础知识要有一个大概的认识：民法讲权利，什么是权利；民法讲义务，什么是义务；民法讲法律关系，什么是法律关系。当然这些东西你要彻底地搞清楚，不是一开始就行的。但是大体上是可以知道的。比如说我们民法学界直到最近还存在这种情况：讨论这样的问题，讨论民法讲的权利关系。特别是最近制定物权法，所以引起争论：物权法讲的是人与人的关系，还是人与物的关系？**这样的问题在西方国家一百年以前就透透彻彻地解决了，现在我们中国还有人又提出来。**现在还有很有名的法学家提出这个问题：物权究竟是人与人的关系还是人与物的关系？法律关系都是人与人的关系，怎么会有人与物的关系呢？所以这就说明开始学民法就应该把基础概念给学生讲清楚。法律就是解决人的关系，哪里有解决人与物的关系的呢？至于说法律牵涉到物，这是必然的，它是涉及到物，但是它主要的目的不是解决人与物的关系。……所以我就觉得很奇怪的是，有人现在还提物权是人与物的关系。这就是最初学民法时没有把民法学清楚。

那么最初应该怎么样弄清楚这些基本的知识呢？从学生学习方面来说，开始学的时候绝对不能把学习面搞得太广了，**应该抓住一两本书认真地读**（介绍书是导师的责任了）。先不要看外面有这么多民法书，本本都买来看，这样用不着。有的书里面甚至有错误的东西，你学了错误的东西将来就很麻烦了。开始抓住比较好的书，好好地研究透，脑子里有了民法的全貌、基本理论、基本知识，然后再去看别的书都可以。

这就是说看书应该越多越好还是少而精好？学的范围应该多好还是少好？这就是一个博与专的关系，我们做学问都会遇到这样的问题。我很赞成胡适讲的一句话："为学要如金字塔。"**做学问要像建金字塔一样，基础要广，而且要高。**高和广是一对辩证关系，基础越广才能越高，基础小而要建一个高建筑那是不可能的。但是高与广又不是我们一下子就能决定的，我们为了广，什么书都拿来读，那也是不可能的。我一定要把所有的书都读完，再来建高，那也不可能。**高与广是相互循环的，先高一下，就感觉我的基础不行了，**

① 谢怀栻：《民法学习当中的方法问题》，载王利明主编：《民商法前沿论坛》（第 1 辑），北京，人民法院出版社 2004 年版，第 39－41 页。

就扩大基础，然后再高一下，如此循环。所以，读书不要一开始就把所有的书都拿来读，先还是少一点、精一点，等到基础需要的时候，再扩大一下基础。

从谢老的文字中也可以看出，一本经典的法学教科书对于法科学生的基础概念的正确养成具有多么重要的地位，而且谢老提出的质疑也让人反思，作为法律继受国，法学教科书究竟应该怎么写。

德国作为近现代民法理论的滥觞国，其法教义学的理论架构已臻完善，理论和实践互动产生的通说已然形成，民法教科书的撰写和修订则可按部就班进行。反观中国近现代，作为民法继受国，清末民律继受自日本，民国民法则主要继受自德国，并参酌瑞士民法、日本民法、法国民法和苏联民法等。民法理论的继受则与民法典的继受相辅相成。教科书也有着内容和形式上的渐进转型过程，从早先的单纯照搬外国理论，进行简要的法条释义，到逐步有意识地由日入德，建构自己的体系。作为这一时期转型的代表性民法教科书可举例有三：一则为梅仲协先生之《民法要义》。作为概要性的民法教科书，梅先生有意识地追溯到民国民法的源头——德瑞民法进行理论阐述，不局限于民国民法体例，而以体系性为标称。该书亦借鉴德国法学教科书的体例，采用段码体系并提供了法条索引。梅先生还借助执掌台大法律系之便严限学生修习德文，实现了民法理论由日转德。[②] 二则为民国民法五立委之一的史尚宽先生所著之六卷本的民法全书。其特点为取材广泛，涉猎德日法英诸国法律，注重探本溯源，并结合参与立法之便，阐幽发微，该全书可谓有民法体系书之实。三则为王泽鉴先生所著之八册民法教科书，堪称华文世界民法教科书之典范。该系列教材奠基于先生一贯所倡的民法学说与判例的互动研究以及比较民法的研究，教材内容以德国法为根基，并广泛征引日本法和英美法，同时注重示例的导入和判例的引入，致力于台湾地区民法通说的形成，颇具德国基础法学教科书之神，而又不像德国教科书那样囿于一国。三位先生均具有留学欧陆背景，梅仲协先生留学法国，史尚宽先生遍历日德法，王泽鉴先生则留学德国，三者均精通德日英三国语言，其所撰教科书之厚重和旁征博引自有由来。

中华人民共和国成立后，我国曾经历了数十年的法律空窗期。自 1986 年《民法通则》颁布以来，我国民商事法律体系重现生机，日趋完善，2020 年《民法典》正式颁行。伴随着法律的发展，我国的民商事审判实践也日渐丰富，网络与大数据技术也进一步推动着民事司法和案例研究的转型。虽然此间我们的民商法教科书在借鉴我国台湾地区，以及日本、德国甚或英美私法理论的基础上层出不穷，也不乏偶见的精品，但与德国、日本乃至我国台湾地区的民商法教科书相比，我们所缺乏的仍是能够为广大法科生奠定准确的概念体系，并与审判实践互动，致力于形成通说的法学教科书。既有的民商法教科书或者局限于对法条的罗列和简要阐述，或者作者基于不同的学术背景和留学经历而阐发自己独特的学术观点，在基础概念的分析和外国法例的介绍上也存在诸多错讹，抑或人云亦云，对审判案例的关注也远未达到理想状态，学生并不能有效地借助阅读教科书形成准确的概念体系，并将之加以妥当运用，这也直接造成各地司法实践的差异化。究其成因，除我国现行立法粗疏，缺乏体系考量，并且立法理由无法有效呈现外，现有民法理论和清末民国时期的民法传统出现割裂，学术界对国外尤其是继受母国的基础民法理论不够熟稔及与现今民

---

② 参见谢怀栻先生为梅先生的《民法要义》所撰序言。

法学说发展无法有效接续也是重要原因，诸如法律行为的普适性和适法性之争、债与责任的关系之争以及物权行为与债权形式主义之争等等皆因此而来，而民法理论、民事立法和民事司法实践之间的疏离感及相互角力，也造成了我国现有法学教科书无法有效承载法教义学的重任。

正是基于自己对德国和中国民法教科书的阅读体验，我希冀能够回到中国民法理论的源头去探寻民法概念体系的原貌，梳其枝蔓、现其筋骨，促进中国民商法教科书的转型。2009 年，甫入教职的我就在人大社启动了"外国民商法教科书译丛"的翻译计划，第一批曾设想择取德国、日本、法国和意大利诸国的经典民法教材，邀请国外留学的民法才俊译介引入。当时留学海外的民法人才尚不如今日之繁盛，最后仅推出德国民法教科书 4 本和日本民法教科书 1 本。自 2012 年始，陆续出版了布洛克斯和瓦尔克的《德国民法总论》（第 33 版）、韦斯特曼的《德国民法基本概念》（第 16 版）（增订版）、吉村良一的《日本侵权行为法》（第 4 版）、罗歇尔德斯的《德国债法总论》（第 7 版）以及多伊奇和阿伦斯的《德国侵权法》（第 5 版）。参与的译者中除 2018 年年初不幸罹难的大军外，其他诸位今日已成为各自领域的翘楚。

第一批译著的推出恰逢其时。鉴于德国债法在 2002 年进行了大幅修订，国内尚无最新的德国民法教科书译作跟进，本译丛中的多部译著受到广泛欢迎，尤其是《德国民法总论》多次加印，部分译作甚至因为断货而在旧书市场上被炒作到数百元不等。译丛的装帧设计也从最初的大 32 开变为 16 开本。

市场对译丛的积极反响也催生了本译丛第二批书目的诞生。第二批遴选的书目中除第一批未及纳入的传统合同法、亲属法和继承法教材外，侧重选择了国内尚不熟悉的德国商法教材。译丛的译者也更新为 20 世纪 80 年代中后期甚至 90 年代出生的新一批中国留德法科生。该批译著最早问世的为 2016 年出版的慕斯拉克与豪的《德国民法概论》（第 14 版），2019 年又推出了莱特的《德国著作权法》（第 2 版）。而第一批书目也将根据最新版次修订后陆续推出，2019 年即更新了布洛克斯和瓦尔克的《德国民法总论》（第 41 版）。借 2019 年改版之机，本译丛采用了更为精致的封面设计和更为精良的纸品。现负笈德国波恩大学的焕然君在网络媒体——微信公众号上对本译丛也进行了图文并茂的推送③，使其为更多的学子所知悉。

由于本译丛所选书目以德国基础民商法教科书为主，读者阅读时自当手边备有《德国民法典》④ 和《德国商法典》等法律的条文参照阅读，对于中国法无规定或有不同规定者，自当斟酌差异及其理由，对于相似规定，则可比较有无细微差异，甚或是否为形似而实非，更重要的是要体悟民商法的重要基础概念之内涵及其体系以及司法之运用，以便形成个人体悟之架构。而欲深入学习者，尚可借助译著所附之参考文献，按图索骥，进行深入的专题阅读。对德国民法脉络的掌握也有助于对其历史渊源罗马法的学习，并可以以其为参照促进对属于德国法系的奥地利、瑞士、希腊乃至受到德国民法或多或少影响的日本、韩国、意大利、法国和俄罗斯诸法域民法的理解。

这套译丛是我所主持的数部外国法译丛的"头生子"，虽然自策划起算来已逾十年，

---

③ 即"杰然不瞳"于 2017 年 5 月 30 日发布的《德国民法教科书中译本：书目概览》。

④ 北大出版社的台译本采中德对照方式，有德语基础者可参照双语阅读。

拖延久许，但作为我初入法学出版领域的敲门砖，有着别样的意义！译丛得以推出要真诚地感谢人大社法律分社的杜宇峰女士，无论是选题的报送还是版权的联系，她都不辞辛劳！感谢施洋等诸位编辑的辛勤耕作，为译丛的及时出版和质量完善提供了有效的保障！感谢诸位年轻译者一直以来的支持，能够忍受我的催稿督促！

借助两批书目的译介，本译丛将基本完成德国民商法基础教科书的体系化引入。我期待能够通过对国外尤其是德国和日本最新的经典基础民商法教科书的引介，回到我国民法体系的理论源头去探寻准确的民法概念体系，为学生学习民商法和学者进一步深入研究提供更为准确的参照，同时为我们形成自己的民商法教科书体系迈出第一步。如有所成，当幸甚焉！

第 12 版前言 ◀

这一必要的教科书再版给与特别在商事登记簿法、分销法、会计报告法和商事买卖法等领域进行更新的机会。此外，司法判决和文献被普遍地更新补充至 2019 年 5 月。我衷心地感谢菲利普·博宁（Philipp Bonin）先生在新版修订中提供的有益且细致的协助。

彼得·荣

巴塞尔，2019 年 5 月

第 1 版前言（节选）◀

本书致力于对商法基础知识的传授、复习、深化和利用，目标读者群体涵盖商法专业必修、选修和辅修的大学生以及法律文官候选人。

商法是一门深受商业交易的需求和特性影响的民法特别法。因此，本书在阐述商法时总是结合并比较一般适用的民法规则。同样地，本书也经常援引组织法的内容。

本书因其定位将重点置于与考试相关的商法必修内容，特别是本书第二章（商人的概念）、第三章（商事登记簿的公示）、第五章（商人企业的营业主变动）、第七章（商人的代理）、第九章（一般商行为规则）和第十章（双方商事买卖中的异议责任）所包含的必修内容。然而，本书还有一项特别的愿景，即帮助专业选修的同学和未来的经济法律人熟悉那些在商业实践中特别重要的法律领域：商人的会计报告（第八章）、运输法（第十二章）和国际商法（第十三章）。最后，本书还对行纪行为（第十一章）作了较为详尽的阐述，这是因为借助行纪行为的例子可以特别直观地阐明一些对国家司法考试重要的民法问题。

法律素材首要以简洁的形式和按照制定法规则预定的结构予以传授。理论上的详细阐释总是通过举例和示例的方式予以具体化。所援引的文献和司法判决依据使深化学习成为可能。众多的学习提示和考点提示包含关于与考试关联以及法律方法和考试方法的说明。图表、表格、要点和各章总结可用作学习辅助和快速复习。深入学习建议和每章章末的测试题可供主动学习和学习检验。借助配备了详细解题思路的模拟考试可以最终将已获知识应用到解决案件的鉴定报告中。

彼得·荣

弗莱堡，1997 年 10 月

简　目

目 录 *Contents*

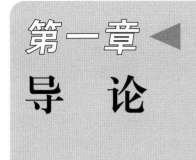

第一章
导　论

文献： *F. Bydlinski*，Handels- oder Unternehmensrecht als Sonderprivatrecht，1990；
Hadding/Hennrichs，Die HGB-Klausur，3. Aufl. , 2003；*Heimann*，Die Entwicklung der
handelsrechtlichen Veröffentlichung vom ALR bis zum ADHGB，2008；*Heinemann*，Han-
delsrecht im System des Privatrechts，Festschrift für Wolfgang Fikentscher zum 70. Ge-
burtstag，1998，349ff. ; *Lehmann*，Braucht Europa ein Handelsgesetzbuch?，ZHR 181
(2017)，9 ff. ; *Müller-Freienfels*，Zur "Selbständigkeit" des Handelsrechts，Festschrift
für Ernst v. Caemmerer zum 70. Geburtstag，1978，583 ff. ; *Petersen*，Handelsrecht in der
Examensvorbereitung，Jura 2013，377 ff. ; *Preis*，Der persönliche Anwendungsbereich der
Sonderprivatrecht—Zur systematischen Abgrenzung von Bürgerlichem Recht，Ver-
braucherrecht und Handelsrecht，ZHR 158 (1994)，567 ff. ; *Raisch*，Die rechtsdogmatische Be-
deutung der Abgrenzung von Handelsrecht und bürgerlichem Recht，JuS 1967，533 ff. ;
K. Schmidt，Vom Handelsrecht zum Unternehmens-Privatrecht?，JuS 1985，249 ff. ;
ders.，Fünf Jahre "neues Handelsrecht" —Verdienste, Schwächen und Grenzen des Han-
delsrechtsreformgesetzes von 1998，JZ 2003，585 ff. ; *ders.* , Unternehmer—Kaufmann—
Verbraucher，BB 2005，837 ff. ; *Steck*，Das HGB nach der Schuldrechtsreform，NJW
2002，3201 ff. ; *Timm*，Die Klausur im Handels- und Wirtschaftsrecht—Eine Anleitung
zur Anfertigung handels- und gesellschaftsrechtlicher Gutachten，JuS 1994，309 ff. ;
Wolter，Was ist heute Handelsrecht?，Jura 1988，169 ff. ; *Zöllner*，Wovon handelt das
Handelsrecht?，ZGR 1983，82 ff.

第一节　商法的客体

一、概念界定

> **要点**：商法是商人的特别私法。

1　　　这意味着：

· 商法是**私法**的一部分，尽管其中零散地包含一些具有公法性质的规范（如《商法典》第 8 条以下的商事登记法，第 18 条以下的商号管理法，以及第 238 条以下的会计报告义务等）。

· 商法是**商人之法**。与适用于全部法律主体的民法相比，商法的适用范围更窄。德国法依据主体标准 ［**主观主义体系**（subjektives System）］ 界定商法的特定适用范围：原则上，适用商法规范的事实构成前提是，法律关系的主体中至少有一方具有商人身份（《商法典》第 1～6 条）（例外情形见第二章边码 12 和 19 以及第九章边码 6）。与德国商法不同，法国商法采客观主义体系（objektives System），其依属于商行为（acte de commerce）的法律行为所具有的特性确定商法适用的范围。[①] 德国商法以商业阶层（Handelsstand）即商人阶层（Kaufmannsstand）为连结点，其源自对农民、手工业者、神职人员和商人等不同阶层进行区分的社会阶层体系的持续性影响。长期以来，德国立法者所采纳的商法即商人法的规则备受**批评**。这一规则被认为在历史上已经过时，并且因宪法平等原则（《基本法》第 3 条）引发合宪性质疑。例如，**卡尔斯特·施密特**（*Karsten Schmidt*）在其商法教科书中，尝试将商法（在实然法和应然法下）发展为企业的外部私法。这似乎也符合立法者在商法之外的明确意图，例如立法者在卡特尔法（《反限制竞争法》第 1 条以下和第 18 条以下）、康采恩法（《股份法》第 15 条以下）和银行监管法（《信贷业法》第 1 条）中均以企业为连结点。卡纳里斯认为，应然法上应当区分一方面独立的职业性或营业性活动与另一方面的私人活动。[②] 这一建议符合其他法域以及国际的主流立法趋势（例如《联合国国际货物销售合同公约》第 2 条第 a 项，详见本书第十三章边码 14）。此外，德国众多主要受国际影响的新法律规范（例如《民法典》第 13 条以下结合第 288 条第 2 款和第 5 款、第 310 条、第 312 条第 1 款第 1 句、第

---

① 《法国商法典》第 L110—1 条以下以及 L 1212—1 条以下；详见 *Kort*，Acp 193 (1993)，453 ff. 。
② *Canaris*，§ 1 Rn. 35.

312b 条第 1 款、第 312c 条第 1 款、第 474 条第 1 款、第 481 条第 1 款第 1 句、第 491 条第 1 款、第 505 条第 1 款第 1 句和第 661a 条,《民事诉讼法》第 1031 条第 5 款以及《罗马条例 I》第 6 条第 1 款）亦区分在实施营业性以及（独立的）职业性活动中的行为和以消费者身份实施的行为。在商法中引入这一区分似乎只是时间的问题。① 在当下的**法律实践**中,商人身份规则（《商法典》第 1~6 条）所蕴含的评价矛盾借助将具体的商法规范类推适用于类商人群体或者将商事习惯定性为一般交易习惯得以部分地缓和。

举例:关于商人确认函的基本规则（详见第九章边码 17 以下）在个案中也可以适用于如律师或建筑师等非商人主体。②

行为辅助人的后合同竞业禁止规则（《商法典》第 74 条以下）也准用于其他雇员（《营业条例》第 110 条第 2 句和第 6 条第 2 款）以及具有经济依附性的自由劳务者。③

电影经纪人在完成合同后才可以要求支付佣金的商事习惯,也可以为了非商人的利益获得适用。④

• 作为商人特别法的商法规范在其适用范围内**优先**于补充性的民法规范适用〔《商法施行法》第 2 条,特别法优于一般法原则（*lex specialis derogat legi generali*）〕。商法对一般私法规范或补充（如《商法典》第 383 条以下）,或修正（如《商法典》第 348~350 条）,因而,《商法典》经常被称为"民法典的第六编"。然而,商法规范的不完整性使得总是有必要回溯到一般民事规范。这两个复杂规范体系的啮合构成了商法案例分析中最主要的难题（详见本章边码 14）.

要点:商法是商人的特别私法,其优先于民法适用。

二、商法与其他部门法的关系

(一) 商法与民法

商法相对于民法所具有的独立性,以及因此作为独立法律部门存在的正当性,自始便饱受争议。**相对性理论 (relative Theorie)** 驳斥商法的独立性特征,并认为商法仅是民法的"开路者"（卡纳里斯）或"青春源泉"（雷瑟尔）,即商法相较于民法而言能够更快地根据商业交易的需求变化作出调整,并且商法的基本规则之后会被民法逐步地吸收。⑤ 根据**绝对性理论 (absoluten Theorie)**,商人（主观主义体

2

---

① 详见 Pfeiffer, NJW 1999, 169 ff。
② 如 BGHZ 40, 42. 43 f.
③ *BGH* NJW 2003, 1864, 1865.
④ *BGH* NJW 1952, 257.
⑤ 参见 *Heck*, AcP 92 [1902], 438 ff. 。

系）以及特定的商法上的法律行为类型（客观主义体系）因其实体上的特性（如商人较低的保护需求）而应当受到区别对待。虽然基于这一原因几乎所有的法域均对商业交易有特殊规定，但是这些特殊规定在许多国家并未完全如德国和法国［二元法典体系（Zwei-Code-System）］一样被规定在一部独立的法典中，而是如意大利、荷兰和瑞士一样被纳入了一般民事法典［一元法典体系（System des *Code unique*）］。

德国商法的独立性、将最重要的特别规则汇编成一部独立的《商法典》以及商人身份这一主体连结点等特征，在 1998 年商法改革和 2002 年债法改革中均未受到任何影响。①

（二）商法和组织法（Gesellschaftsrecht）*

3　　　　商法是商人的特别私法，组织法是私人目的团体（Zweckverbände）法和合作性债务关系法，二者在商事组织领域中形成重叠（《商法典》第 6 条和第 105 条以下）。然而，组织法还包括社团法（Vereinsrecht）（《民法典》第 21 条以下）以及民事合伙法（《民法典》第 705 条以下）。另外，作为团体法（Verbandrecht）的组织法着重规范各类组织的内部机构，并且不同于商法，其较少关注外部法律关系。②

（三）商法与经济法

4　　　　经济法（卡特尔法、反不正当竞争法、经济监管法、营业法等）主要通过经济政策对社会整体经济活动进行规制和调控，并且不同于商法，其不对私人的个人利益进行平衡。另外，经济法的大部分内容属于公法。尽管如此，鉴于经济法的目的，其理所当然地也在诸多方面影响着商法，例如，商人的缔约自由受到原则上依经济法产生的承运义务和能源供应义务的限制。

---

　　*　在德国法上，Gesellschaft 具有不同的含义。广义的 Gesellschaft 是指基于共同目的形成的人的联合体，故而包含公司、合伙和社团等一切人的联合体，此时可译为组织。与之不同，狭义的 Gesellschaft 一词通常被用作代指合伙或公司。故而，本译著视原文语境和词含义的不同而将 Gesellschaft 翻译为组织、合伙或公司。——译者注

　　①　对此参见在《债法改革法》颁布之前的讨论以及 Gutachten und Vorschläge zur Überarbeitung des Schuldrechts, hrsg. vom Bundesminister der Justiz, Bd. Ⅰ, 1981, S. ⅩⅢ。

　　②　也见 *Mock*, Gesellschaftsrecht, Rn. 7 ff.。

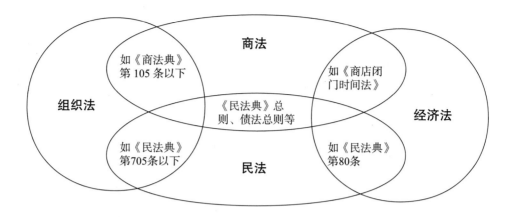

三、商法的法律渊源

商法不等同于《商法典》。商法并非只存在于《商法典》中，《商法典》也并非只规定商法规范，例如规定了属于劳动法的商人行为辅助人法（《商法典》第59～83条）。商法包括狭义商法和广义商法。狭义商法的法律渊源是指那些其适用直接（如《商法典》第17条以下）或间接（如《商法典》第350条结合第343条第1款）系于至少一方当事人具有商人身份的法律规范和商事习惯。广义商法的法律渊源包括*但也*不只适用于商人的法律规范以及与商法相关的交易惯例。

（一）国内制定法规则与条例规则

狭义的商事制定法规则主要被规定于**《商法典》**中的五编：

《商法典》	
第一编 （第1～104a 条）	商业阶层（商人、商事登记簿与企业登记簿、商号、经理权与代办权、行为辅助人、商事代理人，商事居间人）
第二编 （第105～237 条）	商事合伙与隐名合伙（普通商事合伙、有限合伙、隐名合伙）
第三编 （第238～342e 条）	商事账簿（适用于全体商人，补充适用于资合公司、登记合作社和特定行业内的企业）
第四编 （第343～475h 条）	商行为（总则、商事买卖、行纪行为、货运行为、货运代理行为、仓储行为）
第五编 （第476～619 条）	海商法（未被《舍恩菲尔德德国法律汇编》纳入）

然而在《商法典》之外，同样存在一些狭义的商法规范（如《民事诉讼法》第29条第2款和第38条第1款）。广义的商法制定法渊源包括《民法典》、规制商人营业的特别法（如《汇票法》《支票法》《有价证券购买和保管法》《保险合同法》）以及一些属于经济法的制定法（如《反不正当竞争法》和《反限制竞争法》）。《铁路交通条例》和《商事登记条例》等则属于商法条例。

此外，国内制定法规则和国内条例规则愈加受**欧盟次级法**的影响。[①] 然而，在此需注意的是，欧盟法在主体上并未使用商人概念，而是以经营者概念或者以组织体的法律形式为连结点，并且德国立法者已经多次过度地转化上述欧盟指令。[②]

（二）国际条约

国际条约对于跨境商业贸易具有重大意义（详见第十三章边码 12 以下）。在此仅举几例，如《维也纳联合国买卖法》（又称《联合国国际货物销售合同公约》详见第十三章边码 13 以下）、1980 年的《国际铁路运输公约》和 1999 年的《蒙特利尔统一国际航空运输特定规则公约》。最后，欧盟基础法（《欧盟运作方式条约》第 30 条以下、第 34 条以下、第 49 条以下、第 56 条以下、第 63 条以下、第 90 条以下和第 101 条以下）对于欧盟境内的商业贸易也具有重要的意义。

（三）商事习惯法与商事习惯

商事习惯法形成于在商人的交易领域中长久持续实施的且具有法律拘束力的实践。许多商事习惯被承认为法律规范，并因此成为具有法律拘束力的习惯法。商事习惯法或具有强制性特征，或具备任意性特征。德国国内商事习惯法（国际商事习惯法详见第十三章边码 21）的例子诸如表见商人规则、若干合规簿记规则（详见第八章边码 5）以及商人确认函规则（有争议，详见第九章边码 17 以下）。

商事习惯（详见第九章边码 11 以下）形成于在商人交易领域中（通常在某个特定行业里）长久持续实施的关于解释规则和行为期待的实践（商人间的交易习惯）。[③] 与商事习惯法不同，商事习惯不是法律规范，而是事实。希望从中获得有利法律地位的当事人应当通过陈述具体的连结点（相关事实）主张，并在有争议时证明之。[④] 然而根据德国《商法典》第 346 条，"应当注意在商事交易中适用的习惯和惯例"。商事习惯不仅能够用于辅助解释（《民法典》第 157、242 条），还可以用于在特定情况下排除任意法的适用。商事习惯原则上应当受到重视，即便交易一方对其并不了解。例如，与《商法典》第 359 条第 1 款、第 380 条和第 393 条第 2 款有关的商事习惯，若干合规簿记规则（详见第八章边码 5）和仅依商事习惯确定的合

---

① 例如，《欧盟 2017/1132 号公司法立法指令》，第三章边码 3 和边码 21 前以及第五章边码 3；《欧盟 2012/17 号中央登记簿、商事登记簿和公司登记簿互联指令》，第三章边码 31；《欧共体 86/653 号商事代理人指令》，第六章边码 8；《欧盟 2013/34 号会计指令》和《欧共体 1606/2002 号国际会计准则条例》，第八章边码 4。对此详见 *Schmidt-Kessel*，in：Schulze/Zuleeg/Kadelbach，Europarecht，Handbuch für die deutsche Rechtspraxis，3. Aufl.，2015，§ 19.

② 详见 *Riehm*，in：Langenbucher（Hrsg.），Europäisches Privat- und Wirtschaftsrecht，4. Aufl.，2017，§ 4 Handelsrecht，Rn. 4 f. und 10 ff.

③ 例如参见 *BGH*，NJW 2001，2464f.。

④ BGHZ 217，74.

同条款缩写的含义等（例如，"付现交单"是指约定了买受人承担先支付现金之义务。）

（四）格式条款

根据《民法典》第 305 条第 1 款的规定，格式条款（详见第九章边码 22）是指在缔结合同时，缔约一方向相对方出具的为多次使用而事先拟定的合同条款。格式条款因自身特性被广泛地应用于商业交易中。格式条款仅当在被订入合同后才产生效力。然而，当相对方——例如一个商人为了其商事营业——在缔约时从事营业活动或独立的职业活动时，当事人之间的默示合意即导致格式条款的订入（《民法典》第 310 条第 1 款结合《民法典》第 14 条和第 305 条第 2 款）。在此意义上，德国货运代理格式条款获得了非常普遍的适用（参见第十二章边码 13）。

四、商法的本质特征

狭义商法中的特别规则的正当性来源于商业的特殊规律和特定需求，以及通常 6 精通商业之商人的较低保护需求。商法的本质特征包括：

- **交易的快捷性**并产生下列后果：

——双方商事买卖中不迟延地检验和瑕疵异议的必要性（《商法典》第 377 条，详见第十章边码 8 以下）

——买受人受领迟延时出卖人的权利扩张至提存和自助变卖（《商法典》第 373 条，详见第十章边码 3）

- **对交易更高的保护**并带来下列后果：

——商事登记的公示效力（《商法典》第 15 条以及补充性的商事习惯法；详见第三章边码 10 以下）

——经理权权限范围的不受限制性（《商法典》第 50 条，详见第七章边码 10 以下）

——扩张的善意信赖保护（《商法典》第 366 条，详见第九章边码 42 以下）

——表见商人规则（详见第二章边码 36 以下）

——沉默在商业交易中的表示价值（依据《商法典》第 362 条事务处理合同的成立、商人确认函规则；详见第九章边码 15 以下）

- **有偿原则**并造成下列后果：

——较高的法定利息（5%，而不是 4%），且有权要求届期利息（《商法典》第 352 条以下；详见第九章边码 27）；

——无约定时，亦有权要求佣金、仓储费和利息（《商法典》第 354 条，详见第九章边码 27 以下）

• 商人**较低的保护需求**以及由此导致的私人自治的扩张：

——排除法官对合同惩罚的酌减（《商法典》第 348 条，详见第九章边码 24）

——保证、债务允诺和债务承认的非要式性（《商法典》第 350 条，详见第九章边码 25 以下）

——《民法典》第 305 条以下的有限适用（《民法典》第 310 条第 1 款，该款规定适用于所有《民法典》第 14 条意义上的经营者，因此不仅仅适用于经营商事营业的商人；详见第九章边码 22）

五、民事程序中的商事特别规则

（一）审判籍

7　　根据《民事诉讼法》第 38 条第 1 款，商人可以约定由某个自身无管辖权的法院管辖。商人也可以通过格式条款①或基于商人确认函的设权性效力（第九章边码 17 以下）约定管辖法院。根据《民事诉讼法》第 29 条第 2 款，商人之间还可以通过有关履行地的个别约定或者通过在合同中订入相应的格式条款②，约定合同履行地这一特殊审判籍。

（二）商事审判庭

虽然德国不同于法国，没有特殊的商事法院，但是可以在州法院设立商事审判庭（《法院组织法》第 93~114 条），其通过聘任登记商人和商事组织的机关成员担任参与审判的任期制荣誉性非职业法官（商事法官，《法官法》第 45a 条），旨在使法院作出的判决能够顾及商人的专门知识并贴近实践（也参见《法院组织法》第 114 条）。《法院组织法》第 95 条列举了具体的商事案件，其中根据该条第 1 款第 1 项，商事审判庭仅管辖针对登记商人的起诉，其目的旨在避免在管辖权审查期内就展开有关商人身份的调查取证。此外，当原告在起诉状中提出申请，或者经在商事登记簿或合作社登记簿上登记的被告申请移送至商事审判庭管辖时，只能由商事审判庭审理（《法院组织法》第 96、98 条）。③ 鉴于商事审判庭——按照当事人的意愿（参见《民事诉讼法》第 349 条第 3 款）几乎很少成立，包括商事法官在内的三人商事审判庭——审理案件数量的急剧下降，产生了改革商事审判庭的声音。④

---

① *OLG Karlsruhe* NJW 1996, 2041. 与此相反，关于商人和消费者之间通过格式条款约定审判籍无效见 *EuGH* EuZW 2009, 503 ff.

② 对此参见 *OLG Hamm* NJOZ 2015, 1369, 1372.

③ 关于商事法庭审判程序中的民事诉讼程序问题详见 *Schulz*, JuS 2005, 909 ff.

④ 详见 *Podszun/Rohner*, NJW 2019, 131 ff.；比较法研究见 *Fleischer/Danninger*, ZIP 2017, 205 ff.

（三）非讼管辖

非讼管辖对于商事登记（详见第三章边码 2 以下）、商号（详见第四章边码 31）和合伙事务（如《商法典》第 146 条第 2 款和第 166 条第 3 款）等商事案件特别重要。除一般程序规范（《家庭事务和非诉事务程序法》第 1～110 条）外，也适用《家庭事务和非诉事务程序法》第 374～409 条关于登记事项和企业法程序事项的特别规范。

（四）商事仲裁管辖

商事法律纠纷往往由私人的仲裁法庭裁决，在国际商业交易中尤甚（详见第十三章边码 27 以下）。**原因**在于，当事人选择的仲裁员拥有更加丰富的专业知识和实践经验，可自由和灵活地安排仲裁程序，具有快捷性（无审判层级）、保密性，以及程序费用非常低等。诚然，在仲裁程序中也存在诸如仲裁员偏袒、程序拖延或执行困难的风险。

仲裁程序取代普通的法院审判程序，并同审判程序一样获得一项对案件具有终局**法律效力**（《民事诉讼法》第 1055 条）并在满足《民事诉讼法》第 1060 条以下的条件时即可被执行的**裁决**。这使得仲裁程序一方面区别于仅通过第三方调停人获得双方当事人友好和解的调解，另一方面区别于根据《民法典》第 317 条以下仅适用于在不排除法院监督的情况下由第三方对合同个别争议进行释明（如给付的确定、合同的补充等）的仲裁鉴定（Schiedsgutachten）。

在仲裁管辖领域，人们区分当事人为解决个别争议而组建的**临时仲裁庭**和在具有秘书处以及固定程序规则的仲裁组织中的**机构仲裁庭**〔如德国仲裁协会（DIS）中的仲裁庭〕。针对特定的法律领域和行业另存在一些专业的仲裁庭〔如*德国海事仲裁协会（GMAA）*〕。

仲裁程序仅基于仲裁协议启动（《民事诉讼法》第 1029 条以下）。仲裁协议是仲裁员裁决权力的基础（也见《民事诉讼法》第 1032 条）。自旧《民事诉讼法》第 1027 条第 2 款被废除后，同样适用于商业交易的《民事诉讼法》第 1031 条第 1 款的形式要求与通过商事习惯形成仲裁约定相冲突。[①] 仲裁庭本身并无执行权力，因此执行需要当事人的程序性同意或者国家法院的参与（如：《民事诉讼法》第 1035 条第 3 款、第 1060 条以下）。决定（国内的）仲裁程序的首要是指向某一特定仲裁规则（如德国《仲裁协会仲裁规则》）的仲裁协议。补充或在有强制性规范时适用 1998 年旨在为适应 1985 年的《联合国国际贸易法委员会国际商事仲裁示范法》而修订的《民事诉讼法》第 1025 条以下的条文。

8

---

① BGH NJW-RR 2017, 1531.

六、德国商法史概览

9

中世纪中期	独立的商业阶层开始形成；特别是在意大利北部城市以及汉萨同盟中已经出现商法规则
近代早期	有关市场行为、交易所行为、居间人行为和票据行为的商业规则
1794 年	《普鲁士国家一般邦法》，是德国境内第一部全面规定商法和营业法的法律（法典第二章第 8 节第 475 条以下）
1807 年	《法国商法典》，是众多商法典的范本，19 世纪中期前适用于（德国）左莱茵河地区和巴登
1834 年	德意志关税同盟，是德国 19 世纪**法律统一运动**中的商法先锋
1848—1850 年	通过平行立法，德意志联盟中的各个王国引入《德意志普通票据法》
1861—1869 年	通过平行立法（1869 年在北德意志联盟），德意志联盟的大多数王国引入《德意志普通商法典》。《德意志普通商法典》采混合主义体系（主观主义要素：该法第 4 条以商人概念作为连结点；客观主义要素：非商人间的特定交易适用商法），并在缺少一部统一的民法典的情形下规定了法律行为和债务关系的一般规则
1869 年	在莱比锡建立**联盟高等商事法院**，其后于 1871 年变更为帝国高等商事法院，于 1879 年并入帝国法院
1871 年	德意志帝国获得在商法领域的立法权，《德意志普通商法典》作为帝国法律继续适用
1900 年	《德意志普通商法典》在依据新的《民法典》调整后作为**《商法典》**生效
1937 年	修订后的股份法从《商法典》中剥离
1969 年	根据《欧共体 68/151 号公司法协同第 1 号指令》（又称《公示指令》，现为《欧盟 2017/1132 号指令》第 7 条以下和第 13 条以下）修订商事登记法
1976 年	新规定农场主和林场主的商人身份（详见第二章边码 20）
1985 年	《会计指令转化法》和全新的《商法典》第三编（《商法典》第 238 条以下）
1998 年	**《商法改革法》**《运输法改革法》《仲裁程序改革法》

2002 年	修订商法以适应债法改革（主要删除《商法典》原第 378 条以及调整《商法典》第 375 条第 2 款第 1 句和第 381 条第 2 款的规定）
2007 年	启用电子商事和企业登记簿
2009 年	《资产负债表现代化法》全面修订《商法典》第三编
2013 年	《海商法改革法》
2015 年	《会计指令转化法》将《欧盟 2013/34 号指令》转化为国内法

第二节　案例考试中的商法

一、商法与民法的结合

纯粹的商法案例分析在大学学习和候补法官见习期间属于绝对的例外，更多的情形是一般性的民法问题被嵌入商法案例。而且，待审查的请求权基础也大多源自民法。这类商法考试的（可解）任务即是正确地结合商人特别法适用民法请求权基础。

> **示例：** 海希（Reich）先生向他的同事施耐德（Schneider）提供了 1 万欧元贷款，同时要求施耐德的家庭银行 B 对该借款提供保证。B 就此在电话里向海希先生的妻子表示愿意提供保证。贷款到期后，施耐德未偿还贷款，海希因此要求 B 承担保证责任，B 在海希催告后仍拒绝支付。
>
> 该案的请求权基础存在于民法之中（《民法典》第 765 条第 1 款）。保证合同的成立原则上也适用总则规范（《民法典》第 145 条以下，例如，海希妻子的受领传达人身份）。鉴于《民法典》第 766 条要求书面形式，在此仅探讨与之不同的《商法典》第 350 条的特殊规定以及该条的事实构成要件（B 的商人身份；根据《商法典》第 343 条以下提供保证属于经营行为）。这同样适用于 B 主张先诉抗辩权（《民法典》第 771 条）的情形，其因《商法典》第 349 条第 1 句的规定而被排除。B 迟延履行的构成要件和负担支付迟延利息的义务则再次回到一般的民法规范（《民法典》第 286、288 条）。

10

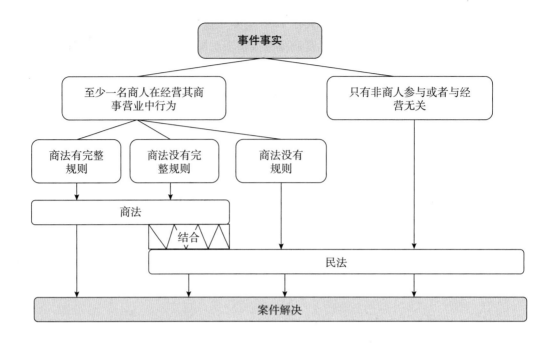

二、商法请求权基础

11　　在分析案例时，需要考生使用特别商法请求权基础的情形也并非屈指可数。在参与一方是商人时，应当总是同时在《**商法典**》的相应章节中寻找相关的请求权基础。在分析案例的过程中，不论何种类型的请求权（合同请求权、类合同请求权、物上请求权等），作为**特别法**（*lex specialis*）的商法请求权基础优先于一般民法请求权基础适用。

最重要的商法**请求权基础**有：

- 停止非法使用商号请求权（《商法典》第 37 条第 2 款第 1 句）
- 商事代理人的佣金请求权（《商法典》第 87 条）
- 商事代理人的补偿请求权（《商法典》第 89b 条）
- 委托人基于《商法典》第 384 条对行纪人的请求权
- 行纪人的佣金请求权和费用偿还请求权（《商法典》第 396 条）

三、商法考试中的问题

12　　商法案例分析中的**典型问题**包括：

- 对存在商法**特别规则**（如《商法典》第 366、377 条）严重缺乏敏感度和认知。此外，对当事人一方是商人时即可适用商法（参见《商法典》第 345 条）的忽视并不罕见。

学习提示：舍恩菲尔德法律汇编（Schönfelder-Gesetzessammlung）的脚注间或明确地提示商法特别规范（如《民法典》第246条）。如果未提示，则需要读者在考试条例允许的情况下自己在法条旁边添加相应的附注（如在《民法典》第157条边上提示《商法典》第346条，或在《民法典》第932条以下标注《商法典》第366条）。

- 准确地将事实涵摄于各项**商人构成要件**之下，并对商法可能类推适用于非商人展开分析。

- **权利外观事实构成**（例如表见商人规则、商事登记的公示效力）的可能适用强制商法案例的分析者们间或展开"假定—视为分析"（Als-Ob-Betrachtung）。以表见商人为例（详见第二章边码36以下和考试案例1），其虽未满足《商法典》第1～6条的事实构成要件，但在某些情形中应当在责任法上被视同商人。关于考试的重点《商法典》第15条，将在下文第三章中予以详细讲解。

- **债务和责任**分别在两个步骤中审查：*第一步*，对债务是否存在（债权的产生、存续和可被执行？）的传统审查；*第二步*，对被请求人财产的责任的审查。原则上，由债务人的财产承担责任。但是为了保护交易，商法间或规定一些责任转嫁或责任补充条文（法定的责任债务关系，例如《商法典》第25条第1款第1句，详见第五章边码9以下以及考试案例3）。

- 区分**内部关系和外部关系**以及由此产生的考试重点三方当事人关系。[①] 首先，对外滥用职权的案件可能会比较棘手（详见第七章边码12）。其次，在对外向债权人承担责任后，须随后审查在内部关系中担责人对（共同）债务人的追索请求权，其可能会受到在外部关系中无关紧要的内部约定的影响。

示例：穆勒先生卖给胡果·施密特普通商事合伙（OHG）一辆载重汽车，并允许延期支付10万欧元的价款。随后，商人库恩取得该普通商事合伙的商事营业，并使用现有的商号继续运营该商事营业。企业买卖合同约定，该普通商事合伙和它的合伙人对之前在经营商事营业中产生的债务承担责任，库恩对此不承担任何责任。到期后，穆勒要求库恩支付10万欧元，库恩以该债务属于普通商事合伙的旧债拒绝支付。

本案适用的请求权基础是《民法典》第433条第2款结合《商法典》第25条第1款第1句。针对该普通商事合伙存在一个买卖价款支付请求权。此外，根据《商法典》第128条第1句，合伙人以其个人财产对该债权承担责任。[②] 尽管如此，穆勒可以按其意愿，基于《商法典》第25条第1款第1句规定的法定责任债务关系同时向库恩请求支付买卖价款。在外部关系中，因既无登记，亦未公告，更未单

---

① 对此之概述见 *Petersen*，Jura 2017，294ff.

② 对此见 *Mock*，Gesellschaftsrecht，Rn. 355 ff.

独告知穆勒，所以库恩不能主张内部的责任排除约定（《商法典》第 25 条第 2 款）。该责任排除合同条款仅仅允许库恩在内部关系中向该普通商事合伙和它的合伙人全额追索（《民法典》第 426 条第 1 款第 1 句对此作了不同的规定）。

第三节　本章复习

一、本章总结

□狭义的商法是**商人的特别私法**。这意味着：

· 狭义的商法的直接适用以至少参与法律关系的一方主体具有商人身份为前提。

· 狭义的商法对一般性的私法规范或补充或修正。

· 狭义的商法优先适用于一般民法规范。

□商法的**法律渊源**包括：

· 制定法（《商法典》、商事附属制定法、其他制定法中的商人特别法）

· 条例（如《铁路交通条例》）

· 国际条约（如《联合国国际货物销售合同公约》《国际铁路运输公约》）

· 商事习惯法（如表见商人规则）

· 商事习惯（如特定合同条款缩写的含义内容）

· 格式条款（如德国货运代理格式条款）

□狭义商法的**特别规则**获得**正当性**的原因：

· 商事特有的规律和需求（快捷交易、信赖保护、佣金期待）

· 惯常从事交易的老练商人的较低保护需求

二、测试题

1. 商法具有哪些基本特征？这些基本特征构成哪些重要的特别规则的基础。

2. 狭义的商法与广义的商法之间存在哪些区别？

3. 帝国高等商事法院（1871—1879 年）审理商事上诉案件时适用哪些法律规范？

商　人

文献： *Henssler*, Gewerbe, Kaufmann und Unternehmen—Herkunft und Zukunft der subjektiven Anknüpfung des Handelsrechts, ZHR 161 (1997), 13 ff. ; *Krämer*, Der Gewerbebegriff im Zivilrecht, 2009; *Mönkemöller*, Die "Kleingewerbetreibenden" nach neuem Kaufmannsrecht, JuS 2002, 30 ff. ; *Neumann*, Der Kaufmannsbegriff als Anknüpfungspunkt für die Anwendbarkeit des Handelsrechts—Überlegungen zum persönlichen Anwendungsbereich von Handelsrechtsnormen, 2006; *Nickel*, Der Scheinkaufmann, JA 1980, 566 ff. ; *Petersen*, Kaufmannsbegriff und Kaufmannseigenschaft nach dem Handelsgesetzbuch, Jura 2005, 831 ff. ; *Petig/Freisfeld*, Die Kaufmannseigenschaft, JuS 2008, 770 ff. ; *K. Schmidt*, Sein—Schein—Handelsregister, JuS 1977, 209 ff; *ders.*, Fünf Jahre "neues Handelsrecht"—Verdienste, Schwächen und Grenzen des Handelsrechtsreformgesetzes von 1998, JZ 2003, 585 ff. ; *ders.*, "Deklaratorische" und "konstitutive" Registereintragungen nach §§1 ff. HGB—Neues Handelsrecht: einfach oder kompliziert?, ZHR 163 (1999), 87 ff. ; *ders.*, Unternehmer—Kaufmann—Verbraucher, BB 2005, 837 ff. ; *R. Schmitt*, Die Rechtsstellung des Kleingewerbetreibenden nach dem Handelsrechtsreformgesetz, 2003; *Schulz*, Die Neuregelung des Kaufmannsbegriffs, JA 1998, 890 ff. ; *Schulze-Osterloh*, Der Wechsel der Eintragungsgrundlagen der Kaufmannseigenschaft (§§1, 2, 105 Abs. 2 HGB) und der Anwendungsbereich des §5 HGB, ZIP 2007, 2390 ff. ; *Siems*, Kaufmannsbegriff und Rechtsfortbildung—Die Transformation des deutschen Handelsrechts, 2. Aufl. , 2003; *ders.*, Fünf Jahre neuer Kaufmannsbegriff—Eine Bestandsaufnahme der Rechtsprechung, NJW 2003, 1297 ff. ; *Treber*, Der Kaufmann als Rechtsbegriff im Handels- und Verbraucherrecht, AcP 199 (1999), 525 ff. ; *v. Olshausen*, Die Kaufmannseigenschaft der Land- und Forstwirte, ZHR 141 (1977), 93; *C. Wolf/M. v. Bismarck*, Kaufmann, Unternehmer, Verbraucher—wann gilt das BGB, wann das HGB, wann Verbraucherrecht, JA 2010, 841 ff.

第四节　商人概念的含义与体系

学习提示：1998 年的《商法改革法》根本性地革新了商人的概念。下文仅在为更好地理解现行法时，才会提及 1998 年之前的法律规定。

1　　　原则上，适用商法规范的事实构成前提是参与法律关系的权利主体中至少有一方具有商人身份（**主观主义体系**；参见第一章边码 1；例外见本章边码 12 和 19 以及第九章边码 6）。这使商人概念在商法和商法考试中均处于核心地位。

考试提示：在几乎所有的商法考试中，都需要论证至少一方当事人具有商人身份。因此，准确地掌握《商法典》第 1～6 条的事实构成要件和体系是学习商法的基础。在此领域中犯的错通常属于严重的错误。

2　　　革新商人概念是 1998 年《商法改革法》的核心目标。立法者虽然恪守商法的主体连结点——商人概念，但是通过废除旧《商法典》第 1 条第 2 款的基础性商事营业目录、第 2 条的"应然商人"（Sollkaufmann）和第 4 条的小商人法律形态，以及合并旧《商法典》第 1 条和第 2 条，创造了一个新的、统一的当然商人（Ist-kaufmann）之基础事实构成（《商法典》第 1 条），并以新的适用于小营业经营业者的真正任意商人（echter Kannkaufmann）之事实构成（《商法典》第 2 条）和至今仅在文字上作调整的适用于以商人方式设立的农业或林业营业的非真正任意商人（uneigentlicher Kannkaufmann）之事实构成（《商法典》第 3 条）作为补充。此次改革摒弃了在典型的货物贸易行业与服务业和手工业之间存在的具有历史局限性且普受诟病的区分，旨在使商法在整体经济生活中获得近乎统一的适用。

3　　　通说认为，除仅依组织形式（Gesellschaftsform）即可获得商人身份（《商法典》第 6 条第 2 款）这一特例外，获得商人身份的基础是**经营一项营业**（本章边码5 以下）。当某项营业按类型和规模需要一个以商人方式构造的营业经营且其不属于农业营业或林业营业时，该营业的经营者在此情形下无须在商事登记簿上进行仅具有宣示性的登记而当然属于《商法典》第 1 条规定的商人（当然商人，本章边码14 以下）。如果不是此种情形，而是因此属于小营业经营者，则其可自由决定将其营业之商号在商事登记簿上进行任意性登记，从而取得并保有《商法典》第 2 条规定的商人身份（任意商人，本章边码 18），抑或反之。在主要营业或附属营业中经营的业务按类型和规模需要商人式构造的农场主或林场主，如从前一样仍可选择将其营业之商号在商事登记簿上进行任意性登记而取得商人身份，但是其不可以选择是否保有商人身份（《商法典》第 3 条，非真正任意商人，本章边码 20 以下）。鉴于《商法典》第 2 条的新规，从旧法中保留下来的《商法典》第 5 条的登记即取得商人身份［拟制商人（Fiktivkaufmann），本章边码 26 以下］，实际上已经丧失其意义。尽管如此，这一规则仍可适用于非基于有效的自愿申报产生的营业商号登记之情形（有争议，本章边码 27）。与此不同，《商法典》第 6 条规定了实质上的形式上**基于组织形式的商人身份**（形式商人，本章边码 32 以下）。未登记的经营小规模营业的商事代理人、商事经纪人、行纪人、承运人、货运代理人、仓储人（本章边码 19）以及表见商人（本章边码 36 以下）不是商人，他们仅仅在某些特定方面适用商法。

第五节　基于经营商事营业的商人

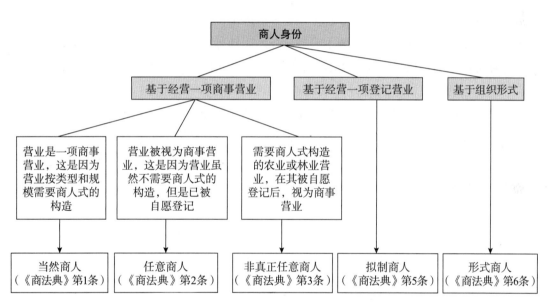

根据《商法典》第 1 条第 1 款，商人身份首先通过经营商事营业取得。这一与　4
行为相关的商人身份基础事实构成包含三个事实构成要件：

- 企业具有营业属性
- 企业具有*商事营业*属性
- 权利主体具有经营者属性

一、企业具有营业属性

在《商法典》中找不到对营业概念的详细定义。同样在营业法中，营业被视为　5
在历史中形成的概念，其仅能通过《营业法》第 6 条第 1 款规定的为满足营业法特定需求的负面清单予以进一步厘定。《个人所得税法》第 15 条第 2 款第 1 句规定了税法上的经营性营业的定义（也参见《营业税法》第 2 条第 1 款第 2 句），其同样借助正面的和负面的清单（例如《个人所得税法》第 15 条第 1 款第 1 句、第 18 条第 1 款）以及诸多税收准则（例如 2009 年《营业税准则》准则 2.1）具体化。然而，对于商法上的营业概念，这些规定仅能提供一些不具有拘束力的参考性标准。①

举例： 虽然根据《营业法》第 6 条第 1 款的规定，药店因专门适用《药店事业法》的特别规定而不适用《营业法》，但其可被视为商事营业的经营者。②

通说认为，**商法中**的营业是指（1）独立，（2）对外可知，（3）持续，（4）以合法方式，（5）以营利为目的，（6）非属自由职业的活动。③

1. 概念特征之一：独立性

承担经营者风险并且可实质上以非身份依附的方式自由塑造行为之人具有独立性（也参见《商法典》第 84 条第 1 款第 2 句的商事代理人，详见第六章边码 6）。越来越多的观点认为，独立性不再单独取决于传统的非身份依附标准（原则上不受有关地点、时间和内容的指示的约束并因此具有独立的营业经营机构）和未加入营业标准，而是更多地强调为利用经营者机会而实质上独立地参与市场。④ 必要的是，对个案的所有情形进行评价式的整体考量。在此，在商法中还需要尽到必要的谨慎，同时考虑一些劳动法与社会保险法上的标准和判决。⑤

举例： 不同于行为辅助人，商事代理人是独立的营业经营者（参见第六章边码 6）。同样，特许经营受许人尽管一定程度上受到特许人事先许可的约束，但也被视为独立的营业经营者（详见第六章边码 17）。与之相反，某个连锁店的店长是雇员，因而不是商人。

独立性的决定性标准仅是*法律上*的独立性，并不要求必须同时具有经济上的独立性，因此，对贷款人、供应商或顾客的依附不影响独立性。一个具有较强经济依附性的独立经营者，同样有可能出于保护的需要而在身份上被视为《劳动法院法》第 5 条第 1 款第 2 句意义上的类雇员。⑥

独立性要件仅对商个人具有意义，该要件使商个人区分于雇员和公务员。商事组织（包括关联企业）因其自身属性当然属于独立的企业主体。

---

① *BGH* NJW 2000, 1940, 1941.

② 参见 *BGH* NJW 1983, 2085, 2086。

③ 部分有争议，参见 *Brox/Henssler*, Rn. 25; *Großkomm/Oetker*, §1 Rn. 14 ff.。

④ 见 *Wank*, DB 1992, 90 ff.; BAGZIP 1997, 1714, 1715。

⑤ 如 *BAG* DB 2001, 280 f.: 虽然存在专业上的指示权以及缺乏独立的组织和出资，但是商事代理人具有独立性。参见废除旧《社会法典第四编》第 7 条第 4 款关于表见独立性这一争议规定之后的情况，*Grobys*, NJW-Spezial 2005, 81 f.。

⑥ 例如针对商事代理人，《劳动法院法》第 5 条第 3 款结合《商法典》第 92a 条以及针对此的联邦法院判决 *BGH* NJW-RR 2015, 289; 针对行纪人，《劳动法院法》第 5 条的 *BAG* AP Nr. 38; 特许经营受许人，*BGH* NJW 1999, 218 ff.。

2. 对外可知

营业行为须被交易伙伴所知，单纯的经营营业的内在意图并不充分。 7

举例： 因此以下不构成营业：私下在股市中炒股[1]；纯粹的财产管理，如持有有限责任公司股权[2]；《商法典》第 230 条以下的隐名合伙人的出资。

3. 有计划地实施一系列交易行为

经营活动必须自始以实施一系列交易行为为目标。[3] 针对自然人，民事法院也 8
称之为职业性标准。因而，仅一次或偶尔实施交易行为的意图是不充分的。另外，长久持续或者不间断地从事经营活动也并非必要。[4] 起决定性作用的仅是，对外是否产生惯常或者非惯常从事经营活动的印象。

举例： 偶尔出卖自己花园里多余的水果，或每年转售出厂不到一年的二手车不构成营业。与之相反，季节性地经营冷饮店或在教会日摆摊则构成营业。

4. 合法性（有争议）

根据传统的观点，经营活动必须获得许可。[5] 然而这并不应被理解为公法意义 9
上的许可，这是因为根据《商法典》第 7 条，商人身份恰恰不以此为前提。合法性更多地意味着对法律制度所否认之营业的排除，相关经营者不得获得商人享有的优待和信誉（如：任命经理，《商法典》第 48 条以下；根据《法院组织法》第 109 条的规定提名商事法官）。[6]

那些整体从事**非法或者违反善良风俗**的经营活动的营业是不法的（《民法典》第 134、138 条）。

举例： 通说认为，黑市军火商、毒贩、售赃者、高利贷主和皮条客等不属于营业经营者。

信赖该意义上的不法营业经营者是商人之人，可受表见商人理论的基本规则（本章边码 36 以下）的保护。

5. 营利性/营利意图（有争议）

根据之前的通说，营业活动应当至少以获取超过成本的盈利（利润）为目标。[7] 10
据此，仅以弥补成本为目的工作之人并未经营一项营业。然而，具有营利的意图即

---

[1]　*ROH-GE* 22，303.

[2]　BGHZ 74，273，276 f.；OLG *Düsseldorf* NJOZ 2002，1442，1444；也参见《商法典》第 105 条第 2 款；富有启发地对财产管理和营业的区分见 *Schön*，DB 1998，1169 ff.

[3]　RGZ 74，150.

[4]　RGZ 130，233，235.

[5]　参见 Großkomm/*Oetker*，§ 1 Rn. 40 ff.

[6]　对此正确的批评见 *K. Schmidt*，Handelsrecht，§ 9 Rn. 32 f.

[7]　自 RGZ 66，143，148 开始惯常的司法判决；最近的例如 OLG *Karlsruhe* NJOZ 2002，1595，1596；原则上留白 BGHZ 155，240，245 f.；对此研究现状参见 Großkomm/*Oetker*，§ 1 Rn. 37 ff.

已足，是否实际以及持续获利在所不问，获取的盈利也无须构成经营者的主要收入来源。① 营利无须是经营活动的唯一动机（关键词：动机束），也不以自利为必要。因此，公益与营利意图并不互相排斥。

举例：某教区持续地将教堂租给婚庆公司以提升教区青少年工作的预算②；帕绍大学法律系学生会经营一家法学旧书店（"书市"）并售卖课堂笔记以提高学生会的预算。

私人企业被推定具有获取营利的意图，而公共企业则需视情形而定。③

举例：社区的公共服务经营者、联邦银行（参见与之相反的《联邦银行法》第 19 条）以及储蓄银行④经营营业。

越来越多的学者认为必须具有营利意图的观点已经过时，这是正确的。以商人概念为连结点的商法特别规范的适用不应再以内部的营利意图之事实，而应以对外可知的具体事实为标准。对此，最合适的莫过于有偿的市场经营活动标准⑤；此外，还可以考虑的标准是符合经济原则的经营管理。⑥ 联邦法院在其最近的判决中也明确放弃必需的营利意图，诚然，其仅明确在消费者信贷法中放弃该标准并且（仍）未在商法上回答这一问题。⑦

6. 非自由职业活动

11　　将自由职业以及艺术和学术活动排除在营业概念之外（参见《自由职业合伙法》第 1 条第 1 款第 1 句和第 2 条、《营业秩序法》第 6 条第 1 款和《个人所得税法》第 18 条第 1 款第 1 项）的首要原因是阶层法的历史传统（它们不同于商人阶层），至少在商法中几乎不存在。诸如通过各自的阶层法实施治理、自由职业活动中的人的关联性或理念目标等实质性正当事由。⑧

举例：自由职业者（参见《自由职业者合伙法》第 1 条第 2 款规定的目录）主要包括律师（《联邦律师条例》第 2 条）、公证员（《联邦公证员条例》第 2 条第 3 句）、审计师（《审计师执业制度法》第 1 条第 2 款）、税务师（《税务咨询法》第 32 条第 2 款）、医生（《联邦医生条例》第 1 条第 2 款）、建筑师⑨、学者、艺术家、作

---

① OLG *Frankfurt a. M.* NJW-RR1991，243，246.

② 参见 RGZ 132，367，372。

③ BGHZ 49，258，260.

④ 按照帝国法院的判决 RGZ 116，227，228 f. 起决定作用的是经营产生利润的银行业务，而不是缺乏将利润上缴给地区法律实体的共同目的。

⑤ *K. Schmidt*，Handelsrecht，§ 9 Rn. 37 ff.

⑥ Ba/Ho/*Hopt*，§ 1 Rn. 15 f.

⑦ BGHZ 155，240，245 f.

⑧ 参见 *K. Schmidt*，Handelsrecht，§ 9 Rn. 21 ff.

⑨ *BGH* WM 1979，559，559.

家、家庭教师、职业翻译员、职业监护人①和葬礼致辞师②；药剂师③、推广咨询师④和牙科技师等不属于自由职业者。

尽管备受批评，但是 1998 年的《商法改革法》维持了自由职业活动的传统法律地位并因此维持了自由职业者的非商人身份。由此，即便在将来，商法规则也只在以下情形中可以对自由职业者产生影响：

- 重心在营业领域的**混合活动**，以及实质上可分离的不属于传统自由职业活动核心领域的活动。⑤
- 以**资合公司**形式（参见《商法典》第 6 条结合《联邦律师条例》第 59c 条第 1 款、《税务咨询法》第 49 条第 1 款、《审计师执业制度法》第 27 条第 1 款）或者以欧洲经济利益联合体形式（参见《欧洲经济利益联合体施行法》第 1 条）建立的自由职业者组织。
- 个别商法规则类推适用于自由职业者。立法者在 1998 年明确排除自由职业者适用狭义的商法规范，因此不存在违反计划的规则漏洞，尽管如此，仍允许考虑适用作为一般交易惯例的商事习惯。⑥
- **表见商人**理论的基本规则（本章边码 36 以下）。
- 合同中**约定**自由职业者等同于商人（格式合同中也间或有此类条款）。

二、营业具有*商事营业*的特征

只有特定的营业属于商事营业（真正商事营业，《商法典》第 1 条第 2 款），或被视为商事营业（不真正商事营业，《商法典》第 2 和第 3 条）。企业、营业和商事营业这三个概念之间的特殊关系如下图所示：

企业由物力和人力组成的组织化实体，企业主借此独立且持续地参与经济往来（详见第5章边码1）

经营性营业：以合法的方式、带有营利意图和非自由职业地经营的企业（通说）

商事营业：按类型和规模需要商人的构造或者经营者的字号被登记于商事登记簿的经营性营业

---

① 针对非律师的监护人存有不同的观点，*Mann*，NJW 2008, 121 ff.。
② 只要不使用同一个文本模板，参见 FG Niedersachsen DStRE 2004, 830, 830。
③ *BGH* NJW 1983, 2085, 2086.
④ 对此见《个人所得税法》第 18 条第 1 款第 1 项，BFH NJW 2009, 797.
⑤ 例如经营附带医生理疗的养老院适用商法规则，参见本章边码 23 以及 MüKo HGB/*Schmidt*，§1 Rn. 35.
⑥ 例如，参见对商人确认函理论的适用，第九章边码 19；关于类推适用商法规范产生的问题详见 *Canaris*，§21 Rn. 1 ff.；对类推的可能性未作回答 BGHZ 143, 314, 318.

（一）《商法典》第 1 条第 2 款的真正商事营业（当然商人）

14　　　根据《商法典》第 1 条第 2 款的定义，商事营业是"任何一个经营性营业，除非企业依类型或规模不需要一个**以商人方式构造的营业经营**"。通过这一定义，使所有类型的营业统一适用源自旧《商法典》第 2 条和第 4 条第 1 款所规定的依类型和规模需要以商人方式构造的营业经营的标准。① 由此，商事营业的概念自 1998 年起在内容上与传统的货物买卖再无牵连。毋宁说，这是一则**一般条款**，除真正商事营业（如批发商和零售商）外，还涵盖各类服务业和手工业。

15　　　对营业的类型和规模应当进行类型化的——灵活的、评价式的且不拘泥于特定强制性必要条件的——整体考量。② 经营性营业的"**类型**"是指业务的构成（质的标准：惯常业务的性质和种类、具体业务的运作模式、产品和服务的多样性、顾客群体的类型、汇票的使用）。经营性营业的"**规模**"是指营业的量级（量的标准：投入资本和运营资本的金额、营业额、信贷需求的额度、员工数量、营业场所的数量和规模、宣传的规模和仓储的容量）。营业额高达 25 万欧元的营业并不当然不会被视为小营业，这是因为总是需要类型化地整体考量所有的情形。③ 与之相反，即便营业额相比而言较低，但是也可能构成商事营业。④

　　　商人的构造的典型表征包括聘用有或无代理权的商业从业人员、划分业务领域和经营范围、进行商人（双重）簿记、保存业务往来文件以及使用商号标示营业主。

　　　需要一个商人的构造是指，商人的构造对于有序和有条理地开展业务以及保护交易相对方而言是必要的。起决定性作用的仅是，通过**对营业的类型和规模进行类型化地整体考量**得出商人的构造具有必要性，而无须事实上存在一个商人的构造。⑤ 如果存在商人的构造，那么原则上应当认为其也具有必要性。对于新设立的营业，尽管在评价时尚不存在商人的构造，但是其以商人的营业经营为目标并且这一目标能够在短时间内实现，则视为具有必要性。⑥ 同样地，已存的必要性可因营业经营的改变（营业额下降、业务结构简化等）而再次丧失（"降级"成为小营业，详见本章边码 27）。

16　　　根据《商法典》第 1 条第 2 款，**即便未将商号登记**于商事登记簿亦可成立商事营业。虽然登记商号是经营《商法典》第 1 条第 2 款上的商事营业的经营者的义务

---

① 详见 *Kögel*，DB 1998，1802 ff.。

② 详见 *Kort*，DB 2019，771 ff.；关于类型化思维一般性地见 Larenz, Methodenlehre der Rechtswissenschaft, 6. Aufl. , 1991, S. 461 ff.

③ *OLG Celle* NJW 1963，540.

④ *OLG Dresden* NJW-RR 2002，33 f.

⑤ *BGH* BB 1960，917，917.

⑥ BGHZ 10，91，96；关于设立人在设立行为中具有的经营者身份也见 *BGH* NJW 2005，1273，1274.

（《商法典》第 29 条），故而主管登记法院在认为已经满足《商法典》第 1 条第 2 款的构成要件时（《商法典》第 14 条，《家庭事务和非诉事务程序法》第 388 条以下）[1]，便可以在必要时采取强制登记措施。但是，此时的登记仅具有权利公示（宣示）的效力，不具有权利创设（设权）的效力。基于此，现行《商法典》第 1 条的（非官方）标题是"**当然商人**"，而不是之前具有误导性的"**必然商人**"（Musskaufmann），是完全正确的。当然商人单纯因经营其营业而全面地适用商法的特别规则。仅当商事审判庭的管辖权涉及当然商人时，为了法律的安定性额外要求作为被告的商人已经将其商号登记于商事登记簿（《法院组织法》第 95 条第 1 款第 1 项）。

综上，《商法典》第 1 条第 2 款规定的商事营业只取决于这一不确定的，且在商业交易中有时很难辨识的需要一项商人的营业经营标准。甚至特定情形下，在经法院全面质证后才能确定成立商人，以及只在某个特定时刻成立商人和只在诉讼当事人之间产生效力。[2] 由此产生了极大的**法律不确定性**，然而对此立法者认为可以通过商事营业的**可推翻性推定**以及借助商事登记的消极公示予以缓解。按照《商法典》第 1 条第 2 款的表述——该条款在登记程序中因职权审查原则（《家庭事务和非诉事务程序法》第 26 条）而不能适用，每一个主张其不是商人的营业经营者，都必须陈述并证明其营业按类型和规模无须一个以商人方式构造的营业经营（主张责任倒置和举证责任倒置："除非……不……"）。[3] 与之相反，如果商号未在商事登记簿登记或者未公示的营业经营者主张其构成商人，则善意信赖的交易相对方获得《商法典》第 15 条第 1 款的保护（有争议）。

> **示例：**小商贩 Krämer 经营一家小型手工艺品店，且未在商事登记簿上登记。在上一营业年度，K 的营业额达到 2.5 万欧元。Krämer 从批发商 Groß 处——Krämer 至今几乎所有的已出售的货物都来自该批发商——订购了 100 片彩色的硬纸板。随后 Krämer 决定再收购一家文具店，并雇用了一些兼职销售人员。
>
> 不久之后，G 有限责任公司为了重新布置橱窗，从 Krämer 处购买了一些其从批发商 Groß 处订购的彩色硬板纸。两周之后，对 Krämer 开设另外一家商店不知情的 G 有限责任公司的经理才发现交付的硬板纸上有污斑，在要求补正履行无果后，主张 Krämer 返还买卖价款。Krämer 主张在批发商返还其支付的价款后，才向 G 有限责任公司返还价款。问：当事人的权利义务为何？
>
> 当 G 有限责任公司的瑕疵担保权利未因《商法典》第 377 条的迟延异议而被排除（详见第十章边码 8 以下）时，Krämer 可能承担返还买卖价款的义务。然而，《商法典》第 377 条的适用以双方商事买卖即合同双方均是商人为前提。根据《商

---

[1] 详见 *Kögel*，DB 1998，1802，1803 f.

[2] 因此产生的批评见 *Heinemann*，FS Fikentscher，1998，S. 375 ff. 和 *Kaiser*，JZ 1999，495 ff.

[3] 也见 *OLG Karlsruhe* NJOZ 2002，1595，1595。

法典》第 6 条第 1 款结合《有限责任公司法》第 13 条第 3 款的规定，G 有限责任公司因其组织形式构成商人。营业经营者 Krämer 因未登记，只能依据《商法典》第 1 条第 2 款认定其商人身份。认定需要一个商人的构造的时间点是买卖合同订立时。由于 Krämer 的营业经营在此刻依类型（货物的多样性）和规模（两家商店、多名雇员）需要一个商人的构造，因此 Krämer 已经构成商人。然而，需要进一步审查的是，尚未在商事登记簿上登记其商号的 Krämer，根据《商法典》第 15 条第 1 款的规定，是否不能主张其商人身份并因此不能以迟延异议对抗 G 有限责任公司。针对立法者在 1998 年《商法改革法》的立法理由中明确提到的《商法典》第 15 条第 1 款的适用[1]，存在一些质疑。一方面，人们担心，通过这种方式《商法典》第 1 条第 2 款规定的适用于所有营业经营者的商人身份推定以及对商事登记设权效力的有意摒弃将在实践中再次部分地破灭。[2] 这一质疑虽然正确，但恰恰支持了立法者所建议的解决方案，因为通过这一方案一方面可以鼓励登记，另一方面可以为交易提供必要的保护。同样地，另一方面商事登记仅仅保护商事交易的简捷和便捷而不保护对某人不是商人的信赖[3]的这一反对理由也站不住脚。这是因为，根据通说和立法者的意旨，《商法典》第 15 条第 1 款规定的消极登记公示包含所有的登记义务事项，并且因此也包括构成商法连结点和枢纽的商人身份（参见第三章边码 12）。由于本案已满足《商法典》第 15 条第 1 款（详见第三章边码 12 以下）规定的前提要件，因而 Krämer 不能主张其具有的商人身份，即 Krämer 必须在 G 有限责任公司返还硬纸板的同时向其返还买卖价款（《民法典》第 346 条第 1 款、第 348 条结合《民法典》第 437 条第 2 项、第 434 条第 1 款第 2 句第 1 项和第 323 条第 1 款）。Krämer 同样可以在返还硬纸板的同时，要求批发商返还其已支付的买卖价款（《民法典》第 346 条第 1 款、第 348 条结合《民法典》第 437 条第 2 项、第 434 条第 1 款第 2 句第 1 项和第 323 条第 1 款）。这是因为，Krämer 能够主张并证明其在与批发商签订买卖合同时，还是一名未在商事登记簿上登记的小营业经营者，并且其迟延的瑕疵异议因不适用《商法典》第 377 条的规定而未导致瑕疵担保权消灭。

（二）《商法典》第 2 条的非真正商事营业（任意商人）

18　根据《商法典》第 2 条第 1 句的规定，一个按照类型和规模不需要以商人方式构造的营业经营（**小营业**），只要企业的字号已被登记在商事登记簿上，即被视为（拟制）商事营业。

举例： 周集市上的商贩、小卖部或小饭馆的老板、小的手工作坊。

[1] 参见 BT-Drs. 13/8444, S. 48。
[2] 参见 *Lieb*，NJW 1999, 35, 36。
[3] 参见 *Kaiser*，JZ 1999, 495, 501 ff。

《商法典》第 2 条产生下列**后果**：

• 小营业经营者获得通过**自愿设权性登记**其企业的字号（参见《商法典》第 2 条第 2 句）取得商人身份的机会。根据《商法典》第 105 条第 2 款的规定，小营业经营者也可以设立商事合伙。

• 已登记小营业经营者属于**"完整的"**商人，并且毫无保留地适用商法。与以往的不完全商人＊（Minderkaufmann）不同，针对已登记小营业经营者不存在对"傲慢的"商法的"弱化"适用。已登记小营业经营者原则上也不被视为消费者保护法意义上的消费者（例外：《破产法》第 304 条以下的消费者破产程序）。

• 如果小营业经营者后悔其因在商事簿上登记而成为商人，他可以启动一个具有未来效力的注销程序**消灭**其商人身份（《商法典》第 2 条第 3 句以及《商法典》第 105 条第 2 款第 2 句）。与农林业主不同（参见本章边码 20 以下），他们是真正的任意商人。*卡尔斯腾·施密特*将其形象地称为"持有回程票的任意商人"[1]。

• 若"当然商人"在登记后（参见本章边码 16）"降级"为小营业经营者，他可以对针对他的官方注销提出异议，并且将来"自愿"按照《商法典》第 2 条**保留商人身份**。

• 为了保护主张登记之人而同样规定营业因登记而成立商事营业的**《商法典》第 5 条之存在意义**存疑（详见本章边码 26 以下）。

• 登记官无须审查申请登记的企业按类型和规模是否需要一个以商人方式构造的营业经营。与以往的法律相比，**登记法院因此获得减负**，登记程序因此更加快捷。

> **考点提示：** 如果案件事实表明营业的经营者已经在商事登记簿上登记其字号，那么就可以并且应当放弃审查《商法典》第 1 条第 2 款（本章边码 14 以下）的事实构成要件。

未在商事登记簿上登记字号的小营业经营者虽然不是商人，但是他们在下列情形中可以部分地适用商法规范。（"非—但—部分—又是—商人"[2]）：

• 若未登记小营业经营者可归责性地导致商人身份之法律外观的产生，那么他作为**表见商人**得以部分地适用商法（详见本章边码 36 以下）。

• 《商法典》第 383 条以下、第 407 条以下、第 453 条以下以及第 467 条以下同样适用于小营业经营者，前提是相关的**行纪行为、货运行为、货运代理行为或仓储行为**总是或者仅在该情形下属于对营业的经营（《商法典》第 383 条第 2 款、第

19

＊　学界亦将 Minderkaufmann 翻译为小商人，但是为了与已经被翻译为小商人的 Kleinkaufmann 相区分，译者在此将 Minderkaufmann 翻译为不完全商人。另外，Minder 本身有较差：较低级之意，翻译为不完全商人更符合其本身的含义，且与 Vollkaufmann（完全商人）相对应。——译者注

① *K. Schmidt*，NJW 1998，2161，2163.

② *K. Schmidt*，ZIP 1997，909，913.

407 条第 3 款第 1 句、第 453 条第 3 款第 1 句以及第 467 条第 3 款第 1 句）。此外，在行纪行为（详见第十一章边码 2）以及货运、货运代理或仓储行为上，有关商行为（《商法典》第 343 条以下，详见第九章）的一般规则，《商法典》第 348～350 条除外，也适用于未登记的小营业经营者（《商法典》第 383 条第 2 款第 2 句、第 407 条第 3 款第 2 句、第 453 条第 3 款第 2 句和第 46 条第 3 款第 2 句）。[①] 由此导致，这类小营业经营者再次等同于以往的不完全商人（本书第 1 版第二章边码 27 以下）。

· 根据《商法典》第 84 条第 4 款以及第 93 条第 3 款，《商法典》第 84 条以下以及第 93 条以下的条文也适用于未登记的从事小营业经营的**商事代理人**（详见第六章边码 6 以下）**和商事居间人**（详见第六章边码 10 以下）。然而不同于经营行纪、运输或仓储营业的小营业经营者，针对非商人的商事代理人和居间人不存在对《商法典》第 343 条以下条文的参引，因此这些条文只能在个案中通过类推获得适用。[②]

· 最后，对于所有其他未登记的小营业经营者还在下列情形中存在**类推适用**商法规范的可能：这些商法规范本来表达的就是民法的一般法律理念（例如《商法典》第 354 条、第 358～360 条），或小营业经营者以类商人的方式参与商业交易（例如《商法典》第 56 条，详见第七章边码 29；商人确认函规则，详见第九章边码 19）。[③]

· 在**消费者保护法**领域，作为经营者的未登记小营业经营者总是被等同于商人（参见，例如《民法典》第 310 条结合《民法典》第 14 条。例外：《破产法》第 304 条）。

（三）《商法典》第 3 条的非真正的商事营业（非真正的任意商人）

20　　在 1976 年之前，**农林业主**仅能在经营的附属营业（如牛奶厂、锯木厂、饮食店）上自愿取得商人身份。这是因为，农林业的初级生产在传统上根本不属于营业，更遑论被视为商事营业。根据自 1976 年起施行的规则——1998 年《商法改革法》对其仅作了文字上的调整以匹配新《商法典》第 2 条，农林业主不仅可以自愿地将附属营业（《商法典》第 3 条第 3 款），也可以自愿地将全部的营业经营或者单独将农林业的主营业适用商法，前提是其按照类型和规模需要一个以商人方式构造的营业经营（《商法典》第 3 条第 1 款和第 2 款）。

1. 农业或林业的主营业（《商法典》第 3 条第 1 款和第 2 款）

21　　农业或林业的主营业在满足下列条件时构成商事营业：

---

① 对此的批评见 P. *Bydlinski*，ZIP 1998，1169，1174。

② KKRD/*Roth*，§ 84 Rn. 1.

③ 关于商法规范类推适用的问题详见 *Canaris*，§ 21 Rn. 1 ff. 和 *Siems*，Kaufmannsbegriff und Rechtsfortbildung，2. Aufl.，2003，S. 193 ff.；予以留白，BGHZ 143，314，318。

(1) 农业或林业的经营

农林业生产活动是通过利用土地获得或出售动植物原材料。鉴于存在对所获原材料的加工或处理（例如：屠宰、牛奶加工），对《商法典》第 3 条的适用并未被排除。因此，农林业经营包括耕种、种植果木、以自己生产的饲料饲养动物和养蜂。不属于农林业经营的有渔业、使用购买的饲料饲养动物、获得与生物体无关的矿藏资源以及单纯的农林产品贸易。

(2) 需要一个商人式构造的营业经营

《商法典》第 3 条第 2 款仅适用于根据类型和规模需要一个商人式构造的主营业。在此准用本章边码 15 所列各项标准。此处之类型首要以土地利用的形式为特征，规模特别以耕种的面积为标准。然而，由于《商法典》第 3 条只排除《商法典》第 1 条的当然商人规则（参见《商法典》第 3 条第 1 款），故而只要人们根据当今的通说认为农林业的原材料生产亦构成营业，那么小农林业主也可以根据《商法典》第 2 条成为任意商人。①

(3) 将字号登记于商事登记簿

此处之登记如同《商法典》第 2 条所规定的一样产生**设权效力**。农业主或林业主享有将企业字号申请登记于商事登记簿的权利，但**不负担该项义务**（农林业优待）。因此，他们在传统上同样被视为"任意商人"，尽管这一观点因《商法典》第 3 条第 2 款所含有的对注销商人字号的一般规范——《商法典》第 31 条第 2 款——的参引而不完全正确。不同于《商法典》第 2 条规定的小营业经营者，如果农林业主成功地在商事登记簿上进行了自愿登记，那么其仅当字号的登记自始非法或者因停止经营或丧失商人身份等嗣后非法时始可注销其字号。反之，如果登记时业已存在的《商法典》第 3 条的构成要件继续存在，那么其必须**保留商人身份**。因而，区别于《商法典》第 2 条，农林业主应当被称为"非真正的任意商人"或"无回程票的任意商人"。

2. 农业主或林业主的附属营业（《商法典》第 3 条第 3 款）

农业主或林业主经营附属营业的，该附属营业同样不适用《商法典》第 1 条和第 2 条的规定。根据《商法典》第 3 条第 3 款，农林业主经营的附属营业同样仅在满足符合目的所准用的《商法典》第 3 条第 2 款的构成要件时取得商事营业之特征。此举旨在防止《商法典》第 3 条第 2 款规定的任意性登记优待在特定情形下被架空，即农林业主在混合经营时（参见本章边码 23）根据判断商人身份的一般规则可能因其附属营业而成为《商法典》第 1 条第 2 款或第 2 条意义上的商人。《商法典》第 3 条第 3 款包含以下构成要件：

22

---

① 有争议，支持观点见 *P. Bydlinski*，ZIP 1998，1169，1173 f. 和 *K. Schmidt*，NJW 1998，2161，2163；援引立法理由得出的反对观点见 *v. Olshausen*，JZ 1998，717，719。

（1）附属营业

一方面，附属营业应当是一个在组织结构上相对**独立的营业**，其在整体的营业中并非只发挥附属性的局部功效（"企业"）。因此，单纯的销售点（如周集市上的摊位）或支持性的辅助部门（如葡萄种植主的灌装设备）不属于附属营业。

另一方面，按照交易观念，附属营业应当与农、林业主营业**相结合并且依附于主营业**。这必然首要体现在两个营业的所有者或者合伙人的身份同一性。此外，附属营业还需要与主营业存有经济上的关联，这种关联性可以特别通过加工或者出售农林业原材料（如牛奶加工作坊、动物屠宰作坊、果酒酿制作坊、饮食店、制材厂）以及通过加工或出售农林用地的天然成分（如生产泥炭作坊、采砂作坊、采石场、砖瓦作坊）得到建立。在满足上列条件时，即便附属营业的营业额高于农、林业主营业，也存在附属性。

（2）需要一个商人的营业经营

仅当附属营业本身按类型和规模需要一个以商人方式构造的营业经营时（参见本章边码 20 和 14 以下），才可将其字号登记于商事登记簿。

（3）将字号登记于商事登记簿

农业主或林业主只可以为附属营业或主营业，或者为整个营业进行自愿的设权性字号登记（详见本章边码 21）。[①]

> **要点：** 农、林业主可以自由决定是否将其一个需要商人构造的主营业和/或附属营业登记成为商人，但不能自由决定是否保留商人身份。

（四）作为商事营业的混合企业

23

针对经营范围涵盖不同业务的一体化组建的或者由一个合伙经营的企业（混合企业），商事营业这一属性取决于**对企业的整体考量**。若一个企业因自由职业彰显特色，则其经营因欠缺营业属性而当然不适用商法（参见本章边码 11 以下）；若一个企业的核心是农业或林业的营业经营，则优先适用《商法典》第 3 条（参见本章边码 20 以下）；其余情形下，对商事营业属性的判断取决于营业整体是否需要一个以商人方式构造的营业经营（《商法典》第 1 条第 2 款），或者小营业经营者的字号是否自愿地被登记于商事登记簿（《商法典》第 2 条）。

> **示例：** Bäumler 经营一家大型园艺作坊和苗圃园，并在他的门市部出售自己种植的观赏植物，偶尔也贩卖一些购进的货物。主管登记的登记法官 Reger 准备对 Bäumler 处以罚金，以督促后者申请登记其企业的字号。妥当否？
>
> 仅当 Bäumler 属于《商法典》第 1 条的商人因而负有商号登记义务，而不是属于《商法典》第 3 条的农场主因而不负担该义务时，Reger 才有权要求强制登记

---

① 参见 *K. Schmidt*，Handelsrecht，§ 10 Rn. 91。

（参见《商法典》第 14 条，《家庭事务和非讼事务程序法》第 388 条以下）。鉴于 Bäumler 经营一家一体化组建的混合营业（园艺作坊、贩卖货物）并且该营业因贩卖货物欠缺结构上的独立性和经济上的依附性而不适用《商法典》第 3 条第 3 款（参见本章边码 22），因而应当首先审查，该营业是否以贩卖货物为主业并因此导致 Bäumler 根据《商法典》第 1 条构成商人而负有登记义务。然而，对这一结论应当予以否认，这是因为行业中常见的补充性采购并不能改变园艺作坊的原材料生产所赋予的 B 的经营特征。[①] 与先前部分地区分经营主要是为了种植经济作物（属于农业并适用《商法典》第 3 条）或者主要是为了种植观赏植物（不属于农业并适用《商法典》第 1 条）不同，现今的司法判例和学理一致认为，园艺作坊和苗圃园属于狭义上的利用土地种植和出售植物产品的农林业，因而不得另行对待。[②] 综上，Bäumler 适用《商法典》第 3 条第 2 款，且不能通过处以罚金强制其履行仅因《商法典》第 1 条产生的登记义务。

应当区分对一家一体化混合企业的经营与同一个自然人对**多家**在组织上相互独立的**企业的经营**（参见第四章边码 28），对于后者，应当分别就每个企业判断其是否构成商事营业以及其经营者是否因此具有商人身份。 **24**

> **示例：** Herbert Klotz 在经营文具批发的同时，经营一家在组织结构上与此没有关联，特别是在会计上进行独立核算的小卖部，那么他在文具批发上构成《商法典》第 1 条第 2 款的商人，在小卖部上成立《商法典》第 2 条的任意商人。

三、经营者属性

只有"经营"商事营业之人（《商法典》第 1 条第 1 款）才是《商法典》第 1～3 条的商人。对于"经营"而言，关键在于以**经营者的名义**经营商事营业并且经营者作为具有权利能力的自然人、法人或者作为有权利能力的商事合伙因在商事营业上有效订立的交易取得权利和负担义务（关于类似的概念企业主，参见第五章边码 2）。 **25**

基于此，下列情形对于商事营业经营者的身份并且因此**对于商人的身份无关紧要：**

• 经营者不必须亲自在"他的"商事营业中工作，他既可以将单个交易也可以将整个营业的运营交由他人代理为之。换言之，代理人（例如父母、业务执行人、经理、破产管理人）不是经营者。因此，例如《药店法》第 7 条规定的亲自管理药

---

① 参见 *OLG Hamm* RdL 65，204，205。

② Großkomm/*Oetker*，§ 3 Rn. 12；*K. Schmidt*，Handelsrecht，§ 10 Rn. 89；E/B/J/S/*Kindler*，§ 3 Rn. 13.

店的行业法准则并不妨碍委任一名经理。[①]

• 经营者不必须为了自己的利益从事商行为，因此也可以例如作为行纪人（详见第十一章）为他人的利益行为。

• 经营者不必须是营业财产的所有权人，因而商事营业的承租人或者用益人也属于商人。

• 经营者不必须具有行为能力，无行为能力或限制行为能力人也可以成为商人。应当与此区分的是，根据《民法典》的一般规则（例如参见《民法典》第 122 条）认定单个行为是否有效，以及非完全行为能力人是否从单个行为中取得权利和负担义务。

• 经营者不必须拥有特定的能力，特别是无须接受特定的职业培训。文盲也可以成为商人。

• 商事营业的经营者无须公法上的营业许可即可成为商人（《商法典》第 7 条）。公法上的非法性既不能阻碍在商事登记簿上进行的登记，也不能导致官方注销程序的启动。然而，这并不表明在营业中从事的单个法律行为具有效力，关于它们的效力，适用《民法典》第 134 条。

> **示例**：Raphael Reich 作为唯一继承人继承了他父亲在斯图加特的机床厂。然而，Reich 更愿意将工厂的业务交给经理 Pfeiffer 经营，而自己完全遵照"在巴哈马更好"（It's better in the Bahamas）的信条留在加勒比海地区。然而，工厂经营状况急转直下并导致 Reich 陷入支付不能，Reich 遂启动破产程序并选任 Rasch 律师担任破产管理人。Rasch 为清偿债权人，遂将该商事营业卖给 Theo Tribbels，后者作为 Dieter Dreier 的受托人以自己的名义经营该商事营业。在将营业卖给 Tribbels 之前，Reich 是一个个体商人式的商事营业的所有者和经营者。经理 Pfeiffer 只是以他人的名义经营营业（《商法典》第 48 条以下），并且 Rasch 对债务人 Reich 的财产仅享有管理权和处分权，Reich 依然保有作为商人所必要的权利能力（《破产法》第 80 条第 1 款、第 159 条以下）。在营业转让之后，由 Tribbels 经营该营业。这是因为，他虽然为了 Dreiers 的利益但是以自己的名义行为。

尽管通说认为**破产管理人**以自己的名义行为（机构说），但是债务人依然是商事营业的经营者。这是因为破产管理人继续经营债务人的商事营业仅对破产财团产生效力。

[①] *OLG Karlsruhe NZG* 2017，186.

第六节 基于经营登记营业的商人（《商法典》第5条）

一、《商法典》第5条的商人含义

经营营业且将商号登记于商事登记簿之人根据《商法典》第5条属于商人，即便其事实上根本未经营*商事*营业。仅依登记而成立的商人亦被称为**"拟制商人"**，这是因为其虽然不属于《商法典》第1~3条意义上的真正商人，但是在私人的商业交易和诉讼程序中被视为商人。[①] 因此，在营业经营者已经登记的情形下，商人身份不再取决于营业按照类型和规模是否需要一个以商人方式构造的营业经营（参见《商法典》第1条第2款）。

鉴于1998年《商法改革法》重新修订了《商法典》第2条，之前对于交易保护有重大意义的《商法典》第5条严格来说本应完全可被废除。[②] 这是因为：一方面，对已登记的营业经营者具有商人身份的信赖完全可以通过《商法典》第2条获得保护（有争议；对此详见下段）；另一方面，这一条文在构成要件上欠缺经营性营业时不能适用（参见本章边码28）。然而，立法者显然"为了保险起见"而决定**保留这一条文**。

通说尝试限制《商法典》第2条和第105条第2款的文义，以确定《商法典》第5条的**适用范围**。[③] 为此，通说严格区分在《商法典》第1条第2款适用范围内的《商法典》第29条的义务性且单纯宣示性的登记，和根据《商法典》第2条以及第105条第2款的设权性登记。后者基于自主决定作出，并且申请登记是一个以获得商人身份为目的的创设实体性权利的意思表示。基于此可得出以下结论，即根据一般的解释规则（《民法典》第133条），《商法典》第29条的申请登记不包括依据《商法典》第2条及第105条第2款成为商人的表示。然而，这一解决路径首先招致的反驳是，《商法典》第2条和第105条第2款的文义仅指向将营业性企业的字号进行登记这一单纯事实，而无其他任何构成要件上的限制。[④] 此外，针对可以随时提出注销申请（参见《商法典》第2条第3句）的有意不作为，可完全被视为《商法典》第2条及第105条第2款意义上的默示表示，即基于设权性登记而希望

26

27

---

① *Canaris*，§3 Rn. 52；针对《商法典》第5条文义的批评见：E/B/J//S/*Kindler*，§5 Rn. 27 f.。
② 有争议；与本书相同观点见 *K. Schmidt*，JZ 2003，585，588 f.。
③ 对此见：Canaris，§3 Rn. 49 f.；Lettl，Handelsrecht，§2 Rn. 55。
④ *K. Schmidt*，ZHR 163［1999］，87，91 ff.。

保留商人身份。[1] 尽管如此，根据通说，《商法典》第 5 条可以在下列情形中获得适用：

• 已登记的营业经营者，其营业经营首先在事实上或被推定需要商人的构造并因此作为**当然商人**被强制地将其商号登记于商事登记簿并随后**降级**成为小营业或被发现实际是小营业[2]；

• 仅基于一项**无效的意思表示**而依《商法典》第 2 条完成登记的小营业经营者[3]；

• 基于**错误**并且非由本人促成的**已登记**的营业经营者[4]；

• **合伙**，其**相应地**基于起初（推定）具有商事营业的特征而作为当然商人根据《商法典》第 6 条第 1 款结合《商法典》第 1 条和第 29 条被登记，但是之后降级成为或被发现实际是小营业经营的合伙或者仅管理自己的财产，或者合伙基于无效的意思表示自愿将其商号根据《商法典》第 105 条第 2 款登记于登记簿，或者本人无意但是由于登记法院的错误而被登记于商事登记簿。[5]

二、《商法典》第 5 条的商人身份的构成要件

1. 经营一项营业

28　　　只有营业（本章边码 5 以下）的经营者可以成为《商法典》第 5 条的商人。这一要件源自该条之文义，该条只否认根据"在此商号下经营的*营业不属于商事营业*"而主张不具有商人身份。因此，仅可以摒弃*商事*营业的属性，而绝不能丢弃营业之属性。[6]

> **示例：**因疏忽大意，律师 Rasch 被登记于商事登记簿。某交易相对方主张 Rasch 属于商人，Rasch 可以据此提出抗辩，其是自由职业者，根本不经营任何营业，并且因此不适用《商法典》第 5 条。

2. 商号已被登记于商事登记簿

29　　　必要的只是商号已被登记于商事登记簿。《商法典》第 10 条的公示与商号管理法意义上的商号合法性一样，在此都不重要。此外，被登记之人是否通过提出登记申请参与登记亦无关紧要。[7]

---

[1]　例如见 *Schmitt*，WiB 1997, 1113, 1117。

[2]　*Lieb*，NJW 1999, 35, 36；KKRM/*Roth*，§ 5 Rn. 1.

[3]　KKRM/*Roth*，§ 2 Rn. 3.

[4]　*Schulze-Osterloh*，ZIP 2007, 2390, 2392；实践中少见。

[5]　*Canaris*，§ 3 Rn. 50.

[6]　绝对的通说，参见 BGHZ 32, 307, 313 f.；不同观点见 *K. Schmidt*，Handelsrecht，§ 10 Rn. 28 ff.

[7]　参见 MüKoHGB/*Schmidt*，§ 5 Rn. 20。

3. 主张登记（有争议）

根据《商法典》第 5 条的文义，该条仅当一方当事人在民事程序中明确或至少 30
默示主张登记时始获适用。因此，法院不得依职权主动适用《商法典》第 5 条，而
是仅在一方当事人的诉求以登记之人的商人身份为基础并为此援引登记时适用。[①]
同样地，营业经营者亦可自己主张登记，以获得对其有利的法律后果（例如《商法
典》第 352 条以下）（与之相反，表见商人身份的有限效力参见本章边码 47）。

与主张表见商人不同，主张登记之人无须善意信赖。这一结论不仅产生于该条的
文义，也源自该条的规范目的。《商法典》第 5 条不属于权利外观规范，这是因为，
该条旨在创造针对任何个体而言的商人身份的确定性并希望借此特别是对交易提供完
全的保护。当事人仅在违反诚实信用原则（《民法典》第 242 条）时，不得主张《商
法典》第 5 条。这特别指因恶意欺诈登记官员而骗取在商事登记簿上登记的情形。

4. 仅适用于私法关系和程序法律关系

这一构成要件源自对《商法典》第 5 条过于宽泛的文义所进行的双重**目的性限缩**： 31
* 根据通说，在公法以及特别在*刑法*中不适用《商法典》第 5 条。假如一个行
为的可罚性取决于商人身份（例如《刑法典》第 283 条第 1 款第 5 项），那么就必
须真正地存在商人身份而不能借助《商法典》第 5 条拟制商人身份。[②] 这再次彰显
了商法上的商人概念与公法上的商人概念的区分（也参见《商法典》第 7 条）。
* 此外，根据通说，《商法典》第 5 条不适用于与商业交易无关的*侵权和不当
得利请求权*。这一限制争议巨大，这是因为与《商法典》第 15 条（参见第三章边
码 12 以下）相反，《商法典》第 5 条恰恰不是一个信赖保护条文。这一争议主要在
《民法典》第 31 条是否在合伙法中适用上具有意义。[③]

> **要点：**只要被登记于商事登记簿的营业经营者的登记非基于欺诈产生，并且
> 他自己或者他人主张这一登记，那么他在私法上的交易中就被视为商人。

第七节 基于组织形式的商人（《商法典》第 6 条）

《商法典》第 6 条包含两项关于组织商人身份的规则，二者虽然在适用范围上
互有重叠但是依然属于不同的规则。

[①] 有争议，相同观点主要见：*Oetker*，Handelsrecht，§ 2 Rn. 56；不同观点见：Ba/Ho/*Hopt*，§ 5 Rn. 4。
[②] Großkomm/*Oetker*，§ 5 Rn. 22；E/B/J/S/*Kindler*，§ 5 Rn. 41 ff.；Ba/Ho/*Hopt*，§ 5 Rn. 6。
[③] 详见 MüKoHGB/*Schmidt*，§ 5 Rn. 39 f。

一、商事组织的商人身份

32　　　根据《商法典》第 6 条第 1 款，全部的商法规范都适用于商事组织。商事组织首先包括所有被登记于商事登记簿的组织，它们是普通商事合伙、有限合伙、股份公司、欧洲股份公司、有限责任公司、股份两合公司和欧洲经济利益联合体。此外，所有的外国商事公司或商事合伙与上述组织一视同仁。[①] 不属于商事组织的包括无登记能力的民事合伙（《民法典》第 705 条以下）、无登记能力的属于纯粹内部合伙的隐名合伙（《商法典》第 230 条以下，亦参见《商法典》第二编标题中的术语区分），以及应在合作社登记簿中登记的已登记合作社和欧洲合作社（参见《合作社法》第 10 条）。

　　　为了全面地理解《商法典》第 6 条第 1 款的规范内容，应当区分合伙和公司。

（一）作为商事组织的合伙

33　　　《商法典》第 6 条第 1 款将商事合伙与个体商人作同等对待，这表明具有权利能力的合手共同体——普通商事合伙（《商法典》第 105 条以下）和有限合伙（《商法典》第 161 条以下）——即便不属于拥有独立法律人格的法人，其**自身也具有商人身份**。虽然该条未明确规定商事合伙的合伙人具有商人身份，但是通说特别通过援引《商法典》第 128 条这一有关承担个人责任的合伙人（合伙人—商人）的责任规范，也认为，只要其为合伙事务而非为个人事务行为即具有商人身份。[②]

> **示例：**König 是一家有限合伙的普通合伙人。他向合伙债权人 Glotz 承诺，若该有限合伙未按照合同的约定履行合同，则其本人对他承担一份不合理的高额合同罚金。这一并未违反善良风俗的承诺因《商法典》第 348 条的特别规定而不能依据《民法典》第 343 条被降低至一个合理的数额，这是因为承担个人责任和无限责任的普通合伙人 König 作出的承诺不属于其个人事务。

　　　如果暂时不考虑《欧洲经济利益联合体施行法》第 1 条规定的欧洲经济利益联合体的特殊地位，那么根据通说，仅合伙经营商事营业时，才构成普通商事合伙或有限合伙，并因此属于商事组织（《商法典》第 105 条第 1 和 2 款、第 161 条第 1 款）。是否存在商事营业，应当依据《商法典》第 1～3 条（本章边码 4 以下）和《商法典》第 5 条（本章边码 26 以下）作出判断。因此，正如个体商人一样，合伙

---

　　① *OLG Düsseldorf* NJW-RR 1995，1184，1185.

　　② BGHZ 34，293，296 f.；*Canaris*，§ 2 Rn. 20；批评见 *Jung*，Der Unternehmergesellschafter als personaler Kern der rechtsfähigen Gesellschaft，2002，S. 278 ff.；有关讨论的现状另参见 Großkomm/*Oetker*，§ 1 Rn. 63 ff.；参见根据《Brüssel Ⅰ/Ⅰa 条例》欠缺消费者身份的作为业务执行人或合伙人与合伙关系密切的自然人汇票保证人 *EuGH* Rs. C-419/11.

的商人属性同样取决于，其是否经营一项按类型和规模需要以商人方式构造的营业经营（《商法典》第 1 条第 2 款、第 105 条第 1 款），或者其经营之营业是否经任意性登记而被视为商事营业（《商法典》第 2 条、第 3 条和第 105 条第 2 款）。如果不存在经营一个真正的商事营业，亦未将商号依《商法典》第 105 条第 2 款登记于商事登记簿，那么该合伙既不是普通商事合伙，也不是有限合伙，而是民事合伙。[①]

自由职业者合伙（Partnerschaftsgesellschaft）是自由职业者的联合（本章边码 11），从含义上即得出其不经营任何营业，故而不拥有以经营商事营业为前提的商人身份（参见《自由职业者合伙法》第 1 条第 1 款第 1 句）。

> **示例：** Bäumler 和 Blümler 签订合伙协议成立一家普通商事合伙，从事业已启动的苗圃营业和销售业务（培育林木和灌木、出售自己种植的和少量购入的产品）。二人已经申请将合伙的商号"Baumschule Bäumler & Co. OHG"登记于商事登记簿。在商号登记之前，二人即已开始营业。商人 Klotz 在购买第一批苗圃产品后，主张瑕疵担保权，Bäumler 和 Blümler 以合伙事务执行人的身份提出抗辩，指出 Klotz 因未按《商法典》第 377 条的规定及时异议而丧失瑕疵担保权。
>
> 在本案中，Bäumler 和 Blümler 作为已经成立的合伙的合伙事务执行人，如果涉及双方商事买卖，则只能援引《商法典》第 377 条。这首先以合伙具有商人身份为前提。Bäumler 和 Blümler 成立了一个合伙，仅当其经营商事营业时，成立普通商事合伙并因此构成《商法典》第 6 条第 1 款意义上的商事组织体（《商法典》第 105 条第 1 款）。在此情形下，需要回答合伙经营的苗圃营业以及销售营业是否构成《商法典》第 1 条的商事营业或者《商法典》第 3 条的营业。仅在第一种情形成立时，该合伙已经构成普通商事合伙，这是因为鉴于已经实施经营行为（参见《商法典》第 123 条第 2 款）而不再需要尚未完成的商事登记簿（宣示性）登记。与此相反，如果构成《商法典》第 3 条的营业，该合伙仅当完成在商事登记簿上的设权性登记后才成立商事营业。在此之前，该合伙不属于普通商事合伙并因此不构成商事组织（也见《商法典》第 123 条第 1 和 2 款），而是仅属于不具有商人身份的民事合伙。鉴于由 Bäumler 和 Blümler 设立的合伙所经营的营业符合《商法典》第 3 条意义上的营业特征，并且不具有在货物销售这一行业惯常范围内的营业特征（参见本章边码 23），因而 Bäumler 和 Blümler 属于民事合伙的事务执行人，不能适用《商法典》第 377 条。

此外，《商法典》第 5 条之规则（参见本章边码 26 以下）和有关表见商人之原则（参见本章边码 36 以下）也准用于合伙。

> **要点：** 经营商事营业的合伙，属于商事组织并取得商人身份。

[①] 部分不同观点见 *K. Schmidt*，ZHR 163［1999］，87，89 f.

（二）作为商事组织的公司

34   不同于合伙，公司（股份公司、股份两合公司、欧洲股份公司、有限责任公司）单纯依组织形式而总是被视为商事组织（参见《股份法》第 3 条第 1 款、第 278 条第 3 款，《欧洲股份公司条例》第 10 条结合《股份法》第 3 条，《有限责任公司法》第 13 条第 3 款）。因此，根据《商法典》第 6 条第 1 款的规定，它们即便未经营《商法典》第 1～3 条意义上的商事营业，也具有商人身份。在此意义上，它们被称为"形式商人"是完全正确的。

    举例：一家有限责任公司，依章程其应不以营利为目的修建奥运会所需之设施，故该公司不经营任何营业，尽管如此，该公司根据《有限责任公司法》第 13 条第 3 款的规定属于商事组织并因此按照《商法典》第 6 条第 1 款的规定构成商人。[①] 这同样适用于律师有限责任公司，即便该有限责任公司经营一项自由职业型企业（本章边码 11）。

    根据《商法典》第 6 条第 1 款，只有作为法人和商事组织的公司具有商人身份，公司股东和公司机关的成员并不因此成为商人。

二、团体的商人身份

35   根据《商法典》第 6 条第 2 款，"社团，法律不考虑企业的经营范围而赋予其商人身份的"，即便《商法典》第 1 条第 2 款的前提要件未获满足，也构成商人。此处"社团"是指所有的按照已登记社团（《民法典》第 21 条以下）的模式以团体的方式构造的组织。因此，《商法典》第 6 条第 2 款涵盖全部**公司**（股份公司、欧洲股份公司、股份两合公司和有限责任公司）和已登记的**合作社**（已登记合作社、欧洲合作社）。因此，公司不仅依据《商法典》第 6 条第 1 款，而且同样按照《商法典》第 6 条第 2 款的规定，属于商人。虽然合作社不是《商法典》第 6 条第 1 款意义上的商事组织，但是它们根据《合作社法》第 17 条第 2 款的规定原则上被等同为商人，并因此根据《商法典》第 6 条第 2 款构成商人。交互保险社团（**VVaG**）虽然不是形式商人，但是根据《保险企业监管法》第 172 条的规定，它们准用除《商法典》第 1～7 条之外的《商法典》第一编和第四编的规定。交互保险社团的财务会计准用《商法典》第三编第四章第二节结合该编第一章和第二章的规定。

    要点：公司和合作社仅依组织形式即总是构成商人。

[①]   BGHZ 66, 48, 49 f.

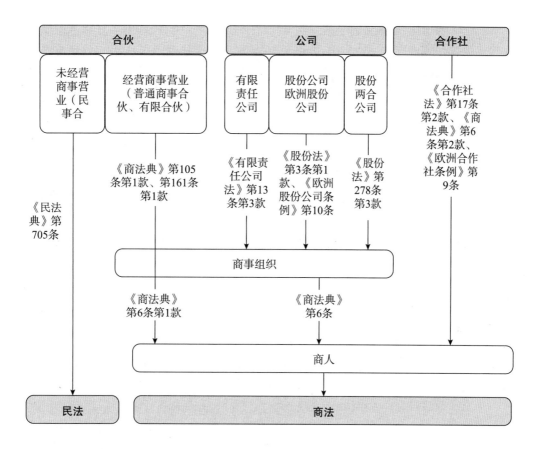

第八节 表见商人

一、表见商人的概念

表见商人是通过可归责之行为产生或维持商人表象之人。相对于因信赖该表象 36
而决定其行为的善意第三人，表见商人应当在一定范围内被视为商人。表见商人规
则由赫尔曼·史韬伯（Hermann Staub）于1900年通过下述非常原则化的表述引
入："在商业交易中以商人身份出现之人视为商人"[1]。

表见商人应当与下列类似的表见形式相区分[2]：

• **表见经营者（Scheinunternehmer）**，是产生或维持其是某企业的主体的表象
之人，而事实上该企业由另外一个主体经营。

① *Staub*, Kommentar zum HGB, 6./7. Aufl., Band I, 1900, Exkurs zu §5 Anm. 1.

② 参见 *K. Schmidt*, Handelsrecht, §10 Rn. 116 ff.; *Canaris*, §6 Rn. 27 ff.; *K. Schmidt*, JuS 2013, 553 ff.

> **示例**：已登记的包装商事营业个体商人的经理 Preußler 造成其是该商事营业经营者的表象。经理 Preußler 从事交易产生的权利和义务由作为所有者的个体商人 Eigner 享有和负担。然而，由于满足权利表象责任的构成要件，经理 Preußler 作为连带责任人承担责任。该权利表象必须清晰明确。因此，如果经理 Preußler 只是未公开企业主的身份，是不充分的（亦参见第五章边码 2）。

- 若产生或维持存在一个合伙的表象，则成立一个**表见合伙**。

> **示例**：个体商人 Klotz 谎称，其已将 Reich 作为承担个人责任的合伙人"纳入"。

- **表见合伙人**，是产生或维持其是某个合伙中承担个人责任的合伙人之人[①] *[以合伙人身份行为（gestio pro socio）]*。

> **示例**：Klotz 是 "Klotz & Co. KG" 中承担个人责任的合伙人，其因对非合伙人 Reich 和已履行出资的有限责任合伙人 Klein（参见《商法典》第 171 条第 1 款）的容忍造成二人也是承担个人责任合伙人的表象。

- 一个人可以**同时**是表见商人、表见经营者和表见合伙人。同样地，表见合伙人和表见合伙的构成要件也可能同时被满足。

> **示例**：Schön 可归责地造成其是 "Klotz & Co. OHG" 承担个人责任之合伙人的表象。对于信赖这一表象而行为的 Dreier 而言，其不仅是表见合伙人，按照通说，其作为承担个人责任的表见合伙人也是表见商人（参见本章边码 33）。如果现实中不存在 "Klotz & Co. OHG"，那么表见合伙的构成要件也获得满足。

二、表见商人的法律属性

37   表见商人**不是商人**，其既不经营商事营业（《商法典》第 1~3 条），也不属于《商法典》第 5 条或第 6 条之商人，其仅因可归责于他所产生或者维持的权利表象而应当在一定范围内被作为商人对待。因此，表见商人这一法律制度是可归责的**权利外观责任**的下位类型。权利外观责任的基础是诚实信用原则（《民法典》第 242 条），其存在于不同的制定法规则中（例如《民法典》第 171、370、405、409 条和《商法典》第 15 条）。如今，表见商人规则**已获得习惯法上的认可**，并且是典型的商法上交易保护的重要组成部分。

三、表见商人规则的功能

38   表见商人规则非常重要地**填补了《商法典》第 2、5、15 条**中的交易保护漏洞。众所周知，仅当以商人身份行为的营业经营者将其商号登记于商事登记簿时，《商

---

① 包括在商事登记簿中错误登记的合伙人 *BGH* NJW 2017，559。

法典》第 2 条和第 5 条才保护对商人身份的信赖。因此，这一保护不适用于经营者完全不经营任何营业（如自由职业者）或者营业经营者（尚）未登记（详见本章边码 28 以下）的情形。《商法典》第 15 条第 1 款无法消除是否至少曾经经营过一项应当登记的营业这一不确定性，并且《商法典》第 15 条第 3 款仅适用于不正确地公示商人身份的情形（详见第三章边码 12、21）。

四、表见商人的构成要件

表见商人的构成要件与权利外观责任的一般构成要件相同。因此，必须存在一个可归责于表见商人的商人身份外观，并且善意第三人因信赖这一外观而作出法律上的行为。在此，在各个构成要件下进行涵摄得出的结论特别取决于对双方的保护性利益的衡量。[①]

> **学习提示**：请结合其他权利外观责任以及信赖保护的案例学习表见商人规则（例如表象代理，《商法典》第 15 条；亦参见第三章边码 10)！

1. 不适用其他优先规则

表见商人规则对于《商法典》第 2、5 条（详见本章边码 26 以下）和第 15 条第 1 款及第 3 款（详见第三章边码 10 以下）具有补充性，因此仅当上述规范在事实构成上不能获得适用时（本章边码 38）才得适用。

2. 存在商人身份之外观

商人身份的外观可基于行为人或第三人的**任一可辨识的行为**产生。因此，商人身份的外观可以通过明示或者默示的方式针对公众或者某一特定的第三人产生。必要的仅是，第三人通过对个案中所有情形的整体考量**可以**从这一行为中**得出**具有商人身份这一并非符合实际情况的**结论**（客观受领人视角）。

> **示例**：非商人 Noll 将他的行为辅助人 Haller 称为"经理"，并因此造成经验老到的商人 Klotz 推断其为商人（参见《商法典》第 48 条第 1 款）。非商人 Klein 在其业务文件中附上多个业务账户，并使用一个只有商人使用的商号"Herbert Klein 时装店已登记商人"（参见《商法典》第 19 条第 1 款第 1 项、第 37a 条）。

然而，在确定外观的基础时，应当**注意**以下两点：

• 即便根据现行的法律规定对外行为只可能由商人作出，仍需审查，对于一个对可能甚至有争议的法律规定都不必然了解的第三人而言，是否在考量所有的情况下也可以事实上产生商人身份的外观。[②]

[①] 参见 *BGH* JZ 1971，334 f.。

[②] 参见 *K. Schmidt*，Handelsrecht，§ 10 Rn. 131 ff.。

41

40

39

> **示例：** 对于有经验的商人 Klotz 而言，将行为辅助人称为"经理"即意味着具有商人身份；但对于不了解《商法典》第 48 条第 1 款规定的经理权授予要件的第三人而言，不必然产生这一认知。

- 此外，不得仅基于某一待评价的且以商人身份为前提的法律上的行为论证成立权利外观，否则会陷入循环论证。[1]

> **示例：** Klein 是一家小型明信片店的店主，并且未在商事登记簿上登记。他口头为他的朋友提供保证。在此不能如此进行论证，即 Klein 已经如同商人一样通过口头作出保证表示，因此根据《商法典》第 350 条的规定不适用《民法典》第 125 条和第 766 条，该保证合同有效。

42　　假若非商人的法律形式为民事合伙，其对外以商人身份行为同样导致产生表见商事合伙之外观。[2]

> **示例：** Krämer 和 Klein 共同经营一家小卖部，并且未在商事登记簿上登记。他们向一个潜在的贷款人谎称他们五家小卖部需要大规模的融资。此时，法律形式是民事合伙的非商人 Krämer 和 Klein 造成普通商事合伙（参见《商法典》第 1 条第 2 款和第 105 条第 2 款）外观的产生。在此，不应混淆产生单纯的表见商事合伙外观（事实上只是存在一个民事合伙）与产生事实上根本不是合伙的表见合伙外观（参见本章边码 36）。

3. 可归责性

43　　权利外观的产生可归责于某人，是指权利外观因该人作为而产生，或因该人违反义务的不作为而被维持。

当事人**自身造成**权利外观产生的，不以存在过错为必要。

> **示例：** 政府机关职员 Norbert Noll 作为兼职侦探，以祖传的标志"曼海姆 Manfred Noll 侦探社已登记商人"在很小的范围内继续经营从其父亲继承并已在商事登记簿上注销登记的私家侦探社。当 Noll 因一台由商贩 Holm 向侦探社交付的电脑存在瑕疵而主张质量瑕疵担保权时，Holm 以 Noll 迟延异议为由主张《商法典》第 377 条之抗辩。Holm 声称，其认为 Noll 是商人，并因此认为这是在商事买卖中常见的快捷的业务经营（参见第十章边码 9）。Noll 则认为，他未能预料到，不是商人的他不应当继续将由他父亲命名的具有宣传效果的商号作为经营标志使用。他咨询他的律师 Rasch，他是否造成了一个可归责于他的权利外观，或者他是否能够至少在事后消除这一权利外观。
>
> 问题首先是，非商人 Noll 是否造成了其商人身份外观的产生。其前提是，Holm 在整体考量所有的情形后是否可以认为 Noll 是一个商人。毫无疑问的是，Noll 使用了一个按照现行商号管理法只能由商人作为商号使用的经营标志（参见第

---

[1]　参见 *K. Schmidt*，Handelsrecht，§ 10 Rn. 114。

[2]　参见以及同时对此批评 *K. Schmidt*，Handelsrecht，§ 10 Rn. 127 f.

四章边码 12）。即便这一在商业交易中不合法的商号使用就其本身而言并不总是必然产生原则上与单纯的法律衡量无关的商人身份外观（参见本章边码 41）①，完全熟知商号构成的商人 Holm 基于后缀"曼海姆侦探社"和"已登记商人"得出 Noll 具有商人身份是正当的。② Noll 所犯的完全情有可原的错误并不能改变由其自身造成的权利外观的可归责性，因为此时可归责性不以过错为必要。Rasch 也会向 Noll 解释，基于内容错误（类推适用《民法典》第 119 条第 1 款）而对产生权利表象行为的撤销通常不被允许。这是因为，如果允许，就会导致上述建立的对信赖可归责权利外观的第三人（此处为 Holm）的保护归于消灭。③

权利外观由**第三人**造成的，根据通说，仅当表见商人对第三人的行为知情，或者至少能够知情并且采取措施消灭权利外观对其而言可被合理期待时，才存在可归责性。④

示例： Maier 是 Klein 的非商人营业中的一名员工，他以"经理"的名义与交易相对方 Dreier 行为，且 Klein 对此知情。Maier 同样以"已授予经理权（ppa）"在与供应商 Läufer 的买卖合同中签字，但是 Klein 对此不知情。Klein 未阅读 Läufer 寄来的合同复印件，便将其归入文件夹。Maier 的行为导致针对 Dreier 和 Läufer 成立的商人身份外观可归责于 Klein。这是因为，他容忍 Maier 以经理的身份与 Dreier 进行交易，以及如果他尽到商业交往中的必要注意则能够知悉 Maier 以经理的身份与 Läufer 进行交易。

此外，根据通说，可归责性还以表见商人具有**完全民事行为**能力为前提。这是因为，即便在商法中，对非完全民事行为能力人的保护也原则上优于对交易的保护。⑤

4. 第三人善意

在此要件下，不仅积极的知情，而且不同于《商法典》第 15 条第 1 和 3 款，对真实事实的过失不知情也会损害第三人。根据通说，轻过失即已足够。⑥ 然而，第三人原则上不承担审查义务⑦，尤其例如审查商事登记簿之义务⑧，例外仅存在于外观明显可疑或者首次签订重大交易时。有疑义时，推定成立第三人善意。⑨

44

① 以及参见 *Canaris*，§6 Rn. 13 ff.。
② 参见 Großkomm/*Oetker*，§5 Rn. 29；Ba/Ho/*Hopt*，§5 Rn. 10。
③ 参见 Ba/Ho/Hopt，§5 Rn. 11；不同观点见 KKRM/*Roth*，§15 Rn. 61。
④ 参见 *Brox*/*Henssler*，Rn. 65。
⑤ 参见 *Canaris*，§6 Rn. 70；不同观点见 *K. Schmidt*，Handelsrecht，§10 Rn. 136；也参见本书第三章边码 13、25。
⑥ *BGH* JZ 1971，334 f.
⑦ *BGH* NJW 1987，3124，3126.
⑧ *OLG Karlsruhe* JZ 1971，335，336.
⑨ 参见 *Canaris*，§6 Rn. 77。

5. 有因果关系的信赖行为

45 　　不同于《商法典》第 5 条，表见商人的构成要件还包括，第三人因信赖商人身份而致使其作出某一法律行为上的或事实上的决定。这一构成要件首先要求，该权利外观在作出信赖行为时依然存在并且第三人以某种形式知悉造成该权利外观的事实。第三人须随后因受表见商人身份的影响作出行为。有争议的是，第三人是否应当按照一般的原则证明权利外观的原因性[①]，或者适用对表见商人不利之证明责任倒置。[②]

6. 私法上的交易行为

46 　　比《商法典》第 5 条（参见本章边码 31）更加明确的是，表见商人规则仅适用于私法上的交易行为。在纯粹的侵权法领域，因欠缺有因果关系的信赖行为而不满足这一事实构成。对于公法和刑法而言，表见商人的事实构成是陌生的。表见商人既不负担簿记义务，也无向工商业协会缴纳会费之义务。表见商人同样不会导致产生商事法庭的管辖权（《法院组织法》第 93 条以下）。最后，表见商人不能以其表见商号起诉或被诉。[③]

五、表见商人的法律后果

47 　　不同于单纯依登记成立的商人（《商法典》第 5 条），表见商人不是商人。因此，**表见商人**的法律后果相比于《商法典》第 5 条的规定，在三个方面**受到限制**：

　　• 根据通说，商人身份之外观仅对**参与交易的当事人**有效，对未参与交易的当事人不产生效力。[④]

　　示例：表见行纪人 Schön 将一个 Eich 所有的中国明朝花瓶卖给善意第三人 Dreier，并谎称已获得 Eich 的授权。通说认为，即便 Dreier 无重大过失地信赖与事实不符的 Schön 之处分权，但是由于 Schön 欠缺商人身份，Dreier 不能取得所有权。这是因为，表见商人规则不应导致未参与交易的当事人 Eich 承受不利，并且根据通说，《商法典》第 366 条不保护对商人身份的善意信赖（参见第九章边码 44）。

　　• 商人身份之外观仅**保护**善意**第三人**，而不是给其带来不利。

　　示例：供货商 Läufer 可以向表见商人 Schön 主张《商法典》第 377 条，反之，Schön 不可以要求 Läufer 支付较高的 5% 的法定利息（《商法典》第 352 条）

　　• 有疑问的是，表见商人是否仅在**强制性**保护规范的适用范围之外才应当被等同于商人。[⑤]

---

①　例如 Ba/Ho/*Hopt*，§ 5 Rn. 13。
②　例如 *Canaris*，§ 6 Rn. 77。
③　*Schuler*，NJW 1957，1537，1538.
④　Großkomm/*Oetker*，§ 5 Rn. 40；Oetker/*Körber*，§ 5 Rn. 56；不同观点见 *Canaris*，§ 6 Rn. 26。
⑤　赞同 Schlegelberger/*Hildebrandt*，§ 5 Rn. 19；反对，未成年人保护规范除外 Ba/Ho/*Hopt*，§ 5 Rn. 16；区分表见商人的不同企业形态 *Canaris*，§ 6 Rn. 23 ff.；同样也见 E/B/J/S/*Kindler*，§ 5 Rn. 81 ff.

举例：可以适用对表见商人不利的《商法典》第347、362、377条，但不适用《商法典》第348和350条，这是因为后两条被保护非商人的强制性规范《民法典》第343、766、780、781条排除适用。未成年人保护同样优先于表见商人规则。[1]

在任何情况下，当交易相对方被表见商人恶意欺诈时，例如他因保证人主张自己虚假的商人身份而未获得其索要的书面保证表示，交易相对方可以主张欺诈行为的抗辩。[2]

要点： 表见商人不是商人，但是其因可归责于他产生或持续的权利外观而对于信赖该权利外观的善意第三人而言，原则上应当被等同于商人。

第九节　本章复习

一、商人身份的审查范式

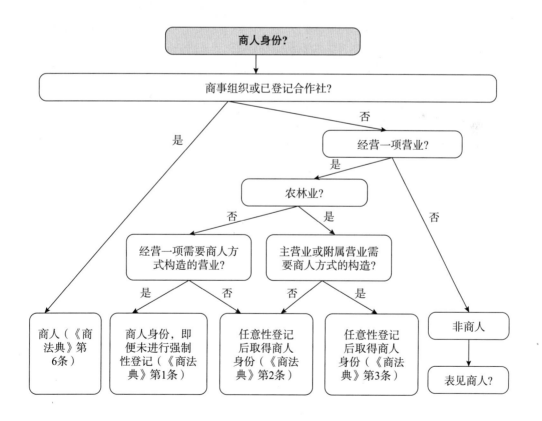

---

① RGZ 145，155，159.

② 对此亦见 *Hofmann*，B Ⅲ 2d gg。

二、本章总结

□除单纯依组织形式获得商人身份外，经营营业是获得商人身份的基础。

□在商法中，通说认为**营业**是一类活动，其：

- 被独立实施，
- 对外可知，
- 持续进行，
- 合法的（有争议），
- 以营利为目的以及参与市场获得报酬（有争议）并且
- 不属于自由职业。

□**经营者**是一个权利主体，以他的名义经营营业，并以他的名义取得和负担在营业中有效实施的法律行为所产生的权利和义务。

自 1998 年商法改革后，现行商法规定了以下**商人类型**：

商人类型	法条	构成要件	登记	登记效果	法律后果
当然商人	《商法典》第 1 条	经营一项营业；根据类型和规模需要商人的构造	义务性	宣示性	原则上适用全部商法
任意商人	《商法典》第 2 条	经营一项营业；按照类型或规模无须商人的构造；商号登记于商事登记簿	任意性	设权性	原则上适用全部商法
非真正任意商人	《商法典》第 3 条	农业或林业作为主营业；需要商人的构造；主营业或附属营业之商号登记于商事登记簿	任意性	设权性	原则上适用全部商法
拟制商人	《商法典》第 5 条	经营一项营业（有争议）；商号登记于商事登记簿；主张该登记	非必要	设权性	原则上适用全部商法，但是仅在私人的商业交易和诉讼程序中
形式商人	《商法典》第 6 条	商事组织（普通商事合伙、有限合伙、欧洲经济利益联合体、有限责任公司、股份公司、欧洲股份公司、股份两合公司）或合作社（已登记合作社、欧洲合作社）	原则上义务性	原则上设权性（例外：《商法典》第 123 条第 2 款）	原则上适用全部商法

续表

商人类型	法条	构成要件	登记	登记效果	法律后果
表见商人	习惯法（权利外观责任）	可归责的行为导致商人外观的产生或持续	—	—	不是商人；对于基于善意信赖商人身份外观而决定其行为的第三人而言，应当在一定范围内被视同商人

三、考试案例 1（网络中的商人）

考试时间：120 分钟

案件事实

在慕尼黑大学攻读信息专业的大学生 Berthold Bitter 向大学的员工出售个性化软件以赚取部分学费。Bitter 在家里的电脑上按照订制要求开发软件。他将已经用特定的编程语言加密的软件存储于硬盘，之后固定地以这一方式将软件卖给他的客户。Bitter 去年的营业额至少有 2 万欧元，他未在商事登记簿上登记。

Bitter 看到一则报纸广告——著名的软件企业"Cyber 有限责任公司""在线"通过网络向商人客户以优惠的价格出售一些新颖的电脑软件，遂作为"Cyber 有限责任公司"的潜在客户将填好的申请表通过邮局寄出。在"商号"一栏中，他填写了"Berthold Bitter 软件之家已登记商人"这一标识。在"企业账户"一栏，他填写了他在 B 银行和 C 银行的两个私人账户。随后，Bitter 收到一份带有账号和密码的注册登记证明书。紧接着，他使用该账号和密码通过网络从"Cyber 有限责任公司"的服务器上下载了一个标价为 250 欧元、可以帮助其进行软件开发的"Xedon"标准程序到他的电脑上，费用直接从他的账户扣除。

由于 Bitter 忙于应付考试并随后在法国度假一段时间，直到 5 周之后他才开始使用这个"Xedon"程序。他随即发现下载的软件存在许多明显的缺陷，导致该软件无法在他的个人电脑上正常使用。因此，Bitter 联系"Cyber 有限责任公司"并要求交付一个无瑕疵的 Xedon 程序。但是他的要求被拒绝了，因为他本来应当更早地告知软件瑕疵。而且，给予商人客户优惠价格正是因为商人之间的交易通常非常迅捷。Bitter 咨询他的律师，他是否能够成功地要求重新交付程序。问：双方当事人权利义务关系为何？

参考答案

可考虑的请求权基础只有《民法典》第 439 条第 1 款结合《民法典》第 437 条第 1 项、第 433 条、第 434 条第 1 款第 2 句第 1 项。

（一）请求权构成要件

Bitter 主张的补正交付权的构成要件包括，原则上存在一个相应的瑕疵担保权（参见下文 1）和根据《商法典》第 377 条的规定该权利未因迟延异议而被排除（对此见下文 2）

1. 质量瑕疵担保权的原则性适用（＋）[*]

仅当在 Bitter 和"Cyber 有限责任公司"之间成立一个有效的合同并且该合同适用买卖合同的瑕疵担保责任（《民法典》第 434 条以下）时，Bitter 始享瑕疵担保权。

a）有效的合同订立（＋）

"Cyber 有限责任公司"在报纸上的广告以及 Bitter 作为潜在客户提出的申请不构成具有拘束力的合同要约。"Cyber 有限责任公司"的"Xedon"程序在网络服务器上被标价 250 欧元可被下载时，其对于获得账户和密码的顾客是一份有拘束力的要约，Bitter 按照上述条件将该程序下载到他的电脑上构成他对这一要约作出的承诺。

b）《民法典》第 434 条以下适用于该合同（＋）

aa）瑕疵担保权的直接适用（－）

《民法典》第 434 条以下仅直接适用于《民法典》第 433 条第 1 款意义上的物之买卖。虽然，在永久性地购买一个如本案中事先制作并存储于硬盘的标准化软件的情形下，其基础性的负担行为被司法裁判和学界通说认为构成对《民法典》第 90 条和第 91 条意义上的可替代物的购买，而不属于《著作权法》第 31 条意义上的使用权购买合同、精神创造的承揽合同、关于生产不可替代物的定作合同或者含有许可合同要素的单独类型的合同。但是，这一观点完全取决于程序副本在数据存储载体上的实体化。[①] 然而，从网络上下载软件恰好缺少这一实体化载体。[②]

bb）根据《民法典》第 453 条第 1 款准用瑕疵担保权（＋）

"Xedon"程序是通过网络销售的标准化软件，属于《民法典》第 453 条第 1 款意义上的其他买卖标的，因此准用《民法典》第 434 条以下。[③]

c）根据《民法典》第 434 条第 1 款第 2 句第 1 项该程序存在瑕疵（＋）

电脑程序"Xedon"在下载到 Bitter 电脑时（准用《民法典》第 446 条第 1 句风险已转移），即存在《民法典》第 434 条第 1 款第 2 句第 1 项意义上的物之瑕疵，这是因为该程序不符合合同的约定，无法在个人电脑上运行。

d）不存在《民法典》第 442 条第 1 款的责任排除情形（＋）

Bitter 对瑕疵既不知情（《民法典》第 442 条第 1 款第 1 句），也非因重大过失

---

[*]　德国案例分析中，通常用"＋"表示成立，"－"表示不成立。——译者注
[①]　参见 *BGH* NJW 1988, 406, 407 f. ; *König*, NJW 1993, 3121, 3124。
[②]　参见 *BGH* NJW 1990, 320, 321; *Müller-Hengstenberg*, NJW 1994, 3128, 3130。
[③]　Palandt/*Weidenkaff*，§ 453 BGB Rn. 8；也参见关于旧法的裁判和文献 *BGH* NJW 1990, 320, 321; *Mehrings*, NJW 1993, 3102, 3105 und *Kort*, DB 1994, 1505, 1506 f.

不知情（《民法典》第 422 条第 1 款第 2 句）。

e）瑕疵担保请求权未罹于诉讼时效（＋）

Bitter 可以在该程序不能运行后两年内通过提起诉讼主张瑕疵担保请求权。因此，根据《民法典》第 438 条第 1 款第 3 项之规定，该请求权并未罹于诉讼时效。

2. 瑕疵担保权利未因《商法典》第 377 条而失效（一）

然而问题是，Bitter 要求补正交付的权利是否因《商法典》第 377 条第 2 款的拟制认可而被排除。如果 Bitter 和"Cyber 有限责任公司"订立了双方商事买卖，并且 Bitter 在出卖人交付后未及时检验该瑕疵货物并就存在瑕疵向"Cyber 有限责任公司"的可靠的员工提出异议，那么就可以排除该项权利。

a）双方商事买卖（＋）

《商法典》第 377 条仅适用于买卖合同或定作合同（《商法典》第 381 条第 2 款）对于合同双方均构成商行为的情形（《商法典》第 377 条第 1 款中"对于双方当事人"）。

aa）订购软件构成《商法典》第 377 条意义上的买卖或定作合同（＋）

在《商法典》第 377 条第 1 款的框架内，起决定作用的首要是订购软件在法律上被认定为关于动产（货物）的买卖或定作合同。如同上文所述（上文 1 下 b 下 aa），通过网络下载的标准化软件不能被视为《民法典》第 90 条意义上的物。在商事买卖法中，同样不存在一个类似于新《民法典》第 453 条第 1 款的指示规范。对此，商事买卖法并未针对 2002 年修订的债法作出调整。然而，本案应当类推适用《商法典》第 377 条。[①] 这是因为，将购买的标准化软件直接安装在 Bitter 电脑上与绕道通过 Bitter 所有并占有的移动硬盘进行的转录在经济效果上相同，这与只在已安装软件的电脑的硬盘上可被读取的软件欠缺物之属性无关。就此而言，《商法典》第 377 条也应以与物之买卖相同的方式实现其缩短诉讼时效、减轻损害和证据保全（对此参见第十章边码 9）的功能。

bb）对"Cyber 有限责任公司"而言构成商事行为（＋）

根据《商法典》第 343 条第 1 款，商事行为是商人所有的经营其商事营业的行为。根据《有限责任公司法》第 13 条第 3 款，不论"Cyber 有限责任公司"是否经营营业，均构成商事组织，并因此按照《商法典》第 6 条第 1 款的规定属于单纯依组织形式之商人。与 Bitter 订立软件订购合同对"Cyber 有限责任公司"而言是一项法律行为，且属于"Cyber 有限责任公司"对其商事营业的经营。

cc）对 Bitter 构成商事行为（＋）

aaa）基于经营一项商事营业的商人身份（一）

Bitter 虽未在商事登记簿上登记，但可能依据《商法典》第 1 条构成商人。对

---

① 也见，*BGH* NJW 1993, 2436, 2437 f.。

此，他必须经营一项按类型和规模需要以商人方式构造的营业经营。

通说认为，营业是一项对外可知、持续、以合法的方式具有营利目的且不属于自由职业的独立性活动（参见本章边码 5 以下）。此处的争议仅在于不属于自由职业这一构成要件，这是因为很难将新近产生的如软件开发者的职业归入传统上未受该职业影响的自由职业群体抑或非自由职业群体。在此，不仅欠缺可以用于涵摄的自由职业的定义，更缺少可靠的区分标准。立法者在《自由职业者合伙法》第 1 条第 2 款列举的该法意义上的自由职业者中根本未提及软件开发者，更早的《个人所得税法》第 18 条第 1 款第 1 项和《营业法》第 6 条第 1 款的目录中同样也不包括软件开发者。因此，决定性的是，在交易观念中，软件开发者是否符合"典型的"自由职业者（医生、律师等）所具有的特征。据此，软件开发者不能被归入自由职业者。这是因为，他从事的并不是一项别具个体性的活动，并且不存在诸如可能禁止他广告宣传的职业法。[1] 他的行为更多地以与营业经营相似的方式贴近市场并参与竞争。[2]

然而有疑问的是，Bitter 经营的营业是否依类型和规模需要一个以商人方式构造的营业经营并因此构成《商法典》第 1 条第 2 款意义上的商人。对此只能得出否定的结论，因为不论是该营业经营的类型还是规模都不需要一个商人的构造。虽然 Bitter 在去年取得一定的营业额，并且因此根据《增值税法》第 19 条第 1 款第 1 句不再被视为小经营者，但是营业额的规模以及因此导致的增值税处理只是在《商法典》第 1 条第 2 款框架中需要考虑的一个因素，而绝不是唯一的决定性因素。[3] 其他的事实状况（没有员工、没有营业场所、局限于当地的客户群、没有较高的信贷需求、尽管有个体化的设计但无多样化的产品）更多地不支持需要一个商人的构造。

因此，Bitter 不是商人。

bbb）Bitter 构成表见商人（+）

由于买受人构成表见商人也可以导致《商法典》第 377 条的适用，因而需要审查，对于"Cyber 有限责任公司"而言，非商人 Bitter 是否不应当被作为表见商人对待。

（1）商人身份之外观（+）

首先，Bitter 必须造成商人身份外观的产生。他通过填写申请表格造成了这一权利外观的产生，因为处理 Bitter 申请表的"Cyber 有限责任公司"员工可以基于表明一定规模的"Berthold Bitter 软件之家已登记商人"这一商号和两个"业务账

---

① 参见 *Maier*，NJW 1986，1909 ff.

② *BayObLG* NZG 2002，71；但是也参见针对《个人所得税法》第 18 条第 1 款第 1 项的判决 *BFH* DStR 2004，1739 ff. 独立的电子数据处理咨询师和电脑应用软件开发者因与建筑师具有可比性而被归入自由职业者。

③ 参见 *OLG Celle* NJW 1963，540 和本章边码 15。

户"认为 Bitter 经营的营业具有商人的特征。

（2）权利外观的可归责性（＋）

该权利外观可归责于 Bitter，这是因为他自己造成的这一权利外观，在此不以 Bitter 的过错为必要。

（3）合同相对方的善意（＋）

"Cyber 有限责任公司"中对此负责的管理员工对 Bitter 事实上不具有商人身份不知情，而且该不知情非因过失产生。尽管是首次与 Bitter 进行交易，但是对于出卖方而言无须审查以商人客户身份出现的 Bitter 所提交信息的正确性。通过类推适用《民法典》第 166 条第 1 款，公司管理员工的善意应被归为"Cyber 有限责任公司"的善意。[1]

（4）有因果关系的信赖行为（＋）

"Cyber 有限责任公司"作出因果关系上的信赖行为是给予用户名和密码。这是因为，只有如此，Bitter 才有机会作为用户名和密码的所有者通过网络作出对卖出要约的承诺。由于"Cyber 有限责任公司"仅向商人客户发出要约，且仅商人客户应获得用户名和密码，因此 Bitter 的表见商人身份构成了信赖行为的原因。

因此，Bitter 的行为满足表见商人规则的构成要件。订购"Xedon"程序对其而言同样属于《商法典》第 343 条第 1 款意义上的商事行为，这是因为该程序被用于以开发软件为业的表见商事营业，该行为属于与营业有关的行为。

dd）中间结论（＋）

订购"Xedon"程序构成《商法典》第 377 条意义上的双方商事买卖。

b）交付一个不符合约定的货物（＋）

在通过网络从"Cyber 有限责任公司"的服务器上下载"Xedon"程序到 Bitter 的电脑上后，该瑕疵软件（见上文）进入 Bitter 的控制领域，即 Bitter 事实上可以对该软件进行检查（《商法典》第 377 条第 1 款意义上的交付）。关于软件交付的时间点一般较晚的假设被通说正确地予以否认[2]，这是因为，买卖标的之复杂性不影响交付的时间，而仅影响《商法典》第 377 条第 1 款规定的检查的时间、方式和范围。

c）适法异议的迟延（＋）

根据《商法典》第 377 条第 1 款，在交付之后，只要按照正常的经营是可行的，买受人即须不迟延地检查货物并告知出卖人可能的瑕疵。Bitter 在 6 周之后才告知"Xedon"程序存在瑕疵。如果不迟延地——不存在可归责的迟延（参见《民法典》第 121 条第 1 款第 1 句）——进行审查，那么就可以更早地发现可辨识的瑕

---

[1] 参见 Palandt/*Ellenberger*，§ 166 Rn. 6。
[2] 关于标准软件见 BGHZ 143，307，311；不同观点见 *OLG Düsseldorf* ZIP 1989，580，582。

疵，并因此可以更早地提出异议。因此，Bitter 并未适法地提出异议。

d）出卖人诚实行为（＋）

本案不存在任何事实表明，负责该事务的"Cyber 有限责任公司"管理员工作因类推适用《民法典》第 166 条第 1 款而被归入出卖人"Cyber 有限责任公司"的《商法典》第 377 条第 5 款意义上的恶意行为。

e）中间结论（＋）

《商法典》第 377 条的构成要件得到满足。Bitter 因此丧失他的《民法典》第 437 条意义上的瑕疵担保权（《商法典》第 377 条第 2 款）。

（二）结论（一）

Bitter 根据《民法典》第 439 条第 1 款结合《民法典》第 437 条第 1 项、第 433 条、第 434 条第 1 款第 2 句第 1 项不享有补正交付请求权。

四、测试题

1. "世界上最古老的营业"是《商法典》第 1 条第 1 款意义上的营业吗？

2. 请您列举至少五种自由职业！

3. 遗嘱执行人是经营属于遗产的营业的经营者并因此是商人吗？

4. 根据哪些标准判断营业经营需要一个商人方式的构造？

5. 为什么在 1998 年《商法改革法》生效之后，《商法典》第 5 条的意义备受质疑？

6. 有限合伙的合伙人仅因其合伙人身份而属于商人吗？

7. 商人身份在何时产生？于何时消灭？

8. 表见商人规则与《商法典》第 5 条的规则在哪些方面存在不同？

9. 在哪些情形下，商法规范可以适用于非商人？

第三章 ◀
登记簿公示

文献: *Beck*, Positive Publizität des Handelsregisters gem. §15 Abs. 3 HGB, Jura 2014, 507 ff.; *Bueren*, Der Rechtsnachfolgevermerk bei der Übertragung von Kommanditanteilen—aktuelle Probleme im Lichte einer 70-jährigen Geschichte, ZHR 178 (2014), 715 ff.; *Canaris*, Die Vertrauenshaftung im deutschen Privatrecht, 1971, S. 151 ff.; *Fleischhauer/Preuß*, Handelsregisterrecht, 3. Aufl., 2014; *Hager*, Das Handelsregister, Jura 1992, 57 ff.; *Hofmann*, Das Handelsregister und seine Publizität, JA 1980, 264 ff.; *Holzer*, Die Zwischenverfügung im Registerrecht, ZNotP 2009, 210 ff.; *Jeep/Wiedemann*, Die Praxis der elektronischen Registeranmeldung, NJW 2007, 2439 ff.; *Krafka/Kühn*, Registerrecht, 9. Aufl., 2013; *Koch*, Vertrauensschutz gegen das Handelsregister, AcP 207 (2007), 768 ff.; *Koch/Rudzio*, Die Beweiskraft des Handelsregisters nach seiner Modernisierung, ZZP 2009, 37 ff.; *C. Körber/Schaub*, §15 HGB in der Fallbearbeitung, JuS 2012, 303 ff.; *Kort*, Paradigmenwechsel im deutschen Registerrecht: Das elektronische Handels- und Unternehmensregister—eine Zwischenbilanz, AG 2007, 801 ff.; *Kreutz*, Die Bedeutung von Handelsregistereintragung und Handelsregisterbekanntmachung im Gesellschaftsrecht, Jura 1982, 626 ff.; *Liebscher/Scharff*, Das Gesetz über elektronische Handelsregister und Genossenschaftsregister sowie das Unternehmensregister, NJW 2006, 3745 ff.; *Lux*, Kenntnisfiktion qua Eintragung ins Handelsregister?, DStR 2006, 1968 ff.; *Melchior/Schulte/Schneider*, Handelsregisterverordnung—Kommentar, 2. Aufl., 2009; *Melchior*, FamFG und Handelsregister—Was ändert sich?, NotBZ 2009, 318 ff.; *Noack*, Neue Publizitätspflichten und Publizitätsmedien für Unternehmen—eine Bestandsaufnahme nach EHUG und TUG, WM 2007, 377 ff.; *Oetker*, Zur Anwendbarkeit des §15 Abs. 1 HGB auf Primärtatsachen, in: GS Sonnenschein, 2003, 635 ff.; *Ries*, Das deutsche Handelsregister ein Relikt aus der Steinzeit, BB 2004, 2145 ff.; *K. Schmidt*,

Sein—Schein—Handelsregister，JuS 1977，209 ff.；*Schmidt-Kessel/Leutner/ Müther*，Handelsregisterrecht， 2010；*Schroeder/Oppermann*， Die Eintragungsfähigkeit der kaufmännischen Generalvollmacht in das Handelsregister，JZ 2007，176 ff.；*Stumpf*，Das Handelsregister nach der HGB-Reform，BB 1998，2380 ff.；*Tröller*，Die Publizität des Handelsregisters，§ 15 HGB，JA 2000，27 ff.；*Ulmer*，Handelsregisterführung durch die Industrie- und Handelskammern?，ZRP 2000，47 ff.；*Wilhelm*，Sind einzutragende Tatsachen wirklich abstrakt einzutragende Tatsachen? Zur Auslegung des § 15 Abs. 3 HGB，ZIP 2010，713 ff.

第十节　商事登记簿

一、商事登记簿的功能

1　　　　一直以来，商事登记簿都是企业法上公示的核心媒介。商事登记簿首要提供与商人的营业有关且对商业交易重要的特定法律事实，以降低信息成本和保障交易安全（**公示功能**）。只要《反洗钱法》第 19 条第 1 款所规定的有义务公开的关于经济上受益人的数据被登记于商事登记簿，那么为了反洗钱向金融衍生品交易数据库的报告义务也视为已获履行（《反洗钱法》第 20 条第 2 款第 1 句）。形式公示通过查阅权（《商法典》第 9 条）和登记公告（《商法典》第 10 条）得到实现（详见本章边码 6、9）；《商法典》第 15 条第 1 款和第 3 款的第三人信赖保护则以商事登记簿的实质公示为基础（详见本章边码 10 以下）。

　　此外，商事登记簿还服务于国家管理，这是因为登记官审查应登记之事实或法律关系是否依法成立（**管理功能**）。这一管理功能特别体现于在准则主义体系下对公司的设权性登记所进行的法律审查。[①]

　　最后，商事登记簿对于申请登记的商人本身而言也是有利的。登记簿内容的打印文件以及登记簿文件的副本均被视为《民事诉讼法》第 415 条意义上的公文书，从而减轻了商人对存在满足特定构成要件（例如《商法典》第 2 条、第 105 条第 2 款和第 125 条第 2 款）之事实的举证（**证明功能**）。然而根据通说，在登记簿内容的客观真实性上并不存在证明责任倒置的推定，而只是一种表见证明（Beweis des ersten Anscheins）。诉讼相对方只需要动摇其证明力，而无须将其驳倒。[②]另一方

---

① 　对此见 *K. Schmidt*，Gesellschaftsrecht，§ 8 Ⅱ 5。
② 　对此见 *Canaris*，§ 4 Rn. 14；*Oetker*，Handelsrecht，§ 3 Rn. 24 ff.。

面，对一项真实事实在商事登记簿上的登记并且对该登记的公示原则上经过 15 天后，可以阻却他人主张的一个相反的权利外观（《商法典》第 15 条第 2 款；详见本章边码 19 以下）。因此，商人无须告知交易相对方即可获得自我保护（**公示功能**）。

二、登记程序

商事登记簿与土地登记簿一样，属于**公共登记簿（öffentliches Register）**，其起源于中世纪记载行会成员的行会名册。登记簿的管理由**初级法院**负责，属于非诉管辖的一种特殊情形（《商法典》第 8 条、《家庭事务和非诉事务程序法》第 374 条以下）。与其他国家不同，德国至今仍不存在一个统一的商事登记簿（企业登记簿是一个统一的查阅门户，参见本章边码 31）。诚然，各个州可以将登记管理集中于单个初级法院（参见《家庭事务和非诉事务程序法》第 376 条第 2 款）。当今在职能上主管登记的主要是司法事务官（Rechtspfleger）（《司法事务官法》第 3 条第 2 项 d、第 17 条）。虽然将商事登记簿交由工商业商会管理的呼声不断，但是至今联邦立法者都明确予以拒绝。①

根据一份德国联邦法院的判决②，原则上允许建立含有商事登记簿摘录的私人数据库。但是，《商法典》第 9 条不允许为了与商事登记簿开展商业性竞争的目的影印全部的商事登记簿数据。③ 然而，通过对联邦公报和企业登记簿（本章边码 31）（合法）的提取利用，可以建立包含信用信息的**企业数据库**，其数据可以通过网络（例如 www.firmenwissen.de）有偿获得。但是需要注意的是，私人登记簿不能根据《商法典》第 15 条提供公共商事登记簿的信赖保护。因此，为了防止误导（参见《反不正当竞争法》第 5 条以下），私人数据收集不得在交易中使用或者附加"商事登记簿"的标识（《商法典》第 8 条第 2 款）。

登记程序被详细规定于根据《非诉事务程序法》第 125 条第 3 款（现为《家庭事务和非诉事务程序法》第 387 条第 2 款）颁布的适用于全联邦的 1937 年《商事登记条例》[前身为《商事登记命令》（Handelsregisterverfügung）]。登记簿管理已经**全面电子化**（《商法典》第 8 条以下和《商事登记条例》第 7 条均因 2007 年 1 月 1 日生效的《商事登记簿、合作社登记簿和企业登记簿电子化法》增加电子化）。电子化申请（《商法典》第 12 条）和处理（《商法典》第 8 条第 1 款、第 8a 条，以及特别是《商事登记条例》第 7 条和第 47 条）的数据应当进行电子化公示（《商法典》第 10 条），并通过各联邦州共同的登记簿门户网站（www.handelsregister.de）

---

① 对此详见 *Borchert*，BB 2003，2642 f.；联邦参议院关于登记簿管理法的草案以及联邦政府的拒绝理由见 BT-Drs. 16/515.

② BGHZ 108，32 ff.

③ 对此的批评见 *Kollhosser*，NJW 1988，2409 ff.

供社会查阅（《商法典》第 9 条）。收取登记费用被视为对设立自由的限制，因此根据在《欧盟 2017/1132 号指令》第 16 条第 4 款第 3 分款以及《欧盟 2008/7 号公司税收指令》中的相关次级法规则，收费只能用于弥补成本，不应用于获利。[①]

4　　原则上，登记仅依申请在主管的初级法院进行（《商法典》第 12 条；**申请原则**）。登记仅在例外的情形下，特别例如注销登记（《家庭事务和非诉事务程序法》第 395 条）时，可依职权进行（例如《商法典》第 31 条第 2 款第 2 句和第 32 条）。自 2010 年 1 月 1 日起，在所有的联邦州都只能以电子化的形式提交登记申请以及相关的必要文件（《商法典》第 12 条第 2 款、《商法典施行法》第 61 条）。然而，申请登记之人的签名依然需要公证，以防产生滥用以及确保公证员的参与（《商法典》第 12 条第 1 款结合《民法典》第 129 条、《公证法》第 39 条以下）。向商事登记机关提交的文件，以及登记的内容，可以额外使用任一欧盟成员国的官方语言予以公布（《商法典》第 11 条第 1 款）。登记申请由商人自己（《商法典》第 29、53 条）、股份公司的发起人和/或机关（《股份法》第 36 条第 1 款和第 81 条第 1 款）、有限责任公司的业务执行人（《有限责任公司法》第 78 条）或者商事合伙的全体合伙人（《商法典》第 108 条）提交。当事人拒绝协助时，适用《商法典》第 16 条。鉴于登记申请所产生的一般外部效力，为了维护法律的安定性，错误提交的登记申请不得被撤销，只能在登记之前被撤回。[②] 在成功登记之后，当事人只能启动官方注销程序（《家庭事务和非诉事务程序法》第 395 条），并再次提交内容正确的登记申请。

5　　登记官对登记申请实施形式上的以及通说支持的实质上的**审查权**。形式上，登记官审查其管辖权限、登记申请的手续和具体事项的登记能力。然而仅当登记申请虽然合法但对登记事项的正确性存有合理怀疑时，才对登记事项的实质正确性实施审查[③]，并且根据《家庭事务和非诉事务程序法》第 26 条展开官方调查。[④] 在上述存有合理怀疑的情形中，登记官应当中止登记甚至拒绝登记（《家庭事务和非诉事务程序法》第 21 条第 1 款，第 381 条，第 382 条第 3 款、第 4 款；《商事登记条例》第 25 条第 1 款第 3 句）。[⑤] 当涉及与组织法上的重组（例如增资、合并等）有关的设权性登记时，对于登记义务人而言存在一项重要的实践需求，即根据商事登记簿协调是否以及在何时申请登记。[⑥]

　　登记官履行公共职务。根据《基本法》第 34 条结合《民法典》第 839 条，违

---

① EuGH Rs. C-188/95 [Fantask/Industriministeriet] NVwZ 1998, 833, 833; 对此亦参见 2004 年 7 月 3 日的《商事登记费用新规法案》(Handelsregistergebühren-Neuordnungsgesetz), BGBl. I 2004, 1410.

② 参见 RGZ 82, 375, 379 f.

③ 参见 RGZ 127, 153, 156.

④ *BayObLG* DB 1973, 1340, 1340; 亦参见《商事登记条例》第 23 条。

⑤ 关于实际情况改变之后重新申请的可能性参见 *BGH* NJW-RR 2013, 1194 f.

⑥ 原则上允许这类协调，原则上见 *S. Schulz*, NJW 2016, 1483 ff.

反保护第三人的职务义务可招致**国家责任**。对此，登记官不享有《民法典》第 839 条第 2 款中的裁判法官优待。[①] 然而，该职务义务和义务的第三人保护效力不应被过分扩张。[②] 此外，仅当独立的登记官（参见《基本法》第 97 条第 1 款、《司法事务官法》第 9 条）的决定所依据的法律观点在客观上不再正当时，才构成过错。[③] 另外需要注意，职务责任具有补充性（《民法典》第 839 条第 3 款）。[④]

　　主管登记的初级法院将商事登记簿中的登记按登记日的时间顺序进行单独的**电子公告**（《商法典》第 10 条第 1 款）。登记虽然在被存储于为商事登记簿登记所指定的数据存储器并且能够持续性地以可读的形式再现而不发生内容上的改变时产生效力（《商法典》第 8a 条第 1 款），但是公告对于登记的外部效力尤为重要（详见本章边码 13、21）。原则上，公告的内容与登记的内容相同（《商法典》第 10 条第 2 句），但是也可能有所保留（如《商法典》第 162 条第 2 款）。各联邦州为进行电子公告建立了一个共同的系统（www.handelsregisterbekanntmachungen.de）。通过《商事登记簿、合作社登记簿和企业登记簿电子化法》，在纸质的联邦公报和在日报上进行公告的义务（旧《商法典》第 10 条第 1 款）在 2009 年 1 月 1 日被废止（《商法典施行法》第 61 条第 4 款）。

三、登记簿内容

　　商事登记簿有两个**分簿**：**分簿 A** 记载关于个体商人、普通商事合伙和有限合伙以及公法人的事项，**分簿 B** 记载关于公司和交互保险社团的事项。针对合作社和自由职业合伙存在各自的登记簿（本章边码 30）。

　　与交易往来相关的全部重要事项无法被完全登记在商事登记簿中。原则上，立法者必须在商业交易的信息需求、商人的保密需求和登记簿管理的可行性三者之间进行衡量。因此，原则上只有那些在制定法中列举的**有登记能力事项**（**eintragungsfähige Tatsachen**）才可以被登记。《商法典》所称之事项不仅指狭义的事实，也包括一些诸如存在经理权的法律事实。由于立法者的选择，一些非常重要的事实，如商事代理权的授予，不属于有登记能力事项。

　　然而，司法裁判在一些案件中扩展了有登记能力事项的法定目录。例如，对《商法典》第 49 条第 2 款规定的经理权的扩张[⑤]或者对单一股东——业务执行人适

6

7

---

① 参见 Palandt/*Sprau*，§839 Rn. 63 ff.。
② 参见 BGHZ 84，285 ff.。
③ 对于司法事务官见 *BGH* NJW 2007，224，226。
④ 参见 RGZ 131，12，15 f.。
⑤ *BayObLG* BB 1971，844，845。

用《民法典》第 181 条的豁免①等事项均可以被登记。在文献中，有学者认为全权代理权（对此见第七章边码 21 以下）的授予和消灭应当类推适用《商法典》第 53条第 1 款和第 2 款的规定，具有登记能力，甚至属于登记义务事项。② 在公司法领域，立法者还规定特定的事项虽然不需要登记和公告，但是依然需要在公司公报（Gesellschaftsblätter）上公开（例如《有限责任公司法》第 30 条第 2 款第 2 句结合《有限责任公司法》第 12 条、第 65 条第 2 款）。

无登记能力事项因疏忽被登记于商事登记簿的，原则上不产生任何公示效力。

8 　　在有登记能力事项中应区分**登记义务事项**和其他可登记事项，登记义务事项构成一般情形（法条用语："应当登记"，例如《商法典》第 29、31、32、106、162条）。不同于土地登记簿登记，对于商事登记簿中的登记义务事项必要时可通过处以罚金（《商法典》第 14 条，《家庭事务和非诉事务程序法》第 388 条以下，《司法事务官法》第 11 条）促成登记（**强制登记**）。此外，登记义务事项和其他可登记事项的区分亦在《商法典》第 15 条上具有意义，这是因为对于单纯的可登记事项（《商法典》第 3 条、第 25 条第 2 款和第 28 条第 2 款）除适用一些特别规则（例如《商法典》第 25 条第 2 款和第 28 条第 2 款）外，顶多适用《商法典》第 15 条第 2款的公示效力（有争议，对此见本章边码 19 以下）。

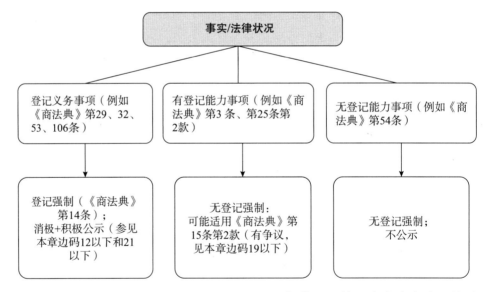

商事登记**通常**只具有**宣示性效力**，即通过登记仅将登记前已存之事实或法律关系记录在案并予以公开（例如《商法典》第 1 条第 2 句、第 53 条第 1 款和第 2 款）。此时登记的意义仅（但总是）在于与之相关联的证明效力（见本章边码 1）、补正效

---

① 　BGHZ 87，59，60 f.；此外，事后对《民法典》181 条的豁免构成《商法典》第 107 条或《股份法》第 81 条第1 款意义上的代理权变更，甚至属于登记义务事项。

② 　*Canaris*，§ 4 Rn. 11.

力（例如《股份法》第 242 条，《改组法》第 20 条第 1 款第 4 项）以及登记簿的实质公示（《商法典》第 15 条第 1 和 2 款；对此见本章边码 21）。商事登记有时也具有**设权效力**，并且因此是成立特定法律关系的必要条件。此类情形中的登记可单独产生改变权利状态的效力。即便全体当事人拥有登记法之外的可靠信息，但是在未登记时也不会产生相应的法律效果。《商法典》第 2 条、第 3 条和第 105 条第 2 款以及《有限责任公司法》第 11 条第 1 款、《股份法》第 41 条第 1 款规定的登记即属设权登记。具有商事营业特征的有限合伙的登记，甚至同时产生宣示效力（作为根据《商法典》第 6 条具有商人身份的商事组织的有限合伙之成立）和设权效力（《商法典》第 171 条第 1 款和第 176 条第 1 款第 1 句对有限合伙人责任的限制）。

四、登记簿查阅（登记簿的形式公示）

根据《商法典》第 9 条第 1 款第 1 句的规定，**为资讯目的**，任何人都享有**查阅权**（但是原则上需支付费用；参见《司法行政管理费用法》中的费用目录第 1140、1141 项），且不同于土地登记簿查阅（参见《土地登记簿法》第 12 条），无须证明存在特定利益。将查阅权限制为出于资讯目的，仅是为了阻止对登记簿内容的营利性利用、滥用特别是数据操纵。鉴于商业交易的信息需求更加重要，针对当下的登记簿设置和登记簿查阅不存在来自数据保护法上的担忧。[①] 人们可在登记法院的办公场所（《商事登记条例》第 10 条），或（实践中普通）通过由各联邦州共同设立的网站 "www.handelsregister.de" 行使电子查阅权。该网站**包含**登记簿数据和向商事登记簿提交的文件，只以纸质形式存在的文件仅在该文件提交最长未超过 10 年时才被电子化传递（《商法典》第 9 条第 1 款第 1 句和第 2 款）。为了实现证明目的（参见本章边码 1），可申请法院对所传递的数据与登记簿的内容和提交的文件的一致性予以认证（《商法典》第 9 条第 3 款）。同样可以要求法院提供打印件和副本以及完整性证明和否定性证明（《商法典》第 9 条第 4 款和第 5 款）。通常情形是通过支付费用获得**最新的打印件**，其含有在输入所辖登记法院（如弗莱堡初级法院）的 A 分簿或 B 分簿的特定企业编码（例如 HRA 110460 或 HRB 701259）时所获取的最新的登记簿内容。登记簿打印件包含如下信息：企业至今的登记次数、商号、住所地和营业所以及经营范围，公司的注册资本，商事合伙的合伙人、代理关系、法律形式、成立日期、载明日期的章程或合伙协议、其他法律关系和最后一次登记的日期。若再额外支付一笔费用，还可以获得**历史的、即按时间顺序的打印件**，其包含被删除的 2007 年 1 月 1 日前的先前登记信息以及自 2007 年 1 月 1 日起企业主的发展变化信息。若查询 2007 年 1 月 1 日之前未电子化的以表格形式记载于登记

9

---

① *Windbichler*, CR 1988, 447, 450 ff.

簿簿页的先前登记，则须查阅已被扫描的旧登记簿簿页（对旧登记簿簿页的设置和内容参见本书第 5 版，第 66 页）。为了商事登记簿的完整和无漏洞，即便是在商事登记簿上登记之人也无权要求，将最初正确的个人资料在事后发生变动后从登记簿中删除。①

与先前在实践中查阅商事登记簿的费时费力只是例外相反，这一情形在现在变得常见，并且不仅仅与启动法院程序有关。

五、登记簿的实质公示

> **学习提示：** 无论如何都应当掌握《商法典》第 15 条的各项规则和补充性的习惯法规则，并且能够与相关的表现形式（登记商人和表见商人；对此参见第二章边码 26 以下和 36 以下）进行区分，以及能够应用这些规则解决案件。这些规则在**考试中特别重要**。在实践中，虽然《商法典》第 15 条第 2 款是最重要的条文，这是因为正确的登记和公告属于一般情形。但是在法学教育中，该条第 1 款和第 3 款扮演着更重要的角色，这是因为这两款引发了大量的法律问题并且经常导致理解上的困难。

10　　《商法典》第 15 条以及对其补充的权利外观事实构成以商法典型的方式（参见第一章边码 6）服务于交易的安全和便捷。商事登记簿的实质公示在体系上属于**信赖保护**和权利外观责任。《商法典》第 15 条第 1 款和第 3 款的规则保护第三人，该条第 2 款保护登记人本身。公示之效力源自登记和公告（《商法典》第 15 条第 1 款和第 2 款）或者仅源自公告（《商法典》第 15 条第 3 款）。

11　　商事登记簿公示是积极公示和消极公示的**结合**。**积极公示**是指交易方可以信赖那些事实上记载于登记簿并且已被公告之事项（典型的例子除《商法典》第 15 条第 3 款外还包括《民法典》第 892 条第 1 款）。与此相反，**消极公示**保护第三人对未在登记簿中登记或者未公告之事项亦未发生的信赖。因此，消极公示保护对法定的一般状况以及已登记的特定权利状况的存续的信赖。结果是，善意信赖的第三人不因未公开的真实事实的改变而承担不利后果（典型的例子除《商法典》第 15 条第 1 款外还包括《民法典》第 1412 条第 1 款）。根据经验，对消极公示原则的区分界定，尤其是对其的理解特别困难。因此，在此先举一则简短的例子予以释明：

> **示例：** Pfeiffer 被作为商人 Klotz 的经理登记于商事登记簿并公告，然而 Klotz 从未有效授予 Pfeiffer 经理权。为了确保交易安全，Klotz 申请撤回经理权。在撤回经理权被登记之前，Pfeiffer 与供应商 Läufer 订立买卖合同，Läufer 要求 Klotz 履行该合同。

---

① 例如变性人之前的男士名 *BGH* NJW 2015，2116 ff.。

请求履行合同应以 Pfeiffer 具有经理权为前提。然而，Pfeiffer 的经理权事实上并不存在，而且从未产生。《商法典》第 15 条第 1 款的商事登记簿的消极公示无法保护 Läufer，这是因为消极公示只保护对法定状况存续的善意信赖（本案：无经理权）或者对已登记并公告的当时符合事实的事项之存续的善意信赖。然而，本案 Pfeiffer 被登记为经理在任何时候都不符合事实。消极公示仅使 Läufer 可以主张，真实但是尚未登记的撤回付之阙如。借此，Läufer 仅可导致撤回经理权不获适用，但是不能证成 Pfeiffer 的经理身份。因此，Läufer 只能通过积极公示获得救济（参见《商法典》第 15 条第 3 款，本章边码 21 以下）。这是因为积极公示允许其主张非真实的登记簿内容和公告内容（本案：存在经理权）。①

（一）商事登记簿的消极公示（《商法典》第 15 条第 1 款）

1. 构成要件

（1）登记义务事项

登记事项必须属于应登记事项，即登记义务事项（参见本章边码 8）。与此相反不重要的是，登记是宣示性或设权性事项、登记事项属于原生事项（如经理权的授予、合伙人的加入等）或派生事项（如经理权的撤回、合伙人的退出等）或者商人身份的基础性事项（也参见第二章边码 17 的示例）。尽管该条的主要适用范围是宣示性登记的情形，但是在设权性登记的情形下，《商法典》第 15 条第 1 款在已登记但未公告时也具有一定的意义。 12

示例：非营利性的 Xenon 有限责任公司通过在商事登记簿上的义务性登记获得法律人格和商人身份（设权性登记，《有限责任公司法》第 11 条第 1 款和第 13 条第 3 款）。在公告之前，Xenon 有限责任公司向商人 Klotz 提供有息贷款，但未约定利息额。当 Xenon 有限责任公司最后要求支付 5% 的利息（《商法典》第 352 条第 1 款第 2 句）时，仅愿意支付 4% 利息（《民法典》第 246 条）的 Klotz 有权主张，其当时不知道 Xenon 有限责任公司具有商人身份（《商法典》第 15 条第 1 款）。

当某个事项虽然属于登记义务事项但是例外地不同时属于公告义务事项时（参见《商法典》第 10 条第 2 句、第 162 条第 2 款前半句，《商事登记条例》第 27 条第 2 款第 2 句），对于**欠缺公告义务**是否阻止适用《商法典》第 15 条第 1 款存有争议。② 这对于在有限合伙人份额的生前转让中排除根据《商法典》第 171 条和第 172 条第 4 款的原有限合伙人责任的权利继受附注（例如"以特别权利继受的途

---

① 也参见 *Hofmann*，C V 3 a。

② 支持见 *K. Schmidt*，ZIP 2002，413，419 和 MüKoHGB/*Krebs*，§15 Rn. 29，其援引《商法典》第 162 条第 2 款后半句以及《商法典》第 15 条第 1 款中的欠缺公告的必要性；反对见 KKRM/*Roth*，§15 Rn. 5，其主张有必要对违反单纯登记义务进行有效的制裁并且通过一般权利外观原则提供充分的保护。

径"）具有意义，根据一贯的司法裁判[1]，为了区分直接的份额转让与原有限合伙人获得补偿金退伙和新有限合伙人缴纳份额入伙的组合，该附注应当在商事登记簿上登记，但根据《商法典》第 162 条第 2 款前半句无须公告。[2]

> **示例：** 有限合伙人 Velten 将其已完全实缴的有限合伙份额有偿转让给 Kramer，并在商事登记簿上附注，Velten 退出该有限合伙以及 Kramer 加入该有限合伙。一个月之后，服务商 Dreier 取得一项针对该有限合伙的报酬请求权。登记簿上的附注在字面上意为退伙和入伙，因此在缺少其他表明直接转让成员身份的权利继受附注时，会导致（至少对于精通法律的人士而言）产生 Velten 退出该有限合伙并以补偿金的形式重新收回他的有限合伙出资之误解，以及因此 Velten 根据《商法典》第 171 条和第 172 条第 4 款第 1 句对第三人承担责任。假若本案中在欠缺被司法裁判视为登记义务事项的权利继受附注上适用《商法典》第 15 条第 1 款，那么 Dreier 也可以在《商法典》第 160 条规定的除斥期间内请求原有限合伙人 Velten 个人承担不超出在商事登记簿上登记的出资额的责任。[3] 当事人可能会主张，一个新债权人如 Dreier 必然对早在一个月之前登记的 Velten 退伙和 Kramer 入伙知情（《商法典》第 15 条第 2 款第 1 句），故不可能信赖存在一个可能的双重责任，从而拒绝承担该责任。[4] 如果通过援引字面含义并不完全清晰的《商法典》第 162 条第 2 款后半句以及相应的立法者理由否定《商法典》第 15 条第 1 款的适用[5]，那么第三人对原有限合伙人 Velten 依《商法典》第 171 条和第 172 条第 4 款第 1 句承担责任的信赖仅能通过对上述条文的类推适用[6]或者根据一般权利外观原则[7]获得保护。[8]

根据通说，尚未登记的登记义务事项之变更也属于登记义务事项。[9]

举例： 未登记的经理权的撤回（《商法典》第 53 条第 1 款和第 2 款）、未登记的合伙人的退伙（《商法典》第 107 条、第 143 条第 2 款）、未登记的普通商事合伙或有限合伙的解散（《商法典》第 106 条、第 143 条第 1 款）、未在商事登记簿上登记的充作民事合伙但实际上是普通商事合伙的合伙人的退伙（《商法典》第 106 条、第 143 条第 2 款）[10]、未事先登记的业务执行人的解任。[11]

---

① 自 *RG* DNotZ 1944，195 ff. 起。

② 对此详见 *Bueren*，ZHR 178［2014］，2014，715 ff.。

③ 例如见 Oetker/*Oetker*，§ 172 Rn. 29 i. V. m. § 173 Rn. 25。

④ 例如见 *v. Olshausen*，GS Knobbe-Keuk，1997，S. 247，259 und 274。

⑤ 对通说的反对例如见 *K. Schmidt*，Handelsrecht，§ 14 Rn. 68 ff.。

⑥ 对此见 *Huber*，ZGR 1984，146，155 f.。

⑦ 对此以及对于几乎无法提出的第三人查阅了商事登记簿并在具体信赖原有限合伙人的责任下作出安排的证据的必要性参见 *Paul*，MDR 2004，849，851 ff.。

⑧ 但是对于债权人保护的必要性之质疑再次参见 *K. Schmidt*，DB 2011，1149，1154 f.。

⑨ BGHZ 116，37，44 f.；*OLG Köln* FGPrax 2015，165，166；也参见 *Hofmann*，C V 3 bb；不同观点见 *Canaris*，Die Vertrauenshaftung im Deutschen Privatrecht，S. 152。

⑩ *OLG Brandenburg EWiR* 2003，1249，1249.

⑪ *OLG Köln* FGPrax 2015，165，166 以及对该案的评注见 *K. Schmidt*，JuS 2016，78 f.。

这一通说首要得到上述法条文义的支持，这些条文都规定了一项与相反事实的在先登记无关的登记义务。由此可以防止，偶尔出现的登记簿的不完整成为进一步违反申请登记义务的正当化理由。最后，《商法典》第 15 条第 1 款的法律理念在绝大多数情形中都支持这一登记义务，这是因为不能排除第三人在登记簿之外得知先登记义务事实，并由此存在导致《商法典》第 15 条第 1 款适用的产生信赖的抽象可能性。然而，基于对相关登记法条的目的性限缩，当先登记义务事实仅是一个纯粹的内部过程并且因此导致产生信赖的抽象可能性本身被排除时，应当否认该登记义务。①

> **示例：**商人 Klotz 授予 Pfeiffer 经理权。在 Pfeiffer 以经理身份对外行为之前，因挪用公款在其被授予经理权后的第二天被 Klotz 立即解雇。因此，其经理权消灭（《民法典》第 168 条）。Klotz 未依《商法典》第 53 条第 1 款和第 2 款的规定进行必要的登记和公告，因为他认为没有必要且可以节省开支。在此，即便产生抽象的信赖事实构成也在一开始便被排除了，这是因为属于先登记义务事项的经理权授予尚未透露于外。此时对登记义务的坚持纯属形式主义。因此，对经理权的撤回在此例外地不属于应登记之事项。②

（2）未登记或未公告

此外，还需未登记或未公告。在此必须再次强调，重要的不仅仅是登记的完成，公告同样关键。因此，第三人也可以信赖公告的沉默。在此，过错并非必要。《商法典》第 15 条第 1 款因此不仅适用于故意或过失不申请登记的情形，也特别适用于实践中常见的因烦琐冗长的登记程序而致使已申请的登记被迟延登记的情形。根据通说且与《商法典》第 15 条第 3 款（对此参见本章边码 25）相反，该条第 1 款即便对无行为能力人和限制行为能力人造成不利也得适用。③

13

（3）登记人之事务

消极公示仅使第三人能够针对申请登记属于其事务之人——因登记和公告而可能获益的自然人、法人或商事合伙——获得保护。

14

（4）第三人善意

仅善意第三人获得保护。对真实权利状态即因未登记而沉默的权利变动的不知情即构成善意。通说认为，不同于表见商人理论，不必要的是形成具体的信赖（例如通过查阅登记簿或联邦公报，或者通过登记簿之外的资讯）或者甚至基于对权利外观的明确信赖而作出某个行为（因果关系）。④ 只要理论上有形成信赖的可能即已足（抽象的信赖保护）。抽象的信赖保护的前提要件只（但总是）包括，第三人至

15

---

① 通说，参见 Ba/Ho/*Hopt*，§ 15 Rn. 11。
② 参见 *Hueck*，AcP 118 [1920]，350。
③ BGHZ 115，78，80；反对观点见 *Hager*，Jura 1992，57，60 f.。
④ 参见 *BGH* NJW-RR 2004，120；*K. Schmidt*，Handelsrecht，§ 14 Rn. 40；细化见 *Canaris*，§ 5 Rn. 16 ff.。

少在理论上可能基于不正确的登记簿内容安排其行为并且第三人可以信赖该不正确的登记簿内容。[1] 恶意仅存在于对事实的积极认知，对于将产生登记义务事项之事实的单纯应当知情或者积极知情并不充分。

举例：若第三人知悉，已在商事登记簿上登记的有限责任公司业务执行人虽然被解任，但是针对该解任已经提起诉讼，则该第三人仍得信赖该业务执行人的代理权。这是因为对业务执行人代理权的有权信赖仅在知悉实际已生效的解任时才消灭。[2]

第三人的善意被推定成立。因此，由诉讼相对方证明第三人知情。合伙人、应当登记的组织的成员和机关不属于第三人。

（5）交易或诉讼中的行为

16   根据通说，第三人只能就交易或诉讼中的行为主张消极公示。这意味着在《商法典》第 15 条第 1 款规定的前提要件中构成对该法条的目的性限缩。根据通说，这一目的性限缩产生于《商法典》第 15 条第 1 款背后的抽象信赖保护原则。根据这一原则，信赖的形成应当至少原则上可能。这一可能仅存在于一个由意志操控的自愿行为（订立法律行为的商谈、获利的过程、诉讼行为）。因此，《商法典》第 15 条第 1 款在纯粹的"非交易"中，即在与交易行为或诉讼行为无关的侵权请求权情形下，无法为第三人提供保护。[3]

示例：Otto Mayer 被 Klotz 普通商事合伙的载重汽车撞伤且伤情严重。Mayer 援引《商法典》第 15 条第 1 款的规定，向在事故发生前已经退出 Klotz 普通商事合伙但仍被登记于商事登记簿的普通合伙人 Reich 主张损害赔偿。然而，Mayer 不会获得成功，这是因为他在突发的交通事故中不可能存在即便仅是对 Reich 合伙人身份存续产生信赖的抽象可能性。Mayer 因信赖 Reich 合伙人身份的存续以及商事登记簿对其退伙的沉默才让汽车撞伤他，这样的主张显然是荒谬的。[4]

当未登记的有限合伙机关代表人不受《民法典》第 181 条的限制完全不会导致第三人的行为不同时，同样无法为第三人提供保护。[5]

2. 法律后果

17   若《商法典》第 15 条第 1 款的构成要件获得满足，则被登记簿和/或公告所沉默的真实事实不适用于第三人，第三人可以主张如其所认为的权利状况真实存在时产生的法律后果。因此，对第三人而言适用如下：

要点：登记簿和/或公告对登记义务事项的沉默可被信赖！

---

[1] *BGH* NJW-RR 2004, 120.

[2] *OLG Oldenburg* MDR 2010, 1065 f.

[3] 参见 *K. Schmidt*, Handelsrecht, § 14 Rn. 47.

[4] 参见 RGZ 93, 238, 241。

[5] *BGH* ZIP 2004, 39, 40.

　　举例：从普通商事合伙退伙的合伙人被继续视为合伙人，并也对新债务承担责任。商事营业的前业主被视为其仍拥有该商事营业。被撤回的经理权被视为存续。

　　然而，《商法典》第15条第1款并不能导致针对一个业已解散的商事合伙（普通商事合伙、有限合伙、欧洲经济利益联合体）启动任何程序。这是因为，针对一个不存在的事物既无法提起诉讼也不能强制执行。解散未登记（《商法典》第143条第1款）并不能改变这一结果。但是，第三人可以继续针对原合伙人的程序。为此进行必要的当事人变更被司法裁判认为符合程序需要（《民事诉讼法》第263条第二种情形）。[①]

　　《商法典》第15条第1款只保护善意第三人，并仅在有利于第三人时适用。因此，通说支持第三人享有一项**选择权**。[②]若在具体案件中主张真实权利状态对第三人更有利，那么他可以放弃主张信赖保护而选择主张真实的权利状态〔详细以及有关葡萄干理论（Rosinentheorie）见**考试案例2**〕。第三人通过选择特定的法律后果并陈述与此相关的事实作出选择。第三人在作出一次选择后，还可以根据诉讼法规定的前提要件撤回该选择。 18

　　示例：商人 Klotz 撤回了 Pfeiffer 的经理权。在登记后公告前，Pfeiffer 与供应商 Läufer 订立买卖合同。Läufer 可以首先起诉 Klotz 要求接收货物和支付货款，并以撤回经理权尚未公告进行说理（《商法典》第15条第1款）。如果在此期间 Klotz 陷入支付不能，Läufer 可以撤回起诉（《民事诉讼法》第269条）并根据《民法典》第179条第1款的规定主张 Pfeiffer 事实上构成无权代理而要求其承担责任。

（二）通过正确的登记和公告消除权利外观（《商法典》第15条第2款）

　　鉴于对《商法典》第15条第1款（"登记事项"）的参引以及终局性的关于其他有登记能力事项的特别规定（《商法典》第25条第2款和第28条第2款），《商法典》第15条第2款同样只适用于**登记义务事项**。[③]这一与《商法典》第25条第2款和第28条第2款之特别规定并列的条款的重要性，只有经过深入观察才能得出。可以针对第三人主张一项被正确登记并公告的真实事项，这样的观点看起来理所当然。然而，这一条款因《商法典》第15条第1款而具有重要的意义，这是因为其原则上排除善意第三人主张对不同于登记簿内容的事实的信赖（《商法典》第15条第2款第1句）。因此，在登记簿上登记可消除权利外观并**保护登记义务人**。从第三人的角度，适用下一要点。 19

[①]　对此参见 *K. Schmidt*，Handelsrecht，§14 Rn. 46。

[②]　参见 BGHZ 55，267，273；批评见 *K. Schmidt*，Handelsrecht，§14 Rn. 50 ff。

[③]　有争议，例如见 Ba/Ho/*Hopt*，§15 Rn. 13；*C. Körber/Schaub*，JuS 2012，303，306；不同观点见 *Brox/Henssler*，Rn. 88。

> **要点**：必须知悉商事登记簿的内容，因为原则上不能主张与之相反的权利外观！

> **示例**：合伙人 Reich 从 Klotz 普通商事合伙退伙，并被相应地登记于商事登记簿并公告。该普通商事合伙的债权人不能向 Reich 主张在其退伙一个月之后成立的债权，即便该债权人信赖 Reich 还是 Klotz 普通商事合伙的合伙人。

然而，针对上述原则存有**例外**。《商法典》第 15 条第 2 款第 2 句认可以下例外情形中的信赖保护，即第三人在公告后的 15 天**法定过渡期**之内作出法律上的行为，并证明其作出该行为时对已登记事项既不知情也不构成《民法典》第 122 条第 2 款意义上的应当知情（《商法典》第 15 条第 1 款延长消极公示 15 天）。这一例外因过短的期限以及在实践中难以证明善意而微不足道。

20　　然而有疑问的是，除此之外是否在 15 日期限经过之后也可能存在对违背登记簿内容的**超越制定法的信赖保护**。通过适用诚实信用原则或者对在构成要件上过于宽泛的《商法典》第 15 条第 2 款第 1 句进行目的性限缩，这一保护在下列情形中得到普遍认可[①]：

• 《商法典》第 15 条第 2 款第 1 句与某个顺位优先的法定信赖规则冲突（《民法典》第 172 条第 2 款），

• 由于登记人自身造成或容忍不同于登记簿内容的权利外观，其主张登记内容构成权利滥用（《民法典》第 242 条），

• 对信赖保护规范的违反造成登记人负担（如《商法典》第 19 条第 2 款），或者

• 根据当事人之间的特殊合同关系产生应当向交易相对方就已经登记的变更（特别是此时产生的责任限制）进行特别提示的义务。

> **示例**：商人 Klotz 在两年之前撤回了他的经理 Pfeiffer 的经理权，并在商事登记簿上登记和公告（《商法典》第 53 条第 2 款）。但是，在接下来的时间里，他一直容忍 Pfeiffer 以经理的身份对外订立交易。其中，Pfeiffer 向善意的 B 银行出具 Klotz 尚未索回的授权书，并在 Klotz 的容忍下一直以经理的身份和与 Klotz 有长期业务往来的供应商 Läufer 进行交易。
>
> 在本案中，Klotz 通过作为和容忍造成了代理权外观的产生。B 银行可以针对上述登记主张《民法典》第 172 条第 2 款的信赖保护。鉴于授权书的出示，B 银行没有查阅商事登记簿的动机。Läufer 对一直为 Klotz 工作的 Pfeiffer 依然拥有经理权的信赖利益同样比 Klotz 通过在登记簿上登记创设清晰的法律关系的利益更值得保护。这是因为，作为 Klotz 长期交易伙伴的 Läufer 可以期待，Klotz 应就有关其

[①]　参见 BGHZ 62，216，223 und *BGH* NJW 1972，1418，1419 以及 *Canaris*，§ 5 Rn. 36 ff.，部分限缩更加严格见 *Koch*，AcP 207 [2007]，768 ff.

商事营业的重大变更单独通知 Läufer。因此，也不能期待 Läufer 在订立交易时查阅在实践中几乎从不查阅的登记簿。

（三）积极公示

商事登记簿的积极公示规定于《商法典》第 15 条第 3 款以及对该条款补充的习惯法规则中。

1.《商法典》第 15 条第 3 款中的法定规则

《商法典》第 15 条第 3 款直到 1969 年才因为一个有关公司法公示的指令（《欧共体 68/151 号指令》，现被编入《欧盟 2017/1132 号指令》第 16 条第 7 款第 2 分款）被引入《商法典》，但是超越了指令。该条款保护因公告错误而信赖不真实事实的善意第三人。

1）构成要件

（1）不正确的公告

首要的前提要件是存在一项不正确的公告。与《商法典》第 15 条第 1、2 款不   21
同，此处起决定性作用的只是公告。不正确的公告不仅可以因狭义上的公告错误（如数据传递错误）产生，也可以因其他任一与真实权利状况不符的公告产生（对错误登记的事实或从未登记的事实的公告）。登记的正确或不正确在所不问，但是在实践中，不正确的登记通常会导致不正确的公告。不正确的登记例外地曾被正确公告的（单纯登记错误），适用补充性的习惯法，而不类推适用《商法典》第 15 条第 3 款（通说，详见本章边码 27 以下）。公告的时间是判断公告不正确的关键。若公告因事实变化而事后变得不正确（例如撤回已公告的经理权），则只能考虑《商法典》第 15 条第 1 款的保护（例如未根据《商法典》第 53 条第 2 款的规定登记或公告撤回），不适用《商法典》第 15 条第 3 款。

（2）登记义务事项

如同《商法典》第 15 条第 1 款，应当存在一项完全登记义务事项。[①] 至于属于   22
设权性或宣示性登记在所不问。[②] 在此，不应针对具体情形，而应抽象或假定性地审查是否存在登记义务。问题是：假若被错误公告的事项符合真实情况，其应当被登记吗？

示例： Gaus 是 X 有限责任公司的业务执行人，但是被错误地公告为 Y 有限责任公司的业务执行人。Gaus 与善意的供应商 Läufer 订立买卖合同。当 Läufer 援引《商法典》第 15 条第 3 款要求 Y 有限责任公司履行合同义务时，Y 公司不能以 Gaus 不是其业务执行人并因此在此情形下具体也不存在登记义务进行抗辩。重要

[①] 详见 *Canaris*，§5 Rn. 47.
[②] *OLG Bremen NZG* 2016，185，186.

的是，业务执行人身份本身（"抽象上"）属于登记义务事项（《有限责任公司法》第 10 条第 1 款、第 39 条第 1 款）。

(3) 第三人不知情

23　　第三人应当对公告的不正确性**不知情**。同《商法典》第 15 条第 1 款一样，在此也不要求成立一项具体的且构成第三人行为原因的信赖（参见本章边码 15）。

(4) 在交易或诉讼中的行为

24　　通说认为，第三人只能针对交易或诉讼中的行为主张积极公示。如同在《商法典》第 15 条第 1 款的框架下一样，在单纯的"非商业交易"中的行为不受保护（参见本章边码 16）。

(5) 公告的可归责性

25　　最后，根据通说，仅当公告由其所涉当事人可归责地促成时，始成立《商法典》第 15 条第 3 款规定的责任。[1] 这一目的性限缩虽然符合 1969 年之前适用的习惯法（对此参见本章边码 27 以下），但是违背立法者的目的，立法者明确不希望从可归责性的视角推导责任。[2] 另外的问题是，交易保护因此以一个第三人无法知情的当事人行为作为连结点，并且作为《商法典》第 15 条第 3 款基础的《欧盟 2017/11132 号指令》第 16 条第 7 款第 2 分款至少没有明确规定此类条件。尽管如此，仍应当支持这一目的性限缩，否则就会产生由一个完全未参与之人承担责任这样不可接受的后果。[3] 就此而言，甚至该条的文义（"在其事务内"）也支持通说，这是因为针对未参与之人不存在任何适用登记义务的事务。[4]

　　示例：Reich 因数据传递错误而被公告为一个由 A 和 B 设立并经营的普通商事合伙的合伙人。该普通商事合伙已无财产，故其全体债权人意欲要求（仍然）有清偿能力的 Reich 清偿（《商法典》第 128 条结合《商法典》第 15 条第 3 款）。根据通说，这一主张因欠缺 Reich 的可归责性（公告非由 Reich 促成）以及不存在 Reich 的登记义务事务而不能获得支持。

　　可归责地促成公告既非意味存在过错，亦非指促成错误。即便提交正确申请之人也构成对公告的促成。首要**排除**的仅是完全未参与之人的责任，其如上一示例的 Reich 一样与公告完全无关。此外，促成公告的可归责性还以归责能力为前提，因此无行为能力人或限制行为能力人不具有可归责性。不同于《商法典》第 15 条第 1 款，所期待的未成年人保护至少通过这种方式被纳入《商法典》第 15 条第 3 款的框架中。

---

① 关于争议现状见 *K. Schmidt*，JuS 2013，360 ff.。

② 参见 BT-Drs. V/3862，S. 10。

③ *Canaris*，§ 5 Rn. 51 f.；不同观点见 *Hofmann*，C V 3 c bb。

④ *Steckhan*，NJW 1971，1594 ff.；*K. Schmidt*，JuS 2013，360，361；批评见 MüKoHGB/*Krebs*，§ 15 Rn. 91。

2）法律后果

第三人可以针对事项的登记属于其事务之人主张被错误公告的事项。　　　26

如《商法典》第 15 条第 1 款（见本章边码 18）一样，根据通说，第三人享有选择权，其可选择主张公告的内容或真实的权利状况。[①]

> **要点：公告可被信赖！**

2. 补充性的习惯法规则

在 1969 年之前形成的关于商事登记簿积极公示的习惯法在《商法典》第 15 条　　　27
第 3 款的适用范围之外的一些特殊的个别情形中仍保有意义。[②] 通说支持回溯适用习惯法[③]的目的是，避免类推适用《商法典》第 15 条第 3 款规定的被认为过于宽泛的责任。这一习惯法规则要求如下权利外观事实构成，即可归责地促成错误登记或者对未消除错误登记负有责任，以及第三人基于对商事登记簿登记的正当信赖而行为（权利外观之因果关系）。上述权利外观责任的**条件**比《商法典》第 15 条第 3 款法定规则所规定的抽象信赖保护的条件更加**严苛**。由于立法者明确排除对于单纯登记错误的适用以及因此不存在一个违反计划的漏洞[④]，故而也不能对这一法定规则进行类推适用。

这两条补充性的习惯法规则内容如下：　　　28

> **要点（习惯法规则）：**
>
> （1）登记所涉之人可归责地促成不正确的登记时，其针对无过失信赖登记正确的第三人应当如同假设登记正确一样对待。
>
> （2）登记所涉之人虽未促成不正确的登记，但对未消除不正确的登记负有责任时，其针对无过失信赖登记正确的第三人应当如同假设登记正确一样对待。

鉴于《商法典》第 15 条第 3 款中的制定法规则的优先适用，针对该习惯法仅存三种在实践中罕见的**适用情形**：

- 登记错误，但公告正确（单纯的登记错误）。
- 登记错误且尚未公告（中间错误）。
- 对非登记义务事项作出的登记和/或公告。

在此，上述习惯法规则与一般商法权利外观责任之间的界限因登记进程而流动　　　29
不居。[⑤]

> **示例（源自 *BGH* NJW 1991，2566 f.）**：Gaus 被作为一家有限责任公司的业务执行人登记于商事登记簿并公告。Gaus 以该公司的名义与供应商 Läufer 订立买卖

[①] 参见 *BGH* DB 1990，983 f.。

[②] 例如 *BGH* NJW 2017，559。

[③] 最近的支持观点例如见 *Lettl*，Handelsrecht，§ 3 Rn. 71；不同观点见 *Bürck*，AcP 171［1971］，328，338。

[④] 参见 BT-Drs. V/3862，S. 11。

[⑤] 参见 *Canaris*，§ 6 Rn. 6。

合同。在 Läufer 要求支付买卖合同价款时，该公司提出抗辩并指出，Gaus 在订立合同时已无行为能力。

　　Gaus 无行为能力导致其业务执行权的终结虽然属于登记义务事项（《有限责任公司法》第 6 条第 2 款第 1 句和第 39 条第 1 款），但是《商法典》第 15 条第 1 款仅保护对业务执行人身份存续的信赖，而不保护对 Gaus 有行为能力以及其意思表示有效的信赖。《商法典》第 15 条第 3 款也无法救济 Läufer。这是因为：一方面，对 Gaus 业务执行人身份的公告最初是正确的；另一方面，被保护的仅是对业务执行人身份的信赖，而不包括对 Gaus 行为能力的信赖。因此，最后仅能考虑的是，公司因可归责地促成 Gaus 具有其所表露出的业务执行人身份的全部人身性条件的权利外观而负担责任。在上述习惯法规则之外，在商业交易中还可信赖，股东立即委任他人取代因丧失担任业务执行人所需人身条件的无行为能力人。诚然，归责的前提是，Gaus 的无行为能力可被股东辨识。

第十一节　合作社登记簿和自由职业合伙登记簿

30　　　　关于**合作社登记簿**（《合作社法》第 10 条以下、第 29 条、第 42 条第 1 款第 3 句、第 86 条、第 156 条以下和《合作社登记簿条例》）和**自由职业合伙登记簿**（《自由职业合伙法》第 5 条第 2 款和《自由职业合伙登记簿条例》）的管理以及形式公示和实质公示的规则在很大程度上与商事登记簿规则相同。然而，立法者至今依然坚守在历史上形成的三个与企业有关的基础登记簿的分立以及相较而言微乎其微的规则差异（例如对合作社登记簿实质公示的具体限制；参见《合作社法》第 29 条、第 42 条第 1 款第 3 句和第 86 条）。[①]

第十二节　企业登记簿

31　　　　《商事登记簿、合作社登记簿和企业登记簿电子化法》（**EHUG**）自 2007 年 1 月 1 日起生效，该法在与企业有关的基础登记簿（商事登记簿、合作社登记簿、职业合伙登记簿）之外创设了一个额外的企业登记簿（《商法典》第 8b 条）。企业登记簿是一个纯粹的集合登记簿（Metaregister），其不经审查地完全照搬来自商事登记

---

① 关于有争议的规则可类推性见 *Beuthien*, in: Beuthien, Genossenschaftsgesetz, 16. Aufl., 2018, § 29 Rn. 2 f.

簿、合作社登记簿和职业合伙登记簿以及来自联邦电子公报、破产法院和直接来自企业的数据。在企业登记簿（www.unternehmensregister.de）上可以查阅各类登记簿的数据和为申请登记而提交的文件、财务会计数据、联邦公报上发布的公告以及破产法和资本市场法上的公告（详见《商法典》第 8b 条第 2 款）。企业登记簿本身不产生实质公示效力（参见本章边码 10 以下）。实质公示效力限于通过企业登记簿查询的、来源于商事登记簿、合作社登记簿和职业合伙登记簿的数据。因此，企业登记簿只是（但无论如何也是）一个统一的门户，通过这一门户第一次使**全部应公开的企业数据可被电子化查阅**。除查阅来自商事登记簿、合作社登记簿和职业合伙登记簿的数据，查阅其他数据均免费。伴随着通过《商事登记簿、合作社登记簿和企业登记簿电子化法》——其同时也特别致力于《欧共体 2003/58 公示改革指令》》[①]和部分《欧共体 2004/109 透明化指令》内容的国内法转化——创设并集合而成的电子企业公示，德国联邦立法者跨出了走向现代化企业法公示的重要一步。[②] 根据 2014 年 12 月 22 日颁布的关于连接欧盟内的中央登记簿、商事登记簿和公司登记簿的**《欧盟 2012/17 号指令转化法》**[③]，《商法典》第 9b 条自 2015 年 1 月 1 日生效。[④]根据该条，公司或依据任一欧盟成员国或《欧洲经济区条约》成员国法律成立的公司的分支机构在商事登记簿中的登记以及向商事登记机关提交的文件和根据《商法典》第 325 条提交的财务会计资料均应当可以通过**欧盟司法门户网站**查询。为实现这一目的，相关的登记簿数据被传递给中央欧盟平台，并通过这一平台在不同登记簿间进行交换，所涉公司和公司的分支机构也因此被附上一项统一的欧洲标志。自 2017 年 6 月，所有欧盟成员国的企业登记簿已经在登记簿联网系统（商业登记簿互联系统 **BRIS** —Business Registers Interconnection System）中互连。商业登记簿互联系统是**中央电子查阅门户**的里程碑，将会为参与欧洲经济区内部市场的企业主和消费者提供重要的信息。[⑤]

---

① 对此见 *Schemmann*，GPR 2003/04，92 ff.。
② *Noack*，NZG 2006，801，806.
③ BGBl. I 2014，S. 2409 f.
④ 对此见 *Terbrack*，DStR 2015，236 f.
⑤ 对此见 2018 年 10 月 2 日由欧洲议会和欧洲理事会颁布的关于建立统一的关于信息、程序、救助服务和问题解决服务的电子化查阅门户以及修订《欧盟 1024/2012 号指令》的《欧盟 2018/1724 号指令》。

第十三节　本章复习

一、本章总结

□商事登记簿是一个**公共登记簿**，其由初级法院根据《商法典》第 8 条以下和《家庭事务和非诉事务程序法》第 374 条以下以及《商事登记簿条例》所定之标准进行管理。登记簿具有交易保护、国家管理以及为登记义务人提供证据和进行公告的**功能**。

□原则上，立法者确定哪些事实被登记于商事登记簿的两个分簿。一般而言，纯宣示性的**登记**通常是义务性登记。原则上，登记仅依登记义务人的申请进行（《商法典》第 12 条）。在登记之前，登记簿管理官（大多是司法事务官，有时是法官）行使形式的和实质的审查权。

□商事登记簿上的登记被**电子化公告**（《商法典》第 10 条；www.handelsregisterbekanntmachungen.de）。

□根据《商法典》第 9 条，任何人无须证明其对信息使用存有特殊利益即可**电子化查阅**商事登记簿上的登记以及为登记所附之文件（www.handels register.de）。

□关于**合作社登记簿和职业合伙登记簿**的管理以及形式公示和实质公示的规则在很大程度上与商事登记簿规则相同。

□自 2007 年 1 月 1 日起，通过《商事登记簿、合作社登记簿和企业登记簿电子化法》引入**企业登记簿**，其以集合登记簿的形式汇总了全部具有公开义务的企业数据，并可被电子化查阅（www.unternehmensregister.de）。

商事登记簿的实质公示

规则	登记簿状态	第三人状态	公示效力
《商法典》第 15 条第 1 款	登记义务事项未登记和/或未公告	不知情，即第三人不论有或无具体的信赖认为登记义务事项不存在；存在产生信赖的抽象可能性（重要的是，不属于纯粹的非商业交易）	消极公示，即第三人可以信赖登记簿或公告对登记义务事项的沉默（第三人选择权，见本章边码 18 和考试案例 2）

续表

规则	登记簿状态	第三人状态	公示效力
《商法典》第15条第2款	登记义务事项（有争议）的正确登记和公告	第三人信赖一个与登记簿内容和公告内容不同的权利外观	权利外观的消除，即原则上第三人不可以援引其所认为的不同于登记簿内容的权利状况（例外见本章边码20）
《商法典》第15条第3款	登记义务事项的不正确公告	第三人对不正确的公告不知情；存在形成信赖的抽象可能性（重要的是，不属于纯粹的非商业交易）	积极公示，即第三人可以主张不正确的公告
习惯法	登记人促成错误登记或对未消除错误登记负有责任	善意（轻过失构成恶意）	积极公示，即第三人可以主张不正确的登记

二、深入学习建议

请您借学习《商法典》第 15 条的契机，制作一个涵盖各种登记簿（商事登记簿、土地登记簿、社团登记簿和夫妻财产登记簿）的公示要求（权利表象基础的类型、权利表象可归责的必要性、对权利表象的抽象或具体信赖、善意的条件、善意信赖的标的）和公示的可能法律后果（如善意取得、对代理权信赖的保护）的表格（主动学习）。[1] 对此可以提供帮助的是，虽然因法律修订只有部分过时但是非常值得一读的韦斯特曼（Westermann）关于德国私法中的善意保护的论文。[2]

三、考试案例 2（已退伙的合伙人）

答题时间：120 分钟

案件事实

A、B 和 C 三人以在商事登记簿上登记的 ABC 普通商事合伙经营电脑贸易，三个合伙人共同享有代表权。C 由于更愿意将来进入繁荣兴旺的无线电话器材市场，遂于 2018 年 12 月 31 日退出 ABC 普通商事合伙。A 和 B 就其退伙申请了商事登记簿登记。然而，在位于巴登-符腾堡州的主管登记的初级法院中负责登记申请的司

---

[1] 参见 *Haft*，Einführung in das juristische Lernen，7. Aufl.，2015，S. 4 ff.

[2] JuS 1963，1 ff.

法事务官 Rasch 在 2019 年 2 月 20 日根据《家庭事务和非诉事务程序法》第 382 条第 4 款中断登记程序至 2019 年 3 月 31 日。这是因为他认为 C 在申请登记中的参与是必要的。2019 年 3 月 20 日，A 和 B 以印有 ABC 普通商事合伙的企业信纸向毫不知情的生产商 Holm 订购了价值 15 万欧元的电脑。Holm 没有查阅商事登记。由于电脑市场的持续性降价，ABC 普通商事合伙在 2019 年年初陷入支付困难。因此，Holm 请求富裕的 C 支付到期的买卖价款。C 聘请了律师，因为他认为，他已退伙所以无支付义务。另外，他也将其退伙的事实告诉了一个他在 Holm 会计部门工作的朋友 Fröhlich。他还认为，如果他继续被作为 ABC 普通商事合伙的合伙人对待，那么该买卖合同因 A 和 B 无代理权而对他无论如何也不生法律效力。如果 C 有支付义务，那么他会考虑向 A 和巴登-符腾堡州进行追索。本案的权利状况如何？

注：《家庭事务和非诉事务程序法》第 382 条第 4 款规定："如果为在第 374 条第 1 至 4 项所列登记簿中登记的申请不完备，或者存在一个申请者可以消除的登记障碍，那么登记法院应当向申请者确定一个消除障碍的合理期限。该裁定依抗告可被撤销。"

参考答案

（一）Holm 根据《民法典》第 433 条第 2 款结合《商法典》第 128 条第 1 句向 C 主张的买卖价款支付请求权

该支付请求权的唯一请求权基础是《民法典》第 433 条第 2 款结合《商法典》第 128 条第 1 款。根据《商法典》第 128 条第 1 句的规定，普通商事合伙的合伙人作为连带债务人对合伙的债务承担个人责任。因此，需要审查的是，C 的合伙人身份和普通商事合伙债务的成立。

1. C 的合伙人身份（＋）

a）事实上的 C 的合伙人身份（一）

事实上，C 不再是 ABC 普通商事合伙的合伙人，因为他已经在 2018 年 12 月 31 日从由 A 和 B 继续经营的合伙（《商法典》第 131 条第 3 款第 3 项）中退伙。退伙登记仅具有宣示性效力，并且不是事实上丧失合伙人身份的前提要件。

b）根据《商法典》第 15 条第 1 款 C 的合伙人身份（＋）

然而，基于商事登记簿的消极公示，C 针对 Holm 可能应当被视为合伙人。这是因为，根据《商法典》第 15 条第 1 款，一个应当在商事登记簿上登记的事实在未登记和/或未公告时，该应登记事实属于其事务之人不得主张以该事实对抗善意第三人，因此，需要审查《商法典》第 15 条第 1 款的前提要件：

aa）退伙的登记义务（＋）

C 的退伙是一项属于普通商事合伙和 C 的事务的登记义务事项（《商法典》第 143 条第 2 款结合《商法典》第 143 条第 1 款）。

bb）未登记和/或未公告（＋）

鉴于 Rasch 拒绝登记，故在 2019 年 3 月 20 日不存在关于 C 退伙的登记和公告。

cc）Holm 的善意（＋）

然而问题是，Holm 是否善意。根据通说，成立具体的信赖（例如通过查阅登记簿或者联邦公报）或者甚至因对权利外观的明确信赖而作出某个行为（因果关系）在此均非必要（参见本章边码 15）。相反地，成立信赖具有理论上的可能性即已充分（抽象的信赖保护）。对产生登记义务事项的真实事实的单纯应当知情或积极知情同样不充分。因此，C 不能以 Holm 未查阅登记簿或联邦公报，或者未通过其他方式打探真实的法律关系，对抗 Holm。

因此，只有对退伙事实的积极知情才构成 Holm 的恶意。但是，Holm 本人对此并不知情。然而问题是，Holm 的会计 Fröhlich 的知情是否应当被归为 Holm 知情。虽然《民法典》第 166 条第 1 款因 Fröhlich 未以代理人的身份参与合同订立而不能直接适用，但是可能需要权衡的是对该条的类推适用［关键词：知情代理（Wissensvertretung）］。"知情代理人"，是根据本人的工作安排被委任在商业交易中自我负责地完成特定任务、获知与此相关的信息并在必要时转达信息之人。[1] 本案中，Fröhlich 虽然原则上在 Holm 的经营领域内工作并享有自己的决定权力，但是仅当本人如使用代理人一样使用知情代理人时，才可以考虑类推适用《民法典》第 166 条第 1 款。因此，当知情人仅在内部向本人提供咨询时，无同等对待的必要。[2] 身为财务会计的 Fröhlich 仅被委托接受与财务会计有关的表示，而没有扩张到在交易相对方责任免除的问题上代理 Holm。Fröhlich 并非因其为 Holm 工作，而是基于他与 C 的朋友关系知情，这一事实同样反对成立知情归入。最后，如 C 一样的商人应当可以被期待，其以书面形式作出如此意义重大的表示。[3] 因此，Holm 在此具有善意。

dd）Holm 在交易中行为（＋）

Holm 订立买卖合同属于在构成法律行为的交易中行为，因此《商法典》第 15 条第 1 款未规定的，但是通说为了对事实构成作目的性限缩而支持的不成文构成要件（参见本章边码 16）在本案中也得到满足。

c）中间结论（＋）

鉴于商事登记簿的消极公示（《商法典》第 15 条第 1 款），C 不能针对 Holm 主张其作为合伙人已经退出 ABC 普通商事合伙。针对 Holm，C 仍应被作为 ABC 普通商事合伙人对待。

---

[1] BGHZ 117, 104, 106 f.

[2] BGHZ 117, 104, 107.

[3] 参见 *LG Stuttgart* BB 1977, 413, 413。

2. 普通商事合伙的买卖价款债务（＋）

C 承担责任的另一个前提要件是，ABC 普通商事合伙作为合伙根据《民法典》第 433 条第 2 款因 2019 年 3 月 20 日的买卖合同承担支付买卖价款的义务。由于普通商事合伙是具有权利能力的主体，故而针对普通商事合伙可以成立请求权（参见《商法典》第 124 条第 1 款和第 128 条）。但是，除在外部关系中存在普通商事合伙之外，请求权的成立还以存在一个有效的买卖合同为前提要件。

a) 对外存在一个有效的普通商事合伙（＋）

ABC 普通商事合伙对外有效成立。ABC 普通商事合伙本身被登记于商事登记簿，因此根据《商法典》第 123 条第 1 款也在外部关系中有效成立。（另外参见《商法典》第 123 条第 2 款）。

b) 成立一个有效的买卖合同（＋）

虽然 A 和 B 与 Holm 就买卖合同中的所有的重要事项、特别是 15 万欧元的买卖价款达成合意（《民法典》第 145 条以下），但在订立合同时，A 和 B 使用盖印的企业信纸并以 ABC 普通商事合伙的名义行为。但是，仅当 Λ 和 B 享有代表权时，该合同订立才对 ABC 普通商事合伙产生效力。

恰好代表权因约定的共同代表（《商法典》第 125 条第 2 款第 1 句）可能存有疑问。在 C 退伙前，共同代表当然也包括 C。在无特别约定（《商法典》第 125 条第 2 款第 2 句）时，直至 2018 年 12 月 31 日，交易仅可由 A、B 和 C 共同订立。在 C 退伙后，机关性质的共同代表仅由 A 和 B 继续共同行使[1]，这是因为非合伙人不能被赋予机关性质的代表权。因此即便没有 C，A 和 B 也可以有效地代表 ABC 普通商事合伙。

剩下的问题仅是，是否允许 Holm 主张真实的权利状况并因此部分地结合表象的和真实的权利状况。鉴于 C 从 ABC 普通商事合伙共同代表中的退出属于机关代表状况的变更，这也属于登记义务事项（《商法典》第 107 条）。因此，似乎可以认为，C 此时也必须前后一致地承受《商法典》第 15 条第 1 款的消极公示所带来的不利后果（A、B 和 C 的共同代表存续，未订立买卖合同）。虽然根据通常的观点，《商法典》第 15 条第 1 款赋予了第三人选择主张商事登记簿的消极公示或主张真实的权利状况的选择权，但是仍有争议的是，第三人可否同时选择主张二者。[2]

根据少数观点[3]，当 Holm 在合伙人身份方面主张登记簿的公示，却在共同代表时主张真实权利状态，那么他将因这一自相矛盾的行为而遭受诘难［《民法典》第 242 条：自相矛盾禁止（Verbot des *venire contra factum proprium*）］。这是因为，在信赖保护上，商事登记簿只能以其整体性（包括欠缺关于已经变更的共同代

---

[1]　参见 BGHZ 41，367，368。

[2]　参见 *Müller-Laube*，20 Probleme，Problem 5，S. 17 ff.

[3]　参见 *LG Hannover* MDR 1950，488；*Brox/Henssler*，Rn. 86；*Canaris*，§ 5 Rn. 26。

表状况的登记）而不能就单个事项被评价。

根据通说，《商法典》第 15 条第 1 款仅在第三人主张未登记时才获适用。除此之外，其亦应可以主张真实的权利状态，只要对其有利即可（"葡萄干理论"）。[①] 这是因为，消极公示应当只保护第三人，而不能也有利于登记义务人。此外，信赖保护不以具体的信赖事实构成——如查阅全部登记内容——为前提要件。因此，信赖亦可以基于单个事项，而不是仅基于全部的登记簿内容成立。

c）中间结论（＋）

根据通说，Holm 可以主张真实的权利状况，据此 Holm 与由 A 和 B 有效共同代表的 ABC 普通商事合伙之间的买卖合同成立。因此，Holm 针对 ABC 普通商事合伙的金额为 15 万欧元的买卖价款请求权成立。提示：如果赞同也可能获得支持的少数观点，则应当在辅助报告中讨论追索请求权问题。

3. 结论（＋）

Holm 对 C 享有一个支付 15 万欧元的请求权。

（二）C 依据《民法典》第 426 条第 1 款以及《民法典》第 426 条第 2 款结合《民法典》第 433 条第 2 款对 A 的请求权

C 或许可以根据《民法典》第 426 条第 1 款以及《民法典》第 426 条第 2 款结合《民法典》第 433 条第 2 款对 A 主张 15 万欧元的追索权（独立请求权）。

1. 请求权成立的前提要件

a）存在一个具有追索可能的连带债务关系（＋）

在《商法典》第 128 条第 1 款的框架内，合伙人作为连带债务人承担普通商事合伙的债务。追索只是全体合伙人根据《商法典》第 128 条第 1 款的规定对外承担责任的结果，并且因此未违反《民法典》第 707 条对追加出资义务的禁止。[②]

b）针对合伙人的追索不具有从属性（＋）

针对合伙人的追索虽然原则上仅在对普通商事合伙请求之后始为可能（基于普通商事合伙合伙人之间的忠实义务，该请求权具有从属性），但是，C 在本案中可以例外地直接要求 A 支付，因为 ABC 普通商事合伙已无财产。[③]

2. 追索请求权的内容

然而，问题是，C 可以向 A 请求的金额是多少。首先需要澄清的是，C 作为事实上已经退伙的合伙人是否须承担自身的部分 5 万欧元，并从他的追索请求权中予以扣除。由于 C 原则上不再对新的债务承担责任，本案中的新债务仅因《商法典》第 15 条第 1 款为保护 Holm 才在外部关系上成立，故应当否定上述观点。此即《民法典》第 426 条第 1 款第 1 句句尾意义上的"另有规定"。

① 参见 BGHZ 65, 309, 310; *K. Schmidt*, Handelsrecht, § 14 Rn. 50, 57 ff.; Ba/Ho/*Hopt*, § 15 Rn. 6。
② 参见 BGHZ 37, 299, 302。
③ *BGH* NJW 1980, 339, 340.

此外，还需要回答，C 是否可以请求 A 如同请求一个《商法典》第 128 条第 1 句中的连带债务人一样支付 15 万欧元，还是仅可以请求 A 作为 B 的按份债务人如同向合伙人的追索一样按比例支付 7.5 万欧元。此处更合理的是，在 2018 年 12 月 31 日已经以合伙人身份退伙的 C 在行使追索时作为外部的债权人（参见《商法典》第 128 条）享有连带责任的好处，并因此无须承担 B 破产的风险。

3. 结论（十）

根据《民法典》第 426 条第 1 款以及《民法典》第 426 条第 2 款结合《民法典》第 433 条第 2 款，C 对 A 享有 15 万欧元的追索请求权。这是因为存在连带债务人补偿可能，C 此外可以在向 Holm 支付之前要求 A 支付 15 万欧元。[①]

（三）C 根据《民法典》第 839 条结合《基本法》第 34 条因职务责任对巴登-符腾堡州的请求权（一）

虽然登记簿管理官 Rasch 在登记程序中履行公共职务，但是 C 的职务责任请求权因不存在职务义务违反而不成立。这是因为，C 作为已退伙的合伙人必须对其退伙登记予以协助，故 Rasch 正确地适用《家庭事务和非诉事务程序法》第 381 条第 4 款暂停了登记程序。虽然 C 在实体法上无须登记即已经不是 ABC 普通商事合伙的合伙人，但是其在登记簿上仍被登记为合伙人，并因此在形式上仍然承担《商法典》第 108 条的协助义务。[②]

四、测试题

1. 《商法典》第 9 条规定的商事登记簿查阅权与商人的哪项基本权利相冲突？

2. 登记官 R 拒绝了商人 K 申请的登记。K 计划对拒绝登记采取措施。有哪些法律救济途径？

3. 商人授予的全权代理权是否属于登记义务事项？

4. 商事登记簿与土地登记簿的共同点和不同点有哪些？

5. 积极公示和消极公示的含义分别是什么？

6. 为什么《商法典》第 15 条第 1 款主要适用于宣示性登记？

7. 对未登记的经理权的撤回是否应当登记？如果应当，登记如何表述？

8. 如何保护对代办权存续的信赖？

9. 根据通说，《商法典》第 15 条第 1 款和第 3 款保护抽象的信赖。对此如何理解？产生哪些法律上的后果？

10. 《商法典》第 15 条第 2 款有什么功能？

---

① Palandt/*Grüneberg*，§ 426 Rn. 5.
② 参见 *BayObLG* DB 1978，1832，1832；Ba/Ho/*Roth*，§ 143 Rn. 3.

11.《商法典》第 15 条第 3 款意义上的公告错误有哪些表现形式?

12.《商法典》第 15 条第 3 款的法定规则与补充性的习惯法规则之间存在哪些不同?

13. 承受《商法典》第 15 条第 1 和 3 款公示效力的不利后果之人对作出错误登记的登记法院以及提交错误申请的公证员拥有哪些追索的可能?

14.《商法典》第 15 条第 3 款是否也适用于在企业登记簿中不正确公告的数据?

第四章

商 号

文献: *Bartels*, Die Handelsfirma zwischen Namensrecht und Kennzeichenschutz—eine Bestimmung ihrer Rechtsnatur sowie deren Wirkung auf einfache Sukzession und Zwangsverwertung, AcP 2009, 309 ff.; *Beck*, Die Haftung des Handelnden bei falscher Firmierung, ZIP 2017, 1748 ff.; *Beurskens*, Nomen est omen? —Falschfirmierung im elektronischen Geschäftsverkehr, NJW 2017, 1265 ff.; *Bokelmann*, Das Recht der Firmen und Geschäftsbezeichnungen, 5. Aufl., 2000; *Clausnitzer*, Das Firmenrecht in der Rechtsprechung (2000—2009), DNotZ 2010, 345 ff.; *Fezer*, Liberalisierung und Europäisierung des Firmenrechts—Vom handelsrechtlichen Firmenregisterschutz zum kennzeichenrechtlichen Immaterialgüterrechtsschutz, ZHR 161 (1997), 52 ff.; *J. Flume*, Die Firma als "tradeable Asset": die derivative Firmennutzung zwischen Vollrechtsübertragung und schuldrechtlicher Namenslizenzierung, DB 2008, 2011 ff.; *Heckschen*, Firmenbildung und Firmenverwertung—aktuelle Tendenzen, NotBZ 2006, 346 ff.; *Heidinger*, Der Name des Nichtgesellschafters in der Personenfirma, DB 2005, 815 ff.; *Jung*, Firmen von Personenhandelsgesellschaften nach neuem Recht, ZIP 1998, 677 ff.; *Kessen*, Die Firma als selbständiges Verkehrsobjekt, 2011; *Kögel*, Firmenrecht 2011: Welche Regeln gelten (noch)?, Rpfleger 2011, 17 ff.; *Lettl*, Das Recht zur Fortführung der Firma nach Unternehmensveräußerung, WM 2006, 1841 ff.; *Meyer*, Das Irreführungsverbot im Firmenrecht, ZNotP 2009, 250 ff.; *Möller*, Das neue Firmenrecht in der Rechtsprechung—Eine kritische Bestandsaufnahme, DNotZ 2000, 830 ff.; *Petersen*, Das Firmenrecht zwischen Bürgerlichem Recht und Handelsrecht, Jura 2013, 244 ff.; *Schäfer/Hemberger*, Rechtsscheinhaftung bei unzulässigem Rechtsformzusatz, Ad legendum 2014, 329 ff.; *Schirrmacher*, Haftungsrechtliche Folgen der Nutzung eines falschen Rechtsformzusatzes—Die UG im Gewande ihrer großen Schwester, GmbHR 2018, 942 ff.; *K. Schmidt*, HGB-Reform im Regierungsentwurf, ZIP 1997, 909 ff.; *Schmieder*, Name—Firma—Titel—Marke; Grundzüge des Rechts an der Bezeichnung, JuS 1995, 119 ff.; *Schoene*, Wrdlbrm-pfd e. K. —Zur Eintragungsfähigkeit von Buchstabenkombinationen als Firma, GWR 2009, 137 ff.; *Wertenbruch*, Die Firma des Einzelkaufmanns und der OHG/KG in der Insolvenz, ZIP 2002, 1931 ff.

商号法由商号管理法和商号名称法构成。**商号管理法**属于公法,其规定商号的构成和使用,并在 1998 年经《商法改革法》自由化。**商号名称法**对作为标志的商号提供私法上的保护。商号法在这两个领域中与竞争法和商标法（混淆禁止、误导禁止、商号可区分性、商号保护）以及与公司法（公司名称）存在众多关联。

第十四节 商事交易中的商号

一、商号的概念

根据《**商法典**》第 17 条,商号是商人用以经营其营业、签名以及起诉和应诉的名称。这意味着:

• 商号只是一个**名称**,其自身并非权利主体。因此,不同于日常用语,在法律 1 上不应将商号与企业（《商法典》通常使用"商事营业"）或企业主（《商法典》通常使用"营业主"）混淆。

• 商号是**企业主**(*Unternehmensträger*)（个体商人或组织）的名称,不是企业 2 的名称（对此参见第五章边码 1 以下）。因此,以商号名义作出的法律行为所产生的义务由其企业主负担。当作出确定与企业相关的行为时,即便在订立合同时未明确公开企业主的身份,亦由其承担义务。[1] 同样地,在民事诉讼程序中,使用在诉讼系属发生时起诉书中的商号的企业主是诉讼当事人。[2] 在企业主的标志上再次体现德国商法以商人概念为连结点的传统（详见第一章边码 1）。然而在商号法中,制定法也未始终如一地严格使用商号。例如《商法典》第 2 条使用"企业的商号",商人可根据《商法典》第 2 条和第 3 条申请将"企业的商号"登记于商事登记簿（参见本章边码 10）。商号单独转让禁止（Verbot der Leerübertragung der Firma）（《商法典》第 23 条,详见本章边码 27）和商号唯一原则（Grundsatz der Firme-

---

[1] 参见 *BGH* NJW 1992, 1380 f. und Kap. 5 Rn. 2。

[2] 参见 RGZ 159, 337, 350 und *BGH* NJW 1987, 1946, 1947。

neinheit）（详见本章边码 28）以及《商法典》第 25 条以下的规则（详见第五章边码 8 以下）同样考量了如下事实，即在商业交易中更常见的是将商号视为企业的标识而不是企业主的标识。

3　　　• 唯有商人才拥有《商法典》第 17 条以下意义上的商号。非商人以独立的名称经营其营业的，构成亚商号（Minderfirma）（通常也被称为经营标志），其构成和使用原则上不适用商号法（法定例外：《自由职业合伙法》第 2 条第 2 款）。自 1998 年起，《商法典》第 19 条、《股份法》第 4 条和第 279 条、《有限责任公司法》第 4 条和第 5a 条第 1 款、《合作社法》第 3 条以及《保险监管法》第 174 条规定的法律形式后缀（Rechtsformzusätze）划定了商号和亚商号的界限。如果亚商号可以被混淆为商号且因此造成该企业主是商人的假象，则该亚商号不被允许。非商人以及民事合伙在此情形下须承受对不合法使用商号的法律制裁（详见本章边码 30 以下）。

> **示例**：Rasch 博士是一家律所的女合伙人，该律所对外以"Rasch 博士律师们"的名义行为。这个标志是合法的，因为使用后缀"律师们"而不是《商法典》第 19 条第 1 款第 2 项规定的普通商事合伙这一法律形式后缀已足够清晰地表明，这是一家提供法律咨询服务的自由职业者联合体，自由职业者基于制定法的规定不能经营营业，并因此不能成立商事合伙。[1] 鉴于缺少"和合伙人"或"自由职业合伙"这样的法律形式后缀，该标志也不会与自由职业合伙的名称混淆（《自由职业合伙法》第 2 条第 1 款第 1 句）。

4　　　• 商号是专门用于**从事商行为的名称**（*Name für Handelsgeschäfte*）（经营名称）。商事组织体和合作社只使用商号作为其名称，这是因为它们从事的所有的法律行为都是商行为（参见第九章边码 7）。与此不同，个体商人在其商号之外总是拥有一个民事法上的名称（参见《民法典》第 12 条）。两个名称不仅在事实上不同——这是因为即便将民事名称作为商号使用也须根据《商法典》第 19 条第 1 款第 1 项的规定强制加上法律形式后缀［如已登记商人（e. K.）等］，在法律上也被严格区分。与民事名称不同，商号可以被转让（本章边码 27），商号不是纯粹的人格权（本章边码 5）并且单独受保护（本章边码 30 以下）。为了能够在商事交易中更容易地被辨识身份，个体商人应当以其商号对外行为（关于在业务信纸上使用商号的义务见本章边码 15）[2]，而且大多数情况下也确实如此。但是，个体商人也可以使用其民事名称作出有效的商行为。反之，商人亦可以其商号作出私人行为，只要此时不需要通过民事名称来辨识身份。

> **示例**：商人 Herbert Klotz 的商号是"Hermann Klotz Nachf. e. K."（参见《商

---

① 关于之前的法律状况见 *OLG Karlsruhe* BB 1985, 2196, 2196 的判决附带意见。

② *OLG Stuttgart* NZG 1998, 601, 603 ff.

法典》第 22 条第 1 款）。其以 Herbert Klotz 的名义取得一块经营性土地。第二天，他使用企业信纸在佛罗里达租了一个度假屋用于他的蜜月旅行。这两个合同都有效。只有在结婚和申请新的护照时，Klotz 必须使用他的民事法律名称。同样地，他被以 Herbert Klotz 的名称登记于土地登记簿中，即便该土地是经营性用地（《土地登记簿管理条例》第 15 条第 1 款 a 项）。

• 作为名称权的商号权属于**绝对权**，其针对任何人并作为《民法典》第 823 条第 1 款意义上的"其他权利"被予以保护。然而通说认为，商号权不同于民事姓名权，其不是纯粹的人格权，这是因为商号权在人格权要素（使用民事姓名作为商号的构成部分，对企业主的提示）之外也具备一些财产法和无形财产法上的要素（企业商誉的载体，参见本章边码 13）。 **5**

> **要点**：商号是经营名称，不是商人的企业本身。

二、商号与相近表现形式的区分

商号法（《商法典》第 17 条以下，《股份法》第 4 条，《有限责任公司法》第 4 条 **6** 和第 5a 条第 1 款，《合作社法》第 3 条，以及《企业改组法》第 18、125、155、200 条）原则上只适用于《商法典》第 17 条意义上的商号（法定例外：《自由职业合伙法》第 2 条第 2 款）。因此，在适用商号法的法条时，应当首要审查，商人使用的是否从根本上属于法律意义上的商号。在此应当区分商号与下列几种相关的表现形式：

• 营业经营者和自由职业者在实践中经常使用具有宣传效应的**经营标志 (Geschäftsbezeichnung)**。与商号以及亚商号（对此见本章边码 3）不同，经营标志并不用于标识企业主，而是用于标识企业本身或企业的一个营业场所或常设机构（因此也被称为营业场所名称）。

举例："德国闲暇时光股份公司"（Deutsche Freizeit AG）（企业主名称）在慕尼黑经营一家"巴伐利亚人酒窖"（Bajuwaren-Keller），在汉堡经营一家"汉斯-阿贝尔斯-剧院"（Hans-Albers-Theater）以及在柏林经营一家"城市影城"（City-Filmpalast）（均为经营标志）。

经营标志原则上合法。非商人也可以使用经营标志。但是，如同使用亚商号（本章边码 3）一样，必须确保经营标志不能被用于替代商号以及不能被混淆为商号，否则构成非法使用商号，并可能遭受《商法典》第 37 条规定的制裁（详见本章边码 30 以下）。

经营标志原则上不适用商号法，而是更多地适用 1995 年 1 月 1 日起生效的《商标法》（参见《商标法》第 1 条第 2 项、第 5 条第 1 款和第 2 款）并且同时（参见《商标法》第 2 条）适用一般姓名权（《民法典》第 12 条）和竞争法（《反不正当竞争法》第 3 条和第 5f 条）。然而，对于商人而言，经营标志往往是商号的组成部分，对于此类非独立的经营标志也补充适用商法。

举例： "Hansa-Theater Herbert Klotz 有限公司"能否无须更改公司名称和剧院名称出售其经营的"Hansa-Theater"，需要根据商号法（《商法典》第 18 条第 2 款和第 23 条）作出判断（对此参见本章边码 26）

7 • **商标**是所有适于用来区分不同企业的货物或服务的标志（文字、图片和声音等）（参见《商标法》第 3 条第 1 款）。与商号不同，商标不用于标识企业主体，而用于标识企业的货物或服务。

举例： "可口可乐"（文字商标），广播电台的叮当声（声音商标），调味瓶（色彩组合、三维设计和字样）。

商标的概念取代了范围较窄的货物标志的概念，是《商标法》所规定的标志法的核心概念。[1] 除《商标法》外（参见《商标法》第 2 条），一般姓名权（《民法典》第 12 条）和竞争法（《反不正当竞争法》第 3 条和第 5f 条）同样适用于商标。商号虽然不是商标，但是其作为《商标法》第 1 条第 2 项结合《商标法》第 5 条意义上的交易标志也获得相类似的标志保护。

8 • **简写标志**既可以作为商号的缩写用来标识企业主或者整个企业（如"BMW"），也可以作为经营标志的缩写标志一个营业场所（如"KaDeWe"）。特别在宣传推广领域，简写标志原则上合法。但是，在商业交易中使用商号缩写时，必须能够被明确辨识其是某个商号的缩写，否则，在商业交易中，一个企业就会被认为有一个缩写商号和一个完整商号两个不同的商号，这违反了商号唯一原则（对此见本章边码 28）。[2] 简写标志同样受《商标法》（《商标法》第 5 条第 1 款和第 2 款）和竞争法（《反不正当竞争法》第 3 条和第 5f 条）的保护。名称简称和商号简称还补充适用一般姓名权（《民法典》第 12 条）和商号法（《商法典》第 30 条、第 37 条）。

三、商号的构成和类型

商号的构成包括商号核心（例如"Klaus Klotz"）和至少一个法律形式后缀（例如"已登记商人"），以及必要时添加的物名后缀（例如"Klaus Klotz 文具有限责任公司"）。商号核心和商号后缀原则上同样重要。如果后缀不合法，则应当注销整个商号（参见本章边码 31）。后缀的改变或删除构成商号变更。

9 个体商人的商号被称为**个体商号**，组织体的商号被称为**组织商号**。

---

[1] 详见 *Berlit*，Markenrecht，10. Aufl.，2015。

[2] 参见 *Droste*，DB 1967，539，541。

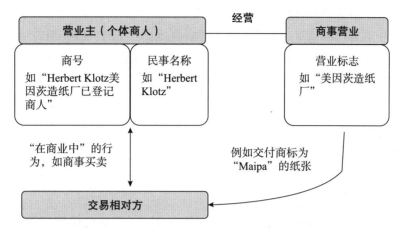

　　人名商号来源于现在或以前的企业主的民事名称（例如"Klaus Klotz 已登记商人"）。自 1998 年起，人名商号不再只能由姓加上至少一个完整的名构成，也可以由简写、缩写或假名构成。人名商号既可用作个体商号，也可用作组织商号。与此相反，**物名商号**只表明企业的经营范围（例如"马尔堡文具有限责任公司"）。**混合商号**是人名商号和物名商号的结合（例如"马尔堡 Klaus Klotz 文件有限责任公司"）。自 1998 年商号法改革之后，才允许与企业经营范围没有明显关联而仅是由好听的文字构成的**想象商号**（例如"Thalio 有限责任公司"）。想象商号必须具有充分的标识功能（对此参见本章边码 29）。想象人名商号也应当被允许。[1]

　　原始商号，是指原来的企业主自己选定的商号。鉴于商号可以附随企业一同转让（详见本章边码 27），商号也可以含有该商事营业的前手营业主/合伙人的名称。对于此类商号，人们称为**派生商号**（《商法典》第 22 条）或**存续商号**（《商法典》第 24 条）。

四、商号的功能

　　在经济交往中，商号主要具有四项功能：　　　　　　　　　　　　　　　　10

　　• **标识功能**（Kennzeichnungsfunktion）：商号应当在商业交易中用于识别企业主（个体商人、组织体）、企业，以及用于区分其他企业主（特别是竞争者）。因此，商号不论对内还是对外都是"**企业识别**"（*corporate identity*）的核心要素。

　　• **资讯功能**（Auskunftsfunktion）：商号用于传递企业主和由其经营的企业的信息。[2]

　　• **宣传功能**（Werbefunktion）：有表现力和吸引力的商号可以宣传企业。

---

①　*OLG München* FGPrax 2013，35.

②　参见歌德《浮士德》第一幕第 1331 行以下："像你们这样的，从名字中便可看出本质/品性……" *Goethe*, Faust I, Vers 1331 f.："Bei Euch, Ihr Herrn, kann man das Wesen / Gewöhnlich aus dem Namen lesen…".

• **价值承载功能**（Wertträgerfunktion）：商号承载企业通过其产品和服务在竞争中（如产品质量、信赖程度、广告宣传）获得的价值。商誉可以显著提升企业价值，使其显著超过现有财产的价值（参见《商法典》第 255 条第 4 款）。此时，商号蕴含了特殊的经济价值。[①]

第十五节　商号管理法

11　　商号管理法规定商号的构成（见下文"一"）和使用（见下文"二"），并受商号基本原则（见下文"三"）的形塑。

一、商号的构成

1998 年之前的德国商号构成规则非常严苛且部分已经过时，其经由《商法改革法》的修订而得以显著自由化。借由商号构成规则的自由化，立法者期望更好地回应现代经济往来的需求（特别是商号的标识功能和宣传功能），以及使德国法更好地与国外的商号管理法以及特别与欧盟商号管理法相衔接。[②]

（一）个体商人的商号构成

12　　个体商人不仅可以如以前一样使用仅由其书面的民事姓名构成的人名商号，也可以使用物名商号、想象商号和混合商号，只要这些商号没有违反商号管理法的基本原则，特别是没有违反商号真实原则和商号区分原则（详见本章边码 17 以下）以及善良风俗和公共秩序。[③] 根据《商法典》第 19 条第 1 款第 1 项，只有法律形式后缀"已登记商人"、"已登记女商人"或者一般可以理解的这一后缀的缩写（例如："e. K." "e. Kfm." "e. Kfr."）具有强制性。

举例：Herbert Klotz e. K. ，Tübinger Feinkost e. Kfm. ，Delio e. K. ，Feinkost Dr. Klotz e. Kfr.

原则上，商号所有人享有选择商号表现形式的自由。因此，无论组织的住所位于何处，其商号均可使用能够用罗马字符书写和朗读的德语、其他的尚在使用或已经死亡的语言或者附带标点符号的方言等。即使那些没有意义的字母组合，虽然不

---

① 参见 *La Bruyè*，Die Charaktere，2. Kap.："对于很多人而言只有姓名有价值"（"Bei vielen Leuten ist nur der Name etwas wert."）。

② 详见 *Jung*，ZIP 1998，677 ff。

③ 关于一个与黑手党有关的图形商标不能获得保护参见 *EuG* GRUR-RR 2018，236。

是单词并且难以朗读，但是只要在具体情形下普遍不能被认为不具有标识功能，也可以被用作商号（例如联邦法院判决支持"HM & A"这一组合作为商号①）。比喻性的商号构成部分（想象性的标志和符号）若不能被朗读则不合法，其只能被作为商标保护。

举例："Wetten dass? e. K."（因标点符合与单词构成部分在内容上具有关联性，故合法），Meier & Müller OHG［因其可明确地朗读为"和（und）"，故合法］；"Met@box e. K."（因附加有在具体情形下不能明确朗读的符号，故不合法）。②

（二）商事合伙的商号构成

1998 年以降，商事合伙的商号不再只能由至少一个承担个人责任的合伙人的名字构成，其也可以同样由纯粹的物名商号或想象商号构成。商号真实原则只禁止明显易于造成所涉交易人群对承担个人责任合伙人的群体构成或对所经营的企业的类型和规模混淆的商号构成。③ 衡平起见，商事合伙必须使用"普通商事合伙"或"有限合伙"的法律形式后缀或者使用它们的一般可以理解的缩写（例如"OHG""KG"）（《商法典》第 19 条第 1 款第 2 和 3 项）。若普通商事合伙或有限合伙中无自然人承担个人责任（主要的情形是有限责任有限合伙），则必须额外在商号中明确注明责任的限制（《商法典》第 19 条第 2 款）。根据《欧洲经济利益联合体施行法》第 2 条第 2 款第 1 项，欧洲经济利益联合体的商号必须含有"Europäische wirtschaftliche Interessenvereinigung"或者其缩写"EWIV"。

举例：Klotz & Co. OHG, Mephisto KG, Marburger Schreibwaren GmbH & Co. KG

法律形式的缺失或者错误可以导致类推适用《民法典》第 179 条，造成企业主和行为人成立无过错的连带权利外观责任。④

（三）公司和合作社的商号构成

公司（股份公司、欧洲股份公司、股份两合公司和有限责任公司）和合作社（已登记合作社、欧洲合作社）可以选择人名商号、物名商号、想象商号或混合商号。它们在商号构成上仅受一般的商号原则（详见本章边码 17 以下）和特定的特

13

14

---

① *BGH* NZG 2009，192.

② *BayObLG* NJW 2001，2337，2338；不同观点 *LG Cottbus* CR 2002，134；对此详见 *Beyerlein*，WRP 2005，582 f.

③ 详见 *Jung*，ZIP，1998，677 ff.；存疑见判决 *OLG Saarbrücken*，DB 2006，1002 f.：仅来自有限合伙人姓名的商号合法。

④ BGHZ 64，11；BGH NJW 2012，2871；详细且根据类型区分见 Beck，ZIP 2017，1748；电子化商业交易的限制见 Beurskens，NJW 2017，1265 ff.；有限责任公司形式的企业主公司承担唯一的外部责任和行为人的纯粹内部责任见 Schirrmacher，GmbHR 2018，942 ff.。

别规则（例如《信贷业法》第 39 条以下，《联邦律师条例》第 59k 条）的拘束。[1]
除此之外，它们的商号必须含有完整的法律形式后缀或者可被理解的缩写（《股份法》第 4 条和第 279 条，《有限责任公司法》第 4 条和第 5a 条第 1 款，《合作社法》第 3 条，《欧洲股份公司条例》第 11 条第 1 款，《欧洲合作社条例》第 10 条第 1 款）。

举例： Thalio 有限责任公司，Sonnenstudio 企业主公司（有限责任），Ruhrkohle 股份公司，Kaiserstühler Volksbank 已登记合作社，STRABAG 欧洲股份公司，有限责任采购欧洲合作社；关于公益性有限责任公司的后缀 "gGmbH" 之不合法性见 *OLG München* NJW 2007，1601。[2]

二、商号的使用

15　　使用并公告合法的商号不仅是商人的权利也是商人的义务。使用商号的权利产生于商人身份的取得，终结于商人身份的消灭（对此详见第二章测试题 7）。

根据**商号公开原则**（**Grundsatz der Firmenöffentlichkeit**），商号应当特别被申请登记于商事登记簿或合作社登记簿（《商法典》第 29 条、第 33 条以下、第 106 条第 2 款第 2 项，《股份法》第 36 条以下，《有限责任公司法》第 7 条以下，《合作社法》第 10 条以下、第 157 条）。商号的变更、商号所有人的改变以及营业所的迁移都必须申请登记（《商法典》第 31 条第 1 款、第 34 条和第 107 条）。登记和公告的程序适用《商法典》第 8 条以下以及上述组织法中的特别规则。除其他的信息（主要包括商事营业所的住所和地址、登记法院以及商业注册号），所有商人均须在其各类形式的**商业信函**（例如也包括电子邮件）上公开其商号（《商法典》第 37a 条、第 125a 条和第 177a 条）。此外，公司和合作社还需提前在章程中确定未来企业主的商号（《股份法》第 23 条第 3 款第 1 项，《有限责任公司法》第 3 条第 1 款第 1 项，《合作社法》第 6 条第 1 项）。

16　　**商号**因被放弃或者商人身份的丧失而**消灭**：前者包括商号变更（《商法典》第 31 条第 1 款）以及商号在（部分）营业主变动时不再被新营业主继续使用（参见《商法典》第 22 条和第 24 条），后者是指例如商人永久性地完全停止商事营业或其商事营业降级为小营业并根据《商法典》第 2 条第 3 句申请注销商事登记。商号的消灭同样应当被申请**登记**于商事登记簿或合作社登记簿（《商法典》第 31 条第 2 款第 1 句、第 157 条第 1 款，《股份法》第 273 条第 1 款，《有限责任公司法》第 74 条第 1 款）。在特定情形下，商号注销亦可能依职权进行。在注销附注被登记后，商

---

① 例如见 *OLG Nürnberg*，NJW 2003，2245。
② 对此批评见 *Krause*，NJW 2007，2156 ff.。

号作为亚商号被继续使用不合法，这是因为存在与商号混淆的风险（参见本章边码 3）。

三、商号管理法的基本原则

商号（管理）的基本原则依托《商法典》第 17 条以下的规则决定了商号的构成和使用。在此应当一方面在局部对立的私人利益和公共利益之间寻求平衡，另一方面在经济生活中尽可能地发挥商号的各项功能（参见本章边码 10）。　17

（一）商号真实原则

1. 商号真实的含义和规则

商号真实原则应当确保商号的资讯功能。在 1998 年商号管理法新规出台之前，商号必须最初真实且原则上维持真实。然而，为了实现商号的自由化和简明化，1998 年的《商法改革法》将这一原则限缩至禁止实质的和（在登记程序中）明显的误导（《商法典》第 18 条第 2 款）。由此，这一原则的**重要性明显丧失**。这尤其体现在一般性地允许物名商号和想象商号的背景下，商号自 1998 年起无须再反映经营商人企业之人的身份信息和经营范围信息。然而，通过使用不同于之前的一般强制性的法律形式后缀，商号的资讯功能在商号使用者的组织体关系和责任关系方面得到增强（《商法典》第 19 条）。　18

在初始商号的构成中，商号真实原则体现在《商法典》第 18 条第 2 款的一般性条款、《商法典》第 19 条的强制性规则、《股份法》第 4 条、《有限责任公司法》第 4 条和第 5a 条第 1 款、《合作社法》第 3 条、《保险监管法》第 17 条以及其他各种特别规范（如《信贷业法》第 39 条以下）中。单独转让禁止（本章边码 27）和商号唯一原则（本章边码 28）亦确保商号的真实性。一个初始真实的商号，即便因状况改变（名称变更、营业主变动、商事营业的类型和规模的变化）变得不真实并因此原则上不合法，但是考虑到商号的持续性，允许其在特定情形下被继续使用（《商法典》第 21 条、第 22 条、第 24 条，详见本章边码 20 以下）。

2. 误导禁止

根据**《商法典》第 18 条第 2 款**，商号不得含有任何适于对在所称的交易领域中的实质性交易关系造成误导的内容。　19

举例："译者研究院已登记商人"（营业模糊性误导）[1]；"公司已登记商人"（对缺乏商业经验的人而言暗示存在公司法律关系的误导）[2]；"美因茨床上用品店普通

---

[1] *OLG Düsseldorf* DB 2004，1720，1720.

[2] *AG Augsburg* Rpfleger 2001，187 f.

商事合伙"（尽管在当地无经营机构但不构成误导，有争议）[1]；"Meditec 有限责任公司"［虽然在企业经营范围上存在医疗技术（Medizintechnik）和媒体工作（Medienarbeit）的双重含义而对于所称交易领域而言欠缺明确的含义，但是合法］[2]；"穆勒及合伙人律师有限责任公司"（根据《自由职业合伙法》第 11 条第 1 款第 1 句的规定不合法）[3]；"拉瓦泰克股份公司洗衣机有限责任有限合伙"（因无限合伙人身份的不确定以及商号中包含有限合伙人而不合法）[4]；*OLG Köln* FGPrax 2008，125 f. 在拥有学术头衔的合伙人退伙后继续使用学术头衔造成的误导；"······S. er 汽车工厂有限责任公司"（关于企业规模的误导）[5]；"J 登记商人集团（J e. K. Group）"（因使用"集团"一词不符合《商法典》第 19 条第 1 款第 1 项意义上的商号后缀造成的误导）[6]；"K 集团企业主公司（K-Gruppe UG）"（针对单个企业使用集团造成误导）[7]；"德国养老研究院有限合伙"（"研究院"会让人产生错误的印象，认为这是一家公共科研机构或者由公共监管的科研机构）[8]。

在登记法院的登记程序中，仅当误导明显时，才审查误导的适格性。这意味着：

• 误导禁止适用于包括有关交易关系内容（营业主、住所、年龄、营业经营的类型和规模）在内的**所有的商号构成部分**（商号核心、物名后缀、法律形式后缀）。

• 适合造成误导的内容应当对于所称交易领域具有实质性。[9] 通过"**实质性门槛**"旨在将对在所称交易领域中作出经济性决定而言没有意义的，以及因此在竞争中不具有相关性的误导排除在《商法典》第 18 条第 2 款第 1 句的禁止之外。在此，应当从所称交易领域内的普通参与者的客观视角衡量个案中的各种情形。[10] 误导意图或事实上的成功误导并非必要。

举例：法律形式（具有实质性）[11]，承担个人责任的合伙人的身份（具有实质性，只要所称交易领域信赖某个已知个人的影响和责任）[12]，合伙人的数量（无实质性），营业主的性别（无论何时都无实质性），经营范围（任何时候都具有实质

---

① 也参见 *LG Heilbronn* Rpfleger 2002，158 f. 以及 *OLG Frankfurt* NJW-RR 2002，459。

② *BayObLG* NJW-RR 2000，111 f.

③ 对此也参见 *KG* FGPrax 2004，248 ff.

④ 对此见 *OLG Stuttgart* FGPrax 2001，28 f.

⑤ *OLG Jena* NZG 2011，1191 f.

⑥ *OLG Schleswig*，NZG 2012，34 f. 然而法院未回答是否一般性地禁止在个体商人的商号中使用"集团"概念。

⑦ *OLG Jena* NJW-RR 2014，44 f.

⑧ OLG Hamm BeckRS 2017，105796.

⑨ 对此例如见 *BayObLG* BB 1999，1401 f.

⑩ 参见 BT-Drs. 13/8444, S. 53。

⑪ *BayObLG* NJW 1999，297，298.

⑫ 参见 *OLG Düsseldorf* NZG 2017，350。

性)①，企业规模（任何时候都具有实质性），商号中的地名与企业住所地相一致（任何时候都具有实质性）。②

• 虽然登记法院根据《商法典》第 29 条、31 条第 2 款和第 37 条第 1 款，以及《家庭事务和非诉事务程序法》第 395 条的规定，在登记程序、变更程序、滥用程序和官方注销程序中审查误导的适格性，以提供预防性的交易保护以及尽可能地避免事后产生商号法、竞争法以及商标法上的诉讼。但是，仅当信息**明显**适于造成误导时，才会产生登记法院的审查。通过这一程序性限制——同样存在于《商标法》第 37 条第 3 款——旨在减轻法院负担并加快登记程序。③ 尽管如此，当对商号的无误导性存在合理怀疑时，登记官即应根据《家庭事务和非诉事务程序法》第 26 条特别对企业结构和所称交易领域中的受领人观念启动官方调查。登记官也可以为此征求工商业行会的专家鉴定意见（也见《家庭事务和非诉事务程序法》第 380 条和《商事登记簿条例》第 23 条第 2 句）。此外，明显性的标准只适用于各类登记程序，但是不适用于《商法典》第 37 条第 2 款针对商号滥用的私法制裁（详见本章边码 32 以下），亦不适用于《反不正当竞争法》第 5 条以下的竞争法上的误导禁止。

（二）商号存续原则

如果依据真实性原则强制要求商号为匹配企业主或其经营的企业发生的任一重大变动作出调整，那么就会对商号所蕴含的价值造成事与愿违的损害。因此，根据商号存续原则，在特定情形下，为了**保护存续性利益**，至少可以部分地继续使用一个已经不真实的商号。1998 年的商号构成自由化改革缓和了传统上商号真实和商号存续之间的紧张关系。 20

1. 营业主姓名变更时的商号继续使用（《商法典》第 21 条）

商号含有营业主或合伙人的姓名的，他们姓名的单纯变更并不必然导致商号的变更（《商法典》第 21 条）。此种情形下对商号真实原则的偏离是正当的，这是因为商号使用者的**身份**并未变动（此处针对姓名的改变适用"姓名如浮云"④ ）。 21

示例： 女商人 Monika Velten 以 "Monika Velten 手工作坊登记商人" 商号闻名。尽管她婚后改变了姓氏（《民法典》第 1335 条第 1 款第 2 句），她仍然可以继续使用这个商号。同样，"Mathäus Müller 有限责任有限合伙" 商号也可被继续使用，即便将来作为该有限合伙合伙人的有限责任公司的商号变更为 "Max Meyer 有限责任公司"。

---

① 但也参见 *BayObLG* NJW-RR 2000，111 f.。

② 参见 *OLG Stuttgart* NJW-RR 2001，755，756 f.。

③ BT-Drs. 13/8444, S. 38.

④ *Goethe*, Faust I, Vers 3457.

2. 营业主变动时的商号继续使用（《商法典》第 22、24 条）

1) 营业主变动的不同类型

22　　　　商号继续使用的问题不仅存在于永久且完全的营业主变动，也体现在临时和部分的营业主变动。就此，《商法典》区分了五种营业主变动类型下的商号继续使用：

　　　　• 因生前行为永久性地取得企业（《商法典》第 22 条第 1 款第一种情形，例如购买企业、赠与、加入合伙）。

　　　　• 因死因行为永久性地取得企业（《商法典》第 22 条第 1 款第二种情形）。

　　　　• 因法律行为暂时性地移转企业（《商法典》第 22 条第 2 款，例如用益租赁、设立用益物权或用益担保权）。

　　　　• 因以个体商人的企业向商事合伙出资导致的营业主变动（《商法典》第 24 条第 1 款第一种情形，以及《商法典》第 22 条第 1 款第 1 种情形下的类型，这是因为此时合伙取代了个体商人成为企业主）。

　　　　• 商事合伙中的合伙人入伙和退伙（《商法典》第 24 条第 1 款第二种情形）。

2) 商号继续使用的前提要件

23　　　　尽管存在上述分类，营业主变动时商号继续使用的**前提要件**在实质上是相同的：

　　　　• 原先的**商号被合法地使用**。这以原先的营业主合法地构造和使用商号为前提。

　　　　• 营业主变动应当涵盖**企业的整体**，即至少对外实质地表现为企业的核心。

　　　　• 因法律行为或继承的取得，或者以个体商人的商事营业的出资应当**有效**。这是因为，商号不能脱离企业而被转让或继续使用（《商法典》第 23 条）。

　　　　• 商号的原营业主以及他的继承人和商号中含有其姓名的个人退伙人[1]以及他的继承人应当"明确"同意商号的继续使用，例如已经在合伙协议中明确同意继续使用。然而，"明确"在此仅表示"无异议"。如此一来，默示的同意也是可行的。但是，单纯从商事营业的移转中无法推断出默示的同意。[2] 有争议的是，继承人继续使用商号是否也需要被继承人的明确同意。

　　　　示例：Hein Schmidt 于 2018 年在其父亲 Herbert Schmidt 去世后作为唯一继承人继承了一家美食店，该美食店由他的爷爷 Josef Schmidt 于 1930 年在汉堡以"Josef Schmidt 殖民地商品店"的商号创立。Hein Schmidt 希望继续使用这一富有传统的商号，经营并扩张这家虽然依然登记于商事登记簿但是在其父亲去世前就

---

　　① 根据一贯的司法裁判，《商法典》第 24 条第 2 款不适用于资合公司，BGHZ 58，322，325。也参见 *Felsner*，NJW 1998，3255 ff.

　　② *BGH* NJW 1994，2025，2026.

已经降级为小营业的商店。关于商号的继续使用，Herbert Schmidt 既未设立遗嘱也未制定其他规则。

在此，首先应当确定的是，Josef Schmidt 使用的商号以合法的方式构成（旧《商法典》第 18 条第 1 款），并且商店在 Herbert Schmidt 去世之前由一名按照新《商法典》第 5 条和《商法典》第 2 条有权使用商号的商人经营。因此，Hein Schmidt 原则上可以继续使用这一祖传商号，并且只需添加自 2003 年 3 月 31 日起（《商法典施行法》第 38 条）针对个体商人强制适用的不可或缺的法律形式后缀（登记商人等，《商法典》第 19 条第 1 款第 1 项）。但是，仍需解决的问题是，Hein Schmidt 作为继承人是否需要被继承人明确同意继续使用商号，以及被继承人 Herbert Schmidt 是否作出明确同意的表示。鉴于该条的规范目的（仅在原营业主同意的情况下继续使用商号）和清晰的法条文义（法条使用的"或者其继承人"仅指继承人将企业生前转卖与他人的情形），通说认为被继承人的同意是必要的，但是同意无须明确和无异议地作出，而只需可推定地存在即可。① 鉴于 Herbert Schmidt 没有明确地要求其唯一的继承人改变商号（参见例如《民法典》第 1940 条），可以得出，按照推定的被继承人的遗愿，Hein Schmidt 有权继续使用商号。

3）商号继续使用的形式

如果上述前提要件得到满足，继受人以及合伙**可以**无须增加一个表明继受关系的后缀而继续使用商号（《商法典》第 22、24 条）。原则上，可以并且应当**不作更改地**继续使用商号。② 但是，为了确保商号的真实性，特别针对商号后缀存在一些特定**例外**：

• 根据制定法的规定添加一个表明继承关系的后缀无害［例如"继受人"（Nachf.）、"继承人"（Erben）、"先前的"（vormals）；参见《商法典》第 22 条第 1 款］。

• 非实质性的改变合法（例如，书写方式，删除一个缩写的前名）③，为了公众的利益或者为了继受人或合伙的正当利益作出的不会对商号同一性产生质疑的实质性改变同样合法。④

• 根据《商法典》第 18 条第 2 款规定的误导禁止原则（详见本章边码 19），当继受后缀无法排除误导的适格性时，应当变更被继续使用的商号。例如，该规则原则上适用于继受人在商号中继续使用其本人并不拥有的学术头衔的情形。⑤

• 如果继受人以另外一种不同的法律形式继续使用商号，则需要相应地调整法

24

---

① 详见 *Kuchinke*，ZIP 1987，681，686。

② 例如，*OLG Frankfurt a. M.* FGPrax 2005，270：不得在前面增加一个新的名字。

③ 参见 RGZ 113，306，308 f.

④ BGHZ 44，116，120.

⑤ 参见 BGHZ 53，65，67 f.

律形式后缀（对此见本章边码12以下）。即便商号中已经含有继受后缀，也适用这一规则。[①]

> **示例：** 继承人 Hein Schmidt 计划将上文提到的美食店改造成一家更大的食品折扣店。为此，他打算将营业投资到与投资人 Reich 即将共同设立的普通商事合伙，并继续使用"Josef Schmidt 殖民地商品店"这一商号。在此情形下，不同于针对1998年之前的法律规定的司法裁判[②]，Schmidt 和 Reich 如今只能附加"普通商事合伙"这一后缀继续使用原商号的核心"Josef Schmidt"（参见《商法典》第24条第1款第一种情形、第19条第1款第2项）。"殖民地商品店"这个后缀因营业范围的改变而适于造成误导，因此应当予以删除。

3. 企业主改组时的商号继续使用

25　　　企业主合并、分离或形式变更时的商号继续使用适用《企业改组法》第18、122、125、200条的特别规定。[③]

4. 商事营业的类型和规模改变时的商号继续使用

26　　　商事营业类型和规模的改变可以导致物名商号或商号后缀变得不真实。原则上，在这一法律未规定的情形中应当优先适用商号真实原则（类推《商法典》第18条第2款）。但是，如果只在很小的范围内有造成公众误解的可能，并且改变商号将给营业主带来不合比例的不利益，则允许保留原商号。[④]

> **示例：** "Herbert Klotz 汉萨-剧院有限责任公司"停止经营在其管理下获得盛誉但是不再盈利的"汉萨-剧院"，以便将来专注经营另外两家类似的剧院。由于公司拒绝改变具有宣传效果的商号，主管的登记法院根据《商法典》第37条第1款对其处以秩序罚金（Ordnungsgeld）。因为"汉萨-剧院"不再营业，产生误导的可能性较低。另外，存在如下的公司正当利益，即通过在商号中继续使用该经营标志以持续地利用其自身创造的这一商号构成部分的声誉。因此，法院处以的秩序罚金是不正当的。假如该公司将"汉萨-剧院"与该经营标志一同出售，结果则完全不同。在此种情形下，不仅仅对公众造成误导的可能性更大，而且公司继续使用商号的利益实质上微乎其微，这是因为公司通过出售已经获得了该商号构成部分所蕴含的价值。

[①] *OLG Hamm* DB 1999，1946 f. ；*OLG Stuttgart* DB 2001，695，696 f.

[②] 参见 BGHZ 62，216，224。

[③] 详见 *Kögel*，GmbHR 1996，168 ff。

[④] 详见 MüKoHGB/*Heidinger*，§18 Rn. 38 ff。

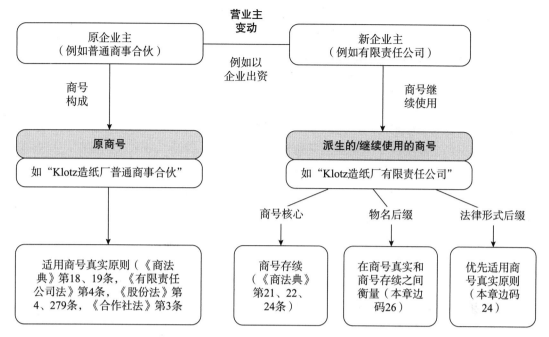

（三）单独转让禁止

虽然根据《民法典》第 398 条和第 413 条原则上可以转让商号上的权利（通 说），但是商号只能**与商事营业一同出让**（《商法典》第 23 条；亦称商号不可分原 则或商号分离禁止原则）。这一原则也适用于单纯地允许他人使用商号，例如商号 特许。根据通说，《商法典》第 23 条——尽管其法条用语（"可以"）——并不是 对出让人处分权的限制并导致单独转让的物权行为因欠缺处分权直接无效，而是规 定了法律上的禁止，其至少导致单独转让的物权行为根据《民法典》第 134 条的规 定无效。此外，由于《商法典》中的出让并非必须被解释为狭义的物权法意义上的 出让（也见第七章边码 11），而是也可以包括单独转让的基础性债权合同，因此依 据《民法典》第 134 条，债权合同也必然完全或部分（《民法典》第 139 条）无 效。[①] 通过单独转让禁止，应当重视特别是按照交易观念存在的商号和企业之间的 紧密关联。一个与"她的"企业分离的商号适于导致误导。但是，《商法典》第 23 条不禁止未附带商号的企业单独转让。

27

> **示例："Meier 牛奶有限责任公司"**在明斯特地区经营多家牛奶作坊和一家巧 克力工厂。公司计划将来以商号"Münsterland 牛奶有限责任公司"专注于经营其 核心业务，并因此将巧克力工厂附带商号"Meier 牛奶有限责任公司"一同卖给该 厂的厂长［所谓的*管理层收购（Management-Buy-Out）*情形］。对此，关键是商号 是否也可以仅附随于企业的一部分而转让。根据通常的观点，虽然商号不是必须附属

---

① 结论亦见 *Oetker*，Handelsrecht，§ 4 Rn. 61。

于整个企业，但是至少须附随于企业的核心转让。企业的核心，是指实质上塑造企业行为和外在形象的部分。"Meier 牛奶有限责任公司"的企业核心是牛奶作坊，故根据《民法典》第 134 条的规定，该商号转让无效。

（四）商号唯一原则

28 商号唯一原则由司法判例和学理从商号真实原则中发展而来。商号唯一原则是指，一个企业主在**一个企业上只能使用一个商号**。因此，商号唯一原则同样展现了商号和企业之间的关联。在此，重要的是区分结构上独立的企业和单纯的非独立的企业部门。通说认为，只有个体商人可以拥有多个独立的企业以及因此拥有多个商号，商事组织总是只能经营一个唯一的企业（可能有多个部门和营业所）。[1]

示例： Herbert Klotz 以个体商人的身份经营一家商号名为"Herbert Klotz 文具店登记商人"的文具店。在他从 Carla Krause 取得一家女装精品店后，他计划继续以原商号"Carla Krause 女装店登记商人"经营该商店，因为该商号能够产生广告效应。根据通说，仅当他以结构上独立的企业经营这家女装店时（例如：独立的财务会计和人事管理），继续使用原商号才属合法。假如 Klotz 基于责任限制的原因以一人有限责任公司的法律形式经营两家商店，那么即便文具店和时装店这两个部门在经济上相互独立，他也必须统一地选定商号（例如"Klotz 有限责任公司"）。

商号唯一原则的一项例外存于**分营业所**（对此参见第五章边码 3）。分营业所可以并且应当在具体情形下因与分营业所所在地的其他商号可区分的缘故而独立地选定商号（《商法典》第 30 条第 3 款）。如果分营业所的商号核心与主营业所的商号核心不同，则必须添加后缀以公开其与主营业所的隶属关系。[2] 此外，当公法规范允许时，可以为同一企业命名多个商号。[3]

使用多个商号仅意味着对经营区域的划分，并未导致权利归属的划分。[4]

示例： Herbert Klotz 聘任 Pfeiffer 担任其在上文提到的文具店的经理。假如，Pfeiffer 以商号"Herbert Klotz 文具店登记商人"的名义从 Groß 处订购 100 支钢笔，同时以商号"Herbert Klotz 女装店登记商人"的名义从 Velten 处订购秋装。仅在第一种情形下，Pfeiffer 有代理权（也见第七章边码 17）。但是，个体商人 Klotz 以其全部的经营性财产和个人财产，包括时装店的财产，对 Groß 的买卖合同价款债权承担清偿责任。

（五）商号可区分原则

29 商号可区分原则服务于商号的**标识功能**（**Kennzeichnungsfunktion**）。这一至今

---

[1]　部分的批评见 *Canaris*，§ 11 Rn. 35 ff。

[2]　*BayObLG* BB 1992，944，945.

[3]　*BayObLG* NJW-RR 2001，1688.

[4]　参见 *K. Schmidt*，Handelsrecht，§ 12 Rn. 68。

仅规定于《商法典》第 30 条的商号原则借由 1998 年修订的《商法典》第 18 条第 1
款的新规被额外地增强。根据《商法典》第 18 条第 1 款，商号必须适合于标识商
人、具有区分力以及与商号所在区域已经存在和登记的商号明显地区分。

因此，从商号可区分的角度对商号合法性进行的审查应当分两步展开[①]：

• 首先，需要抽象地审查，商号是否具有**总体的区分力**（《商法典》第 18 条第
1 款）。仅当商号按其构成原则上适合于区分某个商人与其他商人时，才满足这一
条件。因此，商号不能仅由常见的名字（如 Müller，Schmidt）、一般概念及类属概
念（如商业、创造、超能、融资租赁、鞋）[②]，或者以难以理解的字母排序（例如
AAA[③]）组成。新法引入的商号构成自由也应当更多地服务于构建具有区分力的商
号（例如"2001 有限责任公司"）。与此同时，鉴于对区分力的特别强调，商号法
与其他标志法越来越贴近（主要参见《商标法》第 8 条第 2 款第 1 项）。

• 其次需要审查，商号是否与已经在当地及地区（商号区域，也见《商号法》
第 30 条第 4 款）登记的商号**明显地区分**，从而排除造成普通大众混淆的风险（《商
法典》第 30 条第 1 款规定的商号排除）。[④] 对混淆的风险应当通过对全部的商号文
字以及有时（有争议）可能的商号缩写产生的**视听上的整体印象**进行判断。在人名
商号的情形下，全写的前名可区分即已足。在姓名相同时，需要添加一个具有区分
力的后缀（《商法典》第 30 条第 2 款）。在物名商号的情形下，即便单词发音类似，
但是含义不同即已足。[⑤] 地理后缀并非总是能够产生必要的区分力。在任何情况下，
对混淆的风险都无法只通过组织形式后缀加以排除。

> **示例**：Karl Müller 打算将他的一人有限责任公司命名为"Karl Müller 文具店
> 有限责任公司"。主管登记官拒绝了该商号的登记，因为其与一个在同一商号区域
> 已登记的商号"Carl Müller 文具店登记商人"存在混淆的风险，后者经营着一家
> 礼品店。在本案中，虽然登记官正确地得出存在商号混淆的风险，但是，根据
> 通说，本案并不存在登记障碍，这是因为已登记的商号"Carl Müller 文具店登
> 记商人"本身因其后缀"文具店"具有误导的适格性而不合法，并且本应当依
> 据《商法典》第 37 条以及《家庭事务和非诉事务程序法》第 395 条的规定被从
> 登记簿上注销。[⑥]

---

① 也见 *Bülow*，DB 1999，269 ff.。

② 对此见 *BayObLG* NJW-RR 2003，1544 f.：以"专业手工有限责任公司"作为商号不合法。

③ *BGH* NJW-RR 1998，253 f.；但是不同的观点见 *BGH* NZG 2009，192："HM & A"合法。

④ *OLG Hamm* NJW-RR 2013，1196 f.：排除任一严重的以及"扩大"的混淆风险。

⑤ 参见 *BGH* WM 1989，1584，1585："Commerzbank"与"Commerzbau"。

⑥ 不同观点见 Großkomm/*Burgard*，§ 30 Rn. 17。

第十六节　商号的非法使用和商号的保护

30　　　　　　非法使用商号会招致公法上的制裁（《商法典》第 37 条第 1 款的商号滥用程序）以及私法上的制裁（通过停止请求权和损害赔偿请求权提供名称保护）。侵害他人的商号权可能但并非必然满足制裁的事实构成。因此，通过登记法以及民法对非法使用商号进行追责并不只是为了保护合法的商号。

一、登记法上的商号滥用程序

31　　　　　　根据**《商法典》第** 37 条第 1 款结合《家庭事务和非诉事务程序法》第 392 条结合第 388 条以下程序性法条的规定，登记法院可以依职权干预非法商号的使用。详言之：

　　• 《商法典》第 37 条第 1 款的目的仅在于遏制**商号**的滥用。然而，通说认为，这一程序也可以适用于非商人非法使用与商号类似的标识［律师事务所使用"有限责任民事合伙（GbRmbH）"的法律形式后缀非法[①]］。与此相反，该条不适用于滥用经营标志、商标或缩写标识的情形。

　　• 根据商号法规则，商号（滥用）应当自始**非法**或嗣后非法。商号的非法性无法通过在商事登记簿上的登记得到补正。即便商号仅部分非法，但根据通说，滥用程序扩及整个商号。[②]

　　• 必须具有在商业交易中**反复**使用商号或亚商号**的意图**。在此也包括登记程序，即提出登记申请和维持登记簿登记。

　　• 登记法院认为存在确信的商号滥用的，可以**依职权**介入（《家庭事务和非诉事务程序法》第 392 条结合第 388 条第 1 款）。根据通说，登记法院并无干预之义务，并可以在衡量公共利益以及私人利益后容忍非法使用商号［**裁量决定（Ermessensentscheidung）**］。在商号权或其他权利上受到侵害的第三人无权请求登记法院的干预。[③] 该第三人只能建议法院干预，另外还可以主张《商法典》第 37 条第 2 款第 1 句规定的私法上的请求权。

　　• 仅当当事人在使用商号时存在过错以及在合法期限内提出的正当使用申诉被

---

　　① 参见 *BayObLG* NJW 1999，297 f.。

　　② Heymann/*Emmerich*，§ 37 Rn. 18.

　　③ 对比关于《非诉事务法》第 20 条——现在《家庭事务和非诉事务程序法》第 59 条——规定的抗告权的判决 RGZ 132，311，314 ff.。

驳回且驳回已生效时，才适用《商法典》第37条第1款规定的**秩序罚金**（《家庭事务和非诉事务程序法》第392条结合第388条以下）。

> • 如果非法商号已经被登记于商事登记簿或合作社登记簿，那么登记法院不仅可以通过《商法典》第37条第1款规定的优先性强制措施，也可以通过《家庭事务和非诉事务程序法》第395条和第299条规定的官方注销途径**注销**非法的商号。如果商号不仅非法而且已经消灭，那么法院不应当依据《商法典》第37条第1款，而是应当适用《商法典》第31条第2款第2句的特别规则注销商号。[①]

二、非法使用商号的私法制裁

（一）商号法上的停止请求权

因非法使用商号而权利遭受侵害之人根据**《商法典》第37条第2款第1句**对使用人享有一项可以在民事诉讼中主张的停止请求权。通说认为，应当根据与《商法典》第37条第1款规定的相同标准判断是否存在商号的非法使用。因此，商号法上的停止请求权只存在于违反客观的商号法的情形，而不适用于违反其他法律规范（例如《反不正当竞争法》第3条和第5f条以及《商标法》第15条）或者合同约定的情形。根据《商法典》第37条第2款第1句，请求权人是"……权利受到侵害之人"。在此，任何对法律上的利益进行的经济型侵害都是充分的（亦参见《行政法院法》第42条第2款）。由此，在主观的商号权利之外，其他法律上的利益，特别是竞争者的法律上的利益（其他如名称权、商标权、专利权、正当的竞争等）也获得保护。请求权人无须具有商人身份。停止使用整个商号的判决同时使法院负有立即注销已登记商号的义务。《商法典》第37条第2款第2句明确规定，依其他法律规范（参见本章编码33）成立的损害赔偿请求权不受妨碍。

32

（二）其余的私法制裁

与《商法典》第37条第2款第1句的停止请求权竞合的其他**停止请求权**包括[②]：

33

> • 一般的停止请求权（类推《民法典》第1004条第1款结合《民法典》第823条第1款和第12条）；
> • 商标法上的停止请求权（《商标法》第15条第4款）；
> • 姓名法上的停止请求权（《民法典》第12条第2句）；
> • 竞争法上的停止请求权（《反不正当竞争法》第8条结合第3条和第5f条）。

[①] 参见 Ba/Ho/*Hopt*，§ 37 Rn. 8。
[②] 详见：*Lettl*，Handelsrecht，§ 4 Rn. 98 ff.。

最后，商号滥用还可能因以下请求权基础而导致成立**损害赔偿**（也参见《商法典》第 37 条第 2 款第 2 句）：

• 一般侵权法上的损害赔偿（《民法典》第 823 条第 1 款，必要时结合《民法典》第 12 条；《民法典》第 823 条第 2 款结合《商法典》第 37 条第 2 款；《民法典》第 826 条）；

• 商标法上的损害赔偿请求权（《商标法》第 15 条第 5 款）；

• 竞争法上的损害赔偿请求权（《反不正当竞争法》第 9 条结合第 3 条和第 5f 条）。

第十七节 本章复习

一、本章总结

☐**商号**是商人的经营名称（《商法典》第 17 条）。

☐商号**不得**与以下概念**混淆**：

• 企业主（个体商人、合伙）

• 企业（组织化的经济体）

☐商号应当与下列标志**区分**：：

• 个体商人的民事姓名（《民法典》第 12 条）

• 非商人的亚商号

• 经营标志

• 商标

☐**商号的类型**：

• 个体商号/组织商号

• 人名商号/物名商号/想象商号/混合商号、简单商号/复合商号

• 原商号/派生商号/存续商号

☐**商号的公开**：

• 《商法典》第 29 条、第 33f 条、第 37a 条、第 106 条第 2 款第 2 项、第 125a 条和第 177a 条

• 《股份法》第 36 条以下

• 《有限责任公司法》第 7 条以下

• 《合作社法》第 10 条以下

□**商号的功能：**

• 标识功能

• 资讯功能

• 宣传功能

• 价值承载功能

□**商号基本原则：**

• 商号真实原则（误导禁止；《商法典》第 18 条第 2 款）

• 商号存续原则（姓名或营业主变动时继续使用商号，参见《商法典》第 21、22、24 条）

• 商号单独转让禁止原则（《商法典》第 23 条）

• 商号唯一原则（一个企业，一个商号）

• 商号可区分原则（根据《商法典》第 18 条第 1 款具有区分力以及根据《商法典》第 30 条在商号区域中的排他性）

□**商号构成：**

• 在遵守商号原则的前提下可以自由选择人名商号、物名商号、想象商号和混合商号；

• 强制性的法律形式后缀（《商法典》第 19 条，《股份法》第 4 条，《有限责任公司法》第 4 条和第 5a 条第 1 款，《合作社法》第 3 条）

□**对非法使用商号的制裁：**

• 公法上的制裁：《商法典》第 37 条第 1 款的商号滥用程序

• 私法上的制裁（停止请求权和损害赔偿请求权）：

——商号法上的（《商法典》第 37 条第 2 款第 1 句）

——竞争法上的（《反不正当竞争法》第 3、5f、8、9 条）

——商标法上的（《商标法》第 15 条第 4 款和第 5 款）

——民法上的（例如《民法典》第 823 条第 2 款结合《商法典》第 37 条第 2 款）

二、测试题

1. 商号与民事姓名有哪些共同点和不同点？

2. 在使用亚商号和经营标志时需要注意什么？

3. 请您列举商号在经济生活中的四项功能以及与每项功能相关联的商号基本原则！

4. 在满足哪些前提要件时可以导致商号因具有误导的适格性而被拒绝登记？

5. 在满足哪些前提要件时可以在营业主变动时仍然继续使用商号？

6. 破产管理人可以出让人名商号吗？

7. 一家跨国企业计划快速并且低成本地设立一家德国子公司。接受委托的律师 Rasch 博士已经事先为满足这类需求设立了一家有限责任公司，并以"资产管理有限责任公司"的商号登记于商事登记簿。公司至今未从事任何业务。Rasch 将公司的股权出售给其委托人。此时存在商号法上的顾虑吗？

8. "Mathäus Müller 有限责任公司"是"Max Meier 有限责任公司"的唯一股东。Mathäus Müller 有限责任公司注销原商号，改商号为"Sebastian Schmidt 有限责任公司"，并且将"Max Meier 有限责任公司"的商号改为"Mathäus Müller 有限责任公司"。这一商号调换是否合法？

9. 未攻读博士学位的居间人 Max Müller 以"Max Müller 博士不动产登记商人"作为自己的商号。在同一地区经营的居间人 Wilhelm Waitz 可以针对此采取什么措施？

第五章
商法中的企业

文献： *Barnert*，Mängelhaftung beim Unternehmenskauf zwischen Sachmängelgewährleistung und Verschulden bei Vertragsschluss im neuen Schuldrecht，WM 2003，416 ff.；*Baumann*，Die Haftungsfallen bei der Übertragung von Handelsunternehmen—Rechtspolitische Rechtfertigung und Reformbedarf der §§ 25 ff. HGB，2012；*Beisel/Klumpp*，Der Unternehmenskauf，7. Aufl.，2016；*Eckart/Fest*，Die entsprechende Anwendung von § 28 HGB auf die Entstehung einer Gesellschaft bürgerlichen Rechts als Konsequenz aus der Rechtsprechung des Bundesgerichtshofs (Zugleich Anmerkung zu BGH，U. v. 22. 1. 2004，WM 2004，483)，WM 2007，196 ff.；*Freitag*，Die Rom-Verordnungen und die §§ 25—28 HGB：Revolution des Sachrechts durch Evolution des Kollisionsrechts，ZHR 174 (2010)，429 ff.；*Grote*，Möglichkeiten der Haftungsbeschränkung für den Erben eines einzelkaufmännischen Gewerbebetriebs，BB 2001，2595 ff.；*Grunewald*，Rechts- und Sachmängelhaftung beim Kauf von Unternehmensanteilen，NZG 2003，372 ff.；*Hauck*，Mängel des Unternehmens beim Unternehmens- und Beteiligungskauf，2008；*Koch*，Semesterabschlussklausur—Handelsrecht：Fortführung eines Handelsgeschäfts，JuS 2006，142 ff.；*S. Lorenz*，Der Unternehmenskauf nach der Schuldrechtsreform，in：FS Heldrich，2005，305 ff.；*Maier-Reimer/Niemeyer*，Unternehmenskaufvertrag und AGB-Recht，NJW 2015，1713 ff.；*Mischke/Neuß*，Führt die Übernahme der Domain eines Unternehmers zur Haftung für dessen Schulden nach § 25 HGB?，ZGS 2009，407 ff.；*Morshäuser*，Die Formvorschrift des § 311b III BGB bei Unternehmenskäufen，WM 2007，337 ff.；*Müller*，Einfluss der due diligence auf die Gewährleistungsrechte des Käufers beim Unternehmenskauf，NJW 2004，2196 ff.；*Müller/Kluge*，Unternehmensfortführung bei Teilerwerb—Zur Bedeutung des Unternehmenswertes für § 25 I 1 HGB，NZG 2010，256 ff.；*Palzer*，Grundfragen des Unternehmenskaufs im Lichte der jüngeren

Rechtsprechung, Jura 2011, 917 ff.; *Picot*, Unternehmenskauf und Restrukturierung, 4. Aufl., 2013; *K. Schmidt*, Vom Handelsrecht zum Unternehmens-Privatrecht, JuS 1985, 249 ff.; *ders.*, Unternehmensfortführung ohne Firmenfortführung—ein Streitfall zu § 25 I HGB—OLG Hamm NJW-RR 1997, 733, JuS 1997, 1069; *ders.*, Der Einzelunternehmer—Herausforderung des Handels- und Wirtschaftsrechts, JuS 2017, 809 ff.; *Schricker*, Probleme der Schuldenhaftung bei Übernahme eines Handelsgeschäfts, ZGR 1972, 121 ff.; *Staake/von Bressensdorf*, Grundfälle zum deliktischen Unternehmensschutz, JuS 2016, 297 ff.; *Voigt*, Das Handelsrecht der Zweigniederlassung, 2010; *Weitnauer*, Der Unternehmenskauf nach neuem Kaufrecht, NJW 2002, 2511 ff.; *Werner*, Die Firma des kaufmännischen Unternehmens und ihre Übertragung, NWB Fach 18 (45/2008), 955 ff.; *Zerres*, Inhaberwechsel und haftungsrechtliche Konsequenzen, Jura 2006, 253 ff.

第十八节　企业法导论

一、企业的概念

1　　　　企业**在经济上**是一个由人力与物力组成的组织化实体，企业主借此独立并持续地参与经济往来。企业包含真正资产（物和权利）、非真正资产（业务关系、商业秘密、商誉）和债务。企业可以由一个或多个营业构成。

　　一个一般性的企业**法律概念**尚不存在。究其原因，并非在不同场景下使用企业，而是企业在不同法律部门中具有不同的功能和构造。《商法典》将主体为商人的企业称为商事营业（Handelsgewerbe）（《商法典》第 1 条第 1 款）或者商事的营业（Handelsgeschäft）*《商法典》第 22 条以下）。在民法中，企业是指与主体是否具有商人身份无关的营利性营业（Erwerbsgeschäft）（例如《民法典》第 112条），或者已经设立和运行的经营性营业（Gewerbebetrieb）（参见《民法典》第 823 条第 1 款）。同样地，在康采恩法（关联企业法，见《股份法》第 15 条以下及第 291 条以下）中，企业的概念被极大地扩张。在卡特尔法中，企业被认为具有准合同能力和准程序参与能力（见《反限制竞争法》第 1 条和第 54 条第 2 款第 2

---

　　* 德国《商法典》第 22 条以下使用的"商事的营业（Handelsgeschäft）"概念的外延要比商事营业（Handelsgewerbe）的外延广。商事营业的判断标准见本书第二章；与之相反，不论企业本身是否构成商事营业，只要其由商人经营则成立"商事的营业"。——译者注

项）。在集体劳动法中，企业被等同于企业主并区分于营业（Betrieb）（例如《劳工组织法》第 47 条第 1 款）。

二、企业和企业主

在每一个企业上都存在一个企业主（自然人、法人或合手共同体），其在经营商事营业时也被称为经营者或营业主。不同于企业主，企业**本身不是法律主体**。因此，企业财产与个人财产归属于企业主（个体商人），或企业财产作为组织财产归属于企业主（组织）。同样地，商号是商人企业主的名称，而不是企业的名称（参见第四章边码 2）。为企业作出的法律行为（与企业相关的行为）产生的权利和义务——即便在订立合同时未明确公开企业主的身份——由企业主取得和负担（参见《民法典》第 164 条第 1 款第 2 句）。[①] 然而，在诉讼程序中，企业主必须明确表明其身份。

> **示例：** Starck 同学打电话从"汉堡披萨供应"订购了一份披萨。在吃披萨的时候，Starck 被披萨上的罐头碎片弄伤。在本案中，Starck 与披萨供应企业的主体订立了一份买卖合同，除非他被明确告知合同相对方为他人。不论与 Starck 通电话的是一个个体商人企业的营业主、有限责任公司的事务执行人或普通商事合伙的雇员以及最终由哪个企业主赔偿损害，只有 Starck 在要求损害赔偿的诉讼中必须使用商号以明确表明追责的企业主时，才不得不关注这一点。如果他起诉的不是披萨供应企业的主体，则应当变更当事人。[②]

三、企业的营业所

营业所（Niederlassung）是企业整体的或局部的独立运营之地。营业所在法律上的意义包括履行地（《民法典》第 269 第 2 款和 270 第 2 款）和审判籍（《民事诉讼法》第 17、21 条）。需要与之区分的是，单纯作为生产地的工厂所在地以及非独立的企业分支机构所在地。另外，人们还区分主营业所与分营业所：

• **主营业所（Hauptniederlassung）**，在公司中被称为住所，在个体商人和商事合伙（普通合伙、有限合伙、欧洲经济利益联合体）中被称为企业中心地。公司的住所由公司章程或公司合同（Gesellschaftsvertrag）规定（《股份法》第 5 条、第 23 条第 3 款第 1 项；《有限责任公司法》第 3 条第 1 款第 1 项、第 4a 条），因而公

---

① *BGH* NJW 1992, 1380 f.；*BGH* NJW 2008, 1214, 1215.
② 关于有争议的当事人变更的前提要件见 *Thomas/Putzo*, ZPO, 37. Aufl., 2016, Vorbem § 50 ZPO Rn. 15。

司的住所不必然位于营业管理地。[1] 原则上，每一个企业只有一个主营业所。[2] 主营业所的确定对商事登记程序具有重要的意义（《商法典》第 13～13h 条）。

• **分营业所（Zweigniederlassung）** 是具有一定独立性并且在空间上与主营业所持续分离的企业构成部分。一方面，分营业所不是独立的企业（仅在个体商人作为企业主时有可能；参见第四章边码 28）；另一方面，分营业所应当拥有一定程度的组织上的独立性。因此，分营业所是一种处于独立的企业和非独立的企业部门之间的中间形态。同样，分营业所的所在地可以被作为履行地或审判籍。经理权和商事合伙中承担个人责任的合伙人的代理权可以被限制于分营业所的经营（《商法典》第 50 条第 3 款和第 126 条第 3 款）。分营业所应当向主营业所法院申请在分营业所法院的商事登记簿上登记（《商法典》第 13～13g 条）。对实质的登记簿公示起决定性的是分营业所管辖法院的登记和公告（《商法典》第 15 条第 4 款）。关于分营业所公示的规则（《商法典》第 13d～g 条和第 325a 条）部分源自 1989 年 12 月 21 日的《分营业所信息披露指令》（《欧共体 89/66 号指令》），其通过 1993 年 7 月 22 日的法令转化为德国法[3]并且其间也被纳入《欧盟 2017/1132 号指令》第 20 条和第 29 条以下。

> **示例**：Karl Klotz 是一名个体商人，他以"Karl Klotz 保险登记商人"的商号在艾森经营一家保险代理机构，以"Karl Klotz 女装登记商人"的商号分别在乌珀塔尔经营一家"时尚阶层"女装精品店和在乌珀塔尔-埃伯菲尔德经营一家"卡洛斯"男装店。Klotz 打算授予已经对女装店账户拥有代理权的女装店店长 Pfeiffer 权限限于该女装店的经理权。鉴于在营业范围和空间上的显著区分，保险代理机构和两家时装店分别构成两家企业。因此，在该女装店上授予 Pfeiffer 的经理权无论如何也不能适用于保险代理机构。仅当在女装店是一个拥有不同商号的独立分营业所时，在对外关系上才能将男装店排除在这一经理权范围之外（《商法典》第 50 条第 3 款）。虽然女装店因其在空间上与男装店持续地分离以及拥有自己的店名和银行账户而满足分营业所的要件，但是 Klotz 并未使用一个不同的商号经营女装店。因此，将经理权限制于女装店仅在内部关系上具有意义。

四、作为商业交易客体的企业

企业是经济上和组织上的实体（本章边码 1）。但是，作为权利客体的企业仅在部分情形中被作为实体对待。

---

[1] 详见 MüKoHGB/*Krafka*，§ 13 Rn. 27 ff.。
[2] 见 Ba/Ho/*Hopt*，§ 13 Rn. 1.。
[3] 详见 *Seibert*，DB 1993，1705 ff.。

（一）债法上的企业

在债法上，企业**可以被一体化对待**。特别是通过负担行为可以转让或暂时地交付使用（Überlassung）整体的企业。转让的原因可以是买卖（参见《民法典》第453条第1款）、赠与或者一份含有将企业转变为合伙财产义务的合伙协议。将企业暂时交付使用的义务特别见于用益租赁合同或托管合同。

无特别约定时，负担行为的标的包括企业的积极财产和消极财产以及从物（《民法典》第97条、第311c条、第457条第1款）。原则上，该负担行为不要求任何**形式**。例外存在于《民法典》第518条（赠与允诺）、第311b条第1款（合同涵盖营业用地）和第311b条第3款（现有财产合同）。[①] 必要时需要义务方的配偶的**同意**（《民法典》第1365条以下、第1423条）。在特定情况下，需要获得家事法院的**批准**（《民法典》第1643条第1款、第1822条第3、4项）。关于企业买卖合同是否以及在多大程度上因广泛使用的标准条款而适用并且经受得住格式条款的控制，存有争议。[②]

在买卖合同中，应当准确地区分将企业作为一个法律上的整体而变更企业主的买卖〔狭义上的企业收购，即资产收购（*asset deal*）〕，以及仅购买在企业的主体上的份额〔参股收购，即股权收购（*share deal*）〕。[③] 尽管企业是一个由实物、权利等组成的经济性实体，并因此构成《民法典》第453条第1款意义上的"其他客体"且不属于《民法典》第90条意义上的*物*，但是*资产收购*接近于物之买卖，因此可以准用关于物之买卖的《民法典》第453条第1款。反之，*股权收购*是一个纯粹的权利买卖。尽管如此，根据《民法典》第453条第1款的规定，物之买卖规则也被准用于股权收购。其中特别的意义在于，可以准用**物之瑕疵担保法**。

> **示例**：Viktoria Velten 是 Velten 有限责任公司的唯一股东和事务执行人，Velten 有限责任公司拥有并经营一家位于莱比锡的酒店。Velten 打算退休，并将公司90％的股权卖给了 Herbert Klotz，Klotz 成为该公司新的业务执行人。之后不久，Klotz 发现这家酒店的声誉极差，因此无法实现 Velten 所告知的营业额。此外，酒店屋顶在下大雨时会漏雨。因此，Klotz 要求返还买卖价款并退回股权。
>
> 在本案中，Velten 和 Klotz 达成买卖股权的协议（《民法典》第433条以下和《有限责任公司法》第15条以下）。根据《民法典》第453条第1款，《民法典》第433条以下也准用于属于权利买卖的股权买卖。因此，根据《民法典》第433条第1款第2句，Velten 有义务转让无物之瑕疵和权利瑕疵的股权。从案件事实中可以

4

5

---

① 对此见 *Morshäuser*，WM 2007, 337 ff。
② 对此见 *Maier-Reimer/Niemeyer*，NJW 2015, 1713 ff。
③ 详见 *Palzer*，Jura 2011, 917 ff。

得出，不存在权利瑕疵。同时，有限责任公司的股权是一种权利，其不存在物之瑕疵。但是，问题是，在准用《民法典》第 433 条以下条文的框架下，有限责任公司经营的企业存在《民法典》第 434 条第 1 款和第 2 款意义上的物之瑕疵是否不会同时构成出售的股权存在瑕疵。当买受人通过股权收购取得如此控制地位，以至于其他股东无法对买受人行使其经营管理权力造成实质性妨碍时，可成立股权的瑕疵。① 有鉴于本案收购 90% 的股权以及 Klotz 将企业视为整体的收购意图，故而存在股权的瑕疵。②

因此，本案的争议在于，是否存在一个买卖标的“企业”上的瑕疵。在此，需要区分企业整体的瑕疵和构成企业的个别物或权利的瑕疵，后者整体也可能构成企业的瑕疵。酒店的不良声誉和较差的盈利能力可能构成第一类瑕疵。然而，企业营业额和利润的发展变化是企业经营风险的一部分，因此仅当企业的瑕疵导致不能达到预期的企业营业额和利润时，才产生瑕疵担保请求权。在本案中，作为至少是酒店盈利能力较差的部分原因的不良声誉或许可以被视为企业的瑕疵③，然而其前提是人们不是为了适用在构成要件和法律后果上更加灵活的缔约过失责任（《民法典》第 280 条第 1 款结合第 311 条第 2 款和第 241 条第 2 款）而通过一个狭义的物之瑕疵概念（限于品质瑕疵）限缩瑕疵担保法的适用范围。④ 漏雨的酒店屋顶属于营业用地的瑕疵，并因此或许构成第二类瑕疵。但是前提是该瑕疵如此重大，以至于其在整体上可以被视为企业的瑕疵 [整体重大理论（Gesamterheblichkeitslehre）]。⑤ 在本案中，屋顶漏雨构成企业瑕疵，这是因为屋顶漏雨是酒店的重大瑕疵并且酒店是企业财产的主要组成部分。

Klotz 及时地主张了企业的瑕疵（《民法典》第 438 条第 1 款第 2 项 a 和第 3 项）。但是，Klotz 并不能因此当然有权解除股权收购合同。通过准用《民法典》第 439 条，他针对漏雨的酒店屋顶仅享有修理的请求权。假若酒店的不良声誉被视为物之瑕疵，则 Klotz 有权解除合同。这是因为对此无法嗣后补正履行（《民法典》第 437 条第 2 项、第 323 条和第 326 条第 5 款）。⑥

（二）物法上的企业

6　　　　基于物权客体特定原则（Spezialitätsgrundsatz），企业在物法上**不构成单一物（Einheit）**。在企业之上不存在所有权，所有权仅存在于单个的组成企业的标的之上。企业在整体上既无法实现所有权转移也不能被设定担保。因此，应当根据相关

---

① 原则上也见 BGH NJW 2019，145，146 f. m. w. N.。
② 也见 *OLG München* NJW 1967，1326 ff.；详见 *Grunewald*，NZG 2003，372 ff.。
③ 参见原买卖法 RGZ 67，86，88 ff.。
④ 对此深入的研究见 *Barnert*，WM 2003，416 ff.。
⑤ 对此参见基于 2002 年改革后的债法形成的判决 *OLG Köln* ZIP 2009，2063，2065。
⑥ 关于之前的买卖法也参见 RGZ 67，86，88 ff. und *Huber*，ZGR 1972，395，416 ff.。

法条（《民法典》第 873 条、第 925 条、第 929 条以下、第 398 条以下和第 413 条）分别实施单个处分行为。对此进行一定程度上的简化仅有两种方式，分别是重复地将企业动产作为营业土地的从物（Zubehör）进行处理（参见《民法典》第 97 条、第 926 条第 1 款第 1 句、第 1120 条以下，《民事诉讼法》第 865 条）①和进行企业改组（例如《企业改组法》第 20 条第 1 款第 1 项、第 131 条第 1 款第 1 项）。

（三）强制执行法和破产法上的企业

企业既不是强制执行的主体也不是其客体。只有企业主才是强制执行的主体。因此，申请执行企业财产之人必须获得一项针对企业主的执行名义。强制执行的客体也不是整体的企业，根据特定原则仅是每个组成企业的标的。类似的情形也存在于破产中。债务人不是企业，而是企业主。但是，破产管理人可以将企业作为一个整体并且经常性地附带企业主的商号（对此见第四章测试题 6）出售。

第十九节　商人企业的营业主变动

> **学习提示：** 关于商人企业营业主变动（Inhaberwechsel）* 的规则非常重要，并且因为其中存在诸多法律问题而经常出现在考试中。

一、导论

在法律上，所有与企业有关的权利和义务的归属主体是企业主，而不是企业。然而，在商业交易中，企业是重要的责任客体和给付受领人。企业主的身份或关系对于"企业"的交易相对方而言经常模糊不清，或者意义不大。《商法典》第 25 条以下在商人企业（商事的营业）的营业主变动时充分考虑了这一现实（关于法条的规范目的详见本章边码 24）。与继续使用商号类似，法律在此区分了三种不同的营业主变动类型：

---

* "Inhaberwechsel"中的"Inhaber"虽然有所有者之义，但是本书将其翻译为"营业主变动"而非"所有者变动"主要考虑以下因素：首先，德国《商法典》第 25 条以下的 Inhaberwechsel 指的是第 22 条以下的商事的营业的 Inhaber 变动；其次，Inhaberwechsel 除包含因所有权移转导致的营业主变动外，还包括因营业或企业出租导致的营业主变动——译者注

① 详见 K. Schmidt，Handelsrecht，§ 5 Rn. 1 ff。

```
┌─────────────────────────┐
│        营业主变动          │
└─────────────────────────┘
        │         │         │
┌──────────┐ ┌──────────┐ ┌──────────────┐
│ 生前行为    │ │ 死因行为    │ │ 以商事的营业向普通商 │
│（《商法典》第 │ │（《商法典》第 │ │ 事的营业/有限合伙出资 │
│  25条）     │ │  27条）     │ │（《商法典》第28条）  │
└──────────┘ └──────────┘ └──────────────┘
```

二、基于生前行为的营业主变动

生前行为导致的营业主变动可以永久性地（例如企业收购）或者暂时性地（例如企业出租）发生。此类营业主变动的法律后果主要取决于，新营业主是否继续使用（《商法典》第 25 条第 1 和 2 款以及第 26 条）或不再使用（《商法典》第 25 条第 3 款）原营业主的商号。

（一）继续使用商号的营业主变动

1. 对原债权人继续承担责任（《商法典》第 25 条第 1 款第 1 句）

1）前提要件

（1）商事的营业

原营业主必须经营一项商事的营业，即便只是《商法典》第 5 条的营业。[1] 通说拒绝将该条规范类推适用于非商人企业。[2]

（2）因继续经营商事的营业之生前行为导致的营业主变动

此外，应当存在一个因生前行为导致的永久性或暂时性的事实上的营业主变动。鉴于这一要件仅取决于与所有权法律关系无关的经营者身份的变动，故而《商法典》第 25 条第 1 款第 1 句也涵盖承租人 A 将其经营的企业交给新承租人 B 并由后者继续经营的转租情形。[3] 虽然法律条文使用的是"取得的商事的营业"，但是起决定性的只是事实上对商事的营业的继续经营，而非有效的取得。[4] 企业暂时停止运营不会产生不利影响。[5] 但是，营业主变动应当至少涵盖整个商事的营业的核心部分或其中一个独立的分营业所。[6] 在取得分营业所的情形中，责任延续原则仅适

---

① 参见 BGHZ 22，234，236 ff.。

② *OLG Köln* NJOZ 2002，59，61；Ba/Ho/*Hopt*，§ 25 Rn. 2；不同观点见 *K. Schmidt*，Handelsrecht，§ 8 Rn. 1.。

③ 不同观点见 *Lettl*，Handelsrecht，§ 5 Rn. 19.。

④ 惯常的司法裁判见 *BGH* NJW 1984，1186，1187；不同观点见 *Canaris*，§ 7 Rn. 24.。

⑤ *BGH* NJW 1992，911.。

⑥ *BGH* DB 2010，50 f.；*BGH* NJW 1992，911.。

用于在分营业所中产生的债务。[①] 从破产管理人之处的取得不适用《商法典》第 25 条第 1 款第 1 句，否则已破产的商人的商事的营业在实践中不可能被出售，并违反尽可能避免有重整能力的企业被肢解的目标。但是，该条规则仍适用于在破产程序之外的无财产企业的转让。[②] 同样适用该规则的情形包括，第三人未经破产管理人的同意在破产程序之外事实上继续经营已经破产的企业。[③]

（3）继续使用商号

取得人应当事实上继续使用商号且未实质性地变更商号。[④] 在此，决定性的是在所称的交易领域中产生的继续使用的印象，而不是原商号、新商号或两个商号都符合商号法的规定。[⑤] 同样地，也无须满足《商法典》第 22 条（对此见第四章边码 23）的前提要件。特别不同于《商法典》第 25 条第 1 款第 2 句的规定，原营业主同意继续使用商号亦非必要。继续使用的形式无关紧要，因此，例如在网站主页上继续使用商号即为已足。[⑥] 然而，商号应当作为标志企业主的商号，而不是仅作为商标或其他类似的标志继续使用。[⑦] 通说认为，继续使用经营标志（对此见第四章边码 6）不能满足此要件，这是因为经营标志仅用于标识企业和单个营业场所，不应（特定情形下非法）用于标识企业主，并且不能类推适用《商法典》第 25 条第 1 款第 1 句。[⑧]

商号的非实质性变更并不能排除对《商法典》第 25 条第 1 款的适用。该条款对添加继受后缀的情形有明文规定，其也适用于其他未改变商号在听觉上的整体印象，尤其是未改变商号的标志性要素的商号变更。[⑨] 在继续使用原营业主的姓名和法律形式后缀的同时只对原行业标志作了具体化，并且因此原先的混合商号（"Franz Keller 机械制造有限责任有限合伙"）范围广于新的混合商号（"Franz Keller 农业技术有限责任有限合伙"）范围的，也被视为继续使用商号。

> **示例：**"Karl Klotz 文具有限责任公司"将其经营的文具店出售给一家有限合伙，该有限合伙以商号"Klotz 文具有限合伙"继续经营该文具店。在本案中，虽然改变了法律形式后缀并去掉了名字"Karl"，但是仍构成商号的继续使用。[⑩]

---

① RGZ 169, 133, 139.

② BGHZ 104, 151, 153 ff.

③ *BGH* NZG 2014, 511, 513 f.

④ *BGH* NJW 2006, 1001, 1002；改变人名商号的前名构成实质改变，OLG Hamm NZG 2018, 33。

⑤ BGHZ 146, 374, 376；*OLG Köln* DB 2007, 165, 165.

⑥ 参见 *Mettler*，MDR 2012, 1005 ff.

⑦ OLG Saarbrücken NZG 2018, 349.

⑧ *BGH* NZG 2014, 459；*OLG Köln* NJW-RR 2012, 679；*OLG Hamm* NJW-RR 1997, 733, 734；*OLG Düsseldorf* NJW-RR 1998, 965 und *LG Bonn* NJW-RR 2005, 1559；Großkomm/*Burgard*，§ 25, Rn. 64；不同观点见 *K. Schmidt*，JuS 1997, 1069 ff。

⑨ BGHZ 146, 374, 376；*BGH* NJW 2006, 1001, 1002.

⑩ 也参见 *BGH* NJW 1982, 577 f. 和 *BGH* NJW 1992, 911, 912。

2）法律后果

10 商事的营业的取得人对在继受的商事的营业上成立的原营业主的全部债务承担无限的个人责任。① 债务的法律原因和内容不影响责任的承担，故而因不当得利和侵权行为产生的法定债务也适用《商法典》第 25 条第 1 款第 1 句。根据该条的规定，被排除的债务只包括因出卖人的个人行为产生的债务或出卖人的其他企业的债务（参见《商法典》第 344 条）。此外存疑的是，除特别规定外（关于税收债务见《税法通则》第 75 条），取得人是否也应当按照《商法典》第 25 条第 1 款第 1 句承担公法上的债务。② 取得人可以针对债权人主张所有的针对其自身成立的或者原营业主享有的在营业主变动前成立的抗辩权。根据《民事诉讼法》第 729 条第 2 款，债权人可以申请将针对原营业主的执行名义变更为针对取得人。

根据通说，《商法典》第 25 条第 1 款第 1 句规定了一项**法定的债务加入**。因此，原营业主作为《民法典》第 421 条以下意义上的连带债务人与取得人共同继续承担全部的债务。原营业主的责任仅受时间的限制，这是因为，债务必须在营业主变更登记后 5 年内已经按照《民法典》第 197 条第 1 款第 3～5 项规定的方式被确定，或者已经申请或启动法院的或行政机关的强制执行行为（《商法典》第 26 条，即后续责任限制）。③

> **考点提示**：《商法典》第 25 条第 1 款第 1 句**不是请求权基础**。与《商法典》第 28 条第 1 款（见本章边码 23）一样，其也仅是将负担尚存请求权的责任扩张至取得人（法定债务加入）。因此，当向新的营业主主张请求权时，应当首先审查，对原营业主而言是否有一项债务真正产生、存续并且可被执行。在此之后才审查新营业主承担连带责任的事实构成前提。

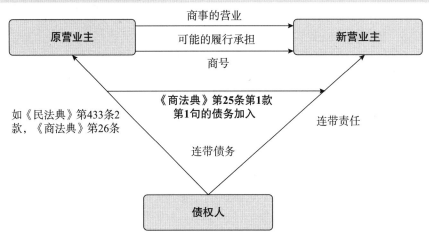

---

① Oetker/*Vossler*，§ 25 Rn. 29；关于应然法上将责任限制在继受的企业财产之上的可能见 *Baumann*，Haftungsfallen，2012，S. 111 ff。

② 与前一审级法院不同，一般并特别地否认法定社会保险的保费 LSG *Rheinland-Pfalz* NZS 2009，574。

③ 从宪法角度对此展开的批评见 *Canaris*，Odersky-FS 1996，S. 753 ff。

3）责任排除的约定

原营业主和新营业主可以约定，取得人不承担原有债务。然而，这样的约定对于第三人，尤其是对于债权人，仅在该约定被登记于商事登记簿*并且*公告或告知第三人时，始生效力（《商法典》第 25 条第 2 款）。[1] 仅当《商法典》第 25 条第 1 款第 1 句的责任不能被清晰且明确地排除时，《商法典》第 25 条第 2 款的责任排除才是但同时也已是一项有登记能力的事项（参见第三章边码 7 以下）。[2] 应当不迟延地并在合理的期间内提交关于责任排除的登记申请并完成登记。[3] 登记申请可以只由取得人单独提交。[4] 针对第三人的告知必须准确无误并向其本人作出。在其他所有情形下，责任排除的约定仅对连带债务人的追偿具有内部意义（《民法典》第 426 条第 1 款第 1 句）。通说认为，鉴于法条明确的文义和《商法典》第 25 条第 1 款第 1 句所追求的抽象交易保护的目的，上述规则即便在第三人通过其他方式获知责任排除约定时亦获适用。[5]

> **示例**：Viktoria Velten 在经济上陷入困境。因此，她将以个体商人名义经营的文具店卖给 Herbert Klotz。为了获得高额的售价，Velten 和 Klotz 约定，Klotz 对原债务不承担责任。Klotz 继续使用原先的商号"Viktoria Velten 文具登记个体商人"经营文具店，并且申请将这一不同于《商法典》第 25 条第 1 款第 1 句的责任排除登记于商事登记簿。在公告之前，原债权人 Gleichert——其通过他人听说 Velten 和 Klotz 之间存在责任排除约定——要求 Klotz 清偿债权。在责任排除约定登记并公告之后，雇员 Angermann 也要求支付被长期拖欠的薪水。Angermann 声称，他在 Klotz 继受营业后立即查阅了登记簿，当时尚未载明《商法典》第 25 条第 2 款规定的附注，并且因为对继续使用商号的信赖故而起初没有考虑 Klotz 提出的抗辩。
>
> 针对 Gleichert，Klotz 不能主张责任排除的约定，这是因为该约定在要求清偿债权时既未登记也未公告，并且也未直接通知 Gleichert。Gleichert 通过其他方式获知责任排除的约定不予考虑，这是因为《商法典》第 25 条第 2 款不是一条善意

11

---

[1]　对此见 *OLG Frankfurt/M.* NJW-RR 2005，1349 和 *OLG Düsseldorf* RNotZ 2011，434 ff.；整体上亦见 *Heil*，RNotZ 2008，427 ff.

[2]　*OLG Düsseldorf* NJW-RR 2016，106；*OLG München*，NJW-RR 2010，1559，1560；根据 *OLG Schleswig* FGPrax 2010，253，254 未登记则应"认真考虑"承担责任；也见 *OLG Zweibrücken* NJW-RR 2014，672 f.；根据 *OLG München* NJW 2015，2353，在职业合伙继受律师有限责任公司的营业的情形中也应认真地考虑责任的承担，尽管该有限责任公司只是《商法典》第 6 条第 1 款的形式商人，并且职业合伙作为民事合伙的特殊形式不经营任何商事营业以及《职业合伙法》第 2 条第 2 款未提及《商法典》第 25 条。

[3]　*BGH* NJW 1959，241，243；*OLG Düsseldorf* NJW-RR 2003，1120，1121.

[4]　*OLG Schleswig*，FGPrax 2010，253，255；不同观点见 *Heymann/Emmerich*，§ 25 Rn. 51，其认为，应当由出卖人和取得人共同申请登记。

[5]　BGHZ 29，1，4；不同观点见 *Canaris*，§ 7 Rn. 36；对此质疑并在《民法典》第 138 条、第 826 条的情形中明确拒绝见 Ba/Ho/*Hopt*，§ 25 Rn. 14.

信赖规范。① 与此相反，Angermann 不得依据《商法典》第 25 条第 1 款第 1 句要求 Klotz 支付。这是因为，根据普遍的观点，《商法典》第 25 条第 2 款的登记且公告以及通知无须在营业继受之前或与此同时发生，而是仅需不迟延地进行即可。② 本案即属于此种情形。登记且公告针对不知情或不应知情的第三人也产生效力。然而，Angermann 可以依据《民法典》第 613a 条第 1 款第 1 句要求支付薪水，这是因为本案构成该条意义上的基于法律行为的营业转让。《商法典》第 25 条第 2 款的责任排除规则只是《商法典》第 25 条第 1 款的特别规则，并且不适用于其他与《商法典》第 25 条第 1 款第 1 句并行适用的强制性责任规则，例如《民法典》第 613a 条。

2. 债权移转的相对效力（《商法典》第 25 条第 1 款第 2 句）

12   仅当原营业主将在营业主变动之前成立的营业债权让与新营业主时，后者才成为债权人（《民法典》第 398 条以下）。债权让与是常见的情形——但并不总是出现，因此债务人可能无法确定原营业主或新营业主的债权人身份。因此，为了保护债务人，《商法典》第 25 条第 1 款第 2 句规定，在特定条件下原债权向取得人的移转对债务人产生相对效力。

1）前提要件

（1）《商法典》第 25 条第 1 款第 1 句的前提要件

13   《商法典》第 25 条第 1 款第 2 句的前提要件首先与《商法典》第 25 条第 1 款第 1 句责任延续的前提要件相同。因此，必须事实上以未实质变更的原营业主的商号继续经营一项商人的商事的营业（本章边码 9）。

（2）营业债权可被形式自由地转让

《商法典》第 25 条第 1 款第 2 句仅适用于可被形式自由地转让的营业债权。因此，该条规则不适用于个人债权或只有遵守法定形式才得被转让的债权（如设定抵押权的债权）。

（3）原营业主同意继续使用商号

最后，与《商法典》第 25 条第 1 款第 1 句的规定不同，还需要原营业主同意继续使用商号。理由在于，制定法希望仅当出卖人至少因其同意继续使用商号而共同导致产生持续之印象时，原营业主才承担《商法典》第 25 条第 1 款第 2 句的不利法律后果。然而根据通说，原营业主的知情容忍也满足这一要件。③

（4）不存在其他约定

原营业主和新营业主就此也未达成其他可以依据登记和公告或者直接的告知对

---

① 参见 BGHZ 29，1，4 f.
② 参见 BGHZ 29，1，5 f.
③ MüKoHGB/*Thiessen*，§ 25 Rn. 65.

抗原债务人的约定（《商法典》第25条第2款；本章边码11）。

2）法律后果

《商法典》第25条第1款第2句规定，在商事的营业中成立的原债权即便未被转 14
让，但是对于债务人而言也被视为已经转移至该商事的营业的新营业主。这意味着：

•原债务人在任何情况下都可以向新营业主给付并产生清偿的效果（《民法典》
第362条第1款）。原营业主作为真正的债权人，在债务人向新营业主给付情形下
享有约定或法定（《民法典》第816条第2款）的补偿请求权。

•《商法典》第25条第1款第2句仅适用于原债务人。原营业主的债权人依
然是原债权的债权人，因此他可以继续依据《民事诉讼法》第828条以下强制执行
该债权。即便该条文义如此，尽管其条文表述《商法典》第25条第1款第2句也
不构成可普遍适用的拟制。

•《商法典》第25条第1款第2句的适用仅是为了原债务人的利益，因此原
债务人也可以向出卖人——真正的债权人——给付并产生清偿的效果。

> **要点：**在生前行为导致营业主变动的情形中，商号的继续使用向商事营业的
> 债权人和债务人传递了延续的信息。

（二）不继续使用商号的营业主变动

1. 对原债务的责任

只要新营业主不继续使用原商号或者显著地改变原商号，则不适用《商法典》 15
第25条第1和2款的特别规则。此时仅适用《商法典》第25条第3款以及特别是
《民法典》规定的**一般责任事实构成**。据此，取得人在下列情形中对在营业主变动
前成立的营业债务承担责任：

•以商业常见的方式（如报纸广告、通函）**公告**取得人继受全部或个别债务
（不是单纯的营业继受等类似公告），有效的债务继受约定并非必要（根据《商法
典》第25条第3款通过单方意思表示的债务加入——比较罕见）；

•约定**债务加入**（《民法典》第311条第1款、第241条和第421条以下）；

•约定免责的（剥离的）**债务承担**并获债权人同意（《民法典》第414条以下）

•约定或法定的**合同继受**（例如《民法典》第563条以下、第613a条）

•依据《企业改组法》第20条第1款第1项、第131条第1款第1项和第133
条以下进行的**企业改组**；

•营业继受时满足**《税务条例》**第75条的前提条件和在该条的范围内的税收
以及抵扣金额。

在约定的（《民法典》第311条第1款、第241条）或法定的（《商法典》第25
条第3款，《民法典》第563条以下和第613a条）债务加入情形中，原营业主以及

他的继承人与取得人一起承担连带责任。在此也适用《商法典》第 26 条规定的 5 年后续责任限制。《商法典》第 25 条第 3 款明确规定了公告。在其他情形下，类推适用《商法典》第 26 条。[①]

2. 债权的移转

16　　取得人不继续使用商号的，原债务人向取得人给付仅当在原债权已被让与取得人时才产生清偿效果（《民法典》第 298 条第 2 款）。这是因为，此时不适用《商法典》第 25 条第 1 款第 2 句的特别规则，同样在事实构成上也不满足《民法典》第 407 条以下。

三、基于死因行为的营业主变动

在死因行为导致的营业主变动中，应区分因继承法（《民法典》第 1922 条第 1 款、第 1967 条）产生的和在特定情况下因商法（《商法典》第 27 条）产生的继承人对原营业债务的责任。

（一）继承法上的继承人责任

17　　基于死因行为取得个体商人的商事营业按照《民法典》第 1922 条第 1 款的**概括继承（Universalsukzession）**进行。商事的营业的整体附带全部可继承的权利和义务转移至继承人。因此，接受遗产的继承人（《民法典》第 1942 条以下）也对商事的营业中的原债务承担责任，只要这些债务不属于高度人身性义务（如《民法典》第 613 条）而因被继承人的死亡归于消灭（《民法典》第 1967 条）。继承人首要承担无限责任，因此他也以其继承的遗产之外的全部个人财产承担责任。然而，继承人原则上可以通过引入遗产管理（《民法典》第 1975 条以下）或遗产破产程序（《民法典》第 1975 条、第 1980 条结合《破产法》第 315 条以下）或者提出穷困抗辩（Dürftigkeitseinrede）（《民法典》第 1990 条），**将遗产债务责任限制在**遗产之上。

（二）商法上的继承人责任

18　　《商法典》第 27 条通过参引《商法典》第 25 条，还针对个体商人的原有债务引入了一项额外的商法上的继承人责任。不同于继承法上的责任，这一责任*不能被限制*。其前提要件如下：

1. 个体商人的商事营业属于遗产

由被继承人以个体商人身份经营的商事的营业应当属于遗产。因此，《商法典》

---

① BGHZ 42, 381, 384.

第 27 条既不适用于合伙份额的继承（参见《商法典》第 139 条以下、第 161 条第 2 款和第 177 条），按照通说也不适用于非商人营业的继承。

2. 继承人继续经营

未依据《民法典》第 1942 条以下拒绝遗产的继承人应当继续经营商事的营业。在此无关紧要的是，继续经营之人的继承身份产生的原因（法定、遗嘱、继承合同）以及继承人是自然人、法人或国库。《商法典》第 27 条类推适用于表见继承人和遗嘱执行人的继续经营。[①] 后位继承人仅当其继续经营商事的营业时承担责任，这是因为前位继承人的继续经营不得被归属于他。鉴于《商法典》第 27 条的明确文义，该条规定不适用于遗赠人（《民法典》第 1939 条）。在此，不以继承人亲自经营为必要。因此，继承人也可以通过法定或意定代理人如被授权的共同继承人继续经营。

3. 在考虑期内未停止营业

根据《商法典》第 27 条第 2 款的规定，《商法典》第 25 条第 1 款仅当继承人在原则上 *3 个月的考虑期* 内未停止继续经营营业时始得适用。这一规则与《商法典》第 139 条的合伙规范存在一定的关联，其仅适用于商法上的责任，不适用于继承法上的责任。这一规则使继承人有机会在事先完全未预料继承的情形下，了解所继承商事的营业的状况并作出关于继续经营营业和继续使用商号的深思熟虑的决定。考虑期原则上在知悉遗产归属时开始起算；在继承人未具完全民事行为能力时根据《商法典》第 27 条第 2 款第 2 句结合《民法典》第 210 条的规定，自其获得完全民事行为能力或确定代理人时开始。考虑期原则上为 3 个月，但是也可能持续至在特定情形下更长的拒绝期间（参见《民法典》第 1944 条）的届满（《商法典》第 27 条第 2 款第 3 句）。在考虑期内，继承人享有《民法典》第 2014 条以下规定的延期抗辩权。通说认为，停止营业以企业的分割为前提。因此，仅对起初仍继续使用的商号作出改变，如同商事的营业附带商号被出售[②]一样，不属于停止营业。[③]

19

> **示例**：Herbert Schmidt 于 2 月去世后，他的儿子（也是唯一的继承人）Hein Schmidt 继承了他的大型美食店。Hein Schmidt 起初继续使用原先大家熟知的商号"Herbert Schmidt 殖民地商品登记商人"经营该美食店，但是在 4 月份将营业同原先的商号一同卖给商人 Monika Klein。出售所得被用于清偿原先的营业债务。当原先的债权人 Läufer 要求继承人 Hein Schmidt 清偿债权时，Hein Schmidt 辩称，遗产主要来自营业并且财产在清偿各种遗产债务后已经被消耗殆尽。
>
> 针对 Läufer 的请求，Schmidt 主张遗产不足之耗尽抗辩权，以防止以其个人财

---

① RGZ 132，138，144.
② RGZ 56，196，199.
③ Ba/Ho/*Hopt*，§ 27 Rn. 5.

产承担责任（《民法典》第 1990 条）。然而，仅当其继承人责任只产生于继承法并且非基于《商法典》第 27、25 条成立时，这一主张才能成立。因此，需要审查商法继承人责任的事实构成要件。该构成要件起初得到满足，这是因为唯一继承人 Schmidt 以原先的商号继续经营由个体商人经营的美食店。然而，有疑问的是，这一商法上的责任是否根据《商法典》第 27 条第 2 款因营业的出售而被排除。[①] 通说认为，附带商号出售商事营业不构成《商法典》第 27 条第 2 款意义上的商事营业停止经营。这是因为，正是继承人的出售促成了继续经营（即便不再由继承人经营）。

商号的继续使用也向债权人传达了责任继续的信号。最后，由继承人承担无限责任也是合理的，这是因为其通过出售运营中的营业和商号通常获得比清算价值更高的利益。此外，他还可以与取得人约定内部的债务免除。[②] 反对的观点认为，在考虑期内的出售已经满足《商法典》第 27 条第 2 款意义上的停止营业，这是因为无论如何继承人已经不再继续经营，他因此有权不再以企业主的身份，而是仅以通常的继承人身份承担责任。[③]

4. 《商法典》第 25 条的构成要件

20

通说认为，《商法典》第 27 条第 1 款是一条全面的**权利基础参引规范**。[④] 因此，继承人的商法责任仅当满足《商法典》第 25 条的额外要件时始告成立。据此，继承人必须继续使用商号并不得有实质变更（参见本章边码 9），或者满足《商法典》第 25 条第 3 款意义上的特别责任事实构成。仅在上述情形中存在区别对待营业债权人和其他遗产债权人的必要。通说认为，《商法典》第 27 条第 1 款的参引也包括**准用《商法典》第 25 条第 2 款**。因此，继承人也可以将商法责任的免除以及继承人责任的限制在商事登记簿中登记并公告或者通知原营业债权人（此即所谓的"恐惧呐喊"）[⑤]，从而保留在继承法上对原营业债务责任限制的可能。

> **示例：** Hein Schmidt 打算自己继续经营其继承的美食店。因此，他以原先"Herbert Schmidt 殖民地商品登记商人"的商号继续经营该商事营业并向登记机关申请登记（《商法典》第 31 条第 1 款）。此外，他还希望通过商事登记簿上的附注广而告之，他不继受原有的营业债务并对此仅以继承人的身份承担有限责任。商事登记官拒绝登记责任免除，因为在他看来，这不属于一项有登记能力的事项。
>
> 假如《商法典》第 27 条第 1 款的参引不能导致"准用"《商法典》第 25 条第 2 款，那么登记官的观点是正确的。但是这个观点仅是一种少数说，少数说的理由主

---

① 参见 *Müller-Laube*，20 Probleme，Problem 2，S. 4 ff。

② 参见 RGZ 56，196，199。

③ 参见 *K. Schmidt*，Handelsrecht，§ 8 Rn. 150 ff。

④ 不同观点见 *K. Schmidt*，Handelsrecht，§ 8 Rn. 131。

⑤ 参见 *Müller-Laube*，20 Probleme，Problem 3，S. 7 ff。

要是，法定继承人和遗嘱继承人不可能与被继承人达成《商法典》第 25 条第 2 款意义上的"约定"。此外，这违反《商法典》第 27 条的假定规范目的，即当原债权人因单方产生责任免除而再次受损时应同等对待原债权人和新债权人。[①] 然而，通说支持准用《商法典》第 25 条第 2 款。《商法典》第 27 条第 1 款不仅明确参引《商法典》第 25 条第 1 款第 1 句，也指向"第 25 条的规范群"。鉴于《商法典》第 27 条第 1 款仅使用了"准用"的表述，因此无须与被继承人达成协议。另外，继承商事的营业的利益状态与基于生前行为产生的营业主变动的利益状态类似。唯一不同的是，此处继承法上的继承人责任取代了后者中原营业主责任的延续。[②]

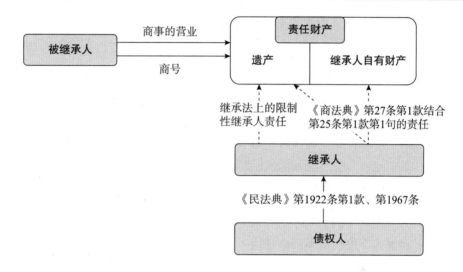

四、以商事的营业向商事合伙出资

《商法典》第 28 条第 1 款第 1 句的文义在法律上并不准确。作为无限合伙人或有限合伙人"加入"个体商人的营业，只能由（原）个体商人和"加入者"通过将商事的营业出资成为合伙财产的方式完成。《商法典》第 28 条是**《商法典》第 25 条的例外情形**，这是因为前者同样属于由生前行为导致的从个体商人到商事合伙的营业主变动。 21

（一）前提要件

1. "个体商人"的商事的营业

根据《商法典》第 28 条第 1 款第 1 句之文义，商事的营业的原营业主必须是一名"个体商人"。通说认为，这一文义过度限制了该条规范的适用范围，以至于 22

① 参见 *K. Schmidt*，Handelsrecht，§ 8 Rn. 146 f.。
② 参见 *Canaris*，§ 7 Rn. 111；Großkomm/*Burgard*，§ 27 Rn. 52 ff.。

导致至少包括法人①以及在特定情形下甚至具有商人身份的合手共同体②也被归入《商法典》第 28 条意义上的个体商人。此外，在以非商人的小型营业向商事合伙，也包括仅向《商法典》第 105 条第 2 款的商事合伙出资时，亦应适用这一条文。③

2. 商事合伙的设立

应当设立一家商事合伙（通说）。因此，只包括向普通商事合伙或者有限合伙出资，并不涵盖向民事合伙④或者（先）公司出资（对此适用《商法典》第 25 条）。⑤ 通说认为，《商法典》第 28 条也适用于合伙的瑕疵设立。⑥ 但是，《商法典》第 28 条不适用于纯粹的表见合伙。⑦

3. 商事的营业的出资和继续经营

应当以个体商人的商事的营业向已成立的合伙出资，并且由后者继续经营之。出资不仅可以通过转让成为合伙财产，根据通说也可以通过设立用益（如用益租赁合同）完成。因出资导致的商事的营业的变更，尤其是营业的扩张，如同嗣后停止经营出资的商事的营业一样不产生影响。⑧ 仅当在出资后直接终局性地停止商事的营业时，才能排除《商法典》第 28 条第 1 款第 1 句的责任。⑨ 此外，不同于《商法典》第 25 条，此处**无须继续使用商号**（《商法典》第 28 条第 1 款第 1 句："即便合伙不继续使用先前的商号"）。

4. 不存在不同的约定

合伙人不应作出不同的约定，这是因为不同的约定因登记及公告或通知得对抗第三人（《商法典》第 28 条第 2 款）。这一规则对应《商法典》第 25 条第 2 款（参见本章边码 11）。

（二）法律后果

23　　新成立的**商事合伙**与原先的唯一营业主一起对在个体商人的商事的营业中成立的全部债务承担无限连带责任（《商法典》第 28 条第 1 款第 1 句）。因此，"加入的"合伙人根据《商法典》第 128 条、第 116 条第 2 款和第 171 条以下的规定也承担责任。若原营业主以有限合伙人的身份加入，其后续责任准用《商法典》第 26

① 例如见 Oetker/*Vossler*，§ 28 Rn. 15。

② 例如见 Heymann/*Emmerich*，§ 28 Rn. 10。

③ 有争议，支持此处观点见 *Bülow/Artz*，Rn. 250 ff. und KKRM/*Roth*，§ 28 Rn. 5。

④ BGHZ 157，361，366；*BGH* NJW-RR 2012，239；KKRM/*Roth*，§ 28 Rn. 5；不同观点见 *K. Schmidt*，Handelsrecht，§ 8 Rn. 104。

⑤ 关于向先有限责任公司出资不适用《商法典》第 28 条的裁判见 *BGH* NJW 2000，1193 f.。

⑥ RGZ 89，97，98；*BGH* NJW 1972，1466，1467；不同观点见 *Canaris*，§ 7 Rn. 89 f.。

⑦ *BGH* WM 1964，296，298.

⑧ Heidel/Schall/*Schall*/Ammon，§ 28 Rn. 12.

⑨ Großkomm/*Burgard*，§ 28 Rn. 35；Heidel/Schall/*Schall*/Ammon，§ 28 Rn. 12.

条的 5 年期限（《商法典》第 28 条第 3 款第 1 句）。有限合伙人对新合伙债务所负之责任（《商法典》第 171 条以下）不受影响（《商法典》第 28 条第 3 款第 3 句）。

在个体商人的商事的营业中成立的**债权**对于债务人而言，**视为转移**至商事合伙（《商法典》第 28 条第 1 款第 2 句）。这一规则与《商法典》第 25 条第 1 款第 2 句相同（参见本章边码 12 以下）。

> **示例：**"Klotz 文具有限责任公司"——公司唯一的股东是 Karl Klotz，与在市场中名为 "Meyer 办公用品" 的非商人 Meyer 女士合并二者的文具店营业，成立一家以 "Marburger 文具有限责任有限合伙" 在商事登记簿上登记的有限合伙，其中 Karl Klotz 和 Monika Meyer 是有限合伙人。供货商 Herbert Läufer 要求新成立的有限合伙和有限合伙人 Klotz 清偿合并之前在 Monika Meyer 经营的营业上成立的买卖价款债权。
>
> 原债权人 Läufer 针对 "Marburger 文具有限责任有限合伙" 的请求权只可能基于《民法典》第 433 条第 2 款结合《商法典》第 28 条第 1 款第 1 句产生。尽管《商法典》第 28 条的文字表述糟糕——"加入"一个"个体商人的"营业，但该条也适用于多个企业作为出资合并加入一个商事合伙情形。在《商法典》第 28 条不准确的表述中，人们也可以主张，本案同时发生了 "Klotz 文具有限责任公司" "加入" Monika Meyer 的营业以及 Monika Meyer "加入" "Klotz 文具有限责任公司" 的营业。在只有一家有限责任公司和一个非商人参与"合并"的情形中，并不能排除《商法典》第 28 条的适用。这是因为，根据通说，双方都是《商法典》第 28 条意义上的"个体商人"（有争议，见本章边码 22）。两家企业如今被同一个商事合伙 "Marburger 文具有限责任有限合伙" 以商人的方式继续经营。商号的变更和营业的扩张都不能排斥《商法典》第 28 条的适用。在本案中，既没有登记及公告，也

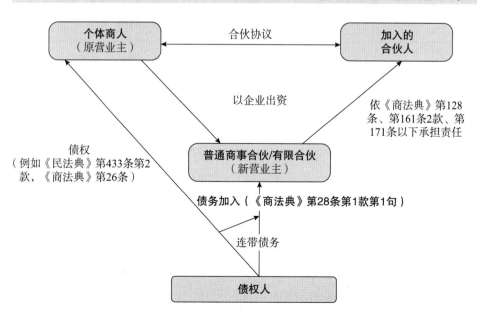

没有通知 Läufer 存在一个另行约定的责任承担（《商法典》第 28 条第 2 款）。因此，根据《商法典》第 28 条第 1 款第 1 句，"Marburger 文具有限责任有限合伙"的责任成立。此外，根据《商法典》第 171 条第 1 款，当 Karl Klotz 未履行出资（义务）时，其作为有限合伙人以其出资额（责任总额）为限直接对合伙债务承担责任。

五、《商法典》第 25 条以下条文的规范目的

24　　　关于《商法典》第 25 条以下条文的规范目的存在巨大**争议**。无争议的仅是，这些规则以不同的方式对复杂的商事的营业的过渡阶段提供了交易保护（营业债权人可以对原先的责任财产继续追索，取得人对营业债务人享有债权人身份）。然而，对于这一保护无法给出一个统一的理由，这是因为差异化的事实构成要件和法律后果无法回溯到某个相同的法律理念。因此，《商法典》第 25 条以下条文被经常认为体系违反、前后矛盾、不完整以及亟须修订。[1] 在下表中将简明扼要地概括那些大多互有关联但因具体条文而异的不同解释路径。

解释路径	法律理念	主要批评
表示理论[2]	取得人通过以原先的商号继续经营商事的营业这一社会典型行为表示，其继受包括全部积极财产和消极财产在内的商事的营业	必须经常假定新营业主作出这样一项意思表示（意思拟制）。《商法典》第 28 条不要求继续使用商号
权利外观理论[3]	原债权人和原债务人值得保护，这是因为，他们尤其是在继续使用商号的情形下信赖责任财产的延续和当时的营业主的债权人身份	《商法典》第 25 条以下的事实构成不要求善意和存在信赖。继受后缀虽然可以消除权利外观，但是不能推翻《商法典》第 25 条第 1 款和第 27 条第 1 款的法律后果
延续理论[4]	《商法典》第 25 条以下构成对企业欠缺权利能力的一种平衡，即通过将"企业的法律关系"归属于当时的企业主，进一步间接地归属于企业	采这一理论无法解释《商法典》第 25 条以下的事实构成对延续理念的限制（主要是《商法典》第 25 条第 2 款以及第 28 条第 2 款的必须继续使用商号和可能的责任排除情形）

---

① 主要参见 *Canaris*，§ 7 Rn. 16 和 *K. Schmidt*，Handelsrecht，§ 7 Rn. 11 ff.

② 例如 *BGH* NJW 2001，1352；*Säcker*，ZGR 1973，261，272 ff.

③ RGZ 169，133，138；BGHZ 22，234，239.

④ 例如见 *K. Schmidt*，Handelsrecht，§ 7 Rn. 32 ff.

续表

解释路径	法律理念	主要批评
责任资金池理论[1]	原债权人应当可以继续要求由取得人以及商事合伙继受的原先的责任财产清偿，这是因为债务是财产的一部分，至少附着于财产之上	如同须继续经营营业和使用商号一样，无法解释《商法典》第 25 条第 1 款第 2 句的规定以及《商法典》第 25 条第 2 款和第 28 条第 2 款的责任排除可能。取得人的无限责任似乎是一个无法正当化的赠与债权人的"礼物"
内部通常关系的外部效力理论[2]	《商法典》第 25 条以下以任意法的形式（如《商法典》第 25 条第 2 款）赋予内部的通常事实构成（继受包含全部积极财产和消极财产的商事营业）以外部效力，只要取得人继续使用作为企业延续外部标志的商号或者原营业主以商事合伙的合伙人身份留在"企业"	只要在内部关系中有一次例外地不存在内部的通常事实构成，那么该通常事实构成无正当性基础不得适用于外部关系。因此，该理论不具有独立的意义，并且须结合其他的解释路径

第二十节　本章复习

一、本章总结

　　□企业＝人力和物力组成的组织化实体，企业主借此独立且持续地参与经济生活。

　　□**企业的组成：**

　　• 主营业所

　　• （多个）分营业所

　　• （多个）营业

　　□不同于企业的主体（自然人、法人或合手共同体），企业本身**不是权利主体**。这意味着：

　　• 企业财产与企业主的私人财产（个体商人）一起归企业主所有，或者企业财产作为组织财产（组织）归企业主所有。

---

[1]　例如见 *Schricker*，ZGR 1972，121，150 ff. —— 结合对交易保护的衡量。

[2]　例如见 *E/B/J/S/Reuschle*，§ 28 Rn. 12。

• 商号是企业主的名称，不是企业的名称。

• 企业主享有和承担为经营企业作出的法律行为所产生的权利和义务。不仅在商业交易中，在诉讼程序中也应当明确表明企业主。

□在**债法**中（例如企业收购、企业用益出租），企业可以被视为一个统一的法律客体。在收购企业时，需要区分将企业作为法律上的整体并导致企业主变动的企业收购（资产收购）和单纯的参股收购（股权收购）。

□在**物法**中，鉴于物权客体特定原则，企业不构成单一物。因此，处分行为（如不动产所有权转让合意、抵押权合意）原则上单独根据相应的各项规范进行（《民法典》第 873 条、第 925 条、第 929 条以下、第 398 条以下、第 413 条）。

□商人企业的**营业主**变动适用**《商法典》第 25 条以下**的某一重要的特别规则，其规范体系如下图所示：

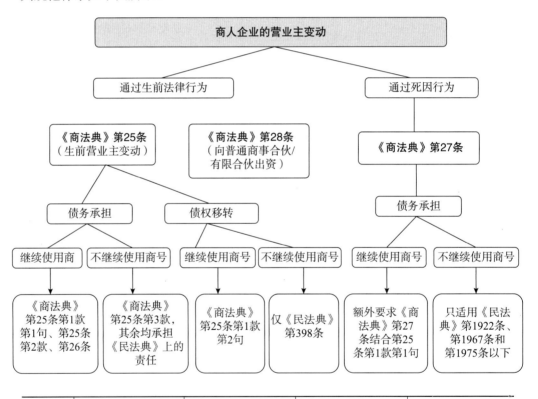

规则	《**商法典**》第 25 条 第 1 款第 1 句	《**商法典**》第 25 条 第 1 款第 2 句	《**商法典**》 第 27 条	《**商法典**》第 28 条 第 1 款第 1 句
前提要件	（1）商人的商事的营业； （2）事实上永久或暂时的生前营业主变动	（1）商人的营业； （2）事实上永久或暂时的生前营业主变动	（1）个体商人的营业属于遗产的组成部分； （2）继承人继续经营营业	（1）以继续经营的"个体商人的"企业出资设立一家普通商事合伙/有限合伙；

续表

规则	《商法典》第 25 条第 1 款第 1 句	《商法典》第 25 条第 1 款第 2 句	《商法典》第 27 条	《商法典》第 28 条第 1 款第 1 句
前提要件	(3) 事实上继续使用商号； (4) 不存在《商法典》第 25 条第 2 款的责任排除	(3) 事实上继续使用商号； (4) 形式自由的可让与营业债权； (5) 不存在《商法典》第 25 条第 2 款意义上的不同约定	(3) 在考虑期内未停止营业（《商法典》第 27 条第 2 款）； (4) 继续使用商号或责任通知； (5) 不存在类推适用《商法典》第 25 条第 2 款的责任限制（通说）	(2) 不存在《商法典》第 28 条第 2 款的责任排除
法律后果	取得人对于全部的原营业债务成立法定的债务加入连带债务）； 出卖人的后续责任限制（《商法典》第 26 条）	债权转移至取得人并对债务人产生相对效力；可能情形下根据《民法典》第 816 条第 2 款主张不当得利返还	对原营业债务承担无限的继承人责任	普通商事合伙/有限合伙对全部的原债务成立法定的债务加入（连带债务）； 《商法典》第 128 条、第 161 条第 2 款和第 171 条以下的合伙人责任可能情形下的后续责任限制（《商法典》第 28 条第 3 款）
要点	在生前行为的营业主变动中，继续使用商号对原债权人而言意味着责任的延续	在生前行为的营业主变动中，继续使用商号以及原营业主的同意对原债务人而言意味着取得人获得债权人身份	继承人使用原商号继续经营个体商人的营业的，至少根据商法的规定，继承人对原营业债务承担无限责任	原营业主加入继续经营营业的商事合伙对原债权人意味着责任的延续，即便不继续使用商号亦如此

二、考试案例 3（陷入困境的继承人）

考试时间：120 分钟

案件事实

Volker Vetter 在哈勒经营一家大型肉店，但是没有进行商事登记。他在 2010 年 8 月 31 日与 Kaiser 房地产有限责任公司签订不定期租赁合同，以每月 500 欧元的租金承租了销售店面、办公场所和一个冷库。Vetter 一直使用 "V. Vetter 肉店" 这个标识经营肉店。由于业务萎缩，他在财务困境中越陷越深，并自 2018 年 6 月起无力支付租金。力不从心的 Vetter 于 2018 年 11 月 30 日去世。Kaiser 房地产有限责任公司在 2018 年 10 月 31 日即时通知终止租赁合同。

Vetter 在他的遗嘱中将他多年的好友 Fridolin Freundlich 设为唯一继承人。Freundlich 于 2018 年 12 月 2 日获悉这一事实后随即决定继续经营肉店生意，但是应一方面减少肉店的肉制品种类并仅提供香肠和香肠切片，另一方面增加精品肉食。为此，Freundlich 改造了肉店店面，并以商号“Volker Vetter 香肠和精品肉食店登记商人”申请商事登记，商事登记完成于 2018 年 12 月。Freundlich 同时在 12 月初申请了遗产管理，申请在 2019 年 1 月 15 日获得批准。根据 Freundlich 的申请，继承人责任的限制已于 2019 年 1 月 31 日被登记于商事登记簿。但是由于工作疏忽，已经登记的责任限制未被公告。

Kaiser 房地产有限责任公司的业务执行人在 2019 年 2 月 1 日查阅商事登记簿并弄清了相应的关系后，向 Freundlich 主张支付未结清的 2018 年 6 月至 10 月的租金。Freundlich 主张责任限制并拒绝任何支付。Freundlich 突然因经营肉店身心俱疲，遂于 2019 年 2 月 15 日将肉店转让给 Paul Perle。在谈判中两人达成一致，Freundlich 清偿已成立的旧债务，并因此相应地从 Perle 获得一笔更高的出售价款，这笔资金大大缓解了 Freundlich 的经济困境。随后 Perle 以原先的商号“Volker Vetter 香肠和精制食品店登记商人”继续营业，并申请商事登记。在商事登记完成后，Kaiser 房地产有限责任公司的业务执行人找到 Perle，与其签订一份自 2019 年 2 月 15 日开始的新租赁合同。此外，Kaiser 房地产有限责任公司的业务执行人还要求 Perle 支付从 2018 年 11 月 1 日到 2019 年 2 月 14 日使用租赁房屋的费用 1 750 欧元。Perle 认为，在这段时间里 Kaiser 房地产有限公司与 Freundlich 已经不存在租赁合同，而且即便有合同也应由 Freundlich 承担责任，因此该债权未成立，遂拒绝清偿。

Kaiser 房地产有限责任公司对 Freundlich 和 Perle 主张的请求权是否成立？

如果 Perle 清偿了 Kaiser 房地产有限责任公司所主张的债权，他对 Freundlich 享有何种请求权？

参考答案

一、Kaiser 房地产有限责任公司要求 Freundlich 支付 2 500 欧元的请求权，依据《民法典》第 535 条第 2 款结合《民法典》第 1922 条和第 1967 条

（一）请求权成立要件

1. 2018 年 6 月至 10 月之间的租金债权（十）

Vetter 与 Kaiser 房地产有限责任公司在 2010 年 8 月 31 日有效订立了一份涉及销售店面、办公场所和冷库的租赁合同。根据该租赁合同，Kaiser 房地产有限责任公司享有一项 500 欧元月租金的请求权。由于 Vetter 未支付 2018 年 6 月至 10 月的租金，故而 Kaiser 房地产有限责任公司享有一项尚未支付的总计 2 500 欧元的租金

请求权。

2. Freundlich 根据《民法典》第 1922 条和第 1967 条承担责任（一）

a）根据《民法典》第 1922 条的概括继受（十）

鉴于遗嘱将 Freundlich 设定为唯一继承人，根据《民法典》第 1922 条的规定，Freundlich 是 Vetter 的概括继受人。

b）根据《民法典》第 1967 条的责任（一）

根据《民法典》第 1967 条第 1 款，唯一继承人 Freundlich 原则上对遗产债务承担责任。根据《民法典》第 1967 条第 2 款，遗产债务包括由被继承人招致的债务，因此也包括与 Kaiser 房地产有限责任公司订立租赁合同所生之债务。然而，根据《民法典》第 1981 条的规定，依 Freundlich 的申请发布了遗产管理命令。因此，Freundlich 根据《民法典》第 1975 条可仅以遗产为限清偿 Kaiser 房地产有限责任公司的债权；进言之，Freundlich 无须以自己的其他财产清偿。此外，根据《民法典》第 1984 条第 1 款第 3 句，只能向遗产管理人主张这些请求权，故而 Freundlich 亦不构成适格被告。

（二）结论（一）

Kaiser 房地产有限责任公司无权依据《民法典》第 535 条第 2 款结合《民法典》第 1922 条、第 1967 条要求 Freundlich 支付尚未支付的租金，因为在遗产管理启动后 Freundlich 主张限制继承人责任的抗辩并且他不构成适格被告。

二、Kaiser 房地产有限责任公司要求 Freundlich 支付 2 500 欧元的请求权，依据《民法典》第 535 条第 2 款结合《商法典》第 27 条

（一）请求权成立要件

1. 2018 年 6 月至 10 月的租金债权（十）

Kaiser 房地产有限责任公司享有 2018 年 6 月至 10 月共计 2 500 欧元的租金请求权（同上）。

2. Freundlich 依《商法典》第 27 条承担责任（十）

a）个体商人的商事营业属于遗产（十）

Vetter 的大型肉店构成《商法典》第 1 条意义上的商事营业，且 Vetter 以个体商人的身份经营该商事营业。

b）Freundlich 继续经营商事营业（十）

Freundlich 继续经营作为 Vetter 遗产的商事营业。Freundlich 调整 Vetter 供应的产品和改造营业场所的事实无法改变上述评价。这是因为，Freundlich 在同一场所、使用同一地址和雇佣同一批员工继续经营肉店业务的核心部分，即整个香肠和切片香肠业务。[①] 完整地继受全部营业并非必要。即便未继受个别的财产或业务，

---

① 参见 *BGH* NJW 1992, 911 f.

但是只要至少继受构成企业重心的核心部分，即可认为构成继续经营商事营业。[1]

c) 继续使用商号（＋）

根据《商法典》第 27 条第 1 款和第 25 条，成立 Freundlich 继续使用 Vetter 的商号。虽然根据旧《商法典》第 18 条第 1 款，"V. Vetter 肉店"这个标识不是一个合法的商号，因为使用了缩写的 Vetter 的名。但是，继续使用商号的事实构成要件并非以使用的标识是合法商号为前提。对于继续使用商号之判断，起决定性作用的是交易的视角，与旧的商号、新的商号或二者是否都符合商号法无关。关键在于，取得人继续使用由原营业主实际使用的商号造成如此印象，以至于其在交易中被视为同一个企业。[2]

尽管 Freundlich 将 Vetter 使用的标识"V. Vetter 肉店"改为"Volker Vetter 香肠和精品肉食店登记商人"，Freundlich 构成继续使用商号亦毋庸置疑。商号构成的非实质性变更不能排除《商法典》第 27 条、第 25 条的适用。关键在于，商号的核心部分被保留并以此突出企业主变动时的企业延续。这是因为，继受人承担其前手在经营企业中产生的债务的合理性基础是企业的延续，通过继续使用原商号对外只能表明企业的延续。因此只取决于，从具有决定性的交易视角看虽然商号已改变但是仍构成商号的继续使用。[3] 这也适用于如下情形，即在继续使用原营业主的姓和名的同时只对原先的业务范围标识进行了具体化（本案中使用香肠和精品肉食取代了先前的肉食）。[4]

d) 旧债务产生于营业经营（＋）

2018 年 6 月至 10 月的租金债务产生于营业经营，这是因为该租金债务源于 Vetter 和 Kaiser 房地产有限责任公司订立的关于 Vetter 承租店面、办公场所和冷库用于经营肉店的租赁合同。

e) 在考虑期内未停止营业（＋）

Freundlich 未在《商法典》第 27 条第 2 款规定的 3 个月的考虑期内停止营业。虽然 Freundlich 在 2019 年 2 月 15 日，即只在他获知享有继承资格后的两个半月内将商事营业转让给 Perle。然而，附带商号转让起初便以原商号继续经营的商事营业不构成《商法典》第 27 条第 2 款意义上的停业（对此详见本章边码 19）[5]，因此不能免除 Freundlich 依《商法典》第 25 条清偿尚未履行的租金债务责任。

f) 依《商法典》第 27 条第 1 款、第 25 条第 2 款产生的责任未被排除（＋）

根据《民法典》第 1981 条，遗产管理命令依 Freundlich 的申请被发布。因此，

---

[1] BGHZ 18, 248, 250；*BGH* NJW 1992, 911.

[2] BGHZ 146, 374, 376.

[3] BGHZ 146, 374, 376.

[4] 参见 *OLG Hamm* ZIP 1998, 2092, 2093 f。

[5] RGZ 56, 196, 199.

根据《民法典》第 1975 条，Freundlich 对 Kaiser 房地产有限责任公司租金债权的继承法责任限于遗产（见上文）。然而，针对《商法典》第 27 条第 1 款和第 25 条规定的商法责任，Freundlich 原则上无权主张继承人责任限制的抗辩。

然而，依 Freundlich 的申请，继承人责任限制于 2019 年 1 月 31 日——在 Kaiser 不动产有限责任公司主张租金债权之前——被登记于商事登记簿。根据《商法典》第 27 条第 1 款和第 25 条，继承人将继承人责任限制登记于商事登记簿并公告的，同样可以获得在商法责任上适用继承法责任限制的机会。根据通说，《商法典》第 27 条第 1 款的条文包含一项全面的权利基础参引，因此《商法典》第 27 条第 1 款的参引也适用于对《商法典》第 25 条第 2 款的准用（对此详见本章边码 20）。然而，Freundlich 的继承人责任限制只是被登记于商事登记簿，并且因疏忽未被公告。但是，《商法典》第 25 条第 2 款要求责任限制的登记和公告。未公告的，责任排除同样对知悉责任排除的债权人不生效力。[①] 因此，尽管继承人责任限制被登记于商事登记簿，并且 Kaiser 房地产有限责任公司的业务执行人查阅了商事登记簿，Freundlich 也不能主张继承人责任限制。

（二）结论（十）

Kaiser 房地产有限责任公司有权依《民法典》第 535 条第 2 款结合《商法典》第 27 条请求 Freundlich 支付自 2018 年 6 月至 10 月尚未支付的 2 500 欧元的租金。

三、Kaiser 房地产有限责任公司要求 Perle 支付 1 750 欧元的请求权，根据《民法典》第 535 条第 2 款结合《商法典》第 25 条第 1 款

（一）请求权成立要件

根据《民法典》第 535 条第 2 款，仅当在 2018 年 11 月 1 日至 2019 年 2 月 14 日存在一个关于店面、办公场所和冷库的租赁合同时，Kaiser 房地产有限责任公司才可以主张支付在此期间尚未支付的租金。但是，Kaiser 房地产有限责任公司于 2018 年 10 月 31 日即时通知终止了其与 Vetter 在 2010 年 8 月 31 日订立的租赁合同。根据《民法典》第 543 条第 2 款第 3 项 a 子项，即时通知终止已经生效，这是因为 Vetter 在此之前已经连续超过两个月未缴纳租金。Kaiser 房地产有限责任公司与 Perle 之间订立的租赁合同自 2019 年 2 月 15 始生效力。因此，在 2018 年 11 月 1 日至 2019 年 2 月 14 日期间不存在一个有效的关于上述场所的租赁合同。

（二）结论（一）

根据《民法典》第 535 条第 2 款结合《商法典》第 25 条第 1 款，针对自 2018 年 11 月 1 日至 2019 年 2 月 14 日期间未支付租金的请求权不成立。

---

① BGHZ 29，1，4；对此质疑并且无论如何拒绝在《民法典》第 138 条、第 826 条规定的情形中适用见 Ba/Ho/*Hopt*，§ 25 Rn. 14；不同观点见 *Canaris*，§ 7 Rn. 36。

四、Kaiser 房地产有限责任公司要求 Perle 支付 1 750 欧元的请求权，依据《民法典》第 546a 条第 1 款结合《商法典》第 25 条第 1 款

（一）请求权成立要件

1. 要求用益补偿的请求权，依据《民法典》第 546a 条第 1 款（＋）

Vetter 在租赁关系因 2018 年 10 月 31 日的即时通知终止而终结后，仍继续使用冷库、办公室和营业场所，因此 Kaiser 房地产有限责任公司依《民法典》第 546a 条第 1 款对 Vetter 享有一项针对 2018 年 11 月 500 欧元的使用补偿请求权。在没有其他约定时，所负担用益补偿的金额以存在租赁关系期间约定的租金为准。[①] 此外，Kaiser 房地产有限责任公司还对在同一场所继续经营该商事营业的 Freundlich，享有一项针对 2018 年 12 月 1 日至 2019 年 2 月 14 日期间的 1 250 欧元的用益补偿请求权。这是因为，当继受商事营业之人在出租人有效终止租赁合同后仍然继续在租赁场所经营营业时，同样成立这一支付用益补偿的义务。[②]

2. Perle 之责任，根据《商法典》第 25 条第 1 款（＋）

a）商事营业（＋）

无论由 Vetter 经营的大型肉店，还是由 Freundlich 以香肠和精品肉食营业继续经营的大型肉店都构成《商法典》第 1 条意义上的商事营业。

b）Perle 继续经营商事营业（＋）

Perle 事实上继续经营 Freundlich 的香肠和精品肉食营业。

c）继续使用商号

Perle 同样继续使用原先由 Freundlich 使用的商号"Volker Vetter 香肠和精品肉食店登记商人"。

d）旧债务产生于营业经营（＋）

Kaiser 房地产有限责任公司所主张的用益补偿不属于约定债务，因此可能会被质疑，其是否产生自营业经营。然而，从继续使用商号的角度而言，责任也扩及这一支付用益补偿的义务。这是因为，该项请求权与营业经营之间的关系非常紧密，即其属于营业经营的结果。[③] 该债务也完整地产生于前手营业主 Freundlich 的营业经营。虽然针对 Perle 主张的 500 欧元旧债务产生于已去世的企业主 Vetter 在 2018 年 11 月对办公室、营业场所和冷库的使用，但是该项债务已经根据《商法典》第 27 条第 1 款结合第 25 条第 1 款第 1 句转移至使用原先商号临时继续经营该商事营业的 Freundlich［对此见上文二（一）2］。

e）不存在责任排除，根据《商法典》第 25 条第 2 款（＋）

Perle 同样不能依据《商法典》第 25 条第 2 款针对 Kaiser 房地产有限责任公司

---

① Palandt/*Weidenkaff*，§ 546a Rn. 11.
② *BGH* NJW 1982，577，578.
③ *BGH* NJW 1982，577，578.

主张其与 Freundlich 达成的由 Freundlich 一人承担已存旧债务的约定。这是因为，该约定既未在商事登记簿上登记和公告，也没有被 Freundlich 或 Perle 告知 Kaiser 房地产有限责任公司。

（二）结论（＋）

根据《民法典》第 546 条第 1 款结合《商法典》第 25 条第 1 款，Kaiser 房地产有限责任公司针对 Perle 享有一项就 2018 年 11 月 1 日至 2019 年 2 月 14 日期间支付 1 750 欧元用益补偿的请求权。

五、Perle 针对 Freundlich 要求支付 1 750 欧元的请求权，根据《民法典》第 426 条第 1 款

（一）请求权成立要件

1. 连带债务（＋）

《商法典》第 25 条第 1 款规定了法定的债务加入。因此，前手营业主 Freundlich 和新营业主 Perle 对在营业经营中成立的旧债务，也包括从 2018 年 11 月 1 日至 2019 年 2 月 14 日的用益补偿，成立连带债务人。

2. Freundlich 对内承担全部责任（＋）

根据《民法典》第 426 条第 1 款第 1 句前半句，原则上连带债务人对内承担相同的份额。据此，Perle 似乎可以在其支付 Kaiser 房地产有限责任公司 1 750 欧元后，仅可向 Freundlich 追偿 875 欧元。然而，连带债务人可以就内部相互之间的追偿达成不同的约定（《民法典》第 426 条第 1 款第 1 句后半句）。本案中，Freundlich 和 Perle 达成了不同的约定，他们达成合意，Freundlich 应当清偿全部的原债务，相应地，Perle 对该商事营业支付一个更高的购买价格。基于该约定，Perle 在向 Kaiser 房地产有限责任公司支付后，可以全额向 Freundlich 追偿 1 750 欧元。

（二）结论（＋）

根据《民法典》第 426 条第 1 款，Perle 对 Freundlich 享有一项支付 1 750 欧元的请求权。

六、Perle 针对 Freundlich 享有支付 1 750 欧元的请求权，根据《民法典》第 426 条第 2 款结合第 546a 条第 1 款

（一）请求权成立要件

1. 连带债务（＋）

Freundlich 和 Perle 作为共同债务人对使用利益补偿承担责任（同上）。

2. 债权移转（＋）

在 Perle 向 Kaiser 房地产有限责任公司支付用益补偿后，根据《民法典》第 426 条第 1 款，该项请求权以 Perle 在与 Freundlich 的内部关系中根据《民法典》第 426 条第 1 款第 1 句有权追索的金额，即全额 1 750 欧元，转移至 Perle。

（二）结论（十）

Perle 同样根据《民法典》第 426 条第 2 款结合第 546a 条第 1 款对 Freundlich 享有一项支付 1 750 欧元的请求权。

三、测试题

1. 为什么商事的营业的概念外延比企业的外延窄？

2. Gerhard Groß 以商号 "Gerhard Groß 热带水果已登记个体商人" 在主营业所汉堡和分营业所不莱梅经营热带水果进口贸易。女商人 Klein 在 Groß 的不莱梅分营业所与经理 Pfeiffer 签订了一份订购 1 000 磅香蕉的买卖合同，并由 Groß 交付给 Klein 在不莱梅的多家商店。Groß 拒绝履行合同，理由是，他仅授权 Pfeiffer 在汉堡的主营业所上的经理权。Klein 可以在不莱梅成功起诉 Groß 要求履行给付义务吗？

3. Viktoria Velten 将她的时装店出售给 Herbert Klotz，同时也将她在不久之前与出租人 Dreier 订立的 10 年期营业场所租赁合同中的权利和义务一并转移给 Klotz。由于 Dreier 拒绝作出承租权转让所必需之同意，于是 Klotz 向其律师 Rasch 咨询，他是否可以解除买卖合同或要求损害赔偿。Rasch 将如何回答他？

4. 莱比锡建筑和土地有限责任公司拥有多块土地，公司的全体股东根据一份书面合同负有向慕尼黑不动产经营者 Immel 转让公司全部股权的义务。该合同有效否？

5.《商法典》第 25 条第 1 款第 1 句中的商事的营业中的 "取得"，其制定法含义为何？

6. 在 Viktoria Velten 向 Herbert Klotz 出售时装店（问题 3）时，二人明确将因租赁关系而对 Dreier 享有的损害赔偿请求权排除在债权移转之外。Dreier 因 Klotz 在 Velten 的同意下继续使用商号而向 Klotz 清偿。Dreier 是否因此根据《民法典》第 407 条以下以及《商法典》第 25 条第 1 款第 2 句而被免除损害赔偿义务？

7. 个体商人企业的继承人通过何种方式能够按照继承法规定的程序将旧债务责任限制于遗产？

8. 为什么《商法典》第 28 条不是一条商号法规范？

9. 如何区分《商法典》第 28 条第 1 款第 1 句与《商法典》第 130 条、第 161 条第 2 款、第 173 条和第 176 条第 2 款？

第六章 ▶

商人的辅助人

文献： *Behrendt*，Aktuelle handelsvertreterrechtliche Fragen in Rechtsprechung und Praxis，NJW 2003，1563 ff. ; *Dück*，Zivil- und kartellrechtliche Grenzen eines nachvertraglichen Wettbewerbsverbots für Handelsvertreter，NJW 2016，368 ff. ; *Emde*，Die Verjährung der dem Handelsvertreter zustehenden Informationsrechte aus § 87c HGB，VersR 2009，889 ff. ; *ders.*，Das Handelsvertreterausgleichsrecht muss neu geschrieben werden—Folgen des EuGH-Urteils vom 26. 3. 2009，DStR 2009，1478 ff. ; *ders.*，Die Konkurrenz zwischen Ausgleichs- und Kündigungsschadensersatzansprüchen des Handelsvertreters，EuZW 2016，218 ff. ; *Emmerich*，Franchising，JuS 1995，761 ff. ; *Fischer*，Der Handelsvertreter im deutschen und europäischen Recht，ZVglRWiss 101 (2002)，143 ff. ; *ders.*，Moderne Vertriebsformen und Einzelheiten ihrer handelsrechtlichen Zulässigkeit，ZIP 1996，1809 ff. ; *Flohr*，Aktuelle Tendenzen im Franchiserecht，BB 2006，389 ff. ; *Hombrecher*，Der Vertrieb über selbständige Absatzmittler—Handelsvertreter，Vertragshändler，Franchisenehmer & Co，Jura 2007，690 ff. ; *Hopt*，Handelsvertreterrecht，6. Aufl.，2019; *ders.*，Das Vertragsverhältnis zwischen Verlag und Pressegrossisten—Ein Beispiel für einen Kommissionsagentenvertrag，FS Hadding 2004，S. 443 ff. ; *Kapp/Andresen*，Der Handelsvertreter im Strudel des Kartellrechts，BB 2006，2253 ff. ; *Kindler/Menges*，Die Entwicklung des Handelsvertreter- und Vertragshändlerrechts seit 2005，DB 2010，1109 ff. ; *Koller*，Haftungsbeschränkungen zu Gunsten selbständiger Hilfspersonen und zu Lasten Dritter im Transportrecht，TranspR 2015，409 ff. ; *Küstner/Thume*，Handbuch des gesamten Vertriebsrechts，Bd. I: Handelsvertreter，5. Aufl.，2016，Bd. II: Der Ausgleichsanspruch des Handelsvertreters (Warenvertreter，Versicherungs- und Bausparkassenvertreter)，9. Aufl.，2014，Bd. III: Besondere Vertriebsformen，4. Aufl.，2014; *Martinek*，Vom Handelsvertreterrecht zum Recht der Vertriebssysteme，ZHR 161 (1997)，67 ff.；*Martinek／Semler／Flohr*，Handbuch des Vertriebsrechts，4. Aufl.，2016；*Penners*，Die Bemessung des Ausgleichsanspruchs im Handelsvertreter- und Franchiserecht，2014；*Prasse*，Der Ausgleichsanspruch des Franchisenehmers，MDR 2008，122 ff.；*Schipper*，Verletzung vorvertraglicher Wahrheits- und Aufklärungspflichten des Unternehmers bei Handelsvertreterverträgen und ihre Folgen，NJW 2007，734 ff.；*K. Schmidt*，Handelsgehilfenrecht und Handelsgesetzbuch—eine Skizze zum Abschied des HGB vom Arbeitsrecht，FS Söllner zum 70. Geburtstag，1047 ff.；*Schultze／Wauschkuhn／Spenner／Dau／Kübler*，Der Vertragshändlervertrag，5. Aufl.，2015；*Siegert*，Der Ausgleichsanspruch des Kfz-Vertragshändlers—Fällt die analoge Anwendung des §89b HGB?，NJW 2007，188 ff.；*Ströbl／Stumpf*，Der Ausgleichsanspruch des Kfz-Vertragshändlers，MDR 2004，1209 ff.；*Ströbl*，Der Ausgleichsanspruch gem. §89b HGB in der Telekommunikationsbranche，BB 2013，1027 ff.；*Thume*，Der neue §89b Abs. 1 HGB und seine Folgen，BB 2009，2490 ff.；*ders.*，Zur richtlinienkonformen Anwendung der §§84 ff. HGB im gesamten Vertriebsrecht，BB 2011，1800 ff.；*ders.*，Der Ausgleichsanspruch des Handelsvertreters beim Vertrieb von Dauerverträgen，BB 2015，387 ff.；*Tscherwinka*，Das Recht des Handelsvertreters，JuS 1991，110 ff.；*Versin*，Der Ausgleichsanspruch nach §89b HGB unter Einfluss der EG-Handelsvertreter-Richtlinie und aktueller EuGH-Rechtsprechung，2015；*Wank*，Arbeitsrecht und Handelsrecht im HGB，JA 2007，321 ff.；*Weber*，Franchising—ein neuer Vertragstyp im Handelsrecht，JA 1983，347 ff.；*Wolff*，Der Ausgleichsanspruch nach §89b HGB bei Insolvenz des Handelsvertreters／Vertragshändlers，ZVI 2008，1 ff.

第二十一节 基　础

1　　　商人的辅助人从**商人的角度辅助**商人经营其商事营业。仿照劳动法，人们区分非独立的商人辅助人（商人的雇员）和独立的商人辅助人（通常他们本身也是商人）。独立的商人辅助人也可以由商事组织担任。

　　独立性这一区分标准被详细地规定于《商法典》第 84 条第 1 款第 2 句："独立性是指一个人实质上可以自由安排自己的工作以及自由决定自己的工作时间"。商人的辅助人员归属于其中一个或另一个群体取决于在个案中对所有情形的整体考量。独立性的重要标志包括全面地不受指示拘束、自由地使用个人劳动力、拥有自己的企业（例如自己的营业场所、自己的员工、自己的顾客群、独立的簿记）以及独立承担经营者风险。[①] 对此详见劳动法。[②]

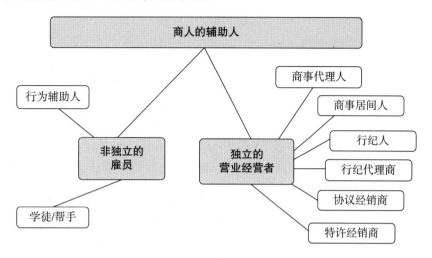

第二十二节　各类辅助人

一、非独立的商人辅助人

> **学习提示：**关于非独立的商人辅助人的法律规则属于劳动法上的特别内容，因此应当结合劳动法关注并学习。

（一）行为辅助人（《商法典》第59条以下）

1. 行为辅助人的概念

根据《商法典》第59条的**立法定义**，行为辅助人是在一项商事营业中被雇佣的有偿执行商人事务之人。

在日常用语中，行为辅助人通常被称为商人的雇员。作为《商法典》第1～6条意义上的商人的雇员必须遵照指示执行**商人的事务**，而不是执行其他任一类型的事务（《民法典》第611条第2款）。与营业雇员从事的机械类或技术类事务不同，商人事务在交易观念中主要是指思想—智力工作。[③]

举例：会计、办公室主任、布景设计师、监督人员、送货员、无固定期限雇佣

2

---

① 参见 BAG DB 1966，546 ff.；亦见上文第二章边码6。

② 例如，参见 *Reichold*，Arbeitsrecht，5. Aufl.，2016，§2 Rn. 15 ff.。

③ 参见 *BAG* NJW 1954，1860，1861。

的代理人。

经理、代办人、银行出纳和商店店员属于行为辅助人，他们对外享有特别的商法代理权。

2. 有关行为辅助人的法律

3　　行为辅助人除适用《商法典》第 59 条以下的特别劳动法规则外，还适用一般**劳动法**规则（《民法典》第 611 条以下、《劳资协议法》、《联邦休假法》和《劳工组织法》等）。在非商人的企业中执行商人事务之人，根据个案可类推适用《商法典》第 59 条以下（例如《商法典》第 60 条以下雇佣律师[①]）。

最重要的商法特别规则是《商法典》第 60 条第 1 款的法定**竞业禁止**。[②] 根据该规则，在劳动关系存续期间行为辅助人未经企业主同意时，不得经营商事营业或者在雇主从事的行业中为自己或他人的利益行为。违反竞业禁止的，行为辅助人负有向企业主赔偿损失（《商法典》第 61 条第 1 款前半句）或者返还从禁止行为中所得的利益（《商法典》第 61 条第 1 款后半句）之义务。然而，《商法典》第 60 条第 1 款的文义范围过于宽泛。因此，基于合宪性（《基本法》第 3 条、第 12 条）要求，第一种情形应当限于那些能够损害雇主的商事营业的行为。在第二种情形中，应当特别排除纯粹的私人行为。

> **示例：**Haller 是古董商 Alt 的行为辅助人。当 Haller 在自家商店雇佣员工销售红酒或者在跳蚤市场上出售其继承的毕德麦耶风格的柜子时，按照通常的观点，这两种情形不适用《商法典》第 60 条。但是，如果 Haller 贩卖古董，那么根据《商法典》第 61 条第 1 款，他应当向 Alt 赔偿其因营业额下降而遭受的损失，或者将他自己的销售收入扣除支出即最终将他自己的利润返还给 Alt。

在劳动关系终止后，只要未根据《商法典》第 74 条以下的规定约定后合同竞业禁止并支付禁止期补偿（Karenzentschädigung），即可在通常的范围内展开自由竞争（后续的忠实义务，《民法典》第 826 条以及《反不正当竞争法》第 3 条和第 17 条）。[③]

（二）商人的学徒和帮手（《商法典》第 82a 条）

4　　在先前旧《商法典》第 76~82 条规定的关于营业学徒的规则被纳入《职业培训法》中的培训学员规则后，只剩《商法典》第 82a 条规定的帮手竞业禁止这一特别规则。通说认为，这一特别规则如今也因"合理报酬"原则（《职业培训法》第 17 条第 1 款、第 26 条）以及立法废除竞业禁止（《职业培训法》第 12 条第 1 款、

---

① *BAG* NJW 2008，392，393.

② 详见 *K. Schmidt*，Handelsrecht，§ 17 Rn. 16 ff.

③ 关于未约定补偿的后合同竞业禁止无效见 *BAG* NJW 2017，2263。

第 26 条）而失去其适用对象。然而，商人的帮手除适用一般劳动法和《职业培训法》的个别规则外，还适用《商法典》第 60～62 条和第 75 条以下的规定。[①]

　　要点：有关非独立的商人辅助人的法律属于劳动法的特别法。

二、独立的商人辅助人

　　有关独立的商人辅助人的规则在体系上本应归于《商法典》第四编，这是因为总则编的商事代理人（《商法典》第 84 条以下）和商事居间人（《商法典》第 93 条以下）与分则编的行纪人（《商法典》第 383 条以下）、承运人（《商法典》第 407 条以下）、货运代理人（《商法典》第 453 条以下）和仓库营业人（《商法典》第 467 条以下）之间并不存在实质性差异。虽然上述所有独立的商人辅助人都属于同一类型的营业经营者，但是更加重要的是每种商事法律关系（如商事代理人法律关系、货运行为）都适用一类特别规则。

（一）商事代理人

1. 概念与区分

　　根据《商法典》第 84 条第 1 款的**立法定义**，商事代理人是独立的营业经营者，其持续性地接受委托为其他企业主媒介交易或以其名义订立交易。

　　·**独立的营业经营者**，其实质上可以自由地安排自己的工作和工作时间（《商法典》第 84 条第 1 款第 2 句），以及经营自己的营业（对此见第二章边码 5 以下）并承担经营者风险（参见本章边码 1）。在其他情形下，商事代理人只是单纯的行为辅助人。[②] 营业时间的确定[③]、存在专业上的指示权以及缺少独立的组织结构和资本配置[④]都不必然阻碍成立独立的营业经营者。公司形式的商事代理人总是独立的。[⑤]

　　·与批发商、零售商以及商事居间人不同，商事代理人基于一份目的在于**持续地**订立不确定数量交易的事务处理合同（《民法典》第 675 条、第 611 条以下）**而融入**（"被委托"）[⑥] 一个或多个企业的销售和分销体系。

　　·商事代理人的**工作内容**包括为企业主媒介交易或**以他人的名义**订立交易。以自己名义行为之人不是商事代理人，而是行纪人、行纪代理商、协议经销商、特许

---

① 详见 Ba/Ho/*Roth*，§ 82a Rn. 1 ff.
② 参见 Ba/Ho/*Hopt*，§ 84 Rn. 33 ff.
③ OLG Köln EWiR 2003, 1149, 1149：24 小时加油站营业。
④ *BAG* DB 2001, 280, 280 f.
⑤ *BGH* NJW 2015, 1754.
⑥ 参见 Ba/Ho/Hopt，§ 84 Rn. 41 ff.

右栏边码：5　6

经营商或者独立经销商。其前提是至少通过影响第三人而共同促成交易的订立。不同于民事居间人（《民法典》第 652 条），仅证明有订立合同的机会如同单纯的广告宣传一样并不充分，例如医药代表的单纯的广告宣传。[①]

• 鉴于《商法典》自 1953 年修订以来刻意使用"**其他企业主**"，因此商事代理人不仅可以是商人的辅助人，也可以是其他任何一个在私法上追求营利目的之人的辅助人。[②] 因此，商事代理人的业务领域非常宽泛，其职业形象并不统一。

举例：货物进出口、旅游中介、加油站运营、音乐会门票预售、保险中介、彩票销售、艺人管理。

> **要点**：商事代理人是独立的营业经营者，其持续地接受委托为其他企业主媒介交易或以其名义订立交易（《商法典》第 84 条第 1 款）。

营业需要一个商人的建构或者业已在商事登记簿上登记的商事代理人是**商人**。根据《商法典》第 84 条第 4 款，《商法典》第 84 条以下条文也适用于小规模经营的商事代理人。虽然欠缺商人身份，但是必要时可以类推适用商法规范。这是因为不同于《商法典》第 407 条第 3 款第 2 句，《商法典》第 84 条第 4 款并未参引《商法典》第 343 条以下条文。[③]

2. 类型

7 　　商事代理人可以接受委托单纯从事媒介（**媒介商事代理人**）或者也同时从事订立交易（**订约商事代理人**）（也见《商法典》第 86a 条第 2 款、第 91 条和第 91a 条）。没有明确约定时，商事代理人只是媒介商事代理人。订约商事代理人需要在内部关系中的特别委托以及在外部关系中可被推定的在订约商事代理人合同中含有《商法典》第 54 条的代办权（对此见第七章边码 19 以下）。根据《商法典》第 91 条第 1 款，《商法典》第 55 条也适用于非商人企业主的订约商事代理人。

此外，区分专属商事代理人和复合商事代理人同样十分重要。[④] 主业只为一个企业行为的**专属商事代理人**（《商法典》第 92a 条），承受在经济上过度依赖单个企业主的风险，并因此作为类劳动者（《劳动法院法》第 5 条第 1 款第 2 句和第 3 款）而在个案中适用劳动法规范（如《联邦休假法》第 2 条）。[⑤]

在商事代理人合同中被明确标明为**副业商事代理人**并且根据交易观念也以副业商事代理人行为的，不适用仅适用于主业商事代理人的《商法典》第 89 条（通知

---

① 参见 *K. Schmidt*，Handelsrecht，§ 27 Rn. 6。
② 参见 *K. Schmidt*，Handelsrecht，§ 27 Rn. 5。
③ 参见 KKRD/*Roth*，§ 84 Rn. 1。
④ 区分见 *BGH* NJW-RR 2013，1511。
⑤ *BGH* NJW-RR 2015，289；*Reichold*，Arbeitsrecht，5. Aufl.，2016，§ 2 Rn. 24 f.；但商事代理人的副业是专属商事代理人的除外 *OLG Karlsruhe* NZA-RR 1998，463 f.。

终止）和第 89b 条（补偿请求权）。① 副业商事代理人可被归入类劳动者。②

最后，根据《商法典》第 84 条第 3 款还可成立多层商事代理人关系，其中**总商事代理人（Generalvertreter）**以自己的名义委托**复商事代理人**履行商事代理人职责。③

3. 商事代理人关系

通过商事代理人合同在商事代理人和企业主之间成立一项持续的事务处理关系（《民法典》第 675 条、第 611 条以下）。④ 商事代理人合同原则上无形式要求，并且因此也可以默示订立（例外《商法典》第 85 条、第 86b 条第 1 款第 3 句和第 90a 条第 1 款第 1 句）。对于格式合同，依据《民法典》第 310 条的规定适用《民法典》第 305 条以下。⑤

有关商事代理人关系的制定法特别规则（《商法典》第 84 条以下）大部分是强行法（例如《商法典》第 86 条第 4 款和第 87c 条第 5 款）。⑥ 这些特别规则被 1989 年 10 月 23 日的立法为了匹配《欧共体 86/653 号统一商事代理人法指令》在细节上过度调整。⑦ 根据上述立法，商事代理人应当特别在确保企业主利益的前提下积极从事媒介工作或与第三人订立交易〔**努力义务（Bemühenspflicht）**〕，并告知企业主（《商法典》第 86 条）。与此相应，只要所涉交易在商事代理人关系存续期间内基于商事代理人的媒介订立，或者与商事代理人为该类交易而作为顾客招揽的第三人订立，那么企业主负有向商事代理人提供信息（《商法典》第 86a 条）⑧ 以及特别是**支付佣金**（《商法典》第 87~87c 条）的义务。通说认为，商事代理人自身与企业主订立交易的，不享有佣金请求权，这是因为商事代理人未对第三人的订约意愿产生影响。⑨ 交易未实施且其不可归责于企业主时，佣金请求权归于消灭（《商法典》第 87a 条第 3 款第 2 句）。⑩ 企业主不仅应当对过错负责（《民法典》第 276、278 条），还应当对在其企业和经营风险范围内的所有情形负责。⑪ 尽管法律没有特别规定，

8

---

① 详见 *Baums*，BB 1986，891 ff.。

② 副业经营邮政代理的小卖部经营者除外 *OLG Karlsruhe* NZA-RR 1998，463 f.。

③ 参见 *K. Schmidt*，Handelsrecht，§ 27 Rn. 100 ff.。

④ 参见 *K. Schmidt*，Handelsrecht，§ 27 Rn. 36 ff.。

⑤ 参见 *v. Westphalen*，DB 1984，2335 ff. und 2392 ff.。

⑥ 也参见 Thume，BB 2012，975 ff.；关于《商法典》第 92c 条的例外见 Thume，IHR 2014，52 ff.。

⑦ 对此详见 Lüke，JuS 1990，593；关于对商事代理人法进行符合指令的解释之概述见 Oetker，Handelsrecht，§ 6 Rn. 9；关于根据欧洲法院判决 Rs. C-381/98〔Ingmar〕和 Rs. C-184/12〔Unamar〕，要求在国际上强制适用 86/653/EWG 指令中的规范，Lüttringhaus，IPRax 2014，146 ff.。

⑧ 关于受到限制的针对提供一个多功能收银系统而收取佣金的可能性见 OLG Schleswig ZVertriebsR 2016，178。

⑨ *Giedinghagen*，NJW Spezial 2011，655 f.。

⑩ 关于不可预见的停业或者公权的违法干预见 *BGH* NJW 2017，3521；关于部分未实施时部分佣金的返还参见 *EuGH* Rs. C-48/16—ERGO；关于责任转嫁条款——即当顾客仅部分履行合同时全部而不是只部分地排除佣金请求权——无效见 *BGH* NJW 2015，1754 ff. 以及 *Dänekamp/Kölln*，NJW 2015，3126 ff.。

⑪ *BGH* NJW 2014，930.

但是在合同存续期内也存在竞业禁止（仅见《商法典》第 90 条）。[①] 当事人可以根据《商法典》第 90a 条规定的标准约定后合同竞业限制。[②] 违反竞业禁止可导致商事代理人的损害赔偿义务。[③] 为了准备行使赔偿利润损失的请求权，企业主依据《民法典》第 242 条有权要求商事代理人告知其违反竞业禁止向竞业企业所媒介的交易。这是因为依据《民事诉讼法》第 287 条，违反竞业禁止为竞业企业媒介交易产生的营业收入可以作为损失计算的基础。[④]

4. 合同终止与补偿请求权

9

商事代理人关系与其他的继续性债务关系一样因期间经过、正常的附期限通知终止（《商法典》第 89 条）或非正常的重大事由通知终止（《商法典》第 89a 条）而终止。商事代理人合同非正常终止的重大事由包括持续地竞业违反[⑤]、未遵守竞业禁止[⑥]、商事代理人破产[⑦]或在事先催告后仍持续性地严重无法完成销售目标[⑧]等情形。企业主破产也构成合同终止的原因（《破产法》第 116 条）。因商事代理人的义务违反行为产生重大事由的，只要其错误行为未以特别严重的方式动摇信赖基础，那么原则上需要催告（《民法典》第 314 条第 2 款）。[⑨]

根据《商法典》第 89b 条，商事代理人在合同关系终止后享有一项原则上最高为一年佣金的补偿请求权。[⑩] 这是一笔在实践中非常重要的特别佣金，其不属于损害赔偿请求权。[⑪] 补偿请求权具有正当性，这是因为，商事代理人参与了对在经济上具有高价值的固定客户的获得和维护，却无法通过支付佣金的方式获得对价给付。[⑫] 补偿请求权基于以下积极和消极要件产生，这些要件因其自身的不确定性而经常在当事人之间造成巨大的争议[⑬]：

• 首先，**商事代理人合同必须已经终止**。在此，终止的原因（期间经过、通知终止、解除条件的实现、死亡）和终止的时间[⑭]原则上并不重要（但是还应参见

---

① BGHZ 112，218；详见 *Canaris*，§ 15 Rn. 41 ff.。

② 对此也见 *BGH* NJW 2016，401 ff.；*BGH* NJW 2013，2027 ff.；*Dück*，NJW 2016，368 ff.。

③ *BGH* WM 2013，2163 ff.。

④ *BGH* NJW 2014，381.

⑤ *BGH* NJW 2011，3361 ff.。

⑥ *BGH* NJW-RR 2003，981 ff.。

⑦ *OLG Hamm* NJW-RR 2004，1554.

⑧ 对此详见 *Budde / Gruppe*，ZVertriebsR 2014，71 ff.。

⑨ *BGH* BB 2001，645，646.

⑩ *Pauly*，MDR 2013，694 ff.；一般性的关于补偿请求权的计算见：*Penners*，Die Bemessung des Ausgleichsanspruchs im Handelsvertreter- und Franchiserecht，2014.

⑪ 鉴于 Art. 17 RL 86/653/EWG 规定在补偿请求权和损害赔偿请求权之间可以选择，对补偿请求权无法覆盖的损失的补充性赔偿成为可能，见 *EuGH* Rs. C-338/14 EuZW 2016，221—Quenon K；dazu *Emde*，EuZW 2016，218 ff.。

⑫ *Christoph*，NJW 2010，647.

⑬ 详见 *Tscherwinka*，JuS 1991，110，115；亦见本章边码 16。

⑭ 关于在试用期终结时补偿的正当性见 *EuGH* Rs. C-645/16 EuZW 2018，829—CMR.

《商法典》第 89b 条第 3 款的请求权排除之事实构成）。通说认为，即便商事代理人合同无效或者被溯及既往地撤销，该项请求权依然产生。[1]

• 其次，仅当企业主即便在商事代理人关系终止后继续从与商事代理人**获得的新客户**形成的业务关系（《商法典》第 89b 条第 1 款第 1 句，即新获固定客户）或者从商事代理人**实质性地扩展老客户**的业务关系（《商法典》第 89b 条第 1 款第 2 句，即提升老客户）中获得**显著的利益**（订立其他交易的机会，企业价值的提升）时，才可以主张补偿。[2] 上述情形仅存在于固定客户。对此的争议是，一次性订立的一项延续至商事代理人关系终止后的继续性债务关系是否可以导致补偿请求权的产生[3]，抑或企业主获得的利益是否与应为该项交易支付的佣金相匹配。[4] 当商事代理人的参与和固定客户关系的建立存在因果关系时，商事代理人获得了一个新的客户。在此，扩大同类商品或服务的品种不属于获得新客户。与此相反，当向已存客户销售其他的商品或服务与商事代理人在建立"特殊业务关系"上作出的特别的媒介努力和销售策略存在因果关系时，属于获得新客户（而不是对老客户关系的重大扩展）。[5] 共同导致的对与老客户之间的业务关系的实质性扩展既可以体现在量上（同类的商品或服务），也可以体现在质上（其他商品或服务）。尚未被澄清的是，销售额提高 50％[6]抑或至少 100％[7]始构成实质性扩展。

• 再次，仅当支付补偿在考虑到所有的情况特别是考虑到商事代理人在与相关客户的交易中丧失的佣金符合**衡平**（**Billigkeit**）时，才成立补偿请求权（《商法典》第 89b 条第 1 款第 1 句第 2 项）。因此，不同于 2009 年重述该条文之前的法律状况[8]，假定丧失媒介佣金和订约佣金（不包括管理佣金、代收佣金和保付佣金）不再属于补偿请求权的特别前提要件，而仅仅是在以衡平为准绳的整体衡量框架中的一个非常重要的角度。因此，对商事代理人有利的补偿请求权在个案中会超过因合同终止而产生的佣金损失。[9][10] 衡平审查的其他角度还包括例如商事代理人参与的程度（关于企业主商品和服务的引力效应也见本章边码 16）、商事代理人的经营支出和商事代理人合同终止后开始从事的业务竞争。[11] 然而，需要考虑的只限于合同

---

[1]　*BGH* NJW 1997, 655；BGHZ 129, 290；*K. Schmidt*, Handelsrecht, § 27 Rn. 74.

[2]　详见 *Gräfe/Boerner*, ZVertriebsR 2017, 282 ff.。

[3]　例如见 *Thume*, BB 2015, 387 ff.。

[4]　例如见 *Gräfe/Boerner*, ZVertriebsR 2017, 282, 285。

[5]　*EuGH* Rs. C-315/14, NJW 2016, 2244—Marchon；BGHZ 212, 201, 204 ff.

[6]　例如一个符合指令的解释，*OLG Celle* ZVertriebsR 2017, 230, 232。

[7]　例如在 86/653/EWG 指令生效之前 *BGH* NJW 1971, 1611 和之后 OLGR Hamm 1993, 78。

[8]　与《欧共体 86/653 号商事代理人指令》第 17 条第 2 款第 a 项相悖，*EuGH* Rs. C-348/07 EuZW 2009, 304 ff. —Turgay Semen/Deutsche Tamoil GmbH；详见 *Steinhauer*, EuZW 2009, 887 ff.；*Thume*, BB 2009, 2490 ff.

[9]　关于根据《民事诉讼法》第 287 条第 2 款通过抽样确定可能的佣金损失见 *BGH* NJW 1985, 860。

[10]　参见 BT-Drs. 16/13672, S. 22。

[11]　*OLG Rostock* NJW-RR 2009, 1631.

相关的情况，因此当事人的个人情况（例如商事代理人的年龄、需求，企业主的财产状况）原则上不重要。[1]

- 根据《商法典》第 89b 条第 3 款，当商事代理人无故终止（该条第 1 项）、因商事代理人的过错行为而直接导致企业主以重大事由终止（该条第 2 项）[2]，或者企业主与商事代理人约定的第三人替代商事代理人加入与企业主的商事代理人关系（该条第 3 项）时，**不存在补偿请求权**。《商法典》第 89b 条第 3 款的除外事由是终局性的，并且应当作狭义解释。[3] 此外，商事代理人的补偿请求权也可能会失效（Verwirkung）。[4] 虽然一些情况不会导致请求权被排除，但是也会在衡平审查时被作为减少请求权的考量因素。例如，根据惯常的司法判决，与《民法典》第 278 条相反并且不同于《商法典》第 89a 条第 2 款，在《商法典》第 89b 条第 3 款第 2 项的情形下仅考虑商事代理人自己的过错。[5] 但是，在从衡平的角度整体考量补偿（《商法典》第 89b 条第 1 款第 1 句第 2 项）时，辅助人的过错行为和过错行为的可归责性在特定情形下应当被作为不利于商事代理人的考量因素。[6] 不属于通知终止的其他情形导致的商事代理人关系终止归责于商事代理人的情形（例如醉驾或者自杀导致的死亡），同样也被纳入衡平审查。[7]

- 最后，补偿请求权应当在合同关系终止后**一年的除斥期间**内提起（《商法典》第 89b 条第 4 款第 2 句）。在这一仅可依合同延长的期限经过时，补偿请求权依法消灭。此外，该补偿请求权还适用被作为抗辩权提出的 3 年普通诉讼时效。[8]

- **补偿请求权的数额**受到两方面的限制：一方面，补偿请求权不能超过企业主的后合同收益（《商法典》第 89b 条第 1 款第 1 句"以此为限"）；另一方面，补偿请求权不能超过过去 5 年（合同存续期间较短的，按相应较短的期间计算）获得的平均年佣金（《商法典》第 89b 条第 2 款）。补偿请求权**不得被预先排除**，或者被以不利于商事代理人的方式调整（《商法典》第 89b 条第 4 款第 1 句）。[9] 仅在为避免给企业主造成双重负担时可以约定，对不得被排除的补偿请求权的主张将导致排除其他可以被排除的请求权，例如由企业主资助的特别养老给付。[10] 此外，原则上合法并且在实践中常见的是，企业主负担的补偿支付最终由继任商事代理人以分期支

① Ba/Ho/*Hopt*，§89b Rn. 25.
② 对此见 *EuGH* NJWRR 2011, 255 ff. 和 *Guski*，GPR 2009, 286 ff.；亦参见 *BGH* NJW-RR 2011, 614.
③ BGHZ 45, 385, 387.
④ *OLG Köln*, Beschluss vom 8. 11. 2012—19 U 126/12.
⑤ *BGH* NJW 2007, 3068f.
⑥ BGHZ 29, 275, 280.
⑦ BGHZ 41, 129；BGHZ 45, 385.
⑧ Ba/Ho/*Hopt*，§89b Rn. 77.
⑨ OLG München NJW-RR 2005, 1062；也参见 BGH NJW 1996, 2867, 2868.
⑩ 参见 BGH NJW-RR 2017, 229。

付任职费的方式承担。①

（二）商事居间人

1. 概念和区分

根据《商法典》第93条第1款的立法定义，商事居间人是无须他人的持续委托而职业性地为他人提供订立商事交易中的动产合同的媒介之人。据此，商事居间人的概念窄于民事居间人的概念：

- 首先，商事居间人的行为以其具有的职业性为特征（对此见第二章边码5以下）。间或居间人不论其行为客体为何都属于民事居间人（《民法典》第652条以下）。

- 其次，商事居间人提供的合同**媒介**服务应当对第三人订约意愿产生积极影响，因此商事居间人比只需报告订约机会的民事报告居间人（Nachweismakler）提供的媒介服务多，比应当以他人名义亲自订立合同的订约商事代理人（Abschluss-vertreter）提供的服务少。然而，商事居间人也可以亲自订立由其媒介的合同，只要其对此获得特别授权。②

- 最后，商事居间人合同的客体只限于**商事交易中的动产**。《商法典》第93条第1款非终局性地列举了货物、有价证券、保险、货物运输和船舶租赁。因此，不动产居间人（《商法典》第93条第2款）、企业居间人（通说，这是因为整体的企业以及非证书化的企业份额不能被"交易"）和婚姻居间人（《民法典》第656条）只是民事居间人。商事居间人的行为扩及不属于商事交易中的动产的，同时也构成民事居间人。

> **示例**：船舶居间人 Schmidt 提供除船舶租赁合同媒介之外的港口土地合同媒介。针对租赁合同媒介适用《商法典》第93条以下，针对土地合同媒介适用《民法典》第652条以下。

- 不同于商事代理人，商事居间人并不承担持续为企业主行为的义务。③ 从合同来看，商事居间人作为"即时媒介人"隶属于特定的交易，其无论如何也不会被持续地捆绑于委托人的分销体系。然而，这并不能排除商事居间人持续地维护与某个交易伙伴的关系。商事居间人的委托人可以是任何人，因此不仅仅包括企业主或商人。④

举例：保险居间人、金融居间人、船舶居间人。

> **要点**：商事居间人无须他人的持续委托而职业性地为他人提供订立商事交易中的动产合同的媒介（《商法典》第93条第1款）。

---

① 详见 *Westphal*，MDR 2005，421 ff.。

② 参见 *K. Schmidt*，Handelsrecht，§26 Rn. 6 f.。

③ 关于个案中的区分标准见 *OLG Düsseldorf*，IHR 2013，36 ff.。

④ 参见 *K. Schmidt*，Handelsrecht，§26 Rn. 6 f.。

商事居间人和民事居间人一样，当其营业需要一个商人构造或者已经在商事登记簿登记时，属于商人。根据《商法典》第 93 条第 3 款的规定，《商法典》第 93 条及以下条文也适用于小型营业商事居间人。此外，当欠缺商人身份时，特定情形下还可能类推适用商法规则，这是因为，例如与《商法典》第 407 条第 3 款第 2 句不同，《商法典》第 93 条第 3 款未参引《商法典》第 343 条以下。[1]

2. 商事居间人法律关系

11　　居间合同无须书面形式，并且也可以根据《商法典》第 362 条通过对要约的沉默订立（对此见第九章边码 16）。在优先适用《商法典》第 93 条以下的特别法规则外，也适用《民法典》第 652 条以下的一般法规则。除非合同中存在其他约定，否则商事居间人没有义务行为。[2] 诚信的商事居间人应当保护双方当事人的利益（《商法典》第 98 条）。因此，在没有特别的约定时，只要商事居间人证明其行为至少共同促成了合同的订立（《民法典》第 652 条第 1 款），其即便是在单方委托时（通说）也可以要求每一方当事人各支付一半佣金（《商法典》第 99 条）。即便有效订立的合同未获履行[3]或被溯及地清算[4]，佣金请求权也成立。仅当存在特别约定时，商事居间人才享有费用支出补偿请求权（《民法典》第 652 条第 2 款）。

（三）行纪人

12　　根据《商法典》第 383 条、第 406 条，行纪人是以自己的名义为他人的利益订立交易的营业经营者。关于行纪法的进一步解读见本书第十一章。

举例：二手车买卖、有价证券交易和艺术品交易中的行纪。

（四）承运人、货运代理人和仓库营业人

13　　根据《商法典》第 407 条，承运人是在陆上、空中或内河运输货物的营业经营者。根据《商法典》第 453 条第 1 款，货运代理人是以自己名义或他人名义（《商法典》第 454 条第 3 款）与第三人订立合同并负责运输货物的营业经营者。根据《商法典》第 467 条，仓库营业人是以仓储和保管货物为主义务之营业经营者。关于货运、货运代理和仓储行为的进一步解读见本书第十二章。

（五）其他独立的辅助人

针对下列独立的辅助人并不存在独立的商法规则，他们更多地属于**混合形式**，并在个案中可以类推适用商事代理人之法。

---

[1] 参见 KKRM/*Roth*，§ 93 Rn. 7。
[2] 参见 Ba/Ho/*Roth*，§ 93 Rn. 23 ff。
[3] *BGH* NJW 1986, 1165, 1166.
[4] *BGH* NJW-RR 1993, 248, 249.

1. 行纪代理商

行纪代理商是独立的营业经营者，其被持续地委托以自己的名义为其他企业主   14
的利益购进和卖出货物。① 因此，行纪代理商在内部关系中融合了商事代理人身份
的要素（例如《商法典》第 89、89a、89b、90、90a 条类推适用于行纪代理协议）
和在外部关系中混合了行纪人身份的要素（依据行纪法开展业务）。

> **示例：**面点师 Breit 在他的面包房根据 Rösters Roth 的定价出售后者全部的咖
> 啡产品，并因此获得佣金。虽然，Breit 无法取得 Roth 交付的货物的所有权，但
> 是有权出售这些货物。剩余的存货将由 Roth 取回。通过准用《商法典》第 89b
> 条，Breit 同样享有补偿请求权，这是因为根据《商法典》第 384 条第 2 款，他在
> 合同关系终止时应当向 Rösters Roth 移交其获得的固定客户。②

2. 协议经销商

协议经销商与**独立经销商（Eigenhändler）**一样，以自己的名义为自己的利益   15
买进和卖出货物，但是又因一个长期的框架协议如同商事代理人一样被并入生产商
或供货商的分销和营销体系。

协议经销合同是一种类似于商事代理人合同的事务处理合同，在其框架内可以
订立多份独立的关于供应约定货物的买卖合同。因此，当经销商—供应商关系不仅
限于购买人—出卖人关系以及经销商在很大的范围内应当完成商事代理人有义务完
成的任务时，通说支持协议经销合同类推适用《商法典》第 86、86a、89、89a、
89b、90 条。③ 针对自 1982 年起在一贯的司法判决④中类推适用《商法典》第 89b
条的补偿请求权，在《欧共体 1400/2002 号条例》（现为《欧盟 461/2010 号条
例》）生效后，汽车协议经销商产生如下疑问，即类推的前提要件在此领域内是否
还能成立。产生这一疑问的原因是，如今在垄断法上，汽车协议经销商不能再如同
商事代理人一样被并入分销机构。⑤

> **示例：**Herbert Schmidt 自"东德转型"以来在莱比锡地区担任雷诺牌汽车的
> 经销商，他完全按照雷诺的利益和方针在当地市场上利用自己的销售机构订立合
> 同。特别是他在面对客户时通过使用品牌图案使客户总是能够辨认他是雷诺的经
> 销商，他不得销售第三方产品，每年应提交一份最低销售声明，以及向他供应的
> 汽车原则上只能以建议的标价出售。在出售的新车上牌后，Schmidt 应当将购车人

---

① 对此见印刷机批发商的例子 *Hopt*，FS Hadding，2004，443 ff.。
② 参见 *BGH* NJW 2017，475，477 ff.。
③ *BGH* NJW 2011，848；*K. Schmidt*，Handelsrecht，§ 28 Rn. 42 ff.；特别是通知终止见 *Schwytz*，BB 1997，
2385 ff.。
④ *BGH* BB 2010，386；*BGH* NJW-RR 2004，898。
⑤ 详见 *Siegert*，NJW 2007，188 ff.；*M. Lorenz*，Der Ausgleichsanspruch des Kfz-Vertragshändlers gemäß § 89b
HGB analog，2009。

的个人数据为"统计和规划"的目的发送给雷诺。在 2012 年到 2018 年间，Schmidt 平均每年的销售收入为 50 万欧元。在 2018 年年初，Schmidt 通知到 2018 年 12 月 31 日终止经销商合同，这是因为他无法容忍因雷诺与莱比锡地区另一家经销商的合作而遭受的重大销售损失，并且他计划以后为另一个汽车品牌工作。2019 年 7 月，Schmidt 要求雷诺为他建立的固定客户群支付 13 万欧元的补偿。

可能的请求权基础只有《商法典》第 89b 条。然而，这一条文仅可直接适用于商事代理人。Schmidt 不是《商法典》第 84 条第 1 款第 1 句意义上的商事代理人，这是因为他作为协议经销商以自己的名义向他的客户出售汽车。Schmidt 主要通过使用商标符号以雷诺经销商的形象出现，这一事实并不能导致产生如下观点，即他以雷诺的名义订立买卖合同并且合同对雷诺产生效力。客户的合同相对方只是 Schmidt。然而，有疑问的是，是否可以为了协议经销商的利益类推适用《商法典》第 89b 条的补偿请求权。[1] 司法判决[2]在经历最初的迟疑后，支持在下列情形中对**《商法典》第 89b 条的类推适用**，经销商和他的供应商之间的法律关系不限于购买人—出卖人关系，并且经销商因框架合同被并入供应商的分销机构，以至于经销商应当完成经济上与商事代理人的任务非常类似的任务。[3] 除此之外，必要的是，经销商在合同关系终止时负有将全部的固定客户群转移给他的供应商供其能够即刻利用的义务。[4]

在此，Schmidt 如同一个商事代理人一样被并入了雷诺的分销组织（以雷诺经销商的身份行为、利益维护、最低销售额声明、不经营第三方产品）。此外，因顾客的个人数据被发送给雷诺，雷诺可以随时利用 Schmidt 在莱比锡地区建立的客户群。不必要的是，这一利用可能性不是直到合同终止后，例如通过发送客户档案时才产生而是在合同存续期间已经存在。[5] 同样无关紧要的是，雷诺是否事实上利用了这些客户数据。[6]

《商法典》第 89b 条第 1 款——在协议经销商合同中亦不可被预先排除[7]——的**事实构成要件**已经得到满足：合同关系因符合期限的通知而于 2018 年 12 月 31 日终止（《商法典》第 89 条第 1 款）。鉴于平均 40% 的汽车客户忠诚度，雷诺在合同关系终止后仍然可以从 Schmidt 建立的固定客户群（《商法典》第 89b 条第 1 款意义上的"新"客户，也包括重新建立"特别业务关系"的旧客户；此外，依据《商法典》第 89b 条第 1 款第 2 句扩展类客户也被视为上述新客户；代理人行为构

① 详见 *Niebling*，BB 1997，2388 ff.。
② 主要见 *BGH* NJW 1982，2819 f.；*BGH* BB 2016，845。
③ 对此的批评见 *Fröhlich*，ZVertriebsR 2015，280 ff.。
④ 参见 *BGH* ZIP 1994，126，126；*BGH* NJW 2015，1300，1301。
⑤ *BGH* NJW-RR 1994，99，100.
⑥ 参见 *BGH* NJW 1983，2877，2879。
⑦ 关于《商法典》第 89b 条第 4 款第 1 句的可类推适用性见 *BGH* NJW 2016，1885。

成共同原因即可；详见本章边码 9）获得重大利益。与之相反，Schmidt 因通知终止协议经销商合同而丧失相应的佣金（依据《民事诉讼法》第 287 条第 2 款进行估值）。该请求权已经被及时提出（《商法典》第 89b 条第 4 款第 2 句）。然而，有疑问的是，根据《商法典》第 89b 条第 3 款第 1 句，补偿支付是否因 Schmidt 的通知终止而被排除。鉴于补偿支付的例外属性和报酬功能，应当以《基本法》第 12 条第 2 款（职业自由）和《欧共体 86/653 号商事代理人指令》第 18 条 b 项为基础对这一条文进行狭义解释[1]。因此，从上述案例可以得出，雷诺造成的致使销售额下降的竞争局面使 Schmidt 获得了一项正当的通知终止的动机。[2] Schmidt 最终终止合同关系的事实，同样会在**衡平审查**（《商法典》第 89b 条第 1 款第 1 句第 2 项）的框架中被考量，例如有利于 Schmidt 的雷诺品牌引力效应，或者 Schmidt 将他的一部分客户带入新的协议经销商关系。[3] 只要人们认为，至少约 10％ 的客户是通过 Schmidt 的个人努力获得的，那么 13 万欧元的支付在考量之后的贴现、节省的媒介费用和订约费用，特别是节省的经营费用[4]是合理且正当的。[5]

3. 特许经营商

特许经营商作为独立的营业经营者，利用特许权人的成果、产品理念以及分销和营销体系（商标形象、符号、商品标志、装潢等），以自己的名义为自己的利益提供成果和/或服务。

> **示例：**Rasch 先生打算独立经营，他与 Mcfix 有限责任公司订立一份合同。根据这份合同，他应当使用连锁标志 Mcfix 以及属于该标志的符号、预设的内部装潢，并且只使用 Mcfix 的菜单和酒水单经营他的快餐店。在此，属于企业经营行为（第五章边码 2）的餐饮合同在 Rasch 和顾客之间订立，尽管顾客认为他们与 McFix 订立了合同。同样地，特许经营人使用特许权人的符号和商号的组成部分并不能产生足够强的相反的权利外观，关于特许权人可能由特许经营人代理的权利外观。[6]

特许经营不是一个法律概念，因此其存在不同的表现形式[7]，且无法与商事代理人关系、协议经销商关系或行纪代理商关系清晰地区分。在销售媒介—特许经营（也称从属特许经营）中，特许合同与上述合同类型相比，以其具有的特许合同要

---

[1]　参见 *BVerfG* NJW 1996，381 und *Noetzel*，DB 1993，1557。

[2]　详见 Ba/Ho/*Hopt*，§ 89b Rn. 52 ff.。

[3]　参见 *BGH* NJW 1982，2819，2820 以及 *BGH* NJW 1995，1958。

[4]　参见 BGHZ 29，83，93。

[5]　关于计算的详细内容参见 Ba/Ho/*Hopt*，§ 89b Rn. 45 ff.；关于"慕尼黑公式"见 *Kainz/Lieber/Puszkajler*，BB 1999，434 ff. 以及批评见 *Reufels/Lorenz*，BB 2000，1586 ff.。

[6]　*BGH* NJW 2008，1214，1215.

[7]　详见 *Martinek*，Franchising，1987，S. 231 ff.

素和特许经营权人拥有的有时为了统一市场形象而范围非常广的影响为特征，这一影响使特许经营人非常类似于非独立的分店负责人。[1]

> **两则示例：** 在与 Mcfix 有限责任公司订立合同后，Rasch 应当按照经营手册中详细载明的 McFix 体系原则经营他的快餐店。据此，他还有义务按照 McFix 预定的价格提供 200 克的煎牛排，并且以特定的方法烹调。根据德国联邦法院的观点，Rasch 属于商人。[2]
>
> Kühl 因其与 Eisbär 有限责任公司订立的框架合同负有义务，按照当时有效的价目表和格式条款购进 Eisbär 有限责任公司的冷冻食品，并严格按照 Eisbär 销售体系身着由 Eisbär 有限责任公司提供的工作服在合同区域内直接上门销售。由此，Kühl 的工作时间被完全占用。根据德国联邦法院的观点，Kühl 因其对 Eisbär 有限责任公司具有经济上的依附性以及相应的保护需求而应当至少被视为类雇员。[3]

上文关于协议经销商的内容（参见本章边码 15 以下）也准用于商事代理人。[4]

第二十三节　本章复习

一、本章总结

　　□**商人的辅助人**主要通过从事思想智力上的工作从商人的角度辅助商人经营其商事营业。

　　□**行为辅助人**和**帮手**是商人的雇员，对他们除适用《商法典》第 59 条以下的特别法外，还适用一般劳动法。

　　□**商事代理人**（《商法典》第 84 条以下）、**商事居间人**（《商法典》第 93 条以下）、**行纪人**（《商法典》第 383 条以下）、**行纪代理商**、**协议经销商**和**特许经营商**都属于独立的营业经营者，并在符合《商法典》第 1～6 条的前提下也都是商人。他们实质上自由地安排工作（《商法典》第 84 条第 1 款第 2 句），并且在一个因商法上的特别规范而导致内容各异的《民法典》第 675 条的事务处理合同的框架下为商人行为。

---

[1]　其中的问题详见 *Horn/Henssler*，ZIP 1998，589 ff.；vgl. auch bereits Kap. 2 Rn. 6。

[2]　参见 *BGH* NJW 1985，1894 f.。

[3]　*BGH* NJW 1999，218，220.

[4]　例如，参见《商法典》第 89 条的类推适用，*BGH* NJW-RR 2002，1554 ff.；然而反对《商法典》第 89b 条类推适用于主要从事匿名的大众业务的特许经营合同，具体的例子如德国 930 家连锁手工面包店中的两家面包店的经营者，*BGH* NJW 2015，945。

	行为辅助人	商事代理人	协议经销商	行纪人	商事居间人
法律规则	《商法典》第59条以下	《商法典》第84条以下	《商法典》第86、86a、89、89a、89b、90条	《商法典》第383条以下	《商法典》第93条以下
身份	非独立的雇员	独立的营业经营者	独立的营业经营者	独立的营业经营者	独立的营业经营者
工作	持续地为雇主	持续地为一个或多个企业	持续地在供应商的销售体系内	不是固定为一个，但是原则上具有职业性	不是固定为一个，但是具有职业性
行为	他人的名义	他人的名义	自己的名义	自己的名义	为了双方当事人的利益
所为利益	他人利益	他人利益	自己利益	他人利益	对当事人产生合同效力
合同类型	服务合同	事务处理	事务处理	事务处理	居间合同
最重要的义务	提供商人类型的服务	努力缔结或媒介交易	努力缔结自己的交易	为了委托人的利益实施行纪行为	努力媒介交易，原则上无行为义务
最重要的权利	报酬请求权、照管请求权等	佣金请求权、补偿请求权	分销时的支持请求权	佣金请求权	对合同双方当事人享有佣金请求权

二、测试题

1. Haller 被 Klotz 委任为"商事代理人"和"总商事代理人"。Haller 实质上可以自由地安排其工作内容和工作时间。然而，Haller 应当定期拜访他所在区域的客户，并向 Klotz 报告。除佣金外，Haller 还从 Klotz 那里获得养车津贴。Kltoz 的支付构成了 Haller 收入的主要部分，Haller 超过 90％的时间为 Klotz 工作。Haller 是商事代理人还是行为辅助人？

2. Habig 作为商事代理人只为 X 有限责任公司行为（专属商事代理人），为此他在过去 6 个月平均每月获得 900 欧元的报酬。H 应当在哪个法院提起诉讼追索尚未支付的佣金？

3. 商事居间人和民事居间人的区别是什么？

4. 哪些民法规范适用于较大规模的不动产居间人的工作？

5. 为什么行纪代理融合了商事代理和行纪的要素？

第七章 ◀
商人的代理

Literatur: *Beck*, Zur Funktionsweise der Prokura als handelsrechtlicher Vollmacht, Jura 2016, 969 ff.; *Bork*, Notiz zur Dogmatik des § 54 HGB, JA 1990, 249 ff.; *Drexl/ Mentzel*, Handelsrechtliche Besonderheiten der Stellvertretung, Jura 2002, 289 ff. und 375 ff.; *Häublein*, Die Ladenvollmacht, JuS 1999, 624 ff.; *Hofmann/Fladung/Ghemen*, Der Prokurist, 8. Aufl., 2007; *Th. Honsell*, Die Besonderheiten der handelsrechtlichen Stellvertretung, JA 1984, 17 ff.; *Köhl*, Der Prokurist in der unechten Gesamtvertretung, NZG 2005, 197 ff.; *Krebs*, Ungeschriebene Prinzipien der handelsrechtlichen Stellvertretung als Schranken der Rechtsfortbildung—speziell für Gesamtvertretungsmacht und Generalvollmacht, ZHR 159 (1995), 635 ff.; *Merkt*, Die dogmatische Zuordnung der Duldungsvollmacht zwischen Rechtsgeschäft und Rechtsscheinstatbestand, AcP 2004, 638 ff.; *Möller*, Der Franchisevertrag im Bürgerlichen Recht, AcP 203 (2003), 319 ff.; *Müller*, Prokura und Handlungsvollmacht, JuS 1998, 1000 ff.; *Petersen*, Bestand und Umfang der Vertretungsmacht, Jura 2004, 310 ff.; *Schroeder/Oppermann*, Die Eintragungsfähigkeit der kaufmännischen Generalvollmacht in das Handelsregister, JZ 2007, 176 ff.; *Grooterhorst*, Vollmachten im Unternehmen—Handlungsvollmacht—Prokura— Generalvollmacht, 6. Aufl., 2014; *H. P. Westermann*, Mißbrauch der Vertretungsmacht, JA 1981, 521 ff.

第二十四节 概 述

根据民法规定，非商人可以通过单方法律行为自由个性化地设定代理权的权 1
限。根据**《民法典》第164条**，仅当代理人在具体的代理权限内行为或被代理人追
认代理人作出的（双方）法律行为时，该法律行为对被代理人始生效力。在民法
上，交易相对方对代理人代理权的信赖仅在法律规定（《民法典》第170～173条）
以及法官法承认的容忍代理权和表象代理权等例外情形中获得保护。[①]

鉴于商事交易对法律确定性和交易快捷性的需求（参见第一章边码6），有必要
在商事交易中提供**更强的交易保护**，特别因为意定代理在商事交易中比在其他私法
领域被更加广泛地应用。因此，商法产生了三种意定代理形式，且为了保护第三
人，它们的权限主要由制定法确定。

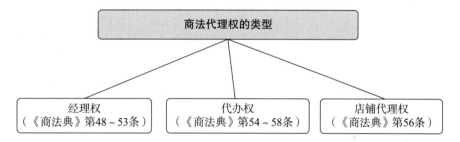

这些代理权权限的标准化也使商人自身受益，这是因为如此将减少商人的交易
相对方不胜其烦地询问核实代理关系，并且因此促进了劳动分工。

第二十五节 经理权

一、经理权的本质

经理权被规定于《商法典》第48～53条，是《民法典》第166条第2款意义上 2
的**代理权的一种特殊形式**。因此，《民法典》第164条以下补充适用于经理权。然而，
为了更好地满足商事交易的特殊需求，一般代理法亦在诸多方面被改变或补充。

---

① 详见 MüKoBGB/*Schubert*，8. Aufl.，2018，§ 167 Rn. 89 ff.。

在经理权上，德国代理法特有的对**内部关系与外部关系**的区分更加显著。首先，作为意定代理权的经理权对外在成立上不依赖基础性的内部法律关系（劳务合同、委托、合伙关系、夫妻关系）。只有经理权的消灭可以适用内部关系规则（参见《民法典》第 168 条第 1 句；本章边码 18）。

其次，为了保护交易而被标准化的经理权权限（《商法典》第 49 条和第 50 条；详见本章边码 10 以下）会导致外部关系中的制定法权能与内部关系中的合同授权之间存在较大的差异。当存在内部的代理权限制时，会产生重大的**滥用风险**。

> **示例：** 商人 Klotz 授予 Pfeiffer 一项在 5 万欧元范围内订立合同的经理权。Pfeiffer 与供应商 Läufer 订立了一份买受价格为 6 万欧元的买卖合同。这一在数额上对经理权作出的限制对外不生效力（《商法典》第 50 条第 1 款），因此 Klotz 有义务向 Läufer 支付买受价款。然而，若 Klotz 因合同订立遭受财产损失，则根据《民法典》第 280 条第 1 款结合第 241 条第 2 款，可以向 Pfeiffer 追偿。

二、授予经理权的前提要件

3　　（1）经理权只能由**商人**授予。这里的商人当然也包括《商法典》第 6 条第 1 款规定的商事组织以及合作社（参见《合作社法》第 42 条第 1 款）。非商人授予经理权的，应当总是首先审查，非商人是否因授予经理权而导致商人身份外观的产生（对此见第二章边码 36 以下）并因此应当恪守外观上有效的经理权授予。最终，对于一项既非由商人也非由表见商人授予的经理权，最终可以视情形解释为一般的意定代理（权）（《民法典》第 140 条）。同样地，在商人丧失其商人身份时，其之前有效授予的经理权可以保留转化为《民法典》上的意定代理（权）。

4　　（2）原则上，必须由商人**亲自**授予经理权（《商法典》第 48 条第 1 款）。仅当涉及商事组织或限制行为能力的营业主时，由其机关代理人或法定代理人授予经理权。未成年人的法定代理人授予经理权需经家事法院的批准（《民法典》第 1643 条第 1 款、第 1822 条第 11 项、第 1831 条和第 1915 条）。因此，不得通过意定代理人授予经理权，同样也不得授予复经理权。

5　　（3）经理权必须通过一个**明示的**需受领的意思表示授予（《商法典》第 48 条第 1 款）。然而，明确提及经理权这个词语并非必要，只要对授予经理权无异议即可。商人授予的权限相当于或其至超越经理权（例如土地条款；对此见本章边码 11 末）并在实践中经常被称为全权代理权〔例如贝托尔德·贝茨（Berthold Beitz）曾经担任蒂森克虏伯集团的全权代理人〕的意定代理权，因此同样毫无疑问地可以适用经理权规则。[①] 这一被视为"大经理权"的全权代理权虽然与被视为"小经理权"的

[①]　然而只能类推适用的观点也见 *Canaris*，§ 12 Rn. 12。

单纯全权代办权（对此见本章边码 22 以下）的名称类似，但是不能与之混淆。

> **示例：**商人 Klotz 决定提拔员工 Probst，并表示她现在可以代理其处理全部的诉讼事务和非诉讼事务。Klotz 计划将这一决定登记于商事登记簿。

然而，不存在默示的经理权授予，也不存在容忍经理权。与此相反，在满足通常的前提要件时，可以针对特定的善意交易相对方成立表见经理权。

> **示例：**商人 Klotz 的雇员 Pfeiffer 使用经理权的缩写"ppa."签署了多份合同，Klotz 对此均予以容忍，因为他不希望失去 Pfeiffer 这名员工。容忍并不含有一个明示的需受领的意思表示。因此，仅存在因容忍而将 Pfeiffer 视为 Klotz 的代办人之可能。[①] 同样，雇员 Albrecht 效仿 Pfeiffer，并以经理的名义多次与善意的供应商 Läufer 交易。由于 Klotz 在最近一段时间不再专心经营其商事营业，故对此毫不知情。此时，根据权利外观责任原则，在这一具体情形中针对 Läufer 已经满足表见经理权的前提要件。但是，这并不会导致针对任何人都成立表见经理权，例如恶意第三人。

如同其他的意定代理权一样，经理权不仅可以如通常情形下通过向被授权人作出意思表示授予内部意定代理权产生，而且根据通说，也可以通过通知交易相对方授予（《民法典》第 167 条第 1 款第二种情形，即外部意定代理权）或者通过公告（《民法典》第 171 条第 1 款）成立。[②]

> **举例：**向全体交易伙伴发出通函、商事登记的公告

（4）经理的身份因其基础性的信赖关系而具有**高度人身属性**。因此，即便本人同意，经理权也不得转让给第三人（《商法典》第 52 条第 2 款）。只能撤回旧的经理权，并且设立新的经理权。根据一贯的理解，由于必要的信赖关系，因此经理只能由自然人担任，不能由可变更代理人的法人担任。[③]

6

（5）最后，经理与本人**不得是同一人**。这一实际上不言自明的前提要件的实践意义在于，法人或者合手共同体可否委任其股东或机关成员担任经理。通说支持不参与营业经营的股东、担任经理，反对机关代表人担任经理。[④]

7

> **要点：**经理权必须由商人亲自明示授予。

三、经理权在商事登记簿上的登记

在商事登记簿上登记所授予的经理权虽然是一项义务（《商法典》第 53 条第 1 款），但是仅产生**宣示效力**，并因此不属于生效要件。《商法典》第 53 条第 1 款文

8

[①]　参见 Ba/Ho/*Hopt*，§ 48 Rn. 3。

[②]　不同观点见 *Honsell*，JA 1984，17，18。

[③]　*KG MDR* 2002，402，402；详见 *Beck*，Jura 2016，969，972 f。

[④]　参见 Ba/Ho/*Hopt*，§ 48 Rn. 2；部分反对观点见 *K. Schmidt*，Handelsrecht，§ 16 Rn. 22 f。

义之意旨不在于经理权的授予，而在于将已经授予的经理权申请登记。申请登记与授予经理权一样，须由商人亲自或由其已委任的代理人作出。无论是独任经理还是共同经理（本章边码 13 以下）都无权申请对其经理权的登记。[①]

根据《商法典》第 53 条第 2 款，经理权的消灭同样应当被登记于商事登记簿，并且登记仅具宣示效力。这同样适用于授予经理权尚未登记的情形（详见第三章边码 12，即商事登记簿的派生性错误）。因此，善意第三人在经理权消灭被登记之前，因其对已经有效授予的经理权之存续的信赖而特别受到《商法典》第 15 条第 1 款的保护（详见第三章边码 12 以下）。除此之外，这也适用《民法典》第 170～173 条规定的一般权利外观事实构成（也见第三章边码 20）。

> **示例：** 女商人 Klöbner 博士授予她的雇员 Probst 经理权，并且进行了商事登记和公告。然而，Klöbner 在一次与 Probst 激烈的争吵后不久，便撤回了经理权。Probst 在撤回经理权登记和公告之前，与仅知道这次争吵的供应商 Läufer 订立了买卖合同。鉴于商事登记的消极公示，Klöbner 不能针对对经理权的撤回不积极知情的 Läufer（详见第三章边码 15）主张 Probst 无代理权（《商法典》第 15 条第 1 款）。本案充分展示了商事登记法上的公示保护的力度。这是因为，由于 Läufer 至少对争吵知情而具有过失，故而不能适用通过公告原则上同样成立的《民法典》第 171 条第 1 款的保护（《民法典》第 173 条结合《民法典》第 122 条第 2 款）。

除经理权的授予和消灭外，对经理权的合法限制以及存在共同经理权（《商法典》第 53 条第 1 款第 2 句）或分支经理权（《商法典》第 50 条第 3 款）都属于义务登记事项。合法的经理权扩张，如允许自我交易[②]或存在不动产条款[③]，具有登记能力。

四、有经理权的行为

9　　《商法典》第 51 条含有一项显名原则的特别规则。据此，经理应以本人的商号结合自己的名字和表明经理权的后缀（至少是以经理权 *per procura* 的缩写 "ppa."）签名，以公开其代理关系。然而，《商法典》第 51 条仅是一条管理性规范。[④] 假如经理仅以他自己的名字签名，其作出的意思表示对被代理人并非不生效力。与公司的其他任一代理人一样，经理应当注意正确地使用被代理公司的商号的法律形式后缀，否则当他因错误使用商号而可归责地导致产生独立的企业主身份或

---

① *OLG Frankfurt/M.* NZG 2005，765.
② *BayObLG* BB 1980，1487，1487.
③ *BayObLG* BB 1971，844，845.
④ Ba/Ho/*Hopt*，§ 51 Rn. 1.

者存在一个承担个人责任和无限责任的合伙人的外观时，可能会类推适用《民法典》第 179 条第 1 款的无过错的权利外观责任。[①]

五、外部关系中的经理权权限

（一）原则

《商法典》第 49 条和第 50 条强制性地规定了经理权的权限。法律明确规定经理享有非常广泛的代理权的目的是提供商法上特有的交易保护。　10

根据《商法典》第 49 条第 1 款，经理的代理权涵盖所有在**经营任一商事营业中产生**的法律行为和诉讼行为。

举例：借贷、人事调整、设立分支营业所、授予代办权、参股、赠与、起诉、法院和解、送达的签收（《民事诉讼法》第 173 条）。

不同于代办权，经理权的权限不限于本人经营的特定的商事营业或行业行为，而是一般性地涵盖所有在任何一个商事营业中可能产生的行为。

> **示例：**Klotz 经营一家古玩商事营业，他的经理 Pfeiffer 不仅可以为 Klotz 购买古画和古代家具，也可以例如购买一车法国奶酪，因为在经营奶酪批发营业中存在这样的行为。

> **要点：**经理权的权限法定，并且原则上涵盖所有在经营任何一个商事营业中产生的法律上的行为。

（二）经理权的法定限制

然而，经理权的广泛权限首先受到一定程度的法律上的限制，因此，经理从事的下列行为对本人**不产生**效力：　11

- **私人行为**，其须由本人亲自实施，例如设立遗嘱（《民法典》第 2064 条）或结婚（《民法典》第 1311 条第 1 句）。

- **营业主行为**，根据法律规定保留由商人自己实施，如年度决算的签署（《商法典》第 245 条）或经理权的授予（《商法典》第 48 条第 1 款）。

- **基础行为**，其不属于营业行为并因此不属于对商事营业的"经营"，例如商事营业的转让、出租或停业，商号的变更，商事营业的营业所以及住所的变更[②]，或者合伙人的加入。有争议的是，经营范围的改变是否属于基础行为。对此应当予以否认，这是因为，通过反复订立对于具体的商事营业而言非典型的却恰恰属于经

---

① 参见 BGHZ 64, 11；*BGH* NJW 1990, 2678, 2679；详细并且针对电子商务中的错误使用商号的限制见 *Beurskens*，NJW 2017, 1265 ff.

② 有争议，参见 *KG* NZG 2014, 150：不改变住所仅改变营业联系地址不构成基础行为。

理权权限之内的法律行为可以逐步地在事实上改变经营范围（参见本章边码 10）。但是，形式上的公司经营范围的变更只能通过股东修改公司合同或章程。

相互参照：同样地，根据《商法典》第 126 条第 1 款，机关代理权也不包括基础行为。[1]

• 对于**不动产的转让和设定负担**，经理需要特别授权（《商法典》第 49 条第 2 款）。根据通常的观点，"转让和设定负担"也包括为达成此目的而订立的负担行为，这是因为否则将导致对本人保护之目的的落空（目的性扩张）。与此相反，根据《商法典》第 49 条第 2 款的清晰文义，不动产的取得、出租或用益出租以及对已存负担的处分，例如所有权人土地债务的让与，不需要特别授权。同样，享有转让不动产等特别授权的代理人也可以由经理代理，对此无须《商法典》第 49 条第 2 款意义上的特别授权。[2] 根据通常的观点，经理也可以在取得土地时设立余款抵押或余款土地债务。这一观点源自对《商法典》第 49 条第 2 款作出的相应的目的性限缩。

示例：经理 Pfeiffer 代理商人 Klotz 以 50 万欧元的价格购买 Volz 的不动产。鉴于 Klotz 打算在过户时只支付给 Volz 25 万欧元，Pfeiffer 遂为 Klotz 设定了余款土地债务。如果单独审查 Pfeiffer 实施的每个法律行为，则可以得出这样的结论：Pfeiffer 虽然在购买和所有权转移时可以有效代理 Klotz，但是不能有效代理允诺及设立土地债务。这一形式主义可以基于经济上的整体考量通过对仅保护 Klotz 免遭财产损失的《商法典》第 49 条第 2 款进行限缩解释而予以避免。在本例中，Klotz 在经济上并不比 Pfeiffer 可能购买一块已经设有负担的土地的情形差，因此，这只是一种单纯的取得形式。

• 根据经理权规则，《商法典》第 49 条第 2 款的特别授权必须被明示地授予经理（参见本章边码 5）。这是因为，这不是一项单独的普通授权，而是对经理权的特别变更。[3] 诚然，这一特别授权也可能普遍地存在和被事前授予（附加**土地条款**的经理权）。此外，根据《民法典》第 140 条，在特定情形下，单纯的默示意思表示可以被转换为授予附加土地条款的代办权或相关的《民法典》第 166 条第 2 款意义上的意定代理权。[4]

（三）经理权的意定限制

12　　　　对经理权的意定限制原则上对第三人不生效力（《商法典》第 50 条第 1 款和第 2 款）。只有**特别形式**的经理权，即共同经理权和分支经理权，构成在功能上和事实上对代理权的合法意定限制（对此见本章边码 13 以下）。

---

[1]　Ba/Ho/*Roth*，§ 126 Rn. 3.

[2]　*LG Chemnitz* NotBZ 2008，241.

[3]　Großkomm/*Joost*，§ 49 Rn. 36；Oetker/*Schubert*，§ 49 Rn. 30.

[4]　Oetker/*Schubert*，§ 49 Rn. 30.

其他限制性约定原则上仅对经理和本人之间的内部关系具有意义。仅当经理**明显滥用代理权**时，才例外地对第三人生效。司法裁判和部分理论认为，根据文义，经理权的滥用仅存在于经理对其行为的违法性知情的情形。[①] 与此相反，通说认为，与存在单纯的意定代理权[②]或机关代理权[③]的情形相同，经理的内在看法并不重要，起决定性的只是客观的违法性和第三人的恶意。[④]

毋庸置疑的是，在特定情形中第三人主张代理权会因其恶意构成对善良风俗或诚实信用的违反（《民法典》第 138 条和第 242 条），具体包括以下情形：

- 经理和交易相对方恶意协作损害本人的利益〔**恶意串通（Kollusion）**〕；
- 交易相对方对代理权的滥用积极**知情**；
- 最后根据通说也包括对代理权的滥用重大过失不知情且滥用显著〔**显著理论（Evidenztheorie）**〕。[⑤] 通说所持观点，即单纯简单轻过失的不知情并不充分，是正确的。[⑥] 因此，必要的是存在怀疑滥用的重大事由[⑦]；否则，《商法典》第 50 条第 1 款所致力的交易保护目的极有可能落空。经理的行为明显且客观损害本人利益的，可认为交易相对方应当对滥用知情。[⑧] 信赖经理代理权的第三人例外地已经与被代理人处于合同关系中的，针对第三人的单纯轻过失行为——根据显著理论其不能阻却代理行为有效成立——存在如下疑问，即第三人是否因合同关系的轻过失损害而对被代理人负有损害赔偿义务。[⑨]

针对上述代理权滥用的**法律后果**存在争议。根据传统的观点[⑩]，经理虽然对外享有代理权，但是本人可以向主张法律行为生效以及请求履行合同的交易相对方提出背俗（《民法典》第 138 条，恶意串通的情形）[⑪]或权利滥用（《民法典》第 242 条，知情或显著的情形）之抗辩。部分学者将此抗辩视为抗辩权[⑫]，即根据《民法典》第 177 条第 1 款享有选择权的被代理人主张抗辩权时，交易相对方的请求权无法获得实现。但是，根据一般的教义，法院须依职权主动适用权利滥用以及背俗之抗辩。另外的观点认为，滥用经理权的行为等同于无权代理。据此，对经理行为的

① BGH NJW 1990, 384, 385；Canaris, § 12 Rn. 37.
② BGH NJW 1988, 3012, 3013.
③ *BGH* NJW 1988, 2241, 2243.
④ *K. Schmidt*, Handelsrecht, § 16 Rn. 73.
⑤ 仅一般性地适用于代理权滥用的情形见 BGHZ 127, 239, 241, *BGH* NJW 1999, 2883 f. 以及 BGH NJW-RR 2016, 1138 f.
⑥ 不同观点明显见 BGHZ 50, 112, 114.
⑦ 对此参见德国联邦法院的案例 *BGH* NJW 1999, 2883 f.
⑧ 关于有限责任公司的事务执行人见 *BGH* ZIP 2006, 1391.
⑨ 予以拒绝并主张此时欠缺滥用的显著性见 BGH NJW 2017, 3373 f.
⑩ 例如 BGHZ 50, 112, 114 f.
⑪ 参见 *BGH* ZIP 2014, 615。
⑫ 例如 *Löhnig*, Treuhand, S. 655。

法律后果类推适用《民法典》第 177 条以下。[1]

> **示例**（源自 BGHZ 50，112 ff.）：Klotz 委任的经理 Pfeiffer 违反明文设定的内部限制，故意为损害 Klotz 的利益签发多张汇票，汇票载明 Klotz 是出票人、付款人和承兑人。该汇票的合法持有人——不知情的，但是只要尽到在银行业务中必要的注意就无论如何都能辨识出 Pfeiffer 滥用经理权的银行家 Blank，提起诉讼，要求支付汇票所载金额。Blank 主张，Klotz 因其对 Pfeiffer 疏于监督而应当对上述滥用负责。
>
> 根据《商法典》第 50 条第 1 款，Klotz 原则上不能对 Blank 主张经理权的内部限制。然而，如果 Blank 主张 Pfeiffer 的经理权构成权利滥用，那么 Klotz 对 Pfeiffer 签发的汇票不负义务。这一假设在本案中成立，这是因为 Blank 因重大过失导致其对经理权的显著滥用不知情。同样，鉴于 Blank 的重大过失，按照《民法典》第 179 条第 3 款第 1 句的规定，也不成立针对 Pfeiffer 的请求权。然而，联邦法院基于本人（本案：Klotz）的监督过错，支持了交易相对方（本案：Blank）对本人主张的履行请求权，并且仅根据《民法典》第 254 条"按照各方存在的过错程度"裁减了请求金额。这一判决在教义上殊值质疑。这是因为，《民法典》第 254 条的适用需要存在一项 Klotz 针对 Blank 享有的在金额上可分的损害赔偿请求权。然而在本案中，Klotz 并不享有损害赔偿请求权，而仅仅是通过主张经理权的显著滥用抗辩 Blank 基于 Pfeiffer 的代理行为所主张的请求。Klotz 的监督过错更主要的是使 Blank 依据《民法典》第 280 条第 1 款结合第 311 条第 2 款第 2 项和第 241 条第 2 款享有一项独立的因 Pfeiffer 的行为产生的损害赔偿请求权（缔约过失）。Blank 的重大过失虽然不能对抗该请求权（《民法典》第 179 条第 3 款仅涉及《民法典》第 179 条第 1 款规定的代理人责任），但是必然导致在重大过失上依据《民法典》第 254 条考虑责任减免。[2]

六、经理权的特殊形式

（一）共同经理权

1. 共同经理权的概念和类型

13　　共同经理权（**《商法典》第 48 条第 2 款**）是**共同代理权**的一种特殊形式。真正完全的共同经理权，是对外只能通过多个（至少两个）经理共同实施的经理权。由此形成对经理权的功能限制，并借助该限制使经理处于相互监督之中。以共同经理权方式授予的经理权属于登记义务事项（《商法典》第 53 条第 1 款第 2 句）。

---

[1]　整体参见 *Canaris*，§ 12 Rn. 40 ff. 以及 *K. Schmidt*，Handelsrecht，§ 16 Rn. 67 ff.

[2]　详见 *Heckelmann*，JZ 1970，62 ff.

> **学习提示：** 共同经理权可以被视为在组织法中常见的共同代表权的原型（参见《商法典》第 125 条第 2 款第 1 句和《股份法》第 78 条第 2 款第 1 句）。因此，在此应当作为范例学习与共同代表权相关联的法律问题。

共同经理权不同于独任经理权，享有独任经理权的经理只需在与本人的内部关系中注意特定的同意要件。共同代理权更多地要求全体经理在外部关系中也共同行为。但是，这并不意味着，他们必须同时或以同种方式行为。

共同经理权也可以通过组合独任经理权和共同经理权的方式被"单边"授予。这导致，一方面作为独任经理的经理 1 可以单独代理商人，另一方面经理 2 代理商人需要经理 1 的协作。此外，在商事组织中也可以授予**混合型**共同经理权，在此情形下，经理应当与授予经理权的组织[①]的机关代表人（董事会、事务执行人、享有代表权的合伙人）共同行为（参见《商法典》第 125 条第 3 款和《股份法》第 78 条第 3 款）。最后，上述特殊形式的结合产生的混合单边共同经理权是合法的。在此情形下，经理受机关代表人协作的拘束，但是机关代表人可以无须经理独立行为。[②] 14

在授予混合经理权时，必须总是确保组织的机关可以无须经理的协作代表公司。[③] 否则，机关代表会受到极大的限制，这将不仅在普通商事合伙中导致与自营机关原则的冲突[④]，而且使事实上无法撤回经理权。

> **示例：** Pfeiffer 是 A&B 普通商事合伙的经理，并只能与合伙人 A 共同代理。当 Pfeiffer，而不是 A 受到另一方协作的拘束时（单边混合共同经理权），不存在问题。这同样也适用于，A 只能与另外一个合伙人 B 共同执行合伙事务的情形。这是因为，由于单边性，普通商事合伙的行为能力并未受到共同经理权的限制。[⑤]
>
> 然而，当 A 只能与 Pfeiffer 共同行为时（完全混合共同代理权）时，应当区分：如果根据合伙协议 A 和 B 享有机关上的共同代表权，并且 A 与 Pfeiffer 的共同经理权因此属于机关共同代表之外的代理扩展，那么就不应反对完全混合共同代理权，这是因为普通商事合伙依然可以无须 Pfeiffer 的协作由 A 和 B 共同代表。在 A 和 B 单独代表的情形下，只要 A 的代表受 Pfeiffer 拘束被预先规定在合伙协议中，那么完全混合共同代理权也具有可行性。与此相反，当 A 是独任合伙事务执行人时，完全混合共同代理权不合法。

不合法的是， 在经理和其他的受托人（主要是代办人）或外部第三人之间授予"共同经理权"。同样地，通说认为，经理受到作为个体商人本人的不限于内部协作

---

① 不包括第三方组织，尤其是有限责任两合公司中承担无限责任的有限责任公司股东；参见 *OLG Frankfurt/M.* NZG 2001，222。

② 对此例如见 BGHZ 62，166。

③ OLG München ZIP 2017，1855.

④ 对此见 *K. Schmidt*，Gesellschaftsrecht，§ 14 II 2。

⑤ 参见 BGHZ 99，76 ff。

的拘束，（与个体商人的"共同经理权"）违背了经理权是一项在外部关系中原则上不受限制的代理权本质。①

2. 共同经理权的法律特征

15　　共同经理权的权限依权限最大的成员的权限确定，因此，尤其在存在混合共同经理权时，共同经理权的权限会超出《商法典》第 49 条的法定权限。

> **示例：** 经理 Pfeiffer 只能与普通商事合伙的合伙人 Gerk 共同代理（《商法典》第 125 条第 3 款）。这一共同经理权的权限以《商法典》第 126 条规定的 Gerk 的代表权权限为准。因此，Pfeiffer 也可以与 Gerk 共同出售不动产。

　　存在共同经理权时，其中一个经理的意思瑕疵、知情或应当知情即满足《民法典》第 166 条第 1 款。②

16　　仅当存在授权时，共同经理权才可以由一个经理单独行使。单独行使经理权所必需之**授权**不得被一般性地授予，而只能针对某一个或某一类特定的行为授予。授权不得只由其他某个经理作出，这是因为对此他也需要其他经理的协作。因此，单独行使经理权的授权对于所涉经理而言，构成《民法典》第 181 条的自我交易行为，但是对此商人通常会默许。

　　某个共同经理单独行使经理权的法律后果见下图。③ 对此应首先区分，经理是作出意思表示（积极代理）还是受领意思表示（消极代理）：

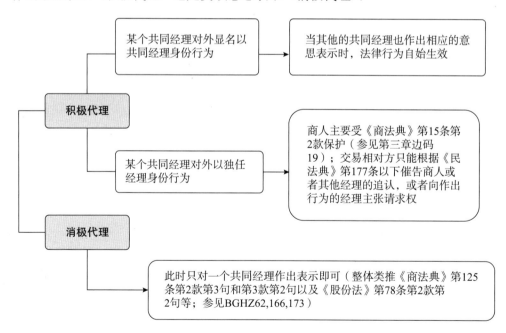

---

① 详见 *Canaris*，§ 12 Rn. 29 ff.。
② BGHZ 62，166，173.
③ 详见 *Hofmann*，F Ⅱ 1 c bb.。

（二）分支经理权

分支经理权（《商法典》第 **50** 条第 **3** 款）在客观上限于对某个拥有多个营业所　　17
的商事营业中的一个营业所的经营。对经理权作出这一意定限制的合法性前提是，
该营业所拥有自己的商号。这是因为，唯有如此，外部的交易相对方才可辨识出，
这是一个独立的营业所。经理权不仅可以只存在于分营业所，也可以被限于主营业
所。因此，严格而言，"分支经理权"的标志仅包含所有可能情形中的部分情形。
然而，"营业所"不是另外一家企业。因此，当商人同时经营多个组织上独立的商
事营业并且为每个商事营业委任一名经理时，不存在分支经理。

> **示例：** Pfeiffer 是斯图加特戴姆勒股份公司的一家商号为"汉堡梅赛德斯-奔驰
> 分公司"的汉堡分公司的经理。

七、经理权的消灭

经理权因以下情形消灭：

• **基础关系**（如雇佣合同、委托合同）因期间经过、通知终止或合同废止　　18
（《民法典》第 168 条第 1 句）**终止**；

• 经理权被**撤回**（《商法典》第 52 条第 1 款结合《民法典》第 168 条第 2 句和
第 3 句），经理权的撤回无形式要求，其既可以向经理也可以向第三人作出；撤回
权可以被随时行使，并且原则上不得被约定排除或限制；仅当非执行事务合伙人担
任经理时，将经理权的撤回限于重大事由始为可能[1]；

• 授权人**丧失商人身份**，然而此时经理权可以作为民法典上的意定代理权或者
甚至作为基于权利外观的经理权而存续（参见本章边码 3）；

• 授权人因商事营业的停业或转让**丧失营业主身份**；

• 授权人**破产**（《破产法》第 117 条）；

• **经理死亡**，这是因为经理身份具有人身性且不能被转让（《商法典》第 52 条
第 2 款）[2]；

• 经理取得商事营业或在同一商事营业中取得机关地位，这是因为**经理不得与
营业主**或营业主的机关**混同**（参见本章边码 7）。

然而，经理权**不**因授权人的死亡而消灭（《商法典》第 52 条第 3 款）。这是因
为，在继承的情形下，经理作为全面的有权代理人至少应当在继承人撤回之前的过
渡阶段继续经营商事营业。这同样也适用于组织的解散。虽然组织在解散后不再追

---

[1] 参见 BGHZ 17，392，394 f.
[2] *Canaris*，§12 Rn. 8；限制见 *Beck*，Jura 2016，969，977 f.

求其原初的目的，而是只为了其自身清算的目的，但是这并不影响它的法律人格和作为商事组织的身份。[①] 经理权在清算程序终结后始告消灭。

如上文所言，经理权的消灭属于商事登记簿的必要登记事项（《商法典》第 53 条第 2 款）。

第二十六节　代办权

一、代办权的概念

19　　　根据《商法典》第 54 条第 1 款，代办权是商人在其商事营业中授予的不属于经理权的意定代理权。据此，代办权人是任何一名可以代理商事营业参与商业交易之人，只要其代理权非基于法定、机关地位或经理权获得。代办权属于经理权与单纯的民事代理权之间的**中间形态**。

举例：不享有经理权的分支机构负责人（全权代办权）、商场中的收银员（类型代办权）、服务员（类型代办权）、委托会计在一个特定的展销会上销售货物（特别代办权）。

与普遍的观点不同，《商法典》第 54 条第 1 款同时表明，商人至少不能对外授予参与经营其商事营业的辅助人只对某一个行为享有单纯的民事代理权，否则会导致《商法典》第 49 条以下和第 54 条规定的交易保护目的的落空。[②]

代办人虽然不必须是，却通常是本人的行为辅助人（对此见第六章边码 2 以下）。根据《商法典》第 57 条，代办人应当以表明代理关系的后缀（"i. V."、"i. A."或者"per"）签名，并不得含有任何表明经理权的后缀（管理性规范）。根据法律的规定，代办权授予或消灭之事实既不属于商事登记簿的义务登记事项，也不属于有登记能力事项，仅针对全权代办权才偶尔考虑类推适用《商法典》第 53 条第 1 款和第 2 款，以防对经理权规则的规避。[③]

要点：代办权是由商人在其商事营业中授予的不属于经理权的意定代理权。

二、代办权的授予

20　　　代办权的授予只能按照《民法典》第 167、171 条的**一般规则**作出。因此，单

---

① 例如关于普通商事合伙见 *OLG München*，NZG 2011，1183。

② 支持见 MüKoHGB/*Krebs*，Vor §48 Rn. 84 ff.；反对见 *Oetker*，Handelsrecht，§5 Rn. 6。

③ 对此见 *Canaris*，§4 Rn. 11；反对见 *OLG Hamburg* OLGR Hamburg 2009，139 ff.。

方需受领的意思表示即可授予代办权，其原则上无须特定的形式并且可以向第三人作出。与经理权不同，代办权也可以默示授予或者因容忍产生（容忍代办权）。当将某一在交易中典型的具有代办权的职位以及职务交给某人时，即可成立代办权。[①]

> **示例：** 女商人 Klöbner 博士雇佣 Kaiser 先生担任她的餐馆的服务员。在此，Kaiser 先生被默示地授予了订立并履行相应的餐馆招待合同的类型代办权。但是，假如女商人 Klöbner 博士保留了例如收取债权之事项，那么仅当在女商人 Klöbner 博士多次容忍 Kaiser 收取餐费时，才可认为 Kaiser 享有代办权。

不同于经理权，法人也可以担任代办权人。[②] 虽然代办权必须由商人授予（参见《商法典》第 54 条："商事营业"；例外：《商法典》第 91 条第 1 款），但是不同于经理权，其也可以由商人委托其代理人（经理、其他代办人）代理授予，因此，也可以成立复代办权。

三、代办权的权限和类型

《商法典》第 54 条规定的代办权的权限处于经理权与民事代理之间，这构成了代办权的特征。《商法典》第 54 条第 1 款将代办权的法定权限区分为**三种典型类型**（全权代办权、类型代办权和特别代办权）。代办权的类型首先由授予代办权的商人确定。另外，《商法典》第 54 条第 1 款也规定了一条**推定规则**，根据该规则，善意的第三人在审查代办权的权限时可以认为其具有该类代办权的通常权限。最后，在个案中，代办权的权限不仅取决于由本人确定的代办权的类型，也取决于交易相对方对具体在内部约定的意定限制的知情或应当知情（《商法典》第 54 条第 3 款；参见本章边码 24）。因此，不同于经理权，《商法典》第 54 条第 1 款规定的代办权权限**不具有强制性**。[③]

《商法典》第 54 条仅含有一条对代办权权限的推定规则并因此减轻证明责任，但是该条从未规定对存在某一特定类型的代办权或存在代办权的推定。[④]

> **示例：** 投机商人 Sturm 委托他认为在 B 银行弗莱堡支行担任支行行长的银行商人 Blei 卖出有价证券（行纪合同）。B 银行在一起因合同瑕疵履行产生的法律纠纷中主张，Blei 既不是 B 银行弗莱堡支行的经理，也不是支行行长，而只是负责签署弗莱堡支行的汇兑。只要 Sturm 在此无法证明存在相反的事实，那么只能认为 Blei 享有的类型代办权不包括从事上述特定行为。当然在特定情形下，善意的 Sturm 可以通过关于容忍代理或表象代理的一般规则获得救济。

---

① *BGH* NJW 2015，2584，2588.

② 通说见 Oetker/*Schubert*，§ 54 Rn. 11；限制见 *K. Schmidt*，Handelsrecht，§ 16 Rn. 89。

③ 参见 *Bork*，JA 1990，249 ff.

④ 详见 *Canaris*，§ 13 Rn. 4 ff.

> **要点**：法律仅对三类代办权的权限作出推定。

（一）基本原则

22   下表展示了《商法典》第 54 条第 1 款推定的不同类型代办权的基本权限：

代办权的类型	权限
全权代办权	全权代办人作为"小经理"，原则上有权实施所有的在全面经营特定商事营业中惯常实施的行为（惯常的**行业普遍行为**）
类型代办权	类型代办人作为实践中最常见的代办权人类型，有权实施所有在具体商事营业的某一特定业务类型中惯常实施的法律行为（惯常的**类型典型行为**）
特别代办权	特别代办人仅有权实施所在某一**特定业务**中惯常实施的法律行为

所有类型的代办权都受到为特定的商事营业、特定的业务类型或具体的业务所实施行为的**惯常性**的限制。

> **示例**：Edel 女士是葡萄酒批发商 Groß 的采购员，并因此享有类型代办权。Edel 女士是否不仅可以采购红葡萄酒和白葡萄酒，而且可以采购含酒精的饮料、无酒精的葡萄酒或果汁，并对 Groß 产生效力。关于这一问题的答案，仅取决于至今的营业活动以及具体业务对营业活动的偏离程度。

（二）法定限制

23   类似于经理权（参见本章边码 11），代办权人无权实施商人的私人行为、自我交易行为或者基础行为。

此外，根据《**商法典**》**第 54 条第 2 款**，代办权不再涵盖以下事项：

- 土地的出售或设定负担（参见本章边码 11）；
- 借贷；
- 承担票据债务；
- 进行诉讼。

从事被《商法典》第 54 条第 2 款排除的行为时，需要特别的代理权，其亦可被默示授予。[1]

（三）意定限制

24   本人与代办人之间约定的代理权限制仅当第三人对此知情或应当知情时，才对其产生效力（《商法典》第 54 条第 3 款）。[2] 对于代办权的约定限制，第三人不负有

---

[1] Oetker/*Schubert*，§ 54 Rn. 31.

[2] 对此亦见 *BGH* NJW-RR 2002，967 f.

审查义务。[1]

> **示例：** 商人 Klotz 雇佣 Eder 先生担任采购员，但是限制他的代办权，即采购金额不得超过 50 000 欧元。若 Eder 与供应商 Läufer 为 Klotz 的商事营业订立了一份普遍常见的 100 000 欧元的采购合同，那么仅当 Läufer 对该限制既不知情也不应当知情时，Klotz 享有并承担该合同的权利和义务（参见《民法典》第 122 条第 2 款）。判断应当知情的关键在于交易相对方审查义务的范围。尽管对代办权作出金额上的限制相对普遍，但是 Läufer 因缺少具体的连结点而无须审查存在此类限制以及限制的范围。

四、特殊类型

（一）共同代办权

作为共同代理权的特殊形式，也可以授予共同代办权。授予共同代办权的，代办权人只能与其他代办权人共同行为。唯一的问题是，第三人针对这一代办权的职能限制是否享受《商法典》第 54 条第 3 款的信赖保护。[2]

25

（二）订约商事代理人

《商法典》第 **55** 条将《商法典》第 54 条的适用范围扩张适用于属于商事代理人的代办权人（《商法典》第 84 条；参见第六章边码 6 以下）或者被委托为行为辅助人（《商法典》第 59 条；参见第六章边码 2 以下）的代办权人，其在本人的营业之外以自己的名义订立交易。因此，《商法典》第 54 条不仅在商人以及（参见《商法典》第 91 条第 1 款）企业主的内部事务中，也在**外部事务**中适用于订约商事代理人（不是单纯的媒介商事代理人）。然而，与内部事务中相比，在外部事务中，代办权的权限受到特别规则（《商法典》第 55 条第 2～4 款）的进一步**限制**。

26

五、代办权的消灭

与代办权的授予类似，代办权的消灭也主要适用《民法典》第 168 条以下的**一般规则**。此外，授权人丧失商人身份构成特殊的消灭原因。与经理权不同，代办权可撤回的意定限制原则上与约定商人去世时代办权例外消灭同样可行。[3] 另外，在营业主同意时，代办权可以被转让（《商法典》第 58 条的反面推理）。这是因为不同于经理权，代办权不具有严格的人身属性。

27

---

[1]　Ba/Ho/*Hopt*，§ 54 Rn. 19.

[2]　赞同见 *Canaris*，§ 13 Rn. 10。

[3]　参见 Ba/Ho/*Hopt*，§ 54 Rn. 21。

第二十七节　通过店铺雇员的代理

一、店铺代理权的法律性质

28　　　　根据《商法典》第 56 条，店铺或开放式货物仓库中的雇员被视为有权作出在该类型的店铺或货物仓库中惯常可见的出售和受领。关于该条规范在教义学上的归属存有争议。[①] 通说认为，该条规范是一则关于**表象代理权**的特别规则。据此，《商法典》第 56 条仅适用于雇员例外地不享有《商法典》第 54 条规定的对具体业务的明示、默示或容忍代办权的情形。[②] 因此，《商法典》第 54 条包含一项关于事实上已被授予的代理权的权限之推定，与此相反，《商法典》第 56 条规定了一个关于涵盖特定内容的代理权已经被授予的**不可被推翻的推定**（有争议）。

> **示例：** Angermann 是 Klotz 的开放式家具仓库的雇员，并被 Klotz 授予出售家具的类型代办权，但是明确表明不得受领支付。在此，《商法典》第 56 条仅适用于 Angermann 受领货物或金钱的情形，而不适用于其出售家具的情形。因为家具的出售已经包含在类型代办权（《商法典》第 54 条）中，因而无须回溯适用《商法典》第 56 条。

> **考试提示：** 在案例考试中，考生在特定情形下可以通过援引《商法典》第 56 条省略所严格遵守的对店铺雇员实施的法律行为是否已经被涵盖在可以仅默示或容忍授予的代办权中的优先审查（"可以无须审查的是，Angermann 是否从 Klotz 也获得一项包含受领金钱的代办权，这是因为根据《商法典》第 56 条无论如何都应当不可推翻地推定存在相应的代理权。因为……"）。然而，上述对在逻辑上应优先解决的问题的"跳过"应当十分谨慎，这是因为一个可能恰恰想考察关于容忍代理构成要件知识点的出题者可能并不总是赞同这样的"自信"。

二、店铺代理权的前提要件

29　　　　《商法典》第 56 条首先要求雇员在一个为公众可以自由进入以及订立合同而设立的**销售场所**（店铺、仓库）中行为。雇员的概念无须严格按照劳动法解释。该条规范意义上的雇员更多的是指基于店主的**知情**和**同意**在店铺中以出售为目的**行为之**

---

① 参见 MüKoHGB/*Krebs*，§ 56 Rn. 3 ff.。
② 参见 *Canaris*，§ 14 Rn. 1 ff.；不同观点见 *K. Schmidt*，Handelsrecht，§ 16 Rn. 123。

人。因此，相关人员工作的重心是出售货物，抑或是在某一另外其他工作领域中的具体内容，无关紧要。[①]

　　举例： 纺织品售货员、帮忙的家庭成员、工厂参观后引导员在商品出售处的销售、会计在销售员下班后的销售，但是不包含包装工人或店铺清洁员的销售或受领（不属于为销售目的的雇佣）。

　　鉴于店铺代理权被视为代办权的下位概念，对《商法典》第 56 条的直接适用以本人具有商人身份为前提。但是，该条规范可被类推适用于其他企业主。

　　关于法律行为的**惯常性**，可参阅上文关于代办权的详细论述（本章边码 22）。最后的前提要件是，法律行为至少在店铺或货物仓库被实施（**地域关联**）[②] 并且交易相对方对欠缺代理权既不知情也不应当知情（**善意**）。[③]

三、店铺代理权的权限

　　店铺雇员有权出售和受领。"出售"不应被机械地理解，其也包括达成所有权让与合意、出售的媒介、订立承揽合同或定作合同以及受领瑕疵异议。"受领"主要是指支付的受领。与之相反，《商法典》第 56 条不适用于（也不能类推适用于）购买行为。[④]

30

第二十八节　本章复习

一、本章总结

	《民法典》的意定代理权	经理权	代办权	店铺代理
规则	《民法典》第 164 条以下	《商法典》第 48 条以下	《商法典》第 54 条以下	《商法典》第 56 条
本人	任何人	商人	商人	商人
代理人	任一自然人或法人	不包括法人，不是机关	任一自然人或法人	任一自然人

---

① *BGH* NJW 1975, 2191.
② 参见《商法典》第 56 条："在……中"，以及参见 RGZ 108, 48, 49。
③ 根据《民法典》第 173 条和《商法典》第 54 条第 3 款之推理；*OLG Düsseldorf* NJW-RR 2009, 1043, 1044。
④ *BGH* NJW 1988, 2109 f.；*Oetker/Schubert*，§ 56 Rn. 15。

续表

	《民法典》的意定代理权	经理权	代办权	店铺代理
授权	也可以默示或容忍授权；可以由意定代理人授权	仅可以明示授权并且仅通过本人或其法定以及机关代表人授权	也可以默示或容忍授权；可以由意定代理人授权	不属于意定授权，这是因为其是表象代理的一种形式；基于事实上的雇佣产生
转让	可以	禁止（《商法典》第 52 条第 2 款）	本人同意时可以（《商法典》第 58 条之反面推理）	事实上存在，即继受人在本人知情且同意的情形下在店铺中工作
复代理	可以（属于解释问题）	禁止	可以（属于解释问题）	仅多个人同时在本人知情且同意情形下在店铺中工作
基本权限	个体设定	强制地包含几乎所有的诉讼中和诉讼外属于经营任何一项商事营业的法律上的行为（《商法典》第 49 条第 1 款）	推定，代办权人可以实施惯常属于该类型商事营业的某一或某类特定的或者所有的法律上的行为（《商法典》第 54 条第 1 款）	店铺惯常的出售和受领（《商法典》第 56 条）
法定限制	非人身性的行为（如结婚、设立遗嘱）	非私人行为、非所有者行为以及非基础行为；不得出售土地以及不得在土地上设定负担（《商法典》第 49 条第 2 款）	非私人行为、非所有者行为以及非基础行为；不得出售土地以及不得在土地上设定负担；不得承担票据债务，不得借贷，不得从事诉讼行为（《商法典》第 54 条第 2 款）	不得购进
意定限制	个别设定	意定限制对外原则上无意义（《商法典》第 50 条第 1、2 款）；滥用限制	根据《商法典》第 54 条第 3 款可以进行个别限制，并且在第三人知情以及应当知情时有效	原则上意定限制不起作用；例外，在交易相对方知情或应当知情时有效（《民法典》第 173 条以及《商法典》第 54 条第 3 款之法律理念）
第三人保护	容忍代理权以及表象代理权	经理权权限法定（《商法典》第 50 条第 1 款）	法律推定的权限虽然可以约定变更，但是保护善意信赖（《商法典》第 54 条第 3 款）	表象代理的特别情形，其权限由《商法典》第 56 条确定

续表

	《民法典》的意定代理权	经理权	代办权	店铺代理
可撤回性	原则上可被限制	原则上不可被限制（《商法典》第 52 条第 1 款）	原则上可被限制	原则上可被限制
商事登记	无	强制登记（《商法典》第 53 条）	无	无

二、测试题

1. 经理 Pfeiffer 在德国联邦媒体舞会上寻求机会。感兴趣的女商事法官 Roth 询问他的职业，他回答到他是一名经理。但是这对于 Roth 而言仍模糊不清。为何？

2. 经理权是一种法定代理权吗？

3. 针对经理权的权限存在哪些法定限制？

4. Probst 女士作为 ABC 普通商事合伙的经理申请将下列事项登记于商事登记簿：普通商事合伙的住所地从慕尼黑迁至汉堡、合伙人 Reich 的加入和授予 Helmut Pfeiffer 经理权。司法事务官 Rasch 拒绝登记上述事项。合法否？

5. 在多大范围内可以对经理权作出意定限制？

6. Probst 作为 ABC 有限合伙的经理受有限合伙人 König 协作的拘束，合法否？

7. 分支经理如何被登记于商事登记簿？

8. 什么是订约商事代理人？

9. 如果营业主意欲使全权代办权人所订立的在具体商事营业中常见的法律行为对其不生效力，他应当证明什么？

10. 为何可以将《商法典》第 56 条理解为表象代理的一种法定情形？

第八章

商法上的会计报告

Literatur：*Adolphsen*，Grenzen der internationalen Harmonisierung der Rechnungslegung durch Übernahme internationaler privater Standards，RabelsZ 68（2004），154 ff.；*Bähr / Fischer-Winkelmann / List*，Buchführung und Jahresabschluss，9. Aufl.，2006；*Böcking*，Zur Notwendigkeit des Bilanzrechtsmodernisierungsgesetzes，Wistra 2008，441 ff；*Böckli*，Einführung in die IFRS/IAS，2. Aufl.，2005；*Buchner / Ernstberger / Friedl*，Das Handelsrecht im Wandel—Eine Betrachtung der nationalen Bilanzrechtsentwicklung und ihrer Folgen，DStR-Beih 2016，11 ff.；*Crezelius*，Einführung in das Handelsbilanzrecht，JA 1990，366 ff. und 1991，1 ff.；*Dettmeier / Pöschke*，Einführung in das "internationale" Bilanzrecht—IAS/IFRS：Ein Fall für Juristen?，JuS 2007，313 ff.；*Dörfler / Adrian*，Zur Umsetzung der HGB-Modernisierung durch das BilMoG：steuerbilanzrechtliche Auswirkungen，DB 2009，58 ff.；*Göllert*，Auswirkungen des Bilanzrechtsmodernisierungsgesetzes（BilMoG）auf die Bilanzpolitik，DB 2008，1165 ff.；*Großfeld / Luttermann*，Bilanzrecht，4. Aufl.，2005；*Großfeld*，Bilanzrecht für Juristen，NJW 1986，955；*ders.*，Immer langsam voran—aber doch weiter—Bilanzrechtsreformgesetz，NZG 2004，393 ff.；*Hell*，Grundsatzfragen der Ausgestaltung der nichtfinanziellen Unternehmenspublizität，EuZW 2018，1015 ff.；*Hopt / Merkt*，Bilanzrecht，2010；*v. Kanitz*，Bilanzkunde für Juristen，3. Aufl.，2014；*Hofmann / Zülch*，Bilanzrechtsmodernisierungsgesetz：Wesentliche Änderungen des Regierungsentwurfs gegenüber dem Referentenentwurf，BB 2008，1272 ff.；*Lange / Pyschny*，Einführung in das Recht der Bilanzierung，Jura 2005，768 ff.；*Luttermann*，Zum Gesetz zur Modernisierung des Bilanzrechts，ZIP 2008，1605 ff.；*Meyer*，Gesetz zur Modernisierung des Bilanzrechts（Bilanzrechtsmodernisierungsgesetz—BilMoG）—die wesentlichen Änderungen，DStR 2009，762 ff.；*Müller / Wulf*，Jahresabschlusspolitik nach HGB，IAS und US-GAAP，BB 2001，

2206 ff.；*Oser/Orth/Wirtz*，Das Bilanzrichtlinie-Umsetzungsgesetz（BilRUG）—Wesentliche Änderungen und Hinweise zur praktischen Umsetzung，DB 2015，1729 ff.；*Petersen/Zwirner*，Bilanzrechtsmodernisierungsgesetz—BilMoG（Gesetze，Materialien，Erläuterungen），2009；*Schön*，Entwicklung und Perspektiven des Handelsbilanzrechts：vom ADHGB zum IASC，ZHR 161（1997），133 ff.；*Schmid*，Synoptische Darstellung der Rechnungslegung nach HGB und IAS/IFRS，DStR 2005，80 ff.；*Wöhe/Mock*，Die Handels- und Steuerbilanz，6. Aufl.，2010；*Zwirner/Kähler*，Befreiung von der Pflicht zur Buchführung und Erstellung eines Inventars nach § 241a HGB—Notwendige Anmerkungen für die Bilanzierungspraxis，DStR 2015，2732 f.

> **学习提示：** 商法上的会计对于必修课同学而言不属于考试内容。但是从事经济法律业务的法律人应当至少熟知这一在企业实践中尤为重要的法律领域的基础知识。

第二十九节　导　论

一、会计报告的客体和目的

商法上的会计报告（又称广义的商事账簿）包括真正意义上的商事账簿（《商法典》第 238 条第 1 款）、商事信函（《商法典》第 238 条第 2 款、第 257 条第 2 款）、财产目录（《商法典》第 240 条）、商事资产负债表（《商法典》第 242 条第 1 款）、损益表（《商法典》第 242 条第 2 款），以及在资合公司和资合两合公司中常见的附录（《商法典》第 264 条第 1 款、第 264a 条第 1 款、第 284 条以下）和状况报告（《商法典》第 264 条第 1 款第 1 句、第 264a 条第 1 款、第 289 条和第 315 条）。**原则上所有商人都依法负有商法上的会计报告义务**，唯一的例外是由《资产负债表现代化法》引入的《商法典》第 241a 条，根据该条，在连续两个营业年度的决算日累计营业收入不超过 60 万欧元以及年度净利润不超 6 万欧元的个体商人免于簿记义务。[①] 这一例外规定的主要目的在于降低中小型企业的成本。[②] 商事组织和已登记合作社的会计报告由其各自的代表机关负责（例如《商法典》第 114 条，《股份法》第 91 条第 1 款，《有限责任公司法》第 41 条和《合作社法》第 33 条）。

---

① 关于实践中该门槛值的确定参见：*Zwirner/Kähler*，DStR 2015，2732 f.

② 参见 BT-Drs. 16/10067，S. 2.

2   除商法上的会计报告义务外，还存在**税法上的会计报告义务**（《税法总则》第 140 条以下），后者也适用于非商人（《税法总则》第 141 条）。税法会计报告义务主要包括为国库的利益制定税收资产负债表（《所得税法》第 4 条和第 5 条以下）。商法上和税法上的会计报告通过**基准性原则***相互联系。基于实质基准性原则，商法上的合规簿记原则（对此见本章边码 5）也适用于税法（《所得税法》第 5 条第 1 款第 1 句）。根据原先规定于旧《所得税法》第 5 条第 1 款第 2 句的形式基准性原则，应当与商法上的年度资产负债表保持一致地行使税法上的选择权，并且因此仅当纳税义务人在商法上的年度决算中依据税法规范制作资产负债表时才可以通过行使选择权获得税收优惠；这一原则后被《资产负债表现代化法》废除。通过废除这一原则，旨在特别避免隐蔽储备金以提升商法上的年度决算的信息功能（本章边码 14 末）。

3   会计报告首要**服务于**商人本人，这是因为会计报告使商人以及商人的执行事务机关能够了解企业的状况，并且向他们提供有关经营计划的数据。此外，也应当通过会计报告准则为债权人（供应商、出借人等）、员工和（合作）股东提供保护（参见《商法典》第 118、166、233 条）。最后，合规的会计报告对国库而言也可用作征税的基础。

二、商法上的会计报告的法律基础

4   在 1985 年之前，一般性地实施商事簿记仅在极少的法条中被规定为（除商事登记和商号登记申请外的）商人的义务（旧《商法典》第 38～47b 条）。通过 1985 年 12 月 19 日的**《会计指令转化法》**——该法案的目标同时也包括特别为调整公司法而对与公司有关的第四、七和八指令进行转化，会计报告法在很大程度上被统一、扩张和修订。自此之后，会计报告法主要被规定在**《商法典》第三编**的"商事簿记"中（《商法典》第 238～342e 条）。① 通过 2005 年 1 月 1 日生效的《国际会计准则引入和年度审计质量确保法》（简称《会计法改革法》）和《企业决算控制法》（也称《会计控制法》），会计规则在众多细节上被修订。由此一来，德国法得以符合《欧共体 1606/2002 号适用国际会计准则条例》，并且诸多关于会计报告的欧盟指令中的义务性规范亦被转化为内国法。通过在 2009 年 5 月 29 日生效的**《资产负债表现代化法》**，《欧共体 2006/46 号指令》和《欧共体 2006/43 号指令》被转化为国内法，并因此导致商法上的会计报告也同时趋向于国际财务报告标准（IFRS）。② 鉴于对形式基准性原则的废除，税收上的价值判断自此以后不再适用于商法上的会

---

* 这一原则是指在制定税收资产负债表时也适用制定商事资产负债表时遵循的合规簿记原则——译者注。

① 关于进一步的发展见 *Buchner/Ernstberger/Friedl*，DStR-Beih 2016，11 ff.。

② 详见 Ba/Ho/*Merkt*，Einl v § 238 Rn. 25 ff.。

计报告（对此见本章上文边码 2）。最后，《资产负债表现代化法》全面降低个体商人所承担的商法簿记和编制资产负债表义务（参见《商法典》第 241a 条、第 242 条第 4 款）。2015 年 7 月 23 日，《欧盟 2013/34 号会计指令转化法》生效，其旨在提升欧盟境内年度决算的相似性，以及减轻中小企业的负担。鉴于《欧盟 2013/34 号会计指令》又进一步被《欧盟 2014/95 号企业社会责任指令》所补充，后者要求特定规模的企业为了**企业社会责任**应当在（集团）状况报告中纳入关于环境、社会和雇员利益、关于重视人权和关于克服贪污行贿的非财务性报告[①]，故而德国立法者又通过 2017 年 4 月 11 日的《企业社会责任指令转化法》引入《商法典》第 289a 条以下和第 315a 条以下。[②] 在关于**决算审计**的法律框架中，欧盟法（《欧盟 2014/56 号指令》和《欧盟 537/2014 号条例》，以及相关的转化法和实施法《决算审计人员监管改革法》和《决算审计改革法》）同样带来了一定的变革，特别是对《商法典》第 316 条以下的修订。[③]

会计报告规范的体系如下表所示：

适用于所有商人的规范	《商法典》第三编第一章：第 238～263 条
适用于所有资合公司和资合两合公司的补充性规范	《商法典》第三编第二章：第 264 条、第 265～335b 条
适用于特定组织形式的补充性规范	适用于资合两合公司和资本市场导向的资合公司的补充性规范：《商法典》第 264a～264d 条
	适用于合作社的补充性规范：《商法典》第 336～339 条，《合作社法》第 33 条
	适用于股份公司的补充性规范：《股份法》第 91 条第 1 款、第 150～178 条
	适用于有限责任公司的补充性规范：《有限责任公司法》第 41～42a 条、第 57d 条以下、第 58e 条和第 71 条
适用于特定行业的补充性规范	适用于信贷机构、保险企业、养老基金和特定的原材料行业企业的补充性规范：《商法典》第三编第四章（第 340～341y 条）
监管规范	关于设立和承认咨询、审计部门（执行）的规范：《商法典》第 342～342e 条

此外，不仅真正的簿记，而且所有的会计报告都应当遵守合规簿记原则〔Grundsätzen ordnungsmäßiger Buchführung（**GoB**）〕（参见《商法典》第 238 条第 1 款第 1 句、第 243 条第 1 款、第 264 条第 2 款）。合规簿记原则是致力于符合事

5

[①] 新《欧盟 2013/34 号指令》第 19a 条和第 29a 条；关于原则性问题见 *Hell*，EuZW 2018, 1015 ff.
[②] 详见 *Kajüter*，DB 2017, 617 ff.
[③] 详见 *Lenz*，DB 2016, 875 ff. 和 *Quick*，DB 2016, 1205 ff.

实的会计报告的商人所遵守的规则，他们据此行为以便能够随时了解其商事营业的业务和状况。尽管合规簿记原则在 1985 年时尚未被制定法规定，但是根据通说它们是商事习惯，而且其中一些商事习惯已经被固定成为习惯法。① 通过司法判决、学术讨论、专家意见以及德国审计师协会的建议，合规簿记原则得以具体化和进一步完善。对于在资本市场上进行融资的企业而言，国外的〔主要是《美国通用会计准则》（US-Generally Accepted Accounting Principles，**US-GAAP**）〕和国际的会计标准〔《国际会计准则》（International Accounting Standards，**IAS**），现在是《国际财务报告准则》（International Financial Reporting Standards，**IFRS**）〕愈加重要。因此，《商法典》中的会计报告规则也借由《资产负债表现代化法》与《国际财务报告准则》趋同。② 根据《欧共体 1606/2002 号适用国际会计准则条例》，所有在欧盟以资本市场为导向的集团母公司必须按照 IAS/IFRS 制定集团年度决算（对此也见《商法典》第 315a 条第 1、2 款）。不以资本市场为导向的集团母公司不适用《欧盟适用国际会计准则条例》，但可以自愿根据 IAS/IFRS 制定集团年度决算（《商法典》第 315a 条第 3 款）。IAS/IFRS—会计报告不同于传统的德国《商法典》中的会计报告，其不以通过资本维持原则和与此相关的谨慎性原则实现债权人保护为首要目标，而是追求能够使投资人尽可能地了解企业真实的财务状况和经济上的盈利能力的目标。

三、会计报告义务的实施

6　　　通说认为，会计报告义务具有**公法属性**。因此，严格说来，会计报告义务完全不属于被定义为商人特别私法的真正商法（参见第一章边码 1）。违反会计报告义务并非在任何情况下都被制裁。③ 例如，登记法院以及税务机关仅在满足《商法典》第 14 条和第 335 条以及《税法总则》第 328 条以下规定的前提要件时方可采取强制措施。刑法的或违反秩序法的制裁要求满足《商法典》第 331 条以下（针对资合公司机关成员的刑罚和罚金条文），《刑法典》第 283 条（破产）、第 283b 条（违反破产时的簿记义务）或《税法总则》第 370 条（偷税）的事实构成。

　　　自 2005 年起，根据私法组建并由国家认可的审计协会（德国会计审计协会）监督以及德国联邦金融服务监管局原则上补充性地监督**上市公司**对会计报告准则的遵守。这一由《资产负债表控制法》引入的两级程序属于"提升企业信用和投资者保护的 10 点计划"中最重要的计划之一。此外，其也符合有关执行的欧盟原则。

　　　在私法方面，会计报告义务的可执行性同样有限。具体情形下，股东在公司法

---

① 参见 *K. Schmidt*，Handelsrecht，§ 15 Rn. 15；Ba/Ho/*Merkt*，§ 238 Rn. 11。
② 参见 BT-Drs. 16/10067，S. 32。
③ 参见 *K. Schmidt*，Handelsrecht，§ 15 Rn. 29 ff.。

上有机会对主管会计的机关成员施加影响（例如《有限责任公司法》第 37 条第 1 款和第 38 条第 2 款，*股东派生诉讼*）。公司自身对可归责的机关成员享有赔偿因未合规簿记导致的损害的请求权（《有限责任公司法》第 41 条和第 43 条第 2 款，《股份法》第 91 条第 1 款和第 93 条第 2 款）。与此相反，股东和第三人原则上不享有损害赔偿请求权，这是因为公法上的会计报告准则仅在其附带刑罚后果并且目的是保护个体利益时，才属于《民法典》第 823 条第 2 款意义上的保护性规范。[①]

四、法律纠纷中的商事账簿

商事账簿（参见本章边码 1）在民事程序中被评价为**私文书**（《民事诉讼法》第 416、286 条）。原则上，提交文书即产生证明力（《民事诉讼法》第 420 条以下）。法院可以依职权命令提交商事账簿（《商法典》第 258 条第 1 款）。原则上仅在争议涉及时，才在当事人的参与下查阅商事账簿（《商法典》第 259 条以下）。合规簿记的商事账簿所录入事项的完整性和真实性的可信度高。[②]

第三十节　商法上的会计报告义务

一、簿记义务

原则上，每个商人都首要地负有持续记录其商行为和营业财产状况的义务（《商法典》第 238 条第 1 款）。然而，满足《商法典》第 241a 条的前提要件（营业额不超过 60 万欧元以及年度净利润不超过 6 万欧元）的个体商人，免于承担簿记义务和会计报告义务，并且只需制定一个收入盈余表（《所得税法》第 4 条第 3 款）。在企业经济学上，簿记与成本会计、统计和规划一并属于会计学。与易被误解的《商法典》第 238 条第 1 款第 1 句的文义不同，商人簿记义务的客体不是记录《商法典》第 343 条以下条文意义上的商行为的成立和描述商人的整体财产状况，而是**记录所有**的商业交易，即仅涉及商事营业（而非私人财产）的**财产变化**（而不是商行为本身）。

举例：出卖人并不记录买卖合同的订立和其债法关系，而是记录货物的交付（流出）和买受价款的收取以及（在支付前交付货物时的）此时可记入的价款债权

7

8

---

① *BGH* DB 1964, 1585.

② 参见 Ba/Ho/*Merkt*，§ 238 Rn. 3.

的产生（流入）。

9　　　簿记的**种类和方式**应当使有经验的第三人在合理的时间内能够获得有关商业交易和企业状况的概览（《商法典》第 238 条第 1 款第 2 句）。该一般条款通过制定法规则（《商法典》第 238 条第 1 款第 3 句和第 239 条）以及在个案中通过合规簿记原则（《商法典》第 238 条第 1 款第 1 句）得到具体化。据此，例如每个会计流程都必须以应当被保管的单据（《商法典》第 257 条第 1 款第 4 项和第 3 款）为基础。《商法典》第 239 条第 4 款明文允许在此期间使用电子数据处理软件（例如借助 DATEV 的财务簿记软件 FIBU）。

10　　　簿记的实施主要借助账户，即分列两侧的账目，左侧列明"借"（Soll），右侧列明"贷"（Haben）。**"借"和"贷"**这两项标识来源于债权账户，其中债权记录在左侧〔"债务人应当"（soll）支付〕、已经收到的清偿记录在右侧〔"我们已经"（haben）收到〕。然而，对于其他账户而言，这两项标识已经丧失了它们的直接说明价值。当下有**两种簿记系统**：单式簿记和复式簿记。[①] **单式簿记**在当下只对非商人的自愿簿记或者税法要求的簿记（参见本章边码 1 以下）具有实践意义，因为单式簿记既不符合《商法典》第 238 条第 1 款的要求，也不能成为《商法典》第 242 条要求的年度决算的基础。单式簿记由基础账簿（Grundbuch）和不同的客户账户（Personenkonten）生成。基础账簿通常由只按时间顺序而不按财产分类记载所有商业交易的日记账簿以及特别针对现金商业交易的现金账簿组成。客户账户（针对顾客、供应商等）分别记载每一个交易相对方的债权和债务。

示例：女商人 Kern 在 2019 年 2 月 1 日收到供应商 Herbert Läufer 交付的货物。她在 2019 年 2 月 15 日使用现金向 Läufer 支付账单 10 000 欧元。Kern 通过单式簿记将这些事件仅按照时间顺序录入基础账簿和 Läufer 供应商账户：

日记账簿

日期	事件	单据	金额
2019. 2. 1	根据 9453 号发货单的货物交付	007	10 000—
2019. 2. 15	根据 9832 号账单的现金支付	019	10 000—

供应商账户 Herbert Läufer

借		贷	
		2019. 2. 1　根据 9453 号发货单的货物交付	10 000—
2019. 2. 15　根据 9832 号账单的现金支付	10 000—		

[①]　参见 *K. Schmidt*，Handelsrecht，§ 15 Rn. 38 ff.；详见 *Bähr/Fischer-Winkelmann/List*，Buchführung und Jahresabschluss，9. Aufl.，S. 173 ff.

　　复式簿记使用不同的方法：不仅按照时间顺序（基础账簿）和客户（附带客户 11
账户的往来交互账簿），而且额外根据财产账户中的资产负债表科目和收益表科目
（参见本章边码 15 以下）按照财产（总分类账簿）整理所有的商业交易。在财产账
户中，每笔商业交易应当（至少）一次记入一个财产账户的借方，一次记入另一个
相对财产账户的贷方（复式）。依据《商法典》第 238 条第 1 款第 1 句规定的簿记
的双重任务以及年度决算区分为资产负债表和收入盈余表（对此见本章边码 15 以
下），人们将财产账户分为两种基础类型[①]：**库存账户**，其服务于对财产库存的记录
以及资产负债表的编制。每个资产负债表科目（对此见本章边码 15）都记有一个库
存账户。在反映资产负债表中资产科目的资产库存账户（例如商品账户）中，期初
库存和流入被计入借方，流出被计入贷方。负债库存账户（例如借贷账户）的编制
恰恰相反。通过结算得出账户两侧的差额。随后，结余（期末库存）被计入账户的
页下方，以得出相等的借方和贷方总额。因此，库存账户（此外以及资产负债表）
在账户终期会被平账。**损益账户**（支出和收入账户）记录因商业交易（例如薪资支
付、营业收入）而导致的财产变动，并且用于编制损益表（Gewinn- und Verlust-
rechnung）（对此见本章边码 16）。

　　示例： 商人 Klotz 的上一年度资产负债表在资产一栏中显示有一价值为
800 000 欧元的土地库存，在负债一栏中显示有应付账款 50 000 欧元。在本营业
年度，Klotz 使用日常营业收入清偿了上述债务。在临近决算日时，Klotz 以
500 000 欧元的价格取得一块土地，价款将于下一营业年度支付。Klotz 将上述库
存变化如下分别记入"土地"和"应付账款"库存账户：

供应商账户 Herbert Läufer

资产账户 土地				负债账户 应付账款			
借			贷	借			贷
期初库存	800 000-			流出（银行）	50 000-	期初库存	50 000-
流入	500 000-（负债）					流入	500 000-（土地）
		期末库存（余额）	1 300 000-	期末库存（余额）	500 000-		

二、编制财产目录义务

　　财产目录是一份按照类型、数量和价值编制商人的商事营业中的全部财产客体 12
（资产）和债务（负债）的目录清单。只要不适用《商法典》第 241a 条有利于个体

[①]　详见 *Bähr/Fischer-Winkelmann/List*，Buchführung und Jahresabschluss，9. Aufl.，S. 33 ff. und 46 ff.。

商人的义务豁免规则（本章边码 8），即应当在商事营业开始和每一个营业年度结束时编制财产目录（《商法典》第 240 条）。财产目录的编制［**清查财产（Inventur）**］原则上通过在决算日（清查财产日）对财产客体和债务进行实地存货盘点完成。法律也允许简易的财产清查程序（《商法典》第 240 条第 3、4 款，第 241 条）。财产目录编制的类型和方式同时应当满足合规簿记原则［此处为合规清查财产原则（Grundsätze ordnungsmäßiger Inventur）］的要求。

三、编制年度决算义务

13　　　年度决算由商事资产负债表、损益表（《商法典》第 242 条第 3 款）以及额外适用于资合公司和资合两合公司的附录构成（《商法典》第 264 条第 1 款第 1 句、第 264a 条第 1 款）。年度决算由商人、全体承担个人责任的合伙人或者主管机关的全体成员签署（《商法典》第 245 条）。根据《商法典》第 242 条第 4 款，符合《商法典》第 241a 条前提要件的个体商人免于承担编制年度决算的义务。在商事组织中，应当区分执行事务机关的**编制**（《商法典》第 114、164 条和第 264 条第 1 款第 1 句，《股份法》第 91 条第 1 款，《有限责任公司法》第 41 条）和公司股东以及监事会对年度决算作出的具有拘束力的**确认**（《股份法》第 172 条以下以及《有限责任公司法》第 42a 条和第 46 条第 1 项）。确认是对年度决算的公司内部批准，并且在中大型的资合公司和资合两合公司（《商法典》第 267 条）以及大型的普通商事合伙（《公开法》第 1 条和第 3 条）中应当首先经过对年度决算的**审查**（《商法典》第 316 条以下、第 264a 条第 1 款和《公开法》第 6 条）。最后，应当按照《商法典》第 325 条以下和《公开法》第 9 条规定的前提要件与标准对年度决算进行公开（参见本章边码 20）。

（一）年度决算编制的基本原则

14　　　应当依照法定标准（《商法典》第 243 条以下）和合规簿记原则（《商法典》第 243 条第 1 款）制定年度决算。据此，具体适用下述形式上的和实质上的基本原则[1]：

　　　• 根据**清晰性原则**，年度决算必须清楚、明确（《商法典》第 243 条第 2 款）。年度决算应当以德语明确地表明每一个科目，并且以欧元列明价值（《商法典》第 244 条）。年度决算特别不得包含结算（《商法典》第 246 条第 2 款），并且应当进行充分的划分（参见《商法典》第 247 条第 1 款，针对资合公司和资合两合公司见《商法典》第 265 条以下和第 264a 条第 1 款）。

---

[1]　参见 *K. Schmidt*，Handelsrecht，§ 15 Rn. 64 ff.。

• **真实性原则**，要求年度决算应当完整（《商法典》第 246 条第 1 款）并且内容正确。内容正确不是指与事实完全客观一致，这是因为这样的要求因诸多编制资产负债表和估值的难题而无法实现；内容正确更多的是指与法律规则和合规簿记原则的一致。

• **连续性原则**包含资产负债表同一性（某个营业年度的开始资产负债表估值与上一营业年度的年终资产负债表估值一致，参见《商法典》第 252 条第 1 款第 1 项）以及形式上的（保持对外的报表格式和科目名称；参见针对资合公司明确规定的《商法典》第 265 条第 1 款）和实质上的资产负债表连续性（保持估值方法，参见《商法典》第 252 条第 1 款第 6 项）。这一原则确保年度资产负债表的可比性。

• 应当针对每个营业年度制定年度决算，且每个营业年度不得超过 12 个月。这需要对部分跨越一段期间的企业活动进行任意切割（**期间递延**）。因此，在决算日的企业收支账户通常含有一些款项，它们虽然因支付的完成（以及因此记入账簿）而形式上属于这一营业年度，但是从经济上看它们应当完全或者部分地属于前一或后一营业年度。在上述情形下，对全部支出和收益进行符合期间的必要划分（《商法典》第 252 条第 1 款第 5 项）只能通过资产或负债的递延科目进行（《商法典》第 250 条），递延科目相应地修正损益表和资产负债表。例如，某个体商人选取 12 月 31 日为决算日，其在 2015 年 7 月 1 日获得针对 2015 年 7 月 1 日到 2016 年 6 月 30 日这一期间的租金收入 10 000 欧元，那么他应当在租金收益账户中通过记入负债递延科目 5 000 欧元以降低这一租金收益。由此，损益表显示了到 2015 年 12 月 31 日真实获得的收入，资产负债表也显示了到 2015 年 12 月 31 日的真实财产状况。在下一营业年度，2016 年的租金收益最终在租金收益账户中更正记入 5 000 欧元，并由此消除负债中的递延科目成为收入。除递延科目外，在营业年度内形成的用于支付将来不确定的产生于营业年度的资金流出的准备金（对此见下文）也用于期间递延。

• **谨慎原则**对于估值特别重要（《商法典》第 252 条第 1 款第 4 项）。[1] 谨慎原则也存在于法定的资产科目禁止（Aktivierungsverbot）（参见《商法典》第 248 条第 1 款和第 2 款第 2 句）。[2] 相对于谨慎原则，还有实现原则（Realisationsprinzip）（盈利仅在实现后才被记入）和损失记入原则（Imparitätsprinzip）（在决算日前产生的可预见损失和风险应当在其实现前记入）（《商法典》第 252 条第 1 款第 4 项）。可能被请求清偿的不确定债务根据其产生原因和/或金额（例如保证风险和损害赔偿风险）在其产生的期间内作为相应的准备金被记入资产负债表的负债栏（《商法典》第 249 条）。然而，准备金只是为了防范风险，不能为累积之目的被滥用（《商

---

① 关于对这一原则的侵蚀见 *Moxter*/*Ciric*，BB 2014，489 ff.

② 关于由《资产负债表现代化法》为了信息功能而引入这一禁止限制见 Ba/Ho/*Merkt*，§ 243 Rn. 9 und § 248 Rn. 3。

法典》第 249 条第 2 款第 1 句）。如果风险最终完全或部分消灭，则须相应地解除准备金（《商法典》第 249 条第 2 款第 2 句）。《国际会计准则》/《国际财务报告准则》在谨慎原则上受到的拘束比《商法典》受到的少，例如根据《国际财务报告准则》第 15.73 条以下的完工百分比法（*Percentage of Completion*-Methode）部分实现可以记入资产，根据 1998《国际会计准则》第 37.14 条和第 37.27 条不得提费用准备金。但是，根据《国际会计准则》/《国际财务报告准则》，自身产生的营业价值同样不得记入资产（2004《国际会计准则》第 38.48 条）。

· 鉴于谨慎原则，为了确定尽可能符合现实的价值，适用下述**估值原则**：对财产客体进行估值时，原则上应当以企业的继续经营而非企业的清算为准（即营运原则；参见《商法典》第 252 条第 1 款第 2 项）。原则上，估值应当在决算日单独（《商法典》第 252 条第 1 款第 3 项；例外见《商法典》第 256 条第 2 款）并且以上一年度的年度决算为基础以及使用上一年度年度决算的方法（持续性原则）进行。在此应当适用名义价值原则（"欧元同样是欧元"），因此可以不考虑通胀损失。根据最低价值原则，应当记入多项可能的估值中的最低估值（此外参见《商法典》第 253 条第 4 款）。根据购置价值原则（《商法典》第 253 条第 1 款），财产客体应当最高以其购置成本或生产成本（《商法典》第 255 条）同时扣除可能的**折旧或摊销**记入（不同于《国际会计准则》第 16.31 条：在重新估值时可选择时间价值）。对于有使用时限的固定资产这类财产客体，应当根据预计使用期限的标准进行有计划的折旧（《商法典》第 253 条第 3 款第 1、2 句）。超出折旧期后，固定资产按照原始价值的固定比例（直线式）或剩余价值的固定比例（递减式）折旧。当固定资产类财产客体预计持续减值时，应当进行计划外折旧（《商法典》第 253 条第 3 款第 5 句）。与之相反，如果财产不存在持续减值时，仅在金融资产（概念见《商法典》第 266 条第 2 款）上可进行计划外折旧（《商法典》第 253 条第 3 款第 6 句）。对于流动资产类财产客体，严格的最低价值原则同样要求在减值上应当摊销（《商法典》第 253 条第 4 款）。额外的或过高的折旧或摊销导致企业的真实价值高于账面价值（例如已经完全折旧的财产事实上仍然可用），并且因此形成隐蔽储备金。《资产负债表法现代化法》对旧《商法典》第 253 条第 4 款、第 254 条和第 279 条以下的废除，极大地降低了在此之前特别是针对个体商人和商事合伙存在的形成隐蔽储备金的可能性。在资产负债表中，折旧和摊销要么直接减少相应的资产科目，要么记入价值修正。借此，折旧和摊销降低了年度业绩。同样地，为确保资产负债表的完整性（见上文），应当以备忘值将已经完全折旧的财产客体计入资产负债表。

· 在资合公司和资合两合公司中，年度决算在任何时候都应当传递符合事实关系的财产、金融和盈利状况图像（**真实与公允**原则，《商法典》第 264 条第 2 款、第 264a 条第 1 款；也参见《国际会计准则》第 1.13 条）。

（二）年度决算的内容

1. 商事资产负债表

商事资产负债表包含**分列两侧**的企业财产（资产）和企业资本（负债），并且 15 应当在商事营业开始时（开始资产负债表）以及每个营业年度终结时（年度资产负债表）制定（《商法典》第 242 条第 2 款第 1 句）。因此，商事资产负债表的内容与资产目录相同，但是在展示的方式（以账户的形式汇编全部科目，以价值代替数量）上区别明显。资产负债表的负债栏展示来源于组织成员的资金（自有资本）和组织债权人的资金（他有资本），资产栏展示的是资金用途——即固定资产和流动资产。不论是盈利还是亏损（负值科目）都被记入负债栏的自有资本项下。由此，资产负债表在结果上总是一致的（平衡的）。

资产负债表的格式（参见《商法典》第 247 条第 1 款和第 266 条）可以通过下面一个资合公司在盈余分配后（《商法典》第 268 条第 1 款）制定的资产负债表（不包含前一年的数据）的例子加以说明：

资产	单位：千欧	负债	单位：千欧
一、固定资产 （被持续地用于经营目的的财产）		**一、自有资本** （记入的企业财产价值超出债务的金额）	
1. 无形财产 （仅当有偿取得时方可记入资产，例如：有偿取得的许可）	91	1. 认缴资本（《商法典》第 272 条第 1 款第 1 句）	135.000
2. 有形固定资产 （例如土地、机器）	816.694	2. 资本公积金（《商法典》第 272 条第 2 款第 1~4 项）	167.000
3. 金融资产 （例如持续参股其他企业）	457.997	3. 盈余公积金（《商法典》第 272 条第 3 和 4 款）	161.000
	1.274.782	4. 留存利润	37.891
二、流动资产 （用于消费、生产、加工或出售的财产）		其中有来自上一年度的盈余结转 123 000 欧元（参见《股份法》第 174 条第 2 款第 4 项）	
1. 存货 （例如原材料、产品）	57.821		500.891
		二、准备金	
2. 债权和其他财产标的 （例如客户债权、损害赔偿债权）	462.019	（《商法典》第 249 条）	
		1. 养老准备金	141.725
		2. 税收准备金	232.441

续表

资产	单位：千欧	负债	单位：千欧
		3. 其他准备金	108.696
			482.862
3. 有价证券	994		
（例如临时持有的其他企业的股权、商业汇票）		三、债务	
		（针对债权人如金融机构、供应商或国库承担的实际义务）	
4. 流动资金	24.389		843.828
（例如现金、银行存款）		四、递延项目	905
	545.223	（《商法典》第 250 条第 2 款）	
三、递延项目	8.481		
（《商法典》第 250 条第 1 款）			
资产总额	1.828.486	负债总额	1.828.486

2. 损益表

16　　在损益表中，为了每一营业年度的决算，**支出和收入**相对而列（《商法典》第242 条第 2 款、第 275 条）。[①] 损益表不仅被用于确定本应在资产负债表上清晰可见的利润（年度盈余）和亏损（年度亏损），并且特别被用于提供有关盈余和亏损产生原因的详细信息（企业的盈利能力）。因此，损益表不是收入和支出的结算，而是对企业经营成效的要素的汇总（例如销售收入和原材料支出）。至少在资合公司以及资合两合公司中，损益表不是以账户形式，而是以梯级形式（即逐一列出每个科目）按照完全成本法或销售成本法进行编制的（《商法典》第 275 条、第 264a 条第 1 款）。

3. 附录

17　　根据《商法典》第 264 条第 1 款第 1 句、第 264a 条第 1 款，资合公司以及资合两合公司应当额外编制一份附录对年度决算进行**说明**（《商法典》第 284 条以下）。在附录中，还须说明导致年度决算不能反映真实关系的特殊事由（例如因出售固定资产而获得的特殊收入）（《商法典》第 264 条第 2 款第 2 句）。

四、制定状况报告义务

18　　中大型的资合公司和资合两合公司（规模等级的界定见《商法典》第 267 条）以及康采恩母公司（《商法典》第 290 条第 1 款）除编制年度决算外，还应当编制状况报告（《商法典》第 264 条第 1 款、第 264a 条第 1 款、第 289 条、第 315 条），

---

① 举例见 *K. Schmidt*, Handelsrecht, § 15 Rn. 83。

其内容主要展示营业事件、营业状况和公司未来发展的风险。在大型的股份公司中，状况报告通常被分为经济报告和社会报告两部分。

五、保管义务

狭义的商业账簿、财产目录和资产负债表以及会计凭证须被保管 10 年，商业信函应分类保管 6 年（《商法典》第 257 条第 1 款和第 4 款）。根据《商法典》第 257 条第 2 款的立法定义，商业信函是涉及商行为的文件（例如合同要约、确认函、瑕疵异议）。商业信函被寄出的，应当保管一份副本（《商法典》第 238 条第 2 款）。 19

六、公开义务

资合公司和资合两合公司（《商法典》第 325 条以下、第 264a 条第 1 款）、合作社（《商法典》第 339 条）以及个体商人的大型商事营业、普通商事合伙、社团、财团和公法人（《公开法》第 1 条、第 3 条、第 9 条）根据规模，负有将特定的会计报告文件提交给电子联邦司法部公报经营者以及通过该经营者在联邦司法部公报以及在企业登记簿（《商法典》第 8b 条第 2 款第 4 项，详见第三章边码 31）上电子公开的义务。准备上市以及已经上市的企业还另外负有资本市场法上的公开义务。税收资产负债表只向税务局提交，并且受税收秘密的保护。 20

第三十一节　本章复习

一、本章总结

□自 1985 年的《资产负债表指令转化法》以来，商人的会计报告主要被规定于《商法典》第三编（《商法典》第 238～342e 条）。所有的商人，只要不存在《商法典》第 241a 条、第 242 条第 4 款规定的豁免情形，均依法至少负有义务：
- 实施商业簿记（《商法典》第 238 条第 1 款），
- 编制资产目录（《商法典》第 240 条）和年度决算（《商法典》第 242 条），以及
- 分类保管（《商法典》第 257 条）会计报告和与之相关的文件。

□根据制定法规范和合规簿记原则实施的会计报告**能够**使商人、商人的业务执行机关以及其他利益相关者（债权人、职工、组织成员）获得与企业经济状况有关的必要信息。国库的利益通过税法上的会计报告得到保障。

□当今在账户中通常进行的复试簿记（《商法典》第 238 条以下）和编制资产目录（《商法典》第 240 条）特别服务于根据特定的原则（对此见本章测试题 7）编制的**年度决算**，其由商事资产负债表和损益表以及在资合公司和资合两合公司的情形下额外的对年度决算进行说明的附录组成（《商法典》第 242 条第 3 款、第 264 条第 1 款 1 句、第 264a 条第 1 款）。

□在结果上总是平衡的**商事资产负债表**在负债栏展示来自组织成员的资金（自有资本）和组织债权人的资金（他有资本），以及在资产栏展示资金被使用于固定资产和流动资产（针对资合公司以及资合两合公司参见《商法典》第 266 条、第 264c 条）。

□在**损益表**中，每一营业年度决算时的支出和收入被相对列出；至少在资合公司和资合两合公司中，应当以梯级形式编制损益表（《商法典》第 242 条第 2 款、第 275 条、第 264a 条第 1 款）。

□2009 年 5 月 29 日的**《资产负债表现代化法》**废除了形式基准性原则，并趋同于国际会计准则。此外，也规定了在特定情形下对会计义务的豁免（《商法典》第 241a 条、第 242 条第 4 款）。

二、测试题

1. 《商法典》第三编的结构为何？
2. 商法上的会计报告与税法上的会计报告之间存在何种关系？
3. 合规簿记原则的含义是什么？
4. 簿记义务的客体为何？
5. 资产目录和商事资产负债表的共同点和不同点有哪些？
6. 商事营业的年度盈余被计入在资产负债表中的哪个位置？
7. 编制年度决算的基本原则有哪些？
8. 您知道哪些折旧和摊销的方法？

第九章

一般商行为规则

Literatur：*Axer*，Rechtfertigung und Reichweite der AGB-Kontrolle im unternehmerischen Geschäftsverkehr，2012；*Blaurock*，Das Kontokorrent，JA 1980，691 ff.；*Deckert*，Das kaufmännische und berufliche Bestätigungsschreiben，JuS 1998，121 ff.；*Diederichsen*，Der "Vertragsschluss" durch kaufmännisches Bestätigungsschreiben，JuS 1966，129 ff.；*Hellwege*，Handelsbrauch und Verkehrssitte，AcP 214（2014），853 ff.；*Helm*，Zur Inhaltskontrolle von Allgemeinen Geschäftsbedingungen bei Verwendung gegenüber Kaufleuten，BB 1977，1109 ff.；Kaeding，Die Inhaltskontrolle von Geschäftsbedingungen im unternehmerischen Geschäftsverkehr，BB 2016，450ff.；*Lettl*，Das kaufmännische Bestätigungsschreiben，JuS 2008，849 ff.；*Maier*，Das Kontokorrent，JuS 1988，196 ff.；*Petersen*，Der gute Glaube an die Verfügungsmacht im Handelsrecht，Jura 2004，247 ff.；*ders.*，Schweigen im Rechtsverkehr，Jura 2003，687 ff.；*G. Pfeiffer*，Die laufende Rechnung（Kontokorrent），JA 2006，105 ff.；*T. Pfeiffer*，Handbuch der Handelsgeschäfte，1999；*Schärtl*，Das kaufmännische Bestätigungsschreiben，JA 2007，567 ff.；*K. Schmidt*，Schützt § 366 I HGB den guten Glauben an die Vertretungsmacht?，JuS 1987，936 ff.；*Sonnenberger*，Verkehrssitten im Schuldvertrag，1970；*Wiegand*，Fälle des gutgläubigen Erwerbs außerhalb der § § 932 ff. BGB，JuS 1974，545 ff.

第三十二节　商行为规则的法律渊源

在商行为法中，商法是商人特别私法（参见第一章边码1）的这一特征尤其明显。作为对《民法典》前三编修订和补充的商行为特别法首要规定于《商法典》第　　1

四编。该编第一章（《商法典》第 343～372 条）将一些原则上适用于所有类型的商行为但关联程度不高的规范"提取公因式"。紧接第一章，第二章至第六章（《商法典》第 373～475h 条）规定了在体系上属于债法分则的具体商行为。严格地说，关于商事代理人（《商法典》第 84 条以下）和商事居间人（《商法典》第 93 条以下）的规范也属于商行为特别法（参见本书第六章边码 6 以下）。在 2013 年被根本性地修订的海商法规定在《商法典》第五编（《商法典》第 476～619 条）。

此外，在《商法典》之外也存在一些重要的商行为特别法，其中特别包括银行法和保险法中的商法特别规范，以及混合合同，如租买（Mietkauf）合同、融资租赁合同以及许可合同。最后，鉴于商法特别规则的不完备性，总是需要补充性地适用民法规范（参见第一章边码 10）。

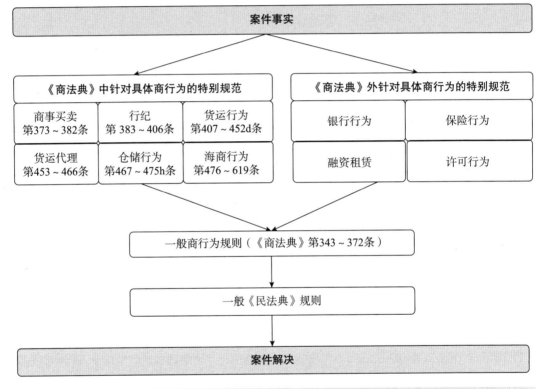

学习提示：学习和掌握商行为特别法的最好办法是，不断反复地回顾《民法典》中相应的一般规则以及对它们作出商法上的补充或改变的原因（如信赖保护、交易的快捷性）；借此，可以同时复习重要的民法规范的事实构成要件和法律后果。为了防止在案例分析中总是忽视商法特别法，在考试准则允许的情形下，可以在相应的《民法典》条文的空白处标注所指向的商法法条。

第三十三节　商行为的概念和类型

一、概念性特征

根据《商法典》第 343 条第 1 款，商行为是商人作出的所有属于经营商事营业 2
的行为。在此，"商行为"是指单个的（法律）行为，而不是《商法典》第 22～28
条规定的整体的商事的营业。从《商法典》第 343 条第 1 款的立法定义中，可以得
出商行为的三个概念性特征：

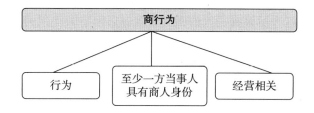

（一）行为

《商法典》第 343 条以下的行为包含多方法律行为（如订立买卖合同、达成物 3
权合意）、单方法律行为（如通知终止、解除）（参见《商法典》第 344 条第 1 款），
以及准法律行为和不作为（例如催告、设定期限、通知、商事交易中的沉默、无因
管理），不包括机关行为（如公司章程的修订）。通说认为，故意实施的与某个（双
方）商行为相关联的事实行为（如侵权行为、竞争行为、附合、混同、加工）不属
于商行为。[1]

（二）一方或多方当事人具有商人身份

根据《商法典》第 343 条第 1 款，行为原则上无须客观地表明特定的内容，而 4
是只需至少归属于某一商人的商事营业即可。在此，德国商法深受主观主义体系
（对此见本书第一章边码 1）的影响。**《商法典》第 1～6 条规定的商人**都属于《商法
典》第 343 条以下的商人。商行为的特别规则也适用于由商人构成的外部民事合
伙。虽然合伙在交易中相对于合伙人具有独立性[2]，但是合伙人的商人身份必然使

---

① 明确《商法典》第 353 条和侵权行为不属于商行为见 BGHZ 217,374 以及其中更多关于观点争议的论证。
② BGHZ 146,341.

合伙在符合规范目的的框架内准用商行为特别规则。[①]

5　　　商人身份之确定以行为实施时为准。合同当事人一方在意思表示作出与到达之间丧失商人身份并不产生任何影响。[②] 另外充分的是，商人身份虽然在意思表示作出之后但是在到达并生效之前取得的。[③] 在有效的代理中，起决定性的是被代理人的商人身份。然而，当代理人无代理权而被依据商行为特别规则请求时，至少对于履行请求权而言需要代理人具有商人身份。

> **示例：**Viktoria Velten 代理商人 Klotz 向 B 银行作出口头保证表示，但其对此并未获得授权。由于口头作出保证表示，仅当 Velten 是商人时，B 银行才可以根据《民法典》第 179 条第 1 款要求 Velten 履行（《商法典》第 350 条）。

6　　　然而，在以下情形中《商法典》第 346 条以下**对非商人也具有意义：**

　　• 所涉法条仅以单方商行为（本章边码 10）为前提（《商法典》第 345 条）；

　　• 《商法典》第 346 条以下，不包括《商法典》第 348～350 条，鉴于皆为传统的基础商行为而根据法律的明文规定亦适用于未登记的、属于小营业经营者的行纪人（《商法典》第 383 条第 2 款第 2 句）、承运人（《商法典》第 407 条第 3 款第 2 句）、货运代理人（《商法典》第 453 条第 3 款第 2 句）和仓库营业人（《商法典》第 467 条第 3 款第 2 句）；

　　• 以表见商人的身份出现并且应当至少适用对其不利的任意性商行为特别法（详见第二章边码 47），

　　• 在个案中，特定的特别法规则也可能被准用于其他小营业经营者、自由职业者或未登记的农林业者。[④]

（三）经营相关

7　　　此外，行为还须与商人经营的商事营业存在功能关联。在此，与商事营业的目的或经营范围具有间接的或者只是微弱的关联即已足。[⑤]

　　举例：辅助行为（如借贷、雇工、原料采购）、准备行为（如租用营业场所、取得专利）和清算行为（如企业的出售）

　　通过经营相关这一标准区分了商人的商行为和私行为。

> **示例：**Groß 是一家文具批发店的店主。如果 Groß 从协议经销商 Verdes 处购置一辆汽车，那么《商法典》第 352 条第 1 款的适用取决于，对 Verdes 而言可辨别的 Groß 将汽车作个人使用或经营使用的意图。

---

① 例如在《商法典》第 377 条的范围内也适用，*OLG Brandenburg* NJW 2012，2124。

② 类推适用《民法典》第 130 条第 2 款和第 153 条；*Canaris*，§ 20 Rn. 3 f.。

③ *GK/B. Schmidt*，§ 343 Rn. 5；不同观点见 *Canaris*，§ 20 Rn. 4.。

④ 例如，参见本章边码 19；关于类推适用商法条文的问题详见 *K. Schmidt*，Handelsrecht，§ 18 Rn. 10 f. 和本书第二章边码 20 以下以及 *Canaris*，§ 21。

⑤ *BGH* ZIP 1997，836，837.

仅针对自然人存在区分困难，在商事组织上并不存在这一难题，这是因为后者 8
没有私人领域并且因此所有的行为必然在由其经营的商事营业的框架下作出。可能
仍会有疑问的是，某一行为是合伙的行为还是某个合伙人的私行为。

> **示例**：König 是某有限合伙的普通合伙人，他为他的朋友 Klamm 向 B 银行提
> 供保证。仅当 König 以该有限合伙的名义提供保证时，才构成（该有限合伙的）
> 商行为。此时，毫无疑问地存在经营相关。

在个案中确认经营相关可能存在困难。因此，法律规定了两则关于经营相关的 9
推定规则（《商法典》第 344 条），以降低对经营相关的主张和证明：

（1）其中一个推定规则是"由商人实施的法律行为，在有疑义时，视为属于其
商事营业的经营"（《商法典》第 344 条第 1 款）。由此，这一可被推翻之推定导致
不利于商人的证明责任倒置。此外，根据普遍的观点，仅当商人另外主张交易相对
方当时也对法律行为之私人属性知情时，才可能证明相反事实。[①] 只要无法清晰地
从外部情景中得出私行为之特征（如商人 Klotz 买了一个冰激凌），商人则须向交
易相对方明示地指出其行为为私行为。

（2）另外一个推定规则是：商人签署的债务凭证（Schuldschein）不可推翻地
属于其商事营业之经营，除非凭证载明相反的事实（《商法典》第 344 条第 2 款）。

> **考试提示**：在审查《商法典》第 346 条以下时，应当不仅只考虑至少参与一方
> 的商人身份的事实构成，而且要考虑需要存在一个《商法典》第 343 条以下条文
> 意义上的经营相关行为（尽管通常会毫无疑问地存在）。

二、商行为的类型

对于商行为特别规则的适用而言，区分多方商行为和单方商行为具有重要的 10
意义。

当双方当事人是商人并且行为属于各自当事人对其商事营业的经营时，成立**双
方商行为**。

举例：工厂主 Felber 从 B 银行获得营业贷款。

当行为只对当事人一方而言是商行为时，成立**单方商行为**。这是因为另一方当
事人要么不是商人并且不适用《商法典》第 383 条第 2 款第 2 句、第 407 条第 3 款
第 2 句、第 453 条第 3 款第 2 句、第 467 条第 3 款第 2 句，要么实施的是私行为。

举例：大学生 Schneider 在网上订购一台 HiFi 设备。商人 Klotz 在超市购买周
末的生活用品。

---

① *BGH* WM 1976，424，425.

《商法典》第 346 条以下的特别规则原则上适用于所涉商行为中的全部当事人，即便该商行为是单方商行为（《商法典》第 345 条）。仅当法律明文使用如"双方商行为"（《商法典》第 352 条；《商法典》第 354a 条第 1 款和第 377 条亦类似）或"在商人之间"的表述时，才例外地需要存在一个双方商行为。此外，一些特定的规范在行为至少对于因特别规则而承受不利的当事人而言是商行为时（适格的单方；参见《商法典》第 347～350 条和第 362 条），也获得适用。

> **要点：** 商行为的特别规则原则上也适用于单方商行为。

第三十四节　适用于所有商行为的特别规则

《商法典》第 346～372 条规定了各类不同的特别规则，它们普遍适用于各种商行为（商行为规则的总则）

一、商事习惯

11　　商事习惯是**商事交易中的交易习惯**。与其他所有的交易习惯相同，商事习惯源自在所涉交易领域中持续一段适当期间的自愿有规律且一致的实践做法。[1] 商事习惯主要用于意思表示的解释以及对不完全合同规则的补充（《民法典》第 157、242 条），亦可用于排除任意法的适用。然而，商事习惯必须让位于强行法。[2]

举例： 确定给付时间的商事习惯（《商法典》第 359 条第 1 款）、按照商品的重量确定价格的商事习惯（《商法典》第 380 条）、延期支付价金的商事习惯（《商法典》第 393 条第 2 款）；某些合规簿记规则（参见第八章边码 5）；完全依据商事习惯确定的合同条文缩写之含义内容（如："付现交单""无拘束力"）；关于国际商事习惯参见第十三章边码 20。

12　　通说认为，商事习惯**不是法律规范**。然而，即便在当事人不知情或欠缺适用意愿时，商事习惯也可以通过一般的转换规范**《商法典》第 346 条**、法定的特别规则（参见《商法典》第 359 条第 1 款、第 380 条和第 393 条第 2 款）或合同明文约定而产生法律上的拘束力。对商事习惯的不知情不成立错误型撤销。[3]

商事习惯**与习惯法的区别**在于，商事习惯仅以持续的应用为前提，而无须在所涉交易领域中具备相应的法律确信。因此，商事习惯不具备法律规范之特征。然而，当商事习惯具有相应的法律确信时，例如商人确认函规则，即成为习惯法。与

---

[1]　*BGH* WM 1984，1000，1002；*BGH* NJW 2001，2464 f.

[2]　BGHZ 62，82.

[3]　有争议，参见 *Canaris*，§ 22 Rn. 30 f.

格式条款不同，商事习惯被纳入合同无须通过明示或默示地作出"适用表示"，而是依据《商法典》第 346 条的规定无条件地对其所涵盖的合同产生拘束力。[①] 因此，不希望适用商事习惯之人，应当在合同订立时明确地表明之。[②]

	商事习惯	制定法	习惯法	格式条款
适用基础	在所涉交易领域中的持续应用	立法机关的立法权	具备相应法律确信的持续应用	纳入合同（适用表示）
特征	实践中的交易习惯，非法律规范	法律规范	法律规范	合同条款
法律效力	在交易领域中适用；不能排除强行法	普遍适用；任意法或强行法	在交易领域中适用；任意法或强行法	在合同当事人之间适用；不能排除强行法

根据《商法典》第 346 条，商事习惯本身仅适用于**"商人之间"**。然而，这不能排除只在相关交易领域中存在的属于传统交易习惯的商事习惯也适用于非商人。 13

举例："关于木材贸易和木材购置的泰根湖习惯"在全联邦范围内适用于所涉交易领域。对于一个从事小规模营业经营的木匠而言，这一习惯虽然不是商事习惯，但是却可能作为一般的交易习惯获得适用。[③]

商事习惯主要局限于特定的行业（例如艺术品交易）、特定的人群（例如汉萨商人）或特定的地区（例如交易所惯例、国内商事习惯）等。合同给付原则上适用履行地的商事习惯（例如参见《商法典》第 380 条）。

绝对的通说认为，商事习惯属于**事实**。[④] 法官无须了解商事习惯。援引商事习惯之人，必须主张以及必要时证明商事习惯的存在和内容［**"给予我事实，我给尔 14
法律！"** (*Da mihi facta, dabo tibi ius!*)］。法院在欠缺相关案件事实以至于无法查明所争议的商事习惯时（参见《法院组织法》第 114 条），会征求通常由商会作出的专家鉴定意见。对商事习惯的查明属于事实问题，在法律上诉审中不会受到内容上的审查。

二、通过沉默订立商行为

依据《民法典》第 145 条以下的一般规定，属于合同的商行为原则上通过两个 15
合致且至少默示表示的意思表示成立。如同在民法中[⑤]一样，沉默在商法中原则上

---

① Ba/Ho/*Hopt*，§ 346 Rn. 8.
② *BGH* NJW 1966，502.
③ 参见 *OLG Koblenz* NJW-RR 1988，1306。
④ *BGH* NJW 2001，2464，2465；*K. Schmidt*，Handelsrecht，§ 1 Rn. 56.
⑤ *Wolf/Neuner*，BGB AT，10. Aufl.，2012，§ 31 Rn. 11 ff.

也不具有表示价值。然而，为了商法上的信赖保护和合同订立的便利，在此原则中存在两项重要的商法上的例外。

（一）针对事务处理要约的沉默

16　　首先根据**《商法典》第362条**，沉默具有法定的表示价值。根据该条，一个"商人"在满足特定条件时应当不迟延地（《民法典》第121条第1款第1句：没有有过错的迟延）对旨在订立事务处理合同的要约作出回复，否则他的沉默被视为承诺。在确定合理的回复期时，须考虑商事交易的特殊性。[①] 受领人对要约不知情且该不知情非因过失（如自己机关的过错，根据《民法典》第278条的员工过错归入）导致的，不成立有过错的迟延。虽然《商法典》第362条明确以商人身份为前提，并且只有《商法典》第383条第2款第2句、第407条第3款第2句、第453条第3款第2句和第467条第3款第2句针对特定的小营业经营者参引该条，但是通说认为第362条也类推适用于小营业经营的商事代理人和商事居间人以及其他以类商人的方式参与交易活动之人。[②] 只有商人的沉默会给商人带来不利。《商法典》第362条已经不再适用于不清晰的回复以及使合同商谈处于不确定状态的回复。[③] 对这一条文结构——其包含两项以商事习惯为基础的事实构成——的最好阐释，是与《民法典》第633条确立的不同规则的比较：

	《商法典》第362条第1款第1句	《商法典》第362条第1款第2句	《民法典》第663条
举例	委托券商银行出售股票	某房地产开发公司在向特定对象寄出广告印刷品后收到一份委托	某不动产经纪人为宣传他的服务，在他的办公室旁挂了一块牌子，之后收到一份找房委托
构成要件	关于订立事务处理合同的要约（《民法典》第675条）	关于订立事务处理合同的要约（《民法典》第675条）	关于订立事务处理合同（《民法典》第675条）或者委托（《民法典》第662条）的要约

① Oetker/*Maultzsch*，§362 Rn. 24.

② KKRM/*Roth*，§362 Rn. 5；不同观点见 E/B/J/S/*Eckert*，§362 Rn. 10。

③ 参见 *BGH* NJW 1984，866，867。

续表

	《商法典》第362条第1款第1句	《商法典》第362条第1款第2句	《民法典》第663条
构成要件	要约受领人是业务范围包括为他人处理事务的商人或类商人交易方（例如：商事代理人、货运代理人、居间人、银行）	要约受领人是（任意一个）商人或类商人的交易方	要约受领人通过公开表示而被委任事务处理，或就事务处理公开向要约人自荐（如专利律师、拍卖商）
	在已经存在并且持续一定期间的业务关系（非一时性关系）的范围内作出的要约	向特定对象作出的回应要约邀请的要约	（包括向不特定人作出的）回应要约邀请的要约
	属于要约受领人的惯常业务	在要约邀请的范围内作出要约	在要约邀请的范围内作出要约
法律后果	产生不迟延地回复要约之义务；否则沉默构成承诺，基于该承诺并在满足其余成立要件时，合同以要约内容成立（通说：拟制）	产生不迟延地回复要约之义务；否则沉默构成承诺，基于该承诺并在满足其余成立要件时，合同以要约内容成立（通说：拟制）	产生不迟延地拒绝之义务；否则仅产生《民法典》第280条第1款规定的信赖损害赔偿（法定缔约过失情形）

《民法典》第663条对于更进一步的《商法典》第362条具有补充性。假若这两条规范均不得适用，依然可以根据《民法典》第280条第1款结合《民法典》第311条第2款、第241条第2款（缔约过失）成立损害赔偿请求权。[①]

（二）对商人确认函的沉默

学习提示：商人确认函规则是考试重点，因而应当熟练掌握。

1. 概念和法律性质

商人确认函是由合同当事人一方向另一方出具的、函告其确认某份以口头、电话、电报或电传缔结之合同的成立和内容的书函。商人确认函可以在一定范围内对合同商谈结果进行补充或者修正。商人确认函的受领人应当不迟延地提出异议，以防其沉默被视为承诺以及合同以确认函中的条件成立。[②]

习惯法承认商人确认函的沉默具有表示价值，这一规则以商法的信赖保护理念[③]和下列三则**商事习惯**的共同作用为基础（《商法典》第346条）：

17

---

① 参见 *BGH* NJW 1984，866，867。

② 惯常的司法判决，在此仅参见 BGHZ 7，187，189 f.；对这一法律制度的公允批评见 *F. Bydlinski*，FS Flume Bd. 1, S. 335 ff.。

③ 仅参见 MüKoHGB/*K. Schmidt*，§ 346 Rn. 143。

• 在商事交易中，为了证据目的以及必要时对细节的具体化，通常以书面形式确认口头的合同商谈。

• 确认函被交易相对方所惯常期待且被不迟延地函告。

• 受领人不同意确认函内容的，应当不迟延地提出异议。

商人确认函规则类似于上文阐释的《商法典》第 362 条的规则以及商事买卖的异议义务（《商法典》第 377 条；关于此见第十章边码 8 以下）。

2. 类型

18

商人确认函包含以下两种类型：

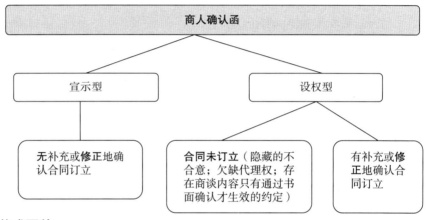

3. 构成要件

19

商人确认函规则包含六项构成要件：

（1）作为商事习惯的确认函规则最初仅适用于商人之间。如今普遍认为，当双方**当事人类似商人**广泛地参与商业交易以至于可以认为他们了解以确认函规则为基础的商事习惯（见本章边码 17）时，即应适用确认函规则。[①]

举例：批发商、小营业经营的土地经纪人、建筑师、律师、有限责任公司事务执行人。[②]

部分学者甚至援引《商法典》第 345 条和类推《商法典》第 362 条认为，当只有受领人类似商人参与商事交易而确认人只是单纯的私个人时，亦得适用确认函规则。[③]

（2）应当存在任一形式的合同商谈，即便该合同商谈完全没有，或至少没有全部或仅由一方书面记录，但是在事实上或至少从确认人的视角看已经导致**合同订立**。[④]

---

① 参见 BGHZ 40, 42, 43 f.；*BGH* NJW 1987, 1940, 1941；*OLG Düsseldorf* ZIP 2004, 1211, 1211。

② *OLG Düsseldorf* EWiR 2004, 707, 707。

③ *Canaris*，§ 23 Rn. 45；批评见 *Kollrus*，BB 2014, 779, 784。

④ 参见 BGHZ 54, 236, 240。

示例：五金店老板 Eisele 通过电话应答装置从批发商 Groß 处订购了一大批五金工具，在 Groß 通过传真表示同意送货后，Eisele 寄了一份额外包含商业中常见的付现折扣条款的确认函。如果 Groß 希望避免 Eisele 行使可能的付现折扣，则应当不迟延地作出回应，这是因为从 Eisele 的角度而言，合同商谈尚未被书面固定。

这一要件使确认函区分于订单确认函。确认函只是再现合同商谈的结果，并且至少从确认人的视角看该合同商谈已经导致合同订立；与之不同，订单确认函是针对已经作出的要约（"订单"）进行承诺的一种特殊形式，并且合同基于该承诺始告成立。订单确认函偏离要约的，视为拒绝要约并产生一个新要约（《民法典》第150条第2款），单纯的沉默无法构成对该新要约的承诺。

示例（出自 BGHZ 61，282 ff.）：商人 Abele 和 Best 在经过长时间的合同商谈后，就购买两个热保持筒仓的核心合同要素达成一致，但是 Abele 保留了作出关于合同订立的最终决定。不久之后，Abele 从 Best 处订购筒仓，并附上他双面打印的购买条件。购买条件主要包括法定的迟延规则和一条防御条款，后者要求对供应商提供的含有不同内容的定型化条款的适用以获得书面认可为前提。Best 确认了订单，并单方面援引由他附上的出售条件，与 Abele 的购买条件不同的是，出售条件排除迟延交货的损害赔偿请求权。事后 Best 未按期交货，双方分别援引各自提供的但互相冲突的格式条款。虽然 Abele 已经使用了迟延交货的筒仓，但是保留了1/3的约定购买价款作为迟延损害。对此，Best 提起诉讼要求支付剩余购买价款。

在此，对双方当事人而言，首先还未成立一个有效的合同。Best 对 Abele 订单的确认不构成商事确认函，由于内容上的不同，也不构成对 Abele 订单的承诺。根据《民法典》第150条第2款，Best 对订单的确认应当被视为一个新的要约，对此 Abele 无法通过单纯的沉默作出承诺。同样地，因 Abele 明确的反对（防御条款，同时主张损害赔偿），对筒仓的使用也不能被理解为对这一含有 Best 出售条件的新要约的默示承诺。然而，根据绝对的通说，鉴于 Abele 已经使用筒仓，合同在不包含这一互相矛盾的格式条款的范围内成立〔一致有效理论（Theorie der Kongruenzgeltung）〕。这一结论的得出既源自不一致原则[1]，也基于诚实信用原则对援引适用《民法典》第150条第2款的限制。[2] 根据《民法典》第306条第2款，法定规则将取代互相冲突的格式条款。[3] 据此，Abele 享有请求赔偿其所遭受的迟延损害的请求权。

（3）确认函应当在其核心**内容**中明确且终局性地再次表明所主张的具体的合同订立。因此，书函命名为确认函既不必要也不充分。[4]

---

① 参见 Palandt/*Grüneberg*，§305 Rn. 54。

② 参见 BGHZ 61，282，287 ff.。

③ 参见 *Musielak/Hau*，Examenskurs BGB, 3. Aufl.，2014，Rn. 87。

④ 参见 BGHZ 54，236，239。

（4）确认函应当在合同商谈结束后**不迟延地送达**合同相对方。[1] 在此准用演变为《民法典》第 130 条的规则。[2]

（5）**确认人**应当**值得保护**。确认人，仅在按照诚实信用原则可以将受领人的沉默理解为对确认函内容的同意时，才值得保护。[3]

确认人或者他的关键性辅助人（《民法典》第 166 条）**不诚信**行为的，不值得保护。寄函人故意不正确地复述已达成的约定中的重要内容并且认为受领人对此不会及时提出异议的，构成寄函人的不诚信。

> **示例：** Best 在 Felber 工厂休假时，向工厂主 Felber 确认口头商谈合同的订立，并将已经约定的买受价款提升 10%。

然而即便在确认人诚信行为时，确认函在内容上对合同商谈结果的**偏离**或补充同样不得如此**重大**，以至于根据诚实信用原则，确认人不能期待受领人无异议地接受（《民法典》第 242 条）。内容上的偏离由受领人主张和证明。[4] 通说认为，可以在商事确认函中补充纳入行业惯用的格式条款。这也是商人确认函规则的重要适用领域。然而，合同当事人不得事前反对适用相关的格式条款。当存在**交叉确认函**时，确认人同样不得认为受领人同意，这是因为确认人可以从两份确认函的不同内容中得出相对方不同意他的确认函。

就此而言，已经确认的合同订立仅因确认函受领人的辅助人欠缺代理权而失效殊值质疑。在此，确认人仅在其明确表明将确认函寄给另一名商人本人、执行事务的机关或经理时才值得保护。[5]

（6）最后，商人确认函仅在其受领人**未及时异议**时产生效力。原则上，超过一周的异议构成迟延。[6]

4. 法律后果

合同被视为以确认函的内容成立。此外还推定，确认函完整地再现了当事人的约定。[7] 然而，双方当事人可以提出证据证明达成了虽不被确认函所涵盖但也与确认函内容不相冲突的其他约定。这些其他约定是否最终事实上补充了确认函所载明的一些规则，还须视个案情形作出判断。[8]

---

① *BGH* NJW-RR 2001，680。

② 关于送达的一般要件参见 *Wolf/Neuner*，BGB AT，10. Aufl.，2012，§ 33 Rn. 10 ff.

③ 参见 *Walchshöfer*，BB 1975，719 ff.

④ *BGH* NJW-RR 2001，680，681.

⑤ *BGH* NJW 2007，987，988 f.；*Canaris*，§ 23 Rn. 37.

⑥ 参见 *BGH* BB 1969，933，933.

⑦ 《民事诉讼法》第 416 条；关于作为私文书的商人确认函的证明力详见 *Kollrus*，BB 2014，779 ff.

⑧ 参见 *BGH* NJW 1964，589。

（三）具有表示价值的沉默的可撤销性

依据《商法典》第 362 条以及商人确认函规则导致合同成立的沉默是否可以类推适用《民法典》第 119 条以下被撤销？[1] 对于这一与考试相关的问题应当区分以下情形：

• 沉默人仅对**其沉默**的法律拘束**效力**或者对确认函对合同商谈内容的**偏离**产生错误的，根据普遍的观点不得撤销；否则，将再次突破《商法典》第 362 条和商人确认函规则所旨在保护的信赖保护。[2]

> **示例：**（出自 *BGH* NJW 1969, 1711）：登记商人 Vossen 在汉堡从事室内音乐会筹办业务。在一次招待会上，他与艺人经纪人 Köster 口头约定："由 Köster 旗下的博萨特三重奏在音乐厅表演两个晚上，酬劳为 15 000 欧元。"合同双方均未注意到这一约定包含两种含义。Köster 在次日工作日书面确认"博萨特三重奏参与两场音乐会，酬劳总计 30 000 欧元"。Vossen 对此未提出异议，这是因为他认为，对这样一封从他的视角看完全错误记载口头订立的总报酬为 15 000 欧元合同的书函的单纯沉默不具有任何表示价值，并因此不会对他产生任何不利的后果。根据商人确认函规则，本案中约定的总报酬为 30 000 欧元。这是因为，从认为口头约定总报酬为 30 000 欧元的 Köster 的视角看，商人确认函并未如此重大地（即完全没有）偏离已经谈妥的合同，以至于他不能期待 Vossen 无异议地接受确认函的内容（参见本章边码 19）。Vossen 也不能类推适用《民法典》第 119 条第 1 款撤销他的沉默。这是因为，确认函的目的在于客观地释明口头订立合同中的尚未明确的内容。假若因 Vossen 对确认函偏离已谈妥合同的强度或者对其沉默的表示价值产生错误而赋予其撤销的权利，那么商人确认函就会丧失上述释明内容和避免争议的功能。[3]

• 与之相反，沉默人对要约以及确认函的**内容**本身产生错误的，根据通说原则上可以类推适用《民法典》第 119 条以下和第 142 条以下进行撤销。这是因为，交易相对方对受领人的沉默未受意思瑕疵影响的信赖，原则上不能比按照一般规则获得更强的保护。然而，通说认为，要约以及确认函的受领人因其在审阅确认函时未尽必要的商人注意而陷于错误的，不能撤销其沉默；否则，在这一情形中《商法典》第 362 条以及确认函的目的同样也因可撤销而不能实现。[4]

> **示例：**Vossen 认为，花费 30 000 欧元可以请来著名的美艺三重奏乐团（Beaux-Arts-Trio），并且相信 Köster 确认博萨特三重奏参与演出仅是一个书写错误。这一身份错误（error in persona）原则上使 Vossen 可以类推适用《民法典》

---

[1]　*Mues*, Irrtumsanfechtung, S. 159 ff.

[2]　参见 BGHZ 11, 1, 5。

[3]　参见 *BGH* NJW 1969, 1711 f.。

[4]　参见 *K. Schmidt*, Handelsrecht, § 19 Rn. 63 f. und 135 ff.；不同观点见 *Canaris*, § 23 Rn. 38。

第 119 条第 1 款第 1 种情形进行撤销。然而，通说认为还应当释明，Vossen 是否因未尽交易中之必要注意而例外地不享有撤销权。例如这一情形，博萨特三重奏在室内舞台乐领域已经比较有名并且因此 Vossen 有义务查明参与演出的乐团的身份。

• 《商法典》第 362 条的要约受领人受要约人**恶意欺诈**的，根据类推《民法典》第 123 条以下和 142 条以下，受领人有权撤销其沉默。根据商人确认函规则，当确认人恶意时，沉默不具有表示价值（参见本章边码 19），因此此时无须撤销。

三、《民法典》第 305 条以下适用中的特殊之处

22　　根据**《民法典》第 310 条第 1 款第 1 句**，《民法典》第 305 条第 2 和 3 款以及《民法典》第 308 条第 1、2 项至第 8 项和第 309 条不适用于**针对经营者**、公法人或公法上的特别财团使用的格式条款。[①] 根据《民法典》第 14 条第 1 款的立法定义，经营者是一个自然人、法人或一个《民法典》第 14 条第 2 款意义上的有权利能力的合伙，其在订立合同时从事经营行为或独立的职业行为（参见第一章边码 1）。因此，对于一个从事与营业相关的行为的商人，与其他经营者一样，都只有限地适用《民法典》第 305 条以下：

• 格式条款**订入合同**虽然需要有相应的约定，但是当事人之间的默示合意即已足，这是因为《民法典》第 305 条第 2 款在此并不适用并且因此无须对格式条款的明示提示或在合同订立场所明显可见的张贴。格式条款使用人同样无须使合同相对方能够以可期待的方式知悉格式条款。当格式条款使用人在谈判中（有时仅默示地）提示格式条款并且合同相对方对此未提异议时，格式条款即已订入合同。[②] 例如，格式条款也可以通过订单确认函中的提示被订入合同。[③] 仅当合同相对方要求时，才有必要将格式条款翻译为谈判语言或世界语言。[④] 当合同相对人因具体的情形能够确定无疑地知悉使用人有意将格式条款订入具体的合同时，默示的提示既已足。[⑤] 例如，在谈判之前提交格式条款。[⑥] 但是，仅在网站主页上提供格式条款的网络链接不能充分地表明将格式条款订入具体合同的意思。[⑦]

• **内容控制**只能基于《民法典》第 307 条以及《民法典》第 308 条第 1a 项和第 1b 项进行。然而，在《民法典》第 307 条的审查框架中，《民法典》第 308 条第

---

① 对《民法典》第 305 条以下适用于纯粹的企业交易的一般性批评见 *Axer*, Rechtfertigung, 2012。

② BGHZ 117, 190, 195；*OLG Hamm* NJOZ 2015, 1369, 1371.

③ *OLG Hamm* NJOZ 2015, 1369 ff.

④ *OLG Hamm* NJOZ 2015, 1369.

⑤ 参见 BGHZ 117, 190, 195——但是在个别案件中否认。

⑥ *OLG Hamm* NJOZ 2015, 1369.

⑦ *OLG Hamburg* WM 2003, 581, 583.

1、2～8项和第309条的条款禁止仍具有表征功能（Indizfunktion）。[①] 因此，建议在考试中针对经营者适用格式条款的情形也应当简略检视这些条文的禁止目录，并在《民法典》第307条第1款和第2款的框架下依据上述条文的评价展开论证。在此应当顾及与消费者相比而言经营者的较低保护需求和可能存在的商事习惯，但是这并不意味着，《民法典》第308条第1、2项至第8项和第309条所涵盖的所有条款因此在经营者的交易中有效。[②] 特别是企业收购合同是否以及在多大程度上适用并恪守格式条款的内容控制，存在争议。[③]

举例： 一家信用卡企业在与一家经销企业签订的经销合同中约定，经销企业无过错地承担（持卡人或只是自称持卡人）滥用信用卡的全部风险，这一条款构成对经销企业根据《民法典》第780条第1款对信用卡企业所享有的合同主要请求权的限制并损害合同目的。因此，根据《民法典》第307条第1款和第2款，这一条款即便适用于一个经营者也属无效。[④]

与此相反，当一个经营者**针对一名《民法典》第13条意义上的消费者**使用格式条款时，《民法典》第305条以下的保护因《民法典》第310条第3款的规定得到加强：

• 只要格式条款不是由消费者订入合同，则视为由经营者提供（《民法典》第310条第3款第1项结合《民法典》第305条第1款第1项）。这一规则，特别对于将由公证员或居间人建议的表格式条款纳入《民法典》第305条以下的适用范围，以及对于证明责任的分配具有意义。

• 只要消费者因条款的事先拟定而无法左右条款的内容，那么《民法典》第305c条第2款、第306条、第307条～第309条同样适用于个案中事先拟定的合同条款（《民法典》第310条第3款第2项）。基于符合欧盟指令的解释，《民法典》第305条第2款和第3款以及《民法典》第305c条第1款亦是如此。[⑤]

• 在依据《民法典》第307条第1款和第2款进行内容控制时，也应当考虑与合同订立相伴的情势（《民法典》第310条第3款第3项）。此举至少是为了保护消费者的利益（例如，突袭消费者）。与此相反，针对不存在典型的消费者弱势时是否可以例外地允许格式条款的适用仍有争议。[⑥]

[①] 参见 *BGH* NJW 1985, 3016, 3017；*BGH* ZIP 1996, 756, 758；*v. Westphalen*, NJW 2009, 2977 ff.；也见《民法典》第310条第1款第2句；批评见 *Lenkaitis/Löwisch*, ZIP 2009, 441 ff. 以及应然法上的修订建议见 *Berger*, NJW 2010, 465 ff.

[②] 详见 Kaeding, BB 2016, 450 ff.

[③] 对此见 *Maier-Reimer/Niemeyer*, NJW 2015, 1713 ff.

[④] *BGH* NJW 2002, 2234.

[⑤] Palandt/*Grüneberg*, §310 Rn. 18.

[⑥] 通说见 Palandt/*Grüneberg*, §310 Rn. 21；不同观点见 *Michalski*, DB 1999, 677 ff.

> **要点**：《民法典》第305条以下有限地适用于经营者，针对消费者合同则相反地被扩张适用。

四、实施商行为的特别规则

（一）商人的注意义务

23　　根据**《商法典》第347条第1款**，商人在履行商行为时应当承担通常商人应尽的注意。鉴于商人的专业知识和业务经验，这一规则通常意味着对《民法典》第276条第1款第1句的一般责任标准的加重。根据普遍的观点，《民法典》第280条第1款结合《民法典》第311条第2款和第241条第2款所规定之责任（缔约过失责任）同样被加重。然而，这最终只是一个**解释**问题，因为一般的注意标准总是依据所涉交易领域以及职业群体确定。此外，正是在此意义上，应当依据商行为的类型对通常商人的注意标准进行类型化（例如，一般承运人的注意，一般银行家的注意）。

　　依据民法规定仅对重大过失或对尽自己事务之注意负责任的责任限制，也得为商人的利益适用（《商法典》第347条第2款）。

（二）商人的合同惩罚允诺

24　　针对商人在经营其商事营业中允诺的过高的合同惩罚，债务人不能根据《民法典》第343条申请法院判决降低至合理的金额（**《商法典》第348条**）。这是因为，立法者认为商人能够正确地评估一项与经营相关联的合同惩罚约定的后果。然而，在特定情形下，商人也可以主张合同惩罚约定违反法律、背俗或背信（《民法典》第134条、第138条和第242条）、表格式的合同惩罚约定不具合理性（《民法典》第397条第1和2款[1]），或者交易基础的欠缺及丧失（《民法典》第313条）。[2]

（三）商人的保证

25　　只要提供保证至少对保证商人而言是一项商行为，那么他就不得针对债权人的请求主张先诉抗辩权（《民法典》第771条）（**《商法典》第349条**）。因此，与经营相关联的商人保证总是一个《民法典》第773条第1款第1项意义上的自己债务人式的保证。同样地，保护非商人的保证书面要式性（《民法典》第766条）对于商人亦不必要（**《商法典》第350条**）。

---

[1] 例如见 BGHZ 141, 391, 397 f.：与过错无关的合同惩罚仅当存在特定需求时合法。

[2] 详见 *Pauly*, MDR 2005, 781 ff.

(四) 商人的债务允诺和债务承认

当商人在其商事营业的框架内作出债务允诺或债务承认时，为了商事交易的便 26
利，不再需要民法规定的债务允诺（《民法典》第 780 条）和债务承认（《民法典》
第 781 条第 1、2 句）所必需的书面形式（**《商法典》第 350 条**）。

(五) 商事债权的计息

基于有偿性这一商法原则，产生了诸多针对因商行为所生债权的特别计息规则： 27

• 在合同没有约定或法律[1]没有其他规定时，双方商行为的法定利息不是一般的
年利率 4%（《民法典》第 246 条），而是年利率 5%（**《商法典》第 352 条**）。

• 对于没有消费者参与的法律行为——因此也恰好包括双方商行为，根据**《民
法典》第 288 条第 2 款**，金钱支付（例如购买价款债权）的迟延利率为《民法典》
第 247 条的基准利率加 9 个百分点。商人也可以根据《民法典》第 288 条第 3 款和
第 4 款请求支付更高的利息。如果不涉及金钱支付，而是例如涉及损害赔偿、费用
补偿或偿还支付请求权，那么根据《民法典》第 288 条第 1 款，在商行为交易中的
迟延利率原则上也是基准利率加 5 个百分点。如果陷入迟延的债务人不是消费者
（特别如果是一个商人），债权人还额外享有一项要求一次性支付 40 欧元的请求权
（《民法典》第 288 条第 5 款）。

• 在双方商行为中，商人可以自清偿期届满，而不是在陷入迟延（《民法典》
第 286 条）以及诉讼系属后请求支付利息（《商法典》第 353 条第 1 句，**即届期利
息**）。但是，对此原则上也适用复利禁止规则（《商法典》第 353 条第 2 句和《民法
典》第 248 条第 1 款）。

• 根据**《商法典》第 354 条第 2 款**，针对借款、预付、垫付和其他费用，商人
也可以要求自给付之日起支付利息。

(六) 商人服务和事务处理的有偿性

《商法典》第 354 条第 1 款的出发点是，商人不从事无偿的行为且对此众所周 28
知。因此，一个有权，特别是基于一份有效的合同，为另外一个商人或私人提供服
务或处理事务的商人，即便在没有相应约定时也为此获得一份当地惯常的报酬。[2]
根据《商法典》第 383 条第 2 款第 2 句、第 407 条第 3 款第 2 句、第 453 条第 3 款
第 2 句和第 467 条第 3 款第 2 句，这一规则也适用于小规模经营的行纪人、承运
人、货运代理人和仓库营业人，但是不适用于表见商人。

---

[1] 特别是《商法典》第 352 条第 1 款第 1 句明文排除《民法典》第 288 条第 2 款的迟延利息。

[2] 关于因《商法典》第 354 条第 1 款产生的民事居间人的佣金请求权见 *Heße*, NJW 2002, 1835 ff.

（七）商事债权的让与

29　　　根据《商法典》第 354a 条第 1 款，债权人即便违反意定的让与禁止（《民法典》第 399 条第 2 种情形）或同意保留[①]也可以让与从双方商行为[②]中产生的金钱债权。[③] 由此使债权人为担保贷款或融资让与债权成为可能。然而，根据《商法典》第 354a 条第 2 款，这一优待并不适用于《信贷业法》意义上的信贷机构的贷款债权。《商法典》第 354a 条第 1 款在含有预先让与条款的延长所有权保留中同样具有实践意义，这是因为针对转售保留物情形约定的价款债权预先让与，即便在与第三人买受人有效约定让与禁止时，亦得被执行。债务人在债权让与时获得如下保护，即不同于《民法典》第 407 条债务人即便对让与知情也可以向原债权人给付并产生免责效果（《商法典》第 354a 条第 1 款第 2 句）。债务人以其对让与人的债权进行的抵销也被视为《商法典》第 354a 条第 1 款第 2 句意义上的给付，在此债务人既可以向原债权人也可以向新债权人主张抵销。[④] 鉴于在《商法典》第 354a 条的框架内《民法典》第 406 条因《商法典》第 354a 条第 1 款第 2 句所谋求的特别债务人保护而同样不得适用，债务人也得以其在知情让与后取得的债权，或者以在知情让与后并且晚于让与债权到期的债权与原债权抵销。[⑤] 这一基于对原债权人持续履行归属的新型债务人保护，在结果上类似于债权让与对让与禁止所保护的债务人相对无效。[⑥] 根据《商法典》第 354a 条第 1 款第 3 句，《商法典》第 354a 条属于强行法，原则上不能由当事人协议变更，除非让与债权的债务人在债权让与后与新债权人约定只向其支付，这是因为债务人可以在知情让与后放弃《商法典》第 354a 条第 1 款第 2 句规定的保护。[⑦]

（八）商事往来账

1. 往来账的概念和功能

30　　　根据《商法典》第 355 条第 1 款的立法定义，当某人与商人存在交易关系并且从该交易关系中产生的请求权和给付连同利息一并被记账并定期结清通过结算和确认产生的一方或另一方的结余时，成立往来账。

　　举例：基于支付服务框架协议（《民法典》第 675f 条以下）而依约被作为往来

---

① *BGH* ZIP 2005，445，447.
② 对这一限制的批评见 *Canaris*，§ 26 Rn. 17 und 33 ff.
③ 详见 *Petersen*，Jura 2005，680 f. ；*E. Wagner*，WM 2010，202 ff.
④ Heidel/Schall/*Klappstein*，§ 354a Rn. 9.
⑤ *BGH* ZIP 2005，445，447.
⑥ *Wagner*，NJW 1995，180 f.
⑦ BGHZ 178，315；BGH NJW 2018，2254.

账管理的借记账户（《商法典》第 355 条）[1]，批发商与零售商或商事代理人与企业主之间的结算账户。

应当区分往来账和未付账单。在往来账中，债权丧失其独立性并被互相结算；与之相反，未付账单仅是对债权人随时可单独提出的各项债权的单方加总。

举例：私保病人 Adriane Plusmer 每季度从她的家庭医生那里收到医疗费用账单，其通常都是由在不同的治疗中产生的多项单一债权组成。已退休的 Rust 在下期退休金支付前在食品商店赊账。

往来账首要服务于**简化支付**。这是因为：首先，在持续性的交易关系中无须就每笔交易履行支付或其他的给付。通常人们可以在合同当事人的账户上进行相应的记账，并且定期或在某个确定的时间段后清偿确认后的结余（余额）。其次，通过往来账可以实现**一体化**。这是因为，重要的仅是被确认的统一余额，而不是单个在债务原因（买卖、承揽合同等）和法律命运（计息、时效、履行地等）上可能完全不同的债权。最后，往来账通过债权结算（至少到破产程序启动之前）可以确保债权人获得清偿（**担保功能**）。

31

2. 构成要件

（1）当事人之间应当存在一个长期能够产生双方请求权和给付的**交易关系**。在此，起决定性的不是交易关系是否在事实上持续（也参见《商法典》第 355 条第 3 款），也不是事实上是否对双方而言都产生了请求权。

32

示例：Klein 在 B 银行存款 1 000 欧元开设的用作支付账户的借记账户也构成往来账，即便 Klein 从未取款并且在签订支付服务框架协议后不久便通知终止了该协议。

（2）直接适用《商法典》第 355 条以下的前提是，**商人身份**或者《商法典》第 383 条第 2 款第 2 句、第 407 条第 3 款第 2 句、第 453 条第 3 款第 2 句和第 467 条第 3 款第 2 句的适用以及至少往来账关系中的一方从事与经营相关的行为。毋庸置疑，两个非商人同样可以通过意思自治设立往来账关系（《民法典》第 311 条第 1 款和第 241 条第 1 款；例如玩斯卡特牌的三人对赌债结算的约定）。通说认为[2]，对此类非真正的往来账可以类推适用《商法典》第 355 条第 2 款和第 3 款以及《商法典》第 356 条以下，但不能类推适用《商法典》第 355 条第 1 款以及该条关于《民法典》第 248 条利息禁止的例外。[3]

（3）最后，需要存在一个**往来账约定**，其应包含以下三点内容：

· 请求权以及给付应当连带利息被计入往来账，并因此成为单纯的记账科目。

---

[1]　Palandt/*Sprau*，§ 675 f Rn. 24.

[2]　参见 K. *Schmidt*，Handelsrecht，§ 21 Rn. 10 f.

[3]　Ba/Ho/*Hopt*，§ 355 Rn. 18.

● 双方的请求权和给付应当被结算。当事人可以约定，是否应当直至不再产生新的债权和给付（阶段往来账）或者在特定的时间段内（期间往来账）持续地进行结算。《商法典》将期间往来账视为通常情形（"在通常的时间段内"），并且在当事人没有其他约定时将期间长度定为一年（《商法典》第 355 条第 2 款）。

● 在结算之后得出一方或另一方享有的结余（余额）应当被确认，并通知相对方以获得承认。

> **示例：**Klein 在 B 银行开设了一个借记账户（《民法典》第 675 条以下）。他有权作任何类型的记账和随时打印银行对账单。每到季度末，他便收到一份收支余额通知。支付服务框架协议（《民法典》第 675f 条第 2 款）包含一则往来账约定。借方和贷方连同利息被作为单纯的记账科目计入往来账。随时打印银行对账单的权利并不能被评价为约定了一个阶段往来账。虽然银行对账单反映了当时的账户结余，但是这只是供 Klein 知情，并不包括余额确认。确切言之，余额确认每季度发生一次（期间往来账）。因此，银行对账单载明的余额不适用（默示的）认可（通说）。[①] Klein 仅应谨慎地检查银行对账单，以防止他因违反支付服务框架协议中的附随义务而依据《民法典》第 280 条第 1 款结合第 241 条第 2 款承担损害赔偿义务。[②] 然而与通常的往来账不同，顾客有权根据支付服务框架协议自由处分现有存款。[③] 因此，与单个的债权不同，Klein 的存款不被"冻结"（参见本章边码 33）。例如，Klein 的债权人可以查封存款（《民事诉讼法》第 829 条、第 835 条、第 851 条第 1 款）。[④]

3. 法律后果

33 单个债权和给付被**计入往来账**后，便失去了它们的独立性，并成为单纯的记账科目（计入账目）。这通常被称为单个债权的"冻结"，并产生如下重要后果：

● 债权人不能再处分单个债权。他不能再执行、质押（《民法典》第 1274 条第 2 款）或让与单个债权。[⑤] 同样地，利用或与单个债权的抵销也被排除（《民法典》第 394 条结合《民事诉讼法》第 851 条第 1 款）。

● 债权人的债权人不得再对单个债权进行扣押（《民事诉讼法》第 851 条第 1款结合《民法典》第 399 条和《商法典》第 357 条）。

● 单个债权的履行不再可能。债务人作出的给付仅在他这一方面被计入往来账并在结算时予以考虑。

● 债务人不再因单个债权而陷入债务人迟延。

---

① BGHZ 50，277，279 f.
② 参见 BGHZ 72，9，14 f.
③ 参见 Palandt/*Sprau*，§ 675 f Rn. 27.
④ 一般性的关于对结算账户强制执行的问题见 *Mikolajczak*，Die Zwangsvollstreckung in ein Girokonto，2015.
⑤ 通说认为，往来账约定成立默示的《民法典》第 399 条第 1 种情形下的让与排除，Oetker/*Maultzsch*，§ 355 Rn. 39；不同的观点认为，往来账关系导致债权内容的变更并因此成立《民法典》第 399 条第 1 种情形的让与排除，Staudinger/*Busche*，§ 399 Rn. 55.

- 债权的诉讼时效中断（类推适用《民法典》第205条）。①

> **示例：**Klein在B银行开设了一个借记账户，账户显示借方3 000欧元。当有2 500欧元的金额记入账户时，Klein的债权人不能针对这一债权采取措施。

根据往来账约定，在会计期间结束时，单个债权的**结算**原则上自动进行并且因此无须特别的抵销表示。② 应当区分结算与余额承认，前者产生**履行效力**并且使要因**余额债权**得以产生。只要往来账协议未约定将余额债权再次纳入往来账，那么债权人可以自由处分该余额债权。此外，余额债权原则上可被扣押（《商法典》第357条）。余额应当计息，并且即便当往来账中计入的债权已经计息而违反《民法典》第248条第1款的一般复利禁止亦应如此（《商法典》第355条第1款）。法律并未规定从单个债权到要因余额债权的产生模式以及结算的方式，因此在没有合同约定时存在争议。尤其值得质疑的是在结算的顺位上对《民法典》第366条以下和第396条的类推适用。③

对被确认余额的承认构成《民法典》第781条意义上的抽象**债务承认**合同，其根据《民法典》第782条无须合同形式。因此，余额的承认亦可默示达成。

> **示例：**Klein在B银行开设了一个借记账户。在1月初，他收到的账户对账单载明："截至12月31日的期末余额为1 243欧元。若您在送达后6周内未提出书面异议，视为承认该账目决算。"（也参见《银行格式合同》第7项第2款和《储蓄银行格式合同》第7项第3款）。Klein未采取任何行动。承认合同因约定的沉默以无书面形式（参见《民法典》第782条）成立。

承认合同的有效订立导致成立一项独立于债务原因并因此独立于单个债权的**抽象余额债权**，其适用独立的履行地（《民法典》第269条）和统一的3年诉讼时效。④ 然而，因果关系并非因此完全无意义。这是因为：一方面，债务人在具体情形下可以因错误或恶意欺诈撤销其承认表示；另一方面，承认原则上并未终局性地改变权利状态，而仅仅导致**证明责任的倒置**。这是因为，余额承认可因在作出余额承认时不知情的（参见《民法典》第814条）结算错误或针对基础债权的抗辩而被视为欠缺法律基础要求**不当得利返还**（《民法典》第812条第1款第1句情形1结合该条第2款）。在主张不知情的错误承认时，债务人亦得额外提出恶意所得抗辩权（*dolo petit*-Einrede）[恶意所得应当立即返还（*dolo agit qui petit quod statim redditurus est*）]。⑤ 对此，债务人承担证明责任。

---

① 参见 BGHZ 49, 24, 27; *OLG München* GWR 2011, 315。
② 参见 *K. Schmidt*, Handelsrecht, §21 Rn. 25。
③ näher *Brox/Henssler*, Rn. 349 ff.
④ 参见 BGHZ 51, 346, 349。
⑤ 参见 *Henrich*, JA 1972, 277, 280。

> **示例**：B 银行因疏忽将一笔收入重复记入其借记客户 Klein 的银行账户。在 Klein 承认 B 银行所告知的往来账期间结束时的结余后，B 银行发现错误，遂在 Klein 的借记账户中以计入借方的方式进行了账目更正。然而，这一行为仅被视为 B 银行作出的为订立账目更正协议的要约。如果 Klein 针对账目更正提出抗辩，B 银行必须再次将冲销的金额记入贷方（参见《银行格式合同》第 8 项第 2 款）。在此情形下，B 银行只能针对该承认请求返还不当得利（《民法典》第 812 条第 1 款第 1 句情形 1 结合该条第 2 款），并承担该不当得利请求权构成要件的证明责任。此外，Klein 在善意时可以根据《民法典》第 818 条第 3 款主张所得利益灭失。然而，联邦法院在账目错误可被识别时视借记客户为恶意的受领人。[①]

36　　　　有争议的是，从余额承认中产生的抽象余额债权与从结算中产生的要因余额债权之间的关系。[②] 司法裁判的观点认为，抽象余额债权以**债务更新**（债务替代）的方式取代了要因余额债权。[③] 文献中的一种主流观点认为，抽象余额债权只是为了实现履行（《民法典》第 364 条第 2 款）而与要因余额债权并存。[④] 然而，上述观点争议的实践意义微乎其微。[⑤] 这是因为，根据《商法典》第 356 条第 1 款的明文法定规则，针对基础债权和要因余额债权设定的**担保权**在被承认的余额与被担保的债权数额一致的范围内继续有效。这一规则既适用于从属性的担保权（例如质权）也适用于非从属性的担保权（例如所有权保留）。

> **示例**：在批发商 Groß 与零售商 Eisele 的往来账中，被计入了一笔 Groß 对 Eisele 数额为 10 000 欧元的债权。Bertold Büchner 对这笔债权作出保证。在结算期间届至时，Eisele 承认 Groß 享有经结算确认的余额计 15 000 欧元。如果 Eisele 不能支付，Groß 可以要求 Büchner 支付 10 000 欧元（《民法典》第 765 条第 1 款结合《商法典》第 356 条第 1 款）。

4. 强制执行中的余额扣押

37　　　　在对往来账余额的扣押中，须严格区分当时余额和将来余额：《商法典》第 357 条只规定了对在扣押裁定送达第三方债务人时（《民事诉讼法》第 819 条第 3 款结合第 166 条以下）得出的当时余额（送达余额）的扣押（"归属于"）。据此，对**送达余额的扣押**不会导致结算期间的中断。扣押债权人同样不享有独立的通知终止权，并因此只能在结算期间经过后寻求清偿。但是为了扣押债权人的利益，扣押可以阻却通过将债务人的新债务记入往来账而导致当时余额的减少（余额保留）。

---

① BGHZ 72，9，14.
② *K. Schmidt*，Handelsrecht，§ 21 Rn. 31 ff.
③ 仅见 BGHZ 58，257，260。
④ 例如见 *Canaris*，§ 25 Rn. 29 ff.
⑤ 仅参见案例 BGHZ 58，257。

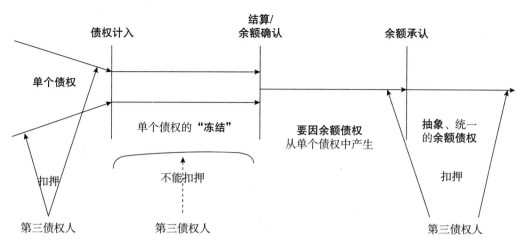

扣押送达余额的一种特殊形式是上文已经提及（本章边码 32）并且通说认为 **38**
合法的对**借记账户往来账**每日余额的扣押。[1] 在此，扣押债权人不仅可以扣押当
时余额，还可以基于借记账户协议所例外赋予客户的当时支付请求权而寻求立即
清偿。

但是，余额保留同时阻却将来贷方科目的记入。送达余额低于债权或者甚至
送达余额是负值的——尽管将债务人的债权记入往来账并且产生一个正值的结算
余额，扣押债权人因此完全不能或者只能部分获得清偿。为防止不能获得完全清
偿，扣押债权人可以并且应当通过另行扣押在终期决算后产生的**将来余额**。

> **示例：** 债权人 Graf 因 30 000 欧元的买受价款债权申请对其债务人 Schneider
> 强制执行。为此，他扣押了 Schneider 和 Dreier 之间往来账上的当时余额和将来余
> 额。所管辖的执行法院作出的扣押和转账裁定在 12 月 1 日送达 Dreier。当天，往
> 来账显示 Schneider 享有 5 000 欧元的余额。12 月 15 日，往来账中记入一项
> Dreier 对 Schneider 的金额为 10 000 欧元的债权；12 月 20 日，记入一笔 Schneider
> 对 Dreier 的金额为 50 000 欧元的债权。在 12 月 31 日的终期决算中得出，
> Schneider 享有的贷方余额为 45 000 欧元。假如 Graf 只扣押了当时余额，则只能
> 获得 5 000 欧元的清偿，这是因为他虽然不会受到记入 Dreier 对 Schneider 享有的
> 金额为 10 000 欧元的债权的影响（《商法典》第 357 条），但是不能如同扣押将来
> 余额一样可以执行终期决算时的正值贷方余额。

5. 往来账的终止

往来账一方面因交易关系的终结（例如支付服务框架协议的通知终止）或者 **39**
（单纯的）往来账协议的通知终止而终止，后者根据《商法典》第 355 条第 3 款在
无其他约定时（"有疑义时"）亦可在结算期间作出。另一方面，往来账还因对参

---

[1] 参见 *Müller-Laube*，20 Probleme，Problem 9，S. 38 ff。

与一方的财产启动破产程序而终止。[①] 因终止产生的余额请求权无须承认立即到期，并可被让与、质押和扣押。

（九）商行为的给付时间

40 　　商事行为的给付时间原则上也依《民法典》第 271 条确定。因此，在无约定时应当立即履行给付。然而**《商法典》第 358 条**将一般地禁止不当时间的给付（《民法典》第 242 条）予以具体化，即针对至少一方是商人的商行为在无约定时仅能在营业时间（例如窗口服务时间）履行给付和请求给付。

> **示例：**Kleber 从二手车商 Ganter 购买了一辆小汽车，同时以他的旧汽车进行置换。当天傍晚，Kleber 临时决定驾驶他的旧汽车前往 Ganter 处。但是，Ganter 拒绝受领这辆汽车，因为，由于管理上的原因，在营业时间之外他不能受领。在返程的路上，Kleber 过失造成的事故导致旧汽车报废。在此不能适用《民法典》第 300 条第 1 款。这是因为按照《商法典》第 358 条的规定，Ganter 不构成受领迟延（《民法典》第 293 条以下）。根据《民法典》第 276 条第 1 款第 1 句和第 2 款的规定，Kleber 应当对他的给付不能负责。

　　此外，**《商法典》第 359 条**还规定了针对特殊给付期约定的解释规则。根据《商法典》第 361 条，关于时间计算，在没有约定时适用履行地的时间。

（十）商行为的给付内容

41 　　根据《民法典》第 243 第 1 款，对于**种类之债**应当给付中等种类和品质的物。对于商人的与营业相关的种类之债——也包括相对方是私人债权人的情形，**《商法典》第 360 条**将这一质量标准进一步具体化。根据该条，商人可以交付在履行地常见的中等种类和品质的商品。在个案中，这会导致成立比《民法典》第243 条第 1 款更高或者更低的质量标准。《商法典》第 360 条不是强行法，并因此可以通过合同约定〔例如"新出厂的""如其品质（tel quel）""如同样品"〕排除适用。

　　按照数量、重量、币种、时间计算或距离进行给付的，根据**《商法典》第 361条**的规定，合同中使用的可能有多重含义的概念（例如"磅""度"）适用**履行地**的理解。

（十一）商事善意信赖保护

1. 特别规则的功能

42 　　**《商法典》第 366 条**这一重要的特别法规则扩大了《民法典》第 932 条以下和

---

① BGHZ 70，86，93.

第 1207 条以下的善意信赖保护。根据民法的规定，动产的善意取得人和善意质权人仅在信赖出卖以及设定质押的非所有权人为（无负担的）所有权人时始获保护。与此相反，在动产出卖人或出质人的商行为中，即便取得人以及质权人**只善意信赖**出卖人或出质人的**处分权能**，也产生善意信赖之效果。这一善意信赖保护之扩张旨在提高商法上的交易保护。这一扩张是必要的，这是因为恰恰在商事交易中普遍存在基于处分权能以自己的名义处分他人动产并且交易相对方信赖存在处分权能。

> **示例：**作为卖方行纪人的艺术品经销商 Köster 以自己的名义将 Eich 所有的画作卖给 Klein 先生。行纪合同和合同中约定的处分授权（《民法典》第 185 条第 1 款）无效。Klein 知道，Köster 以行纪人的身份行为。
>
> 零售商 Eisele 从经销商 Groß 购得货物，这些货物负有所有权保留但却例外地没有获得再次出售的授权。Eisele 知悉存在所有权保留，但却认为 Groß 获得了授权。

当取得人或质权人只善意信赖出卖人或出质人享有代理权时，对于是否（类推）适用《商法典》第 366 条**争议**巨大。　　　　　　　　　　　43

> **示例：**零售商 Eisele 从 Viktoria Velten 取得经销商 Groß 的货物时，错误地认为 Velten 是 Groß 的订约商事代理人。在此，Eisele 知道，Velten 既不是所有权人，也未从 Groß 获得以自己名义处分的授权。但是，他有理由认为 Velten 以 Groß 的名义出卖货物。

《商法典》第 366 条第 1 款可直接[1]或者类推[2]适用于欠缺代理权情形的理由是，《商法典》未明确区分（处分）授权和意定代理权（例如，参见《商法典》第 49 条第 1 款、第 54 条第 1 款和第 56 条），并且在实践中欠缺处分权和欠缺代理权之间的界限十分模糊，这是因为通常很难查明商人以自己或以他人的名义行为。然而，正确的反对观点[3]主张，差异化的法定善意信赖保护因（类推）适用《商法典》第 366 条会导致对善意信赖第三人的过度保护。此外，第三人已经通过表象代理规则和确认函规则获得了充分的保护。[4]

另外，在（类推）适用《商法典》第 366 条第 1 款的支持者之间也存在争议，即这一（类推）适用是否应当仅限于处分行为，以及前手所有权人可否因原因行为的无效（《民法典》第 177 条）对取得人享有《民法典》第 812 条第 1 款第 1 种情形的不当得利返还请求权[5]，抑或《商法典》第 366 条第 1 款是否至少构成保有得利的原因。[6] 如果承认不当得利返还请求权，那么将在结果上导致（类推）适

---

[1] 例如 *K. Schmidt*，Handelsrecht，§ 23 Rn. 33 ff.

[2] 例如 *Brox/Henssler*，Rn. 313。

[3] Oetker/*Maultzsch*，§ 366 Rn. 28；KKRM/*Koller*，§ 366 Rn. 2.

[4] *Canaris*，§ 27 Rn. 16.

[5] 例如 *Brox/Henssler*，Rn. 313。

[6] 例如 *K. Schmidt*，Handelsrecht，§ 23 Rn. 37；批评见 *Canaris*，§ 27 Rn. 17。

用《商法典》第 366 条第 1 款再次进一步地失去价值。

2. 善意信赖保护的前提要件

44

《商法典》第 366 条的善意信赖保护的前提要件包括：

（1）出卖人以及出质人应当是《商法典》第 1～6 条的**商人**，或者应当适用《商法典》第 383 条第 2 款第 2 句、第 407 条第 3 款第 2 句、第 453 条第 3 款第 2 句或第 467 条第 3 款第 2 句。有争议的是，在多大程度上保护对处分人的商人身份的信赖。[①]

> **示例：**尚登记在商事登记簿上的 Groß 在停止食品批发后将货物卖给零售商 Eisele。Eisele 虽然知道，这些货物仍处于生产商 Holm 的所有权保留之下；但是由于 Groß 仍在商事登记簿上登记以及 Groß 使用原先的企业信函（"Firma Hugo Groß, Lebensmittelgroßhandel e. K."）通知他已经发货，因而 Eisele 认为 Groß 是商人并且 Holm 授予其处分权。
>
> Eisele 依《民法典》第 929 条第 1 句和第 932 条的善意取得首要因欠缺对 Groß 所有者身份的善意信赖而被排除。但是在此似乎可以适用《商法典》第 366 条第 1 款。然而，Groß 已经不再是商人。特别是在此不能适用《商法典》第 5 条，因为 Groß 已经不再经营营业（参见第二章边码 28）。但是，有疑问的是，Eisele 是否可以针对 Holm 主张《商法典》第 15 条第 1 款的保护或者 Groß 的表见商人身份。通说否认这一观点，理由是，《商法典》第 15 条第 1 款或者表见商人规则只能针对应当登记该事实是其分内之事之人或者造成表见商人表象之人适用并产生不利的法律后果。[②]然而，此时 Eisele 的善意取得仅对未参与造成权利表象的所有权人 Holm 产生不利。因此，通说认为，不保护对行为人商人身份的善意信赖。[③]

（2）应当是对**动产**的处分。因此排除对不动产或权利（例如也包括动产的用益权）的善意取得。

（3）处分应当与**经营相关**（"在商事营业的经营中"）（《商法典》第 344 条）。这是因为对处分具有经营相关性的善意信赖不受保护。

（4）**此外**，应当存在一个**有效的处分行为**。这意味着，处分不得存在除行为商人欠缺处分权或者代理权之外的其他瑕疵。因此，对商人行为能力或处分行为不可撤销性的善意信赖不受保护。

（5）另外必要的是，取得人对出卖人或出质人的意定（《民法典》第 185 条第 1 款）或法定（如《民法典》第 383 条以及《商法典》第 373 条第 2 款和第 389 条）处分权能的**善意信赖**。一个获得广泛支持的观点认为，此外对代理权的善意信赖亦

---

① offen gelassen von *BGH* NJW 1999，425，426.

② *RG* LZ 1929，778；*OLG Düsseldorf* DB 1999，89 f..

③ 亦参见本书第二章边码 47 以及 *Brox/Henssler*，Rn. 310；不同观点见 *Canaris*，§27 Rn. 5.

已足 [《商法典》第 366 条第 1 款（类推）；参见本章边码 43]。关于善意信赖的标准，准用针对《民法典》第 932 条第 2 款发展出的诸项规则。① 例如，取得人即便根据情形应当注意到前手供应商的延长型所有权保留并且知道在存在延长型所有权保留时，针对处分权设定的债权预先让与因取得人已经事先向负有让与义务的合同相对方履行给付而变得毫无意义，但仍然认为出卖人享有处分权时，构成取得人重大过失行为并且因此构成取得人恶意。② 在处分与经营相关但是不属于商事营业范畴时，须提高取得人的善意信赖标准。③

（6）鉴于参照适用《民法典》第 932 条以下和第 1207 条以下，因此最后必须满足被参照的善意取得人构成要件。因此，在案例分析中，应当总是结合**《民法典》第 932 条、第 933 条、第 934 条、第 1207 条、第 1208 条**审查《商法典》第 366 条。同样应当审查**《民法典》第 935 条**对善意取得的限制（对此亦参见《商法典》第 367 条中关于特定有价证券的特别规则）。

> **要点：**在商法中，对所有权人身份或者对出卖人或出质人处分权的善意信赖受到保护，但是对存在代理权（有争议）、商人身份（有争议）、经营相关或行为能力的善意信赖不受保护。

3. 善意信赖保护的内容

商行为善意信赖保护的详细内容具体见下表

45

	《商法典》第 366 条第 1 款	《商法典》第 366 条第 2 款	《商法典》第 366 条第 3 款	《商法典》第 367 条
被修正的《民法典》规则	《民法典》第 932 条~第 934 条和第 1207 条	《民法典》第 936 条和第 1208 条	《民法典》第 1207 条和第 1257 条	《民法典》第 935 条第 2 款和第 1207 条
内容	即便单纯善意信赖处分权也适用《民法典》第 932 条~第 934 条和第 1207 条	即便单纯善意信赖出卖人或出质人享有无保留的处分权也适用《民法典》第 936 条、第 1208 条	只要《商法典》第 397 条、第 440 条、第 464 条、第 475b 条、第 495 条的法定担保权用于担保与该合同相关的（关联）债权，那么这些法定担保权也可以因对寄售人、	针对有价证券的出售以及设定质权这些特定情形的可推翻的恶意推定

---

① 参见 Palandt/*Bassenge*，§ 932 Rn. 6 ff.。

② *BGH* ZIP 2003, 2211, 2212.

③ *BGH* NJW 1999, 425, 426.

续表

	《商法典》 第 366 条第 1 款	《商法典》 第 366 条第 2 款	《商法典》 第 366 条第 3 款	《商法典》 第 367 条
内容			寄货人、托运人以及存货人对第三人所有物享有交付权限的善意信赖而产生①	
功能	扩张对所有权以及意定质权的善意取得	扩张对无负担所有权的善意取得和意定质权的优先	使对法定的与占有关联的商事质权的善意取得成为可能	对《民法典》第 935 条第 2 款的限制

（十二）商事质物出卖

46 　　根据《民法典》第 1234 条，出卖一个被设定质权的物时应当作出警告。为了简化商人对质物的变价，当设定质权的行为对于双方（第 1 款）或者在特定情形中至少对于质权人（第 2 款）而言是商行为时，警告与出卖之间的法定等待期从 1 个月（《民法典》第 1234 条第 2 款）缩短至 1 周（**《商法典》第 368 条**）。

（十三）商人留置权

47 　　**《商法典》第 369～372 条**规定的留置权是一种特殊的商法**担保手段**，其与同在商事交易中适用的《民法典》第 273 条第 1 款和第 2 款、第 1000 条和第 2022 条的留置权以及与合同未履行抗辩权（《民法典》第 320 条）并行适用。《民法典》第 273 条第 1 款的一般留置权是拒绝履行自身所负给付的权利；与之不同，《商法典》第 369 条以下条文不仅通过赋予拒绝给付权，而且特别通过**质权性质的清偿权**以担保债权人（的债权）。对此，法律的出发点是，在相互的交易关系的框架下，债权人取得占有的动产或者有价证券可以作为担保的手段。

1. 构成要件

48 　　商人留置权包含七个构成要件：

　　（1）债权人和债务人双方须均为**商人**，或者须适用《商法典》第 383 条第 2 款第 2 句、第 407 条第 3 款第 2 句、第 453 条第 3 款第 2 句或第 467 条第 3 款第 2 句。通说认为，当债务人作为表见商人行为时，也适用《商法典》第 369 条以下。②

　　（2）作为债权人留置原因的债权须原则上是**到期的金钱债权**，这是因为留置权

---

① 关于对所有权善意信赖时取得质权以担保非牵连性债权参见 K. *Schmidt*，NJW 2014，1 ff.
② 详见 Großkomm/*Canaris*，§ § 369-372 Rn. 9。

最终都转化为清偿权（《商法典》第 371 条结合《民法典》第 1228 条第 2 款）。然而，通说认为，当债权至少可以转化为金钱债权时（《民法典》第 1228 条第 2 款第 2 句）即已足——绝大多数的债权都属于此种类型，例如基于给付障碍产生的债权（《民法典》第 280 条以下）。《民法典》第 985 条的返还请求权同样具有担保能力。

（3）此外，债权应当产生于一个债权人与债务人订立的**双方商行为**。当债权只是为了回溯清算一个无效的（例如：给付型不当得利）或有效的（例如：《民法典》第 346 条第 1 款的请求权）商行为时，也满足这一要件。[①] 另外，留置权不仅存在于原合同当事人（"订立的"），也存在于例如债务继受（《民法典》第 414 条以下）或继承导致的债务人变更的情形。[②] 因此，未被涵盖在内的只有商人私行为框架中的留置权和因债权让与导致债权人变更产生的留置权。

（4）商人留置权的客体只能是**可以被设质的动产或有价证券**（不记名证券或指示证券）。通说认为，这一要求源自留置权所具有的占有法上的和类质权的特征（参见《商法典》第 371 条）。因此，不仅不动产，特别也包括记名证券（参见《民法典》第 952 条，例如储蓄存折、记名股份和土地债务证书）以及机动车许可证书二[③]被排除在担保客体之外。与此相反，可以将汇票作为指示证券予以留置。

> **示例：**Abele 为了担保贷款债权将她的机动车所有权转移给 B 银行，并且将机动车许可证书二（之前是机动车产权证）交付给 B 银行。在 Abele 清偿完贷款后，B 银行因其他债权留置了该证书。B 银行无权如此行为，这是因为机动车许可证书二不是一个独立的可被变价的物，它只是一个表征机动车所有权的附录并且等同于记名证券。[④]

（5）留置物或留置证券应当在留置权产生时（而非主张留置权时；参见《商法典》第 369 条第 2 款）**原则上由债务人所有**。这一在《商法典》第 369 条第 1 款中提及的构成要件，同样可从商人留置权产生清偿权这一情形中得出。然而，根据《商法典》第 369 条第 1 款第 2 句存有例外，即虽然债务人的所有权已经转移给债权人但是债权人有义务将所有权回转给债务人（例如《民法典》第 346 条第 1 款）以及第三人的所有权虽然已经转移给债权人但是必须再由债权人继续转让给债务人（例如买入行纪；参见《商法典》第 384 条第 2 款款末）。

（6）债权人必须**基于债务人的意志**以商行为的方式取得和保持**占有**。丧失占有导致（"仍在占有中的"）留置权的消灭。债权人对标的物本身或对有权请求交付标的物的交付证券（《商法典》第 369 条第 1 款第 1 句所列举之"特别是"海运提

[①]　*Brox/Henssler*，Rn. 323.

[②]　通说；参见 KKRM/*Koller*，§§ 369-372 Rn. 4。

[③]　类推《民法典》第 952 条；Palandt/*Bassenge*，§ 952 Rn. 7。

[④]　类推《民法典》第 952 条：机动车许可证书二上的权利遵循文件记载的权利——即机动车所有权，参见 *OLG Frankfurt/M*. NJW 1969，1719，1720）。

单、提单和仓单）的共同占有或者间接占有（只要第三人且非债务人是占有人）即已足。占有取得应当依据债务人或其代理人明示或默示的意思。因此，占有取得（即便存在债权人占有请求权时）不得自力为之。最后，占有取得应当至少对债权人而言基于商行为产生。①

（7）最后，留置权**未被排除**。留置权可以通过当事人的约定（以及格式条款）或者依法根据《商法典》第 369 条第 3 款被排除，即"当对标的物的留置违背由债务人在交付之前或交付之时作出的指示，或者违背债权人承担的以特定方式处置该标的物的义务时"。

> **示例：**艺术品经销商 Köster 与古董商 Alt 处于固定的交易关系中。Köster 委托 Alt 为其利益以 Alt 自己的名义出售一幅画（卖出行纪）。此时，Alt 应当将这幅画在艺术品市场上卖出并且不能留置。因此，Alt 不能因其他针对 Köster 的债权取得对该画的留置权。

此外，债务人还可以通过提供担保**阻却**留置权（《商法典》第 369 条第 4 款）。

2. 法律后果

49 　　商人留置权赋予债权人：

* 一项附延缓条件抗辩权形式的**给付拒绝权**，并且因此得在诉讼程序中提出这一抗辩。通说认为，债权人享有一项关于《民法典》第 986 条第 1 款意义上的占有的债法性权利，并且当债务人诉请返还时只能被判令同时履行。② 在占有丧失时，债权人根据《民法典》第 1007 条同样可能对当下占有人享有请求权。

* **受偿权**（《商法典》第 371 条），债权人可以通过两种方式实现受偿权。基于一般强制执行法可以强制执行受偿（仅《商法典》第 371 条第 3 款第 1 句明确规定："只要受偿不是以强制执行的方式进行……"）。强制执行受偿依据一般的规则进行。因此，强制执行受偿需要执行名义、执行确认和执行送达，并且需要采取扣押（《民事诉讼法》第 809 条）和后续对留置物的变价（《民事诉讼法》第 814 条以下）。此外，债权人还拥有特殊的卖出受偿之可能，即根据《商法典》第 371 条第 2 款结合《民法典》第 1233 条以下，卖出受偿如同变价担保物一样进行，但是额外需要一个针对债务人的执行名义，因此，此时亦需法官的参与。

* 在债务人破产时的**别除权**（《破产法》第 51 条第 3 项）。

商人留置权不仅针对债务人，亦可根据《商法典》第 369 条第 2 款针对事后取得留置物所有权的**第三人**行使，只要留置权人可以根据《民法典》第 986 条第 2 款对该第三人主张留置权之抗辩，这是因为该第三人通过让与返还请求权（《民法典》第 929 条第 1 句、第 939 条）或根据《民法典》第 929 条第 1 句、第 930 条通过约

---

① Ba/Ho/*Hopt*，§ 369 Rn. 9.
② *BGH* NJW 1995，2626，2627；不同观点见 *Seidel*，JZ 1993，180 ff.。

定占有改定①而获得所有权。此外，为了保护善意信赖的债权人，债务人被继续视为所有权人，故而债权人依然能够以留置物受偿（《商法典》第 372 条第 1 款）。最后，在诉讼系属中善意信赖的债权人可以以一项在债权人与债务人之间因以留置物受偿而生法律诉讼的生效判决对抗取得人（《商法典》第 372 条第 2 款之既判力扩张）。

《商法典》第 369 条以下条文属于任意性规范，可以由当事人通过其他约定设置对债权人或对债务人更有利的构造。

下表通过与《民法典》第 273 条第 1 款的一般留置权的比较总括性地展现商人留置权的特殊性：

50

	《商法典》第 369 条	《民法典》第 273 条第 1 款
有权留置之人的称谓	债权人	债务人
被担保的请求权的属性	基于双方商行为产生的到期或危及清偿的金钱债权	任何种类的到期请求权
双方法律关系的属性	基于双方商行为的债权和依债务人意思的商事占有取得	债权的关联性，即自然的和经济的关联（例如：持续的交易关系）
留置的客体	独立可变价的动产或有价证券，其原则上在留置权产生时由债务人所有，并依债务人的意思由债权人取得且保有占有	任何类型的给付（例如：交付、提供服务）
留置权的排除	当事人约定（以及格式条款）排除，法定排除（《商法典》第 369 条第 3 款），提供担保（《商法典》第 369 条第 4 款）	当事人约定排除（例如约定先给付义务），法定排除（例如《民法典》第 175 条条末），提供担保（《民法典》第 273 条第 3 款）
留置权的内容	给付拒绝权，质权性质的受偿权（《商法典》第 371 条以下），债务人破产时的别除权（《破产法》第 51 条第 3 项）	给付拒绝权（延缓的抗辩权）

---

① 与《民法典》第 931 条同等对待见 BGHZ 111, 142, 146 f.

第三十五节　本章复习

一、本章总结

□**商行为**＝商人从事的属于经营其商事营业的（法律）行为（《商法典》第 343 条）。**相反概念**：商人的私行为，非商人的行为

□类型：

• 单方商行为（仅单方具有商人身份和/或经营相关）

• 双方商行为（双方具有商人身份和经营相关）

□通过沉默**订立**商行为的特别规则：

• 沉默对**事务处理**的要约具有表示价值（《商法典》第 362 条）

• 沉默对商人**确认函**具有表示价值

——构成要件：

（1）当事人的商人身份或者类商人身份；

（2）先前的合同商谈，从确认人的视角看至少表面上已经导致一份尚未完全书面记录的合同订立；

（3）在确认函中明确且终局性地再现所主张的合同内容；

（4）确认函在合同商谈后被直接送达；

（5）确认人值得保护（诚信，确认函未显著偏离合同商谈的结果）；

（6）受领人没有不迟延地异议。

——法律后果：合同以确认函的内容成立。

□关于针对经营者（《民法典》第 310 条第 1 款）或经营者针对消费者（《民法典》第 310 条第 3 款）使用的**格式条款的纳入控制和内容控制**的特别规则

□**实施**商行为的一般特别规则：

• 对民事债法和物法的**细微调整**：

——《商法典》第 347 条（注意义务）

——《商法典》第 348 条（惩罚性合同允诺）

——《商法典》第 349 条以下（保证、债务允诺和债务承认）

——《商法典》第 352 条（利率）

——《商法典》第 353 条（到期利率）

——《商法典》第 354 条（报酬和计息）

——《商法典》第 354a 条（可让与性）

——《商法典》第 358 条以下（给付时间）

——《商法典》第 360 条（种类之债）

——《商法典》第 361 条（给付内容）

——《商法典》第 368 条（质物出卖）

□**往来账**（《商法典》第 355 条以下）

——构成要件：

（1）至少一方为商人参与的长期交易关系

（2）订立往来账协议，其旨在记账以及阶段性或即时性对产生的债权进行结算以及确认余额。

——法律后果：

（1）债权和给付的停止；

（2）原则上在结算期期末对债权和给付进行自动结算，并产生履行的效果以及成立独立且计息的要因余额债权；

（3）余额承认成立一个新的抽象余额债权（《民法典》第 781 条，《商法典》第 356 条）。

• **《商法典》第 366 条以下**对《民法典》第 932 条以下和第 1207 条以下之**善意信赖保护的扩张**：即便取得人或质权人仅善意信赖出卖人或出质人的处分权，也可以无负担地取得所有权或动产质权

• 作为额外担保手段的**商事留置权**（《商法典》第 369 条以下）

——构成要件：

（1）产生于双方商行为的到期债权；

（2）债权人依债务人的意思占有债务人的可设质的动产或证券（原则）；

（3）未因当事人的约定（以及格式条款）或者依法（《商法典》第 369 条第 3 款）被排除；

（4）不存在债务人提供担保的阻却（《商法典》第 369 条第 4 款）。

——法律后果：

（1）延缓的给付拒绝权（《商法典》第 369 条）

（2）债务人破产时的别除权（《破产法》第 51 条第 3 项）

（3）质权性质的受偿权（《商法典》第 371 条以下）

□特别规则对**非商人**的适用：

• 原则上适用于从事与经营相关行为的商人的非商人交易相对方（《商法典》第 345 条）

• 《商法典》第 346 条以下，《商法典》第 348～350 条除外，适用于《商法典》第 383 条第 2 款第 2 句、第 407 条第 3 款第 2 句、第 407 条第 3 款第 2 句、第

453 条第 3 款第 2 句和第 467 条第 3 款第 2 句意义上的小营业经营者

- 部分不利地适用于表见商人
- 特定情形下类推适用于其他类商人的交易参与方

二、测试题

1. 为什么《商法典》第 345 条构成对德国商法的主观主义体系的一定限制？

2. 根据通常的观点，当商人认为他所从事的行为不属于商行为时，他应当如何证明？

3.《商法典》第 362 条规定的规则与《民法典》第 151 条和第 663 条以下以及强制缔约之间的区别是什么？

4. 如何区分宣示性的和设权性的商人确认函？

5. 如何区分商人确认函和订单确认函？

6. 为什么寄函人值得保护是沉默对商人确认函产生法律效力的一个构成要件，以及在什么情形下不存在值得保护？

7. 零售商 Eisele 在汉堡批发市场上从 Groß 处购买了许多玫瑰苹果。Groß 使用的格式条款——Eisele 因之前的交易对此了解——包含了这样的条款："所购如所见"。此外，在批发市场上通常会在购买时检查可见的瑕疵并在此范围内免除出卖人的物之瑕疵担保责任。Eisele 在他的商店后续出售时，发现许多苹果受到挤压。Eisele 可以减少价款吗？

8. 请您列出一张表格对比《商法典》第 346～372 条规定的一般商行为特别规则和被这些规则修改的《民法典》的规则！

9. 请您尝试，将在本章中按照法条顺序阐释的一般商行为特别规则分别归入下列规范目的范畴：给付义务的具体化、商人行为的有偿性、商法上的交易保护、商事交易的担保需求、商事交易的快捷和便利、较低的商人保护需求！

10. 往来账和信贷关系的区别是什么？

11. Klein 是 Ackermann 的雇员。Ackermann 将工资汇到 Klein 在 B 银行的借记账户。债权人 Graf 因一项金钱债权打算对 Klein 申请强制执行。Graf 享有哪些债权扣押的可能？

12. 为什么人们质疑允许扣押将来的往来账余额？

13. 根据《商法典》第 366 条，善意信赖保护的射程范围多大？

14. 为什么《商法典》第 369 条以下的留置权具有债法上的和物上的要素？

第十章
商事买卖

Literatur：*Andreewitsch/Arbesser-Rastburg*，Rügeobliegenheit nach deutschem und österreichischem Recht—Ein Rechtsvergleich, CR 2014, 478 ff. ; *Bredemeyer*, Der Anwendungsbereich von § 377 HGB im Folge- und Begleitschadensbereich, JA 2009, 161 ff. ; *Brüggemann*, Das System der Gewährleistung nach bürgerlichem Recht und nach Handelsrecht, JA 1977, 49 ff. , 102 ff. , 198 ff. und 245 ff. ; *Eckert/Maifeld/Matthiessen*, Handbuch des Kaufrechts—Der Kaufvertrag nach Bürgerlichem Recht, Handelsrecht und UN-Kaufrecht, 2. Aufl, 2014; *Emmerich*, Der Handelskauf, JuS 1997, 98 ff. ; *Grunewald*, Just-in-time-Geschäfte—Qualitätssicherungsvereinbarungen und Rügelast, NJW 1995, 1777 ff. ; *Hadding*, Zur Falschlieferung beim beiderseitigen Handelskauf nach "modernisiertem" Schuldrecht, FS Kollhosser, 2004, 189 ff. ; *Herresthal*, Der Anwendungsbereich der Regelungen über den Fixhandelskauf (§ 376 HGB) unter Berücksichtigung des reformierten Schuldrechts, ZIP 2006, 883 ff. ; *v. Hoyningen-Huene*, Der Handelskauf, Jura 1982, 8 ff. ; *Huber*, Wandlungen im Recht des Handelska ufs, ZHR 161 (1997), 160 ff. ; *Hüffer*, Rechtsfragen des Handelskaufs, JA 1981, 70 ff. und 143 ff. ; *Lange*, Die Untersuchungs- und Rügeobliegenheit beim Streckengeschäft, JZ 2008, 661 ff. ; *Leßmann*, Der Fixhandelskauf, JA 1980, 143 ff. ; *Lieder/Hohmann*, Falschlieferung und Quantitätsabweichung beim Handelskauf nach § 377 HGB, Jura 2017, 1136ff. ; *Marburger*, Die Sachmängelhaftung beim Handelskauf, JuS 1983, 1 ff; *Mock*, Der Ausschluss von Käuferrechten gemäß § 377 HGB, 2010; *G. Müller*, Zu den Auswirkungen der Schuldrechtsreform auf die Rügeobliegenheit i. S. d. § 377 HGB, WM 2011, 1249ff. ; *Oetker*, Quantitätsabweichungen beim Handelskauf nach der Schuldrechtsreform, in: Heldrich u. a. (Hrsg.), FS Canaris, Bd. 2, 2007, S. 313 ff. ; *Peters*, Zum Anwendungsbereich des § 377 HGB, JZ 2006, 230 ff. ; *Reinicke/Tiedtke*, Kaufrecht, 8. Aufl. , 2009; *Roth*, Die Rügelast des § 377 HGB bei mehrstufigen

Verkaufsketten, in: Heldrich u. a. (Hrsg.), FS Canaris, Bd. 2, 2007, S. 365 ff.; *Schaeffer*, Der Handelskauf nach der Schuldrechtsreform, 2007; *Thamm/Möffert*, Die Mängelrüge im Handelsverkehr im Lichte jüngster Rechtsprechung, NJW 2004, 2710 ff.; *Tonikidis*, Das Zusammentreffen von Verbrauchsgüterkauf (§ 474 I BGB) und Handelskauf (§ § 373 ff. HGB), Jura 2018, 556 ff.; *Winz/Scheef*, Die Rügepflicht im Anlagenbau, BauR 2013, 655 ff.; *A. Zimmermann*, Der Verbrauchsgüterhandelskauf—zum Verhältnis von Verbraucherschutz und Handelsrecht, JuS 2018, 842 ff.

第三十六节　商事买卖的概念

1　　　　制定法并未专门对商事买卖的概念作出定义。然而，从《商法典》第 373 条以下的各项事实构成以及《商法典》第 381 条第 1 款的指引规范中可以得出，商事买卖是指至少对于一方合同当事人而言构成商行为（对此参见第九章边码 2 以下）的**动产**（"货物"）买卖。因此，商人实施的与经营相关的不动产购置或未证券化的债权收购不属于商事买卖。然而，关于商事买卖的规则**也适用**于有价证券的买卖（《商法典》第 381 条第 1 款）、待生产或制造的动产的交付（定作买卖，《商法典》第 381 条第 2 款）和互易（《民法典》第 480 条）以及与动产买卖类似的关于其他标的的买卖合同（《民法典》第 453 条第 1 款）。[①] 根据《民法典》第 651 条和《商法典》第 381 条第 2 款，关于生产和交付动产类的建筑部件或设备部件的合同同样适用商事买卖法，因此，例如在交付有瑕疵的建筑部件时应当在满足其余要件时不迟延地提出异议。[②]

举例：大学生 Starck 到超市购买周末用品；海运商 Rossig 从 Weser-Werft 处订购一艘新轮船；邮票经销商 Braun 与集邮家 Stoltz 交换邮票；程序员将 Cyber 公司的某个电脑程序下载到他的个人电脑。

商事买卖是最重要的商行为。原则上，单方商行为即可成立商事买卖（《商法典》第 373～376、380 条结合第 345 条）。但是，特别重要的瑕疵异议不真正义务（《商法典》第 377 条）和保管义务（《商法典》第 379 条）只适用于双方商事买卖。

---

① 参见 *BGH* NJW 1985，2417，2418 以及本书第二章考试案例 1。
② BGHZ 182，140；*OLG Brandenburg* NJW 2012，2124。

第三十七节　商事买卖的特别规则

条文数量不多的商事买卖特别规则（《商法典》第 373～381 条；关于联合国货物买卖法详见第十三章边码 13 以下）致力于促进交易的快捷，以及在结果上提升出卖人的法律地位。出卖人权利的加强会与对消费者或买受人进行有效保护的目标相冲突，这一冲突特别存在于此类单方商行为，即只有对出卖方而言是商事买卖合同并且因出卖人具有《民法典》第 14 条意义上的经营者身份以及买受人具有《民法典》第 13 条意义上的消费者身份而同时成立《民法典》第 474 条第 1 款意义上的消费品买卖合同。为了保护消费者，部分观点认为，仅当出卖人在合同订立时额外告知消费者时，才可主张针对单方商事买卖合同在适用《民法典》第 474 条以下的同时适用商法特别规则（《商法典》第 373～376 条、第 380 条）。① 在买受人具备混合目的时，双方商事买卖甚至可以同时构成消费品买卖（对此见本章边码 10）。

一、买受人受领迟延时的出卖人特别权利

在商事买卖中，买受人之债权人迟延的构成要件同样只能依据《民法典》第 293 条以下条文确定。如《商法典》第 374 条再次明确，其法律后果原则上也适用《民法典》第 300～304 条、第 323 条第 6 款、第 326 条第 2 款、第 372 条、第 383 条和第 446 条第 3 款。但是，买受人在至少单方的商事买卖中受领迟延的，出卖人根据**《商法典》第 373 条**可以**提存或自助变卖**，从而能够更加快捷地处理货物。

与《民法典》之比较具体见下表：

提存		
	《民法典》第 372 条以下	**《商法典》第 373 条**
标的	金钱、有价证券、证书、贵重物品	任何类型的货物
形式	只能在履行地的初级法院提存	在公开经营的仓库或者以其他安全的方式提存
效果	• 无取回权的：履行效果 • 有取回权的：出卖人享有给付拒绝权；出卖人免于承担费用、承受价格风险和支付利息的义务以及赔偿未收取的用益的义务	• 只要未额外满足《民法典》第 378 条的构成要件或者不存在当事人的约定，则不生履行效果 • 出卖人仅免于承担保管责任，这是因为买受人应当承担提存的风险和费用

---

① *J. Hoffmann*，BB 2005，2090 f.；反对这一信息义务的观点见 *Tonikidis*，Jura 2018，556，557。

	自助变卖	
	《民法典》第 383 条以下	《商法典》第 373 条
标的	仅不能被提存之物	所有类型的货物和有价证券；因此可以选择提存或自助变卖
实施	原则上在及时警告后在履行地公开拍卖；例外由官方授权进行任意变卖的居间商或者获得公开拍卖授权的人任意变卖	与《民法典》的规则一样；但是未规定变卖地
合法自助变卖的效果	交付请求权转化为变卖所得金额的金钱债权，债务人可以通过提存变卖所得实现履行	出卖人作为"为买受人利益"的受托人实施自助变卖，即买受价款请求权存续但出卖人的交付债务消灭、买受人承担自助变卖费用、出卖人负担向买受人返还变卖所得的义务（可与买受价款请求权抵销）
非法自助变卖的效果	在取得人无意返还时，就特定之债和已经特定化的种类之债产生事后的主观不能（《民法典》第 275 条第 1 款）；存在过错应赔偿损失（《民法典》第 280 条第 1 款和第 3 款、第 283 条以及第 325 条）	原则上对买受人不生效力以及无履行效果，此时给付通常会因自助变卖而主观不能（《民法典》第 275 条第 1 款）；部分情形下只产生出卖人的损害赔偿义务（《商法典》第 373 条第 5 款第 2 句）

二、指定买卖的特别规则

4　　　指定买卖是一类买卖动产的合同，该动产的特性（外形、大小、颜色、重量和数量等）只部分地由当事人在订立合同时确定，其余交由买受人之后根据《民法典》第 315 条以下确定（**《商法典》第 375 条第 1 款**）。应当区分指定买卖和选择买卖（参见《民法典》第 262 条以下）。指定买卖属于种类物买卖，其尚未最终确定（某一特定类型的）货物的全部种类特征；与之不同，在选择买卖中，从一开始就存在多个在客体、地点或者时间上不同但是已经确定的给付以供选择，并后续只履行从中被选择的给付。

> **示例：** 汽车协议经销商 Verdes 从他的生产商处订购了 10 套森雅系列配件，同时保留之后确定颜色（指定买卖）。此外，他还订购了 10 套海蓝色的 Yenga 和 Zenito 系列配件，并要求允许他事后根据交付的汽车告知所需这两种配件的各自具体数量（选择买卖）。

5　　　指定（特定化）是一个由买受人依公平裁量（《民法典》第 315 条第 1 款）作出的需受领的意思表示。指定买卖至少对合同一方而言是商事行为的，根据《商法典》第 375 条第 1 款，特定化不仅是一项债权人的协助行为（参见《民法典》第 295 条以下），更是一项**买受人的主给付义务**。买受人在特定化上因满足《民法典》第 286 条的构成要件而陷入**债务人迟延**的，出卖人可以选择行使下列权利：

　　• 出卖人可以要求继续履行特定化义务以及**《民法典》第 280 条第 1、2 款结合第 286 条**的迟延损害赔偿。

　　• 出卖人可以依据**《民法典》第 323 条**的额外构成要件解除合同，或者根据《民法典》第 280 条第 1、3 款结合第 281 条要求替代给付的损害赔偿（《商法典》第 375 条第 2 款第 1 句，权利基础指引）。尽管《商法典》第 375 条第 2 款第 1 句使用的文字（"或者"），但是依据由《债法现代化法》作为新法（*lex posterior*）引入且同样适用于商法的《民法典》第 325 条这一基础性规则，也可以同时适用解除和损害赔偿。[①]

　　• 出卖人也可以亲自进行特定化（**自己特定化**），并通知买受人以及同时为买受人设定一个其另行作出指定的合理期间（《商法典》第 375 条第 2 款第 1、2 句）。买受人在期间内作出指定的，适用该指定，其他情形下以出卖人的指定为准（《商法典》第 375 条第 2 款第 3 句）。

　　出卖人要求买受人进行特定化无果的（参见《民法典》第 295 条），或者已经根据日历确定了特定化时间的（参见《民法典》第 296 条），买受人还额外陷入债权人迟延。此时，出卖人有权自己进行特定化并根据《商法典》第 373 条以下提存或者自助变卖。

三、定期商事买卖的特别规则

　　定期商事买卖是至少一方合同当事人的给付"应当准确地在一个确定的时间或者在一个确定的期间内完成"的商事买卖（**《商法典》第 376 条第 1 款第 1 句**）。定期商事买卖属于《民法典》第 323 条第 2 款第 2 项意义上的**相对定期行为的特别情形**。与相对定期行为类似，定期商事买卖属于纯粹的日历债务（《民法典》第 286 条第 2 款第 1 项和第 2 项）与绝对定期行为之间的中间情形。故而，仅当约定的给付时间对于一方当事人明显如此重要以至于遵守或者不遵守给付时间将导致整个合同*存续*或*废止*时，始成立定期商事买卖。[②] 在实践中，买受人通常使用如"确定的"、"准确的"或"不晚于"等条款表示其对嗣后交付不再具有利益。然而，在实践中（并且更常见地在考试中！），定期条款只是一项可被推翻的关于存在当事人相关意愿的表征。[③] 此外，买受人仍可以选择在确定的期间届满后立即请求——例如

6

---

① 例如也见 *Oetker*，Handelsrecht，§ 8 Rn. 26 和 Heidel/Schall/*Stöber*，§ 375 Rn. 16。
② 参见《民法典》第 323 条第 2 款第 2 项以及 BGHZ 110，88，96。
③ *OLG Hamm* OLGR Hamm 2003，233.

设定一个宽限期——履行，如此一来，最初的定期商行为即可转变为一个不具有定期特征的商行为。① 定期商事买卖适用的一个重要领域是当下生产者和供应商之间普遍存在的准时化生产关系（Just-in-time-Beziehung）。定期商事买卖也常见于出售易腐商品或应季商品的情形。

	日历债务	定期商事买卖	绝对定期行为
构成要件	根据日历约定一个确定的给付时间	约定的给付时间对于一方当事人明显如此重要，以至于遵守或不遵守给付时间将导致整个合同存续或废止	给付时间如此重要以至于给付根据合同目的完全无法嗣后补正
法律后果	无须催告（《民法典》第286 条第 2 款第 1 项）	仅当作出相应的通知时才有权要求履行；或者选择主张解除和/或替代给付的损害赔偿之权利（《商法典》第 376 条）	未遵守给付时间的，给付嗣后不能（《民法典》第275 条第 1 款）
举例	葡萄酒商韦伯于 11 月 1 日从霍尔姆处订购一托盘白葡萄酒，约定"在第 50 个日历周内交付"	此外，韦伯还从霍尔姆处订购了 5 箱香槟，约定"最晚在距离元旦三个工作日前交付"	韦伯为在 11 月 10 日举行的顾客展上展示新的薄若莱新酒聘请了一名女歌手

7   自 2002 年《债法现代化法》生效以来，《商法典》第 376 条规定的债务人迟延的**法律后果**与一般给付障碍法上的债务人迟延的**法律后果**在结果上已经非常相近。但是，二者之间依然存在一些差异，产生这些差异的部分原因是尚未按照新的给付障碍法修订《商法典》第 376 条。

《民法典》	《商法典》第 376 条
在满足《民法典》第 323 条的其余构成要件时，单纯的债务人迟延即产生债权人的解除权且无须指定宽限期（《民法典》第 323 条第 2 款第 2 项）	直接根据《商法典》第 376 条第 1 款第 1 句单纯的出卖人迟延即产生买受人解除权且无须指定宽限期；《民法典》第 323 条第 5 款和第 6 款仅得准用②
在放弃解除权时债权人仍保有履行请求权	根据《商法典》第 376 条第 1 款第 2 句，在放弃解除权时，买受人仅当立即（比不迟延更快）向出卖人请求履行时才能保有履行请求权（!）。这一情形可默示通过指定宽限期成立③

---

① *BGH* NJW-RR 1998, 1489 ff.

② 例如参见 *BGH* DB 1965, 138。

③ *BGH* NJW-RR 1998, 1489 ff.

续表

《民法典》	《商法典》第 376 条
仅在满足《民法典》第 280 条第 1 和 3 款结合第 281 条的构成要件时成立替代给付的损害赔偿；然而，即便不存在类似于《民法典》第 323 条第 2 款第 2 项的规定，根据《民法典》第 281 条第 2 款第 2 种情形的规定，原则上也无须指定宽限期；损失的计算依一般规则进行（《民法典》第 249 条以下）；《民法典》第 325 条明确规定可以同时主张解除和损害赔偿	根据《民法典》第 286 条仅因出卖人迟延且无须《民法典》第 286 条第 2 款的催告便成立替代给付的损害赔偿（与《商法典》第 376 条第 1 款第 1 句未按新的给付障碍法调整专业术语依然使用的"因未履行的损害赔偿"没有不同）；因此在任何情形下也都无须设定宽限期；损失计算适用《商法典》第 376 条第 2～4 款的特别规定；尽管《商法典》第 376 条第 1 款第 1 句的文义（"或者"），但是根据作为新法且也在商法中适用的一般规则（《民法典》第 325 条），可以同时主张解除和损害赔偿

四、关于瑕疵担保的特别规则

学习提示：在双方商事买卖中，关于检验和异议义务的特别规则补充《民法典》第 434 条以下条文。这些特别规则在实务中以及大学学习中**非常重要**，并且因此应当全面掌握这些特别规则以及与之相关的法律问题。

（一）概述

《商法典》第 377 条规定了买受人**在双方商行为中**原则上负有不迟延地提出瑕疵异议的义务。与旧法所持的观点不同，这一规则不仅适用于物之瑕疵，也适用于权利瑕疵。这一结论不仅可以从《商法典》第 377 条文义（"瑕疵"）的普遍适用中得出，亦能够由自 2002 年债法现代化之后《民法典》第 434 条以下对物之瑕疵和权利瑕疵的同等对待以及同样适用于权利瑕疵的立法目的（*ratio legis*）（对此见本章边码 9）得到佐证。[1] 同等对待避免了区分上的困难。假若权利瑕疵难以被辨识，则可以适用《商法典》第 377 条第 3 款。

《商法典》第 377 条的文义规定了检验与异议义务，但在两个方面存在表述上的模糊：

• 一方面，该项义务并非属于不履行便会导致成立出卖人的损害赔偿请求权之义务，而仅构成买受人取得瑕疵担保请求权或未履行请求权之**不真正义务**。[2] 然而，将其定性为不真正义务不应被误解为法律后果的减轻，这是因为丧失权利对买受人

8

---

[1]　例如见 *Canaris*，§ 29 Rn. 52；Ba/Ho/*Hopt*，§ 377 Rn. 12；不同观点见 *OLG Köln* VersR 1999，1430，1430；KKRM/*Roth*，§ 377 Rn. 5；*G. Müller*，WM 2011，1249，1256。

[2]　对此一般性地参见 *Musielak/Hau*，Grundkurs BGB，14. Aufl.，2015，Rn. 628 ff.；此外参见 *OLG Nürnberg* BB 2010，322。

而言总是极其不利的。①

•另一方面，检验和异议义务并非同等重要。这是因为，买受人**只能通过及时地异议**瑕疵、错误交付或数量错误才能取得瑕疵担保权。检验不是独立的义务。通常的情形只是，买受人只有在其事先不迟延地查看和检验货物时，才能够及时地对瑕疵交付提出异议。然而，检验并非强制必要，因此买受人也可以在具有明显缺陷或存在经证实的怀疑时无须检验货物而直接提出异议（即怀疑异议）以及将第三人发现的缺陷通知出卖人。

> **示例：** 葡萄酒商韦伯在瓦豪从生产商普鲁姆处订购了一托盘葡萄酒。韦伯从州检测局获知，在普鲁姆交付给其他商家的葡萄酒中发现了乙二醇的痕迹，由于韦伯缺少人手暂时无法检验这批葡萄酒，遂预防性地对已交付给他的葡萄酒提出存在缺陷的异议。

《商法典》第377条不是**抗辩权**条款，因此应由法官依职权审查之。② 出卖人可以事后放弃延迟或未提出瑕疵异议抗辩，但是对此通常需要明确的约定（例如，无保留地补正履行承诺或无保留地召回货物），其通常不会出现在单纯的开启关于买受人延迟瑕疵异议的商谈中。③

（二）《商法典》第377条之立法目的

9 根据《民法典》的规定，仅当买受人在知悉瑕疵却无保留地接受买受物并且在个案中通过解释得出因此存在一项改变原先买卖合同中关于买受物特性的约定时，才导致已成立的瑕疵担保权的消灭。瑕疵担保请求权原则上（至少）经过两年才罹于诉讼时效（《民法典》第438条第1款第3项）。在民法中，瑕疵通知对于买受人而言仅具如下目的，即原则上通过要求出卖人按期作出《民法典》第439条的补正履行进一步主张《民法典》第437条第2项和第3项的瑕疵担保权。在此背景下，《商法典》第377条具有以下**功能**④：

•对于商事买卖而言，该条缩短了民法上即主要是《民法典》第438条第1款的较长诉讼时效期间，并因此促进商事买卖的快速和有效进行。

•该条使出卖人有能力查明损失程度，并采取措施防止损失。

•该条可以防止启动那些因伴随时间持续经过而难以被查明的关于瑕疵担保请求权和未履行请求权的诉讼。⑤

---

① 参见 *K. Schmidt*，Handelsrecht，§ 29 Rn. 37。
② *OLG Stuttgart* CR 2004，825.
③ *OLG Koblenz* NJW-RR 2015，376，378；*OLG Hamm*，NJW-RR 2012，1444，1445.
④ 参见 BGHZ 101，49，53 f.；*BGH* ZIP 2016，722。
⑤ *BGH* NJW 2016，2645，2646.

> **示例：** 批发商 Groß 向零售商 Eisele 交付易腐烂的热带水果。当 Eisele 没有不迟延地告知可能的瑕疵时，Groß 即可确信，将来 Eisele 不会提出瑕疵担保请求权。Groß 可以节省准备金。当 Eisele 提出瑕疵异议时，Groß 可以立即针对事实上存在的瑕疵获得清晰的了解。他还可以，例如协助 Eisele 快速销售部分还能够出售的货物。最后，借此可以显著降低产生一个事后可能难以取证的诉讼的风险。

（三）异议责任的构成要件

1. 双方商事买卖

《商法典》第 377 条仅适用于双方商事买卖（参见《商法典》第 377 条第 1 款的用语"针对双方"；关于商事买卖的概念见本章边码 1）。因此，首要的是对双方而言都成立**商人为经营**其商事营业的行为。一个特殊的难题产生于作为买受人的商人虽然未完全但主要为非经营性目的取得买受物的情形。当下的通说认为，在上述属于**双重用途情形**（*dual use*-Fälle）的子类型中，买卖既适用《民法典》第 474 条以下（主要计划非经营性使用的消费品买卖），也适用《商法典》第 377 条（也计划作营业相关使用的商事买卖）。鉴于《商法典》第 377 条的检验和异议不真正义务规则在消费品买卖法的适用场域中违反了《欧共体 1999/44 号消费品买卖指令》第 5 条，因此为了避免规范冲突，应当要么将《民法典》第 474 条以下的适用范围限缩于为纯粹的非经营性目的订立的买卖合同，要么放弃对在此因主要非经营性用途而被目的性限缩的《商法典》第 377 条的适用。[①]

此外，合同应当是《**商法典》第 373 条以下意义上的买卖**（对此见本章边码 1）。《商法典》第 377 条不适用于融资租赁。[②] 买卖的标的应当是货物或有价证券，并且完全的通说认为，货物的概念仅限于可交易的动产[③]，但无须是种类货物。[④] 相应地，《商法典》第 377 条也适用于《民法典》第 453 条第 1 款意义上的其他如软件等（也可参见本章考试案例 1）和与可交易的动产类似的标的物。在企业收购中，首要取决于这是一个股权收购还是一个狭义上的企业收购（*资产收购*）（对此见本书第五章边码 5）。在股权收购中，《商法典》第 377 条的异议不真正义务仅存在于公司股权例外地被书面制作成有价证券的情形，并且仅限于有价证券的瑕疵。在狭义的企业收购中，应当进一步区分，企业的瑕疵是出于自身（例如，较差的商誉）或者只是涉及某个与企业一并出售的物（例如，工厂建筑的裂缝）。企业是一个由物、权利和债务构成的复杂的集合体，在检验和瑕疵异议致力于交易快捷的目标下，不能被等同于动产。因此，针对第一种情形，即便无法通过适用缔约过失规则解决，也不能适用《商法典》第 377 条（对此亦参见本书第五章边码 5）。与此相

[①] 详见 J. *Hoffmann*，BB 2005，2090 f. 进一步的论述。

[②] *OLG Hamm* ZGS 2006，7.

[③] 例如旧《商法典》第 1 条第 2 款第 1 项明文包含的传统术语理解；不同观点见 *Dreier*，ZfIR 2004，416。

[④] 有争议；持本书相同观点见 KKRM/*Roth*，Vor § 373 Rn. 1。

反，在第二种情形中，可以参照适用《商法典》第 377 条。[1]

2. 交付

货物应当已经被交付。当货物到达买受人的控制范围，即买受人可以事实上检验货物时，成立交付。[2] 因此，重要的不是《民法典》第 929 条的货物交付，而是检验的可能性。故而，若检验所需的文件尚未到达，那么交付的时间将被推迟。在分期交付中，交付原则上在完整取得全部所负担的给付时完成。[3]

3.《民法典》第 434 条以下的瑕疵

交付的货物可能基于以下四种不同原因存在瑕疵：

• 货物存在《民法典》第 434 条第 1 款意义上的**性质瑕疵**（实然性质对约定的应然性质的不当偏离、未满足合同预定的用途、未满足惯常的或根据出卖人或他的辅助人的公开陈述所能期待的用途）；

• 商品存在《民法典》第 434 条第 2 款意义上的**安装缺陷**（出卖人或其履行辅助人不正确的安装；因安装说明的瑕疵造成的瑕疵安装）；

• 根据《民法典》第 434 条第 3 款，交付一个与预定货物不同的货物（**错误交付**，亦称他物交付）或者交付数量过少（**过少交付**，亦称缺额交付）。与在 2002 年债法改革的框架下被立法者明确因新的《民法典》第 434 条第 3 款废除的旧《商法典》第 378 条不同，错误交付和过少交付不再取决于作为种类物的货物的品质以及可能的对错误或过少交付的承认能力。[4] 因此，当交付他物[5]或者当被交付的货物在类型或数量上明显严重偏离订购以至于出卖人应当认为买受人不可能承认时（例如，以夏季小麦替代冬季小麦交付，以猫粮替代狗粮交付），原则上也成立异议不真正义务。在此，可能的限制仅见《商法典》第 377 条第 5 款（出卖人的恶意）和《民法典》第 242 条［过度禁止（Übermaßverbot）］[6]以及在物之瑕疵担保法中普遍讨论的《民法典》第 434 条第 3 款的限制。[7]

• 货物存在《民法典》第 435 条意义上的**权利瑕疵**。[8]

因此，当出卖人**违反附随义务**（包括实践中重要的说明义务[9]）、**迟延交付或侵权**（关于这一在考试中特别重要的限制见考试案例 4）时，**不存在**异议责任。在此，

---

①　有争议；详见 *Wunderlich*，WM 2002，981，988 ff.

②　BGHZ 93，338，345.

③　*OLG Stuttgart* CR 2004，825.

④　对此仍见本书第二版第十章边码 10。

⑤　通说见 *Lieder/Hohmann*，Jura 2017，1136，1139；不同观点见 *Lettl*，JuS 2002，866，871.

⑥　结论亦见 *Oetker*，Handelsrecht，§ 8 Rn. 36。

⑦　关于可辨识的履行关联的必要性见 *Huber/Faust*，Schuldrechtsmodernisierung，2002，Kap. 12 Rn. 62 f.；关于将《民法典》第 434 条第 3 款目的性限缩于种类债务见 *Schulze*，NJW 2003，1022。

⑧　关于纳入权利瑕疵的争议见本章边码 8。

⑨　对此例如见 BGHZ 132，175 ff.

仅适用债法中的民法规则（《民法典》第 280 条以下、第 320 条以下和第 823 条以下）。同样地，自废除旧《商法典》第 378 条以及将《民法典》第 434 条第 3 款限制于他物交付或过少交付时起，《商法典》第 377 条充其量或许可能会被类推适用于**过多交付**。[1] 然而，由于立法者在债法改革的框架下完全有意地放弃将过多交付等同于物之瑕疵，故而对于类推而言缺少一项违反计划的立法漏洞。[2] 因此，最多可以从《民法典》第 242 条推导出一项告知明显过多给付否则导致损害赔偿的附随义务。有疑问的是，鉴于对《民法典》第 434 条第 3 款第 1 种情形的目的性限缩，《商法典》第 377 条是否同样适用于交付过高价值的他物[3]；抑或《商法典》第 377 条因《民法典》第 434 条第 3 款的文义适用于所有类型的他物交付。[4]

4. 出卖人善意

最后，《商法典》第 377 条仅适用于出卖人善意的情形（《商法典》第 377 条第 5 款）。当出卖人对某个其至少可以推知的缺陷恶意沉默，或恶意谎称货物事实上不存在的优良品质时，不存在善意。

在下图中再次总结异议责任的构成要件：

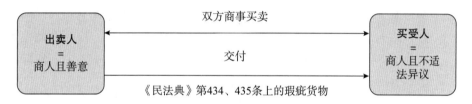

（四）异议责任的内容

如上所述，《商法典》第 377 条第 1 款规定了买受人的检验和异议义务。即便该义务最终取决于交付后异议的不迟延性（参见本章边码 8），但是在绝大多数情形下，异议的及时性取决于买受人在**（部分）交付后不迟延地检验货物**。 11

> **示例：**Groß 用二类苹果替代一类苹果向 Eisele 的仓库作出交付。直到两周后，Eisele 才到他的仓库检验货物。此时，即使 Eisele 立即异议也已经迟延，因为 Eisele 如果不迟延地检验则可以更早地异议。

在《商法典》中，不迟延的含义与《民法典》第 121 条第 1 款第 1 句的立法定义相同，即"无责任的迟延"。检验义务的范围依据"在正常经营过程中可实施的"检验义务予以确定。鉴于诸多不确定法律概念（"不迟延的""正常的""可实施

---

① 至少针对对买受人不利的并且根据《民法典》第 133 条和第 157 条仍适于履行的过多给付的情形赞同 *Canaris*，§ 29 Rn. 56。

② 也见 Ba/Ho/*Hopt*，§ 377 Rn. 19。

③ 例如见 *Thier*，AcP 203 [2003]，399，419 f.。

④ 例如见 *Lieder*/*Hohmann*，Jura 2017，1136，1141 f.。

的"）的堆积，在确定检验期间（原则上不超过一周）和检验范围时，应当考虑个案中的各种情形（商品的性质、拥有的检验技术、买受人的专业性、费用和时间支出）。最终是对买受人和出卖人的具体利益的衡平，在此不应要求进行一个超乎合理的检验。[①] 此外，检验的范围和内容还可以通过商事习惯或者未给买受人带来不合理不利益的格式条款予以确定。[②]

举例： 对货物易腐烂性的短时检验期间[③]；对同类批量生产的货物的检验限于样品[④]；相比从未出现的货物品质瑕疵，更应当检验买受人从先前交付的商品中曾发现的货物缺陷[⑤]；允许非专业人士的检验花费较长时间以及较不精准[⑥]；无聘请中立专业人员的义务[⑦]；交付复杂的计算机批量生产样品时 5 周的检验和异议期[⑧]；存在明显瑕疵时两天内通知。[⑨]

12　　通过检验发现存在《民法典》第 434 条以下意义上的瑕疵时，买受人还应当**不迟延地通知**出卖人。对于（"这些"）通过正常检验也**不能发现的瑕疵**，买受人即便没有进行任何检验[⑩]，也应当在发现瑕疵后不迟延地通知（《商法典》第 377 条第 2、3 款）。但是，针对上述情形，《民法典》第 438 条规定了原则上最长 2 年的异议期。鉴于《商法典》第 377 条的规定，这一期间不能被延长，而只能尽可能地被缩短，故而《商法典》第 377 条第 3 款的文义（"之后"）应当在此范围内进行目的性限缩。[⑪] 及时性是指瑕疵通知的及时发出（《商法典》第 377 条第 4 款）。因此，通知及时达到的风险由出卖人承担。

13　　异议责任也适用于销售链上的**中间商**。[⑫] 因此，原则上中间商不能等待他的买受人检验货物并在有瑕疵时提出异议。更确切地说，原则上中间商自身负有至少抽检货物并在有瑕疵时不迟延地提出异议的义务。此外，中间商应当不迟延地向其供

① *BGH* ZIP 2016，722；*OLG München* MDR 2015，1310.
② 关于"全面检验"的格式条款义务的无效参见 BGHZ 217，74；关于由专业人员检验的格式条款义务的无效参见 OLG Schleswig BeckRS 2016，128814。
③ *OLG München* BB 1955，748，748.
④ *OLG Köln* VersR 1999，855，856.
⑤ *BGH* ZIP 2016，722.
⑥ RGZ 59，75 f.
⑦ 关于相关格式条款的不合理性见 BGHZ 217，74.
⑧ *OLG München* MDR 1998，978.
⑨ *OLG Koblenz* NJW-RR 2004，1553.
⑩ *OLG München* MDR 2015，1310.
⑪ *Vogt*，BB 1979，657，658.
⑫ *OLG Köln* NJW-RR 2015，859，860；*OLG Nürnberg* BB 2010，322；也参见《民法典》第 445a 条第 4 款；*K. Schmidt*，Handelsrecht，§ 29 Rn. 95 ff.；另外见《债法现代化法政府立法草案》，BT-Drs. 14/6040, S. 44 和 281.

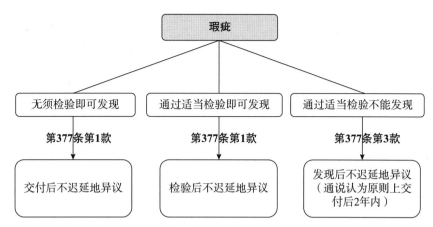

应商转达买受人的瑕疵异议。[①] 中间商适用异议义务不以最终买受人也是商人为必要。[②] 仅在特殊情形下，中间商可因当事人之间的明示或默示约定而免于负担上述义务。通常的情形是，当第二买受人拥有专门的检验知识或检验途径时，中间商应当特别迅速地向第二买方转交货物或者甚至直接要求供应商向第二买受人进行**缩短交付**。但是，在上述情形中，中间商应当敦促第二买方不迟延地检验和异议。通说认为，当第二买受人没有不迟延地异议时，类推适用《民法典》第278条，第二买受人的义务违反被归为中间商自身的义务违反，这是因为，供应商不应因按照中间商的要求向第二买受人直接交付而承担更多的不利。这一规则也适用于在融资租赁中出卖人向承租人直接交付的情形。[③]

> **示例**：批发商 Groß 从工厂主 Felber 处购买了 20 个托盘的水果罐头。其中 10 个托盘的水果罐头交付给 Groß，Groß 在对这批罐头抽检无问题后随即交付给 Klein。Klein 亲自检验商品并发现，一部分罐头已经腐烂。因此，Klein 不迟延地要求 Groß 取回这批商品。Groß 立即向 Felber 提出相应请求，后者援引《商法典》第 377 条第 2 款。然而，在本案中，Groß 因不迟延的亲自检验和立即转达 Klein 作出的不迟延的异议已经取得瑕疵担保权。
>
> 另外 10 个托盘由 Felber 直接交付给零售商 Eisele。Eisele 没有检验便在他的超市出售这批商品。直到收到一些客户投诉后，Eisele 才通过书信向 Groß 提出瑕疵异议。
>
> Groß 立即使用传真将 Eisele 的书信转达给 Felber，并要求 Felber 取回已经交付给 Eisele 的 10 托盘罐头。Eisele 再次援引《商法典》第 377 条第 2 款。尽管此时

---

① 对此也见 *OLG Stuttgart* NJW-RR 2010，933 f.：从配件供应商处购买零配件并安装到其生产的最终成品上的买受人，在不能排除瑕疵可能产生于配件供应商供应的零配件时，负有向该配件供应商转达最终买受人瑕疵异议的义务。

② *OLG Köln* NJW-RR 2015，859，860.

③ BGHZ 110，130，138；针对非商人的融资租赁承租人的不同观点见 E/B/J/S/*Müller*，§ 377 Rn. 18，该观点指出：出租人在经济上仅具有资金提供者的功能并且融资租赁的构造服务于供应商的利益。

成立缩短给付，但是在异议责任上应当区分 Felber 与 Groß 以及 Groß 与 Eisele 之间的商事买卖关系。虽然 Groß 丧失了其对 Felber 的瑕疵担保权（这是因为类推适用《民法典》第 278 条，Eisele 的迟延异议应当被归为 Groß 自身的迟延异议），但是，Groß 根据《商法典》第 377 条第 2 款免于承受 Eisele 的瑕疵担保请求权。

当买受人因怀疑存在瑕疵而询问生产商但生产商回复了错误的信息时，买受人并不能因此免于根据《商法典》第 377 条向出卖人提出瑕疵异议，因为生产商提供错误信息原则上不应归于出卖人。

示例（源自 OLG Karlsruhe NJW 2017，177）：为翻新学校的屋顶，建筑企业主 Bangert 从大型供应商 Ganter 订购了 TEKURAT 型号高性能隔热保温板。Ganter 从生产商 Hertig 订购了相应的保温板，但是 Hertig 直接向建筑工地交付的是 NEOPOR 型号保温板。在保温板送达时，学校的施工负责人发现，交付的保温板不符合合同约定的型号，且缺少了重要的铝涂层。为此，施工负责人直接询问 Hertig，得到的书面回复是，NEOPOR 型号保温板的性能相同，甚至其具有的更好和更快的干燥性能根本地提升了产品的品质。一年后，怀疑使用保温板造成施工缺陷。为此，Bangert 委托专业人士进行鉴定并得出结论，交付的保温板保温性较差，并且因此不具有同等的品质。Bangert 随即对瑕疵提出异议并要求赔偿因修理和品质降低产生的损害。

在本案中，应当区分当事人之间的不同合同关系，这是因为直接代发货中的瑕疵异议原则上应当伴随着买卖合同关系作出。[①] 据此，在本案中虽然根据《民法典》第 434 条第 3 款存在一个与物之瑕疵相同的低品质的错误交付，但是并不存在一项 Bangert 向 Ganter 作出的及时的瑕疵异议。学校施工负责人向 Hertig 作出的通知对 Ganter 不产生效力，这是因为原则上生产商不是中间商的受领代理人，并且原则上应当由买受人提出瑕疵异议。鉴于欠缺同等品质，因此也不存在一个在被专业人士发现后由 Bangert 不迟延地向 Ganter 异议的隐蔽瑕疵。由于存在明显的错误交付，Bangert 本应在交付后不迟延地就货物重要的和特别可疑的同等品质方面依法委托专业人士进行检验，如此一来即可在这一时刻发现瑕疵。向生产商询问不属于充分的"检验"。此外，类推适用《民法典》第 278 条，业主错误地将交付评估为"无瑕疵"应当被归属于 Bangert。Hertig 向施工负责人作出的错误说明同样不能排除《商法典》第 377 条第 5 款的拟制承认，这是因为 Ganter 本身对瑕疵不知情并且作为独立第三人的 Hertig 的说明不应被归属于 Ganter。原则上，生产商和供应商均不是出卖人的履行辅助人。

根据《欧共体 1994/44 号消费品买卖指令》第 4 条，成员国负有义务在最后一级供应商因供应链上的上游供应商违反合同的行为而对消费者承担责任时为其提供

---

① 参见 BGHZ 110，130。

任一形式的追索途径。德国立法者通过旧《民法典》第 478 条（现《民法典》第 445a 条、新第 478 条）履行了这一义务。但是，由于在双方商行为的情形下，销售链上的追索根据《商法典》第 377 条同时以适法异议为前提（《民法典》第 445a 条），因而便产生如下难题，即《民法典》第 445a 条、第 478 条规定的权利在多大程度上受到《商法典》第 377 条规定的中间商的检验和异议义务的限制。由于《消费品买卖指令》第 4 条第 2 句将这一问题，例如责任形式的设定，交由各个成员国解决，所以对追索的限制仅在导致追索在事实上不可能或者不可承受时始违反指令。① 指令有效转化原则［*有效解释原则（effet utile）*］，可能会造成在适用《民法典》第 478 条时进一步限制中间商的检验和异议不真正义务（例如仅在对交付的适当性存在怀疑时才对原始包装的商品进行抽检）。

异议不真正义务不仅存在于首次履行，根据《民法典》第 439 条第 1 款和第 635 条第 1 款也适用于**补正履行**。②　　　　　　　　　　　　　　　　　14

> **示例：** 机器制造商 Müller 向工厂主 Felber 交付了一台附有 A 和 B 瑕疵的包装机器。在 Felber 对 A 瑕疵适法异议后，Müller 在一个月内尝试补正履行未果。此时，Felber 已经丧失了基于——如果依法检验则能够查明的——瑕疵 B 产生的瑕疵担保权，这是因为 Felber 未在首次交付后不迟延地对瑕疵 B 提出异议。本案的修理不同于更换一台新的机器，此时 Felber 不能主张由于瑕疵 B 而重新计算异议期。与此相反，由于瑕疵 A 未被消除，Felber 在修理工作结束后不迟延地提出异议依然能够保有其瑕疵担保权。在此情形下，Felber 还可以根据《民法典》第 437 条第 3 项结合第 280 条第 1 款要求 Müller 补偿再次检验和异议的费用。

瑕疵通知（Mängelanzeige） 是一项需受领的准法律行为，其无须特别的法定形式。瑕疵通知之内容虽无须巨细无遗，但是必须使出卖人能够对瑕疵进行评估并据此作出处置。③ 买受人无须告知瑕疵产生的原因④，亦同样无须告知其行使权利的意图。⑤　　　　　　　　　　　　　　　　　　　　　　　　　　　15

> **示例：** 鱼贩 Frisch 对他的批发商提出异议，2 月 1 日交付的鱼"没有价值且无法出售"（描述不充分⑥），以及 2 月 2 日交付的鱼"臭气冲天"（描述充分⑦）。

对于因错误作出的不全面的瑕疵异议，同样只能依法按时——交付后不迟延地进行事后补充。在期间经过后，通过类推适用《民法典》第 119 条第 1 款对不全面

---

① MüKoBGB/*Lorenz*，7. Aufl.，2016，§ 478 Rn. 56 ff.

② BGHZ 143, 307, 313；*OLG München* NJW 1986, 1111 f.；*OLG Düsseldorf* ZGS 2005, 117, 118；详见 *Mankowski*，NJW 2006, 865 ff.。

③ 参见 *BGH* NJW 1986, 3136, 3137。

④ 参见 RGZ 106, 359, 361。

⑤ 参见 *BGH* NJW 1996, 2228。

⑥ 参见 *OLG Düsseldorf* NJW-RR 2001, 821, 822。

⑦ 参见 RGZ 106, 359。

的瑕疵异议进行的撤销只会造成买受人遭受损失。这是因为，异议的不全面性这一事实——部分未通知——不能被撤销。因此，假若类推适用《民法典》第119条第1款，（可以）撤销作为准法律行为的及时的部分异议，则只会导致异议被消灭（《民法典》第142条第1款），而不能使其得到补足。在部分异议被消灭后，买受人同样不能再次作出全面的异议。这是因为，如此将导致恢复到最初状态，在不考虑《民法典》第1956条的特别规定的情形下，最初状态的恢复无法通过撤销实现，并且其背离了《商法典》第377条的快捷目的。[1]

16　　　瑕疵异议的构成要件、内容和期限通常通过**格式条款**予以具体化。对于相关条款的内容控制适用《民法典》第307条、第308条第1b项和第310条第1款（对此概括性地参见第九章边码22）。根据上述条文，下列条款无效：规定针对明显瑕疵和隐蔽瑕疵的异议期仅为受领商品后3天[2]，或者禁止出卖人主张迟延瑕疵异议的抗辩。[3] 根据同样适用于经营者的《民法典》第308条第1b项，如下格式条款亦无效，即格式条款的使用人保留在不合理的过长对待给付检验期间经过后始履行合同相对方报酬债权的权利。

（五）不适法异议的法律后果

17　　　当存在不适法异议，特别是迟延异议时，根据《商法典》第377条第2款，已交付的商品被视为获得承认。制定法并未进一步规定骤然出现的**拟制承认**的法律后果导致其在诸多方面备受争议[4]：

　　• 不论在何种情形下，**买受人都丧失**《民法典》第437条规定的全部的瑕疵担保权以及可能成立的《民法典》第119条第2款的撤销权，只要这些权利产生的基础是存在《民法典》第434条以下意义上的瑕疵（关于出卖人放弃拟制承认之抗辩另见本章边码8）。买受人只有在《商法典》第377条的适用范围（参见本章边码10）之外才能够保有上述权利，以及保有通说认为的未被《商法典》第377条第2款的拟制承认所排除的侵权损害赔偿请求权。[5] 就此点而言，可能会产生区分上的困难（详见考试案例4）。

　　• 与此相反，**出卖人保有**其合同权利不变，除非在交付上存在一项至少是默示变更合同的约定。因此，出卖人即便在低品质的交付中也可以**主张全部的买受价款**。关于这一规则在物的性质瑕疵和其他法定的物之瑕疵方面不存在争议。当低品质的错误给付或过少交付存在权利瑕疵时，通说亦认为适用这一规则。[6] 鉴于《商

---

① *Stewing/Schütze*, BB 1989, 2130 ff.
② BGHZ 115, 324, 326 f.
③ *OLG Karlsruhe* WRP 2000, 565, 571.
④ 参见 *Müller-Laube*, 20 Probleme, Problem 7, S. 27 ff.
⑤ 参见 BGHZ 101, 337, 343 ff.
⑥ BGHZ 91, 293, 298 ff.; *K. Schmidt*, Handelsrecht, § 29 Rn. 63 ff.

法典》第 377 条第 2 款的拟制承认不包括**过多交付**（对此见本章边码 10)①，因此出卖人有权要求返还过多交付的货物。仅当合同双方至少默示地在买卖合同的相应变更上达成一致时，出卖人才可以要求支付多出部分的价款。然而，在无论过多交付还是单纯未异议即受领的过多交付中，均不存在一项相应的默示的变更意思表示。一直以来，关于出卖人交付更高品质的货物［**更优交付（Meliuslieferung）**］的法律后果争议巨大。对此获普遍承认的法律后果仅是，出卖人也可以放弃《商法典》第 377 条的保护并且主张其依一般债法享有的请求权。这是因为，《商法典》第 377 条的适用仅应为出卖人带来利益而非不利。然而，仅当买受人在出卖人放弃《商法典》第 377 条第 2 款所规定的效果的情形下要求更换时，出卖人才可以用约定货物更换并根据《民法典》第 439 条第 4 款结合第 346～348 条要求返还已交付的货物。反之，如果买受人决定保有更高品质的他物以及不主张瑕疵担保权，那么在《民法典》第 434 条第 3 款的框架下会产生一个一般性的争议问题，即出卖人是否可以以及依据哪一法律基础要求返还更高品质的他物。② 大部分的学说普遍认为，仅当出卖人主观上将他物交付认为是对其给付义务的履行并且买受人可以合理地认为交付与相应的合同关系具有关联（《民法典》第 366 条上的清偿确定）时，《民法典》第 434 条第 3 款规定的瑕疵担保权始获适用。有鉴于此，一种观点认为，出卖人在交付更高品质的他物时，可因错误撤销他的清偿确定表示，并且依据《民法典》第 812 条第 1 款第 2 种情形要求不当得利返还其给付。另一种观点则指出，在教义上和诉讼程序上更加简便的是对《民法典》第 434 条第 3 款的效力进行目的性限缩。由于该条的目的仅是无须考虑他物给付和更差给付之间的部分困难的界分而确保买受人的瑕疵担保权，而不是通过修改买卖合同为更高品质的他物给付创设法律基础，因此出卖人可以根据《民法典》第 812 条第 1 款第 1 句要求**不当得利返还**无法律基础交付的更高价值的他物。③ 然而，此时根据不当得利法的一般规则，出卖人应当承担期间买受人得利丧失的风险。④ 部分学说也以《民法典》第 242 条论证出卖人享有返还请求权。⑤ 最后的疑问是，在这些情形中，出卖人是否也可以要求买受人保有已交付的货物并支付相应的**更高的价款**。⑥ 然而，很难从《商法典》第 377 条得出成立一项更高价款的请求权，因为在合同约定的买卖价款上拟制承认仅及于货物的合规性。因此，出卖人（包括在过多交付时）只有在**变更合同**的情形下才可以要求更高的价款。然而，成立一项至少默示的合同变更的前提是，出卖人

① 　对此见本章边码 10；关于在旧《商法典》第 378 条框架下的观点争议见本书第二版第十章边码 15。
② 　详见 *Lettl*，JuS 2002，866，869 ff.，*Dauner-Lieb/Arnold*，JuS 2002，1175 f. 以及 *Musielak*，NJW 2003，89 ff.
③ 　*Musielak/Mayer*，Examenskurs BGB，4. Aufl.，2019，Rn. 106；*Oetker/Maultzsch*，Vertragliche Schuldverhältnisse，5. Aufl.，2018，S. 96 ff.
④ 　有争议；*K. Schmidt*，Handelsrecht，§ 29 Rn. 120。
⑤ 　*Becker*，Vertragliche Schuldverhältnisse，2002，Rn. 1028.
⑥ 　例如仍见 *Brox*，Handels- und Wertpapierrecht，18. Aufl.，2005，Rn. 362。

在交付时即因存在明显的给付差异而要求支付更高的价格并且买受人通过使用对此表示同意（《民法典》第 151 条）。

（六）适法异议的法律后果

18　　买受人适法异议——有争议时须由买受人证明——后，即因瑕疵交付取得下列全部权利：

　　•如果**货物具有**《民法典》第 434 条上的**瑕疵**（性质瑕疵、安装错误、错误交付或过少交付），则买受人享有《民法典》第 437 条的瑕疵担保权。存在更高品质的错误交付时，如果买受人不要求更换（要求更换时适用《民法典》第 439 条第 4 款结合《民法典》第 346~348 条），出卖人可以根据《民法典》第 812 条第 1 款第 1 句第 1 种情形要求不当得利返还错误交付的货物（有争议，见上文边码 15）。

　　•当存在一个本来就不适用《商法典》第 377 条的**过多给付**时，只要合同双方未至少默示地对合同扩张达成一致，则根据不当得利法，买受人只负担返还超出部分的义务。

　　•详细内容参见一般瑕疵担保法和债法。

19　　在双方商事买卖中，当买受人合法地拒收从别处寄来的货物（非现场交易）并因此打算将其退回时，买受人负有临时**保管货物**的义务（《商法典》第 379 条第 1 款）。违反该项义务将导致损害赔偿。当货物易腐且有迟延危险时，买受人可以根据《商法典》第 373 条为了出卖人的利益变卖其保存的货物（《商法典》第 379 条第 2 款）。通说认为，这一**紧急变卖权**只是为了出卖人的利益，因此不能违背其意愿进行变卖。

第三十八节　本章复习

一、本章总结

　　□商事买卖＝货物买卖，其至少对一方合同当事人而言属于商事行为。

　　□然而，《商法典》第 373 条以下**准用**于：

　　•有价证券买卖（《商法典》第 381 条第 1 款）

　　•交付有待生产或制作的动产物（订作买卖，《商法典》第 381 条第 2 款）

　　•互易（《民法典》第 480 条）

　　•关于其他标的物的准货物买卖合同（《民法典》第 453 条第 1 款）

□特别重要的关于瑕疵异议不真正义务（《商法典》第 377 条）和保管义务（《商法典》第 379 条）的特别规则仅适用于双方商事买卖。

□相比于《民法典》第 372 条以下条文，出卖人通过《商法典》第 373 条在**买受人受领迟延**时更容易提存和自助变卖。

□根据《商法典》第 375 条第 1 款，**指定买卖**的特定化不仅是一个债权人的协助行为（参见《民法典》第 295 条以下），而且是买受人的主给付义务。

□**定期商事买卖**（《商法典》第 376 条）是相对定期行为的一种特殊情形，其中买受人仅基于单纯的出卖人未按期履行便取得一项解除权，或者仅基于出卖人的迟延便可以请求替代给付的损害赔偿。买受人放弃解除权的，仅当在其立即向出卖人主张履行时，才保有他的履行请求权。

□**根据《商法典》第 377 条，买受人负有异议不真正义务：**

• 构成要件：

——双方商事买卖；

——交付一个存在《民法典》第 434 条以下意义上的瑕疵货物；

——出卖人的善意（《商法典》第 377 条第 5 款）；

——不适法异议（异议内容不充分，或未在交付以及检验并发现瑕疵后不迟延地异议）。

• 法律后果：拟制承认（《商法典》第 377 条第 5 款）并产生下列后果：

——买受人丧失《民法典》第 437 条的瑕疵担保权和可能的基于《民法典》第 119 条第 2 款的撤销权，只要这两项权利产生的基础是《民法典》第 434 条以下意义上的瑕疵。

——出卖人不变地保有其合同权利，只要针对交付未约定一项至少默示的合同变更。

二、考试案例 4（建材市场中的火灾）

答题时间：180 分钟

案件事实

Hermann Kraft 在斯图加特经营一家建材市场。他在三月份电话从供应商 Lutz Läufer 订购了 1 000 罐松脂，以补足他的库存。Läufer 即刻通过传真确认该份订单，告知将在 Kraft 要求的 4 月 1 日寄出商品，并且另外提醒注意他附上的发货格式条款。格式条款主要包含一条针对其非管理岗的职员和工人行为的责任排除条款。Kraft 收到传真后将其归入他的文件夹中。

一部分已经为 Kraft 特定化并装箱放在两个托盘上的松脂罐在 4 月 1 日装车时，由于在 Läufer 仓库中工作并因在工作中酗酒而恶名远扬的叉车工 Gramlich 喝酒导致的疏忽受损。由于除 Gramlich 外没有其他人察觉损害，这些松脂罐遂被寄给 Kraft。同样在 4 月 1 日，在 Kraft 建材市场负责管理仓库的雇员 Langer 在临近下班和即将开始三周的度假前，受领了这两个由塑料薄膜包裹的载有松脂罐的托盘。直到度假归来后，Langer 才在学徒 Abele 的帮助下局部打开塑料薄膜和装有松脂罐的纸箱。Langer 立即发现，一些罐子已经严重损坏，松脂从中流出，甚至纸箱的一部分已经浸泡在松脂中。Langer 立即起身前往他的办公室，并在电话上向 Läufer 的瑕疵交付提出异议。在他离开一小时左右，学徒 Abele 不小心将烟头扔到松脂托盘前并引发火灾，火灾导致 Kraft 拥有所有权的其余部分库存灭失。

Kraft 要求 Läufer 承担 120 000 欧元的损害赔偿。能够证明的是，被毁损的其他货物的价值是 100 000 欧元。此外，由于这次火灾，Kraft 暂时无法供应定期需求的货物，并因此遭受已被证明的盈利损失达 20 000 欧元。Kraft 能否获得支持？

参考答案

A. Kraft 依据《民法典》第 280 条第 1 款结合《民法典》第 437 条第 3 项、第 433 条和第 434 条第 1 款第 2 句第 1 项要求 Läufer 支付 120 000 欧元的请求权

（一）请求权构成要件

1. 有效的债务关系（＋）

Kraft 和 Läufer 通过电话订立了一份关于 1 000 罐松脂的买卖合同。

2. 客观的义务违反（＋）

Läufer 的客观的义务违反可能因交付具有《民法典》第 434 条意义上的瑕疵的标的物而成立。

交付的 1 000 罐松脂部分受损，并且许多罐的含量减少。因此，这些商品无法满足合同设定的再次出售，故而具有《民法典》第 434 条第 1 款第 2 句第 1 项的瑕疵。

这一瑕疵在风险转移前亦已存在，这是因为 Kraft 和 Läufer 约定了寄送买卖，根据《民法典》第 447 条第 1 款，在寄送买卖中，风险在将商品交付给委托寄送之人时转移。本案中，瑕疵在装载时，即在最终交付给承运人前已经产生。

3. 可归责性（＋）

根据《民法典》第 276 条第 1 款第 1 句，债务人原则上须对故意和过失负责任。本案中，可归责性所涉及的是在风险转移时的货物瑕疵。然而，Läufer 在风险转移时对部分松脂罐的瑕疵并不知情，并且他也没有义务在临近风险转移时不断地检查货物是否符合要求。

因此，有疑问的仅是，Läufer 的叉车工 Gramlich 的行为是否应当归属于他。Gramlich 因疏忽损坏部分松脂罐，因而成立《民法典》第 276 条第 2 款意义上的过失。此外，Gramlich 还故意隐瞒他知道的损坏。Gramlich 受 Läufer 委托装载应交付的货物，因此属于《民法典》第 278 条上的辅助人，并为履行 Läufer 所负合同义

务而行为。因此，Gramlich 的过错应当被归属于 Läufer。

4. 损害（＋）

已经证明，Kraft 在其享有所有权的货物上遭受 100 000 欧元的损失，以及丧失 20 000 欧元的盈利。

5. 因果关系和损害归属（＋）

Läufer 的义务违反无法被排除，除非在 Kraft 财产上的损害未发生［等值理论（Äquivalenztheorie）下的因果关系］。

损害的发生也未超出可能性的范畴。这是因为，鉴于松脂具有高度的可燃性，一名客观观察者无论如何都应当小心松脂泄漏、被点燃。从等值的视角，学徒 Abele 的重大过失行为共同导致损害的事实并不能改变损害的归属。这是因为，Läufer 的义务违反创造了一个危险状态，并且由于存在这一危险状态才能够导致 Abele 的并非完全异常的过失行为共同造成损害的产生。[1]

最后，损害的归属也能通过规范目的理论（Normzwecklehre）证成，这是因为交付一个无瑕疵的物的义务亦保护买受人的其他财产免遭损害。

6. 无须满足《民法典》第 280 条第 3 款结合第 281 条以下的构成要件（＋）

如果要求 Läufer 承担替代给付的损害赔偿，那么必须满足《民法典》第 280 条第 3 款结合第 281 条以下的额外构成要件。然而，本案中 Kraft 要求承担因瑕疵交付造成的其享有所有权的其余库存货物的损害以及其财产上的盈利损失。对这一（先前的）瑕疵结果损害的赔偿不属于替代无瑕疵的交付，而是与给付并存。因此，依据立法者的目的[2]，应当直接依据《民法典》第 280 条第 1 款赔偿此类损害（即单纯的损害赔偿）。[3]

7. 格式条款不能排除责任（＋）

然而，Läufer 因《民法典》第 280 条第 1 款为其雇员 Gramlich 的不当行为承担责任或许可能被 Läufer 的交付格式条款排除。

a）Läufer 的交付条款被订入合同（＋）

首先须审查的是，作为《民法典》第 305 条第 1 款意义上的格式条款的 Läufer 交付格式条款是否成为合同的组成部分。尽管在本案中，《民法典》第 305 条第 2 款不适用于经营者 Kraft（《民法典》第 310 条第 1 款第 1 句），但是格式条款订入合同以当事人之间存在至少默示的约定为前提。[4]

Kraft 虽然既未明示也未默示地向 Läufer 表示同意将 Läufer 的交付格式条款纳入合同。但是，根据商人确认函规则的基本原理，他的沉默被评价为同意。一份具

[1] 参见 Palandt/*Grüneberg*，Vor §249 Rn. 48 进一步的论述。
[2] BT-Drs. 14/6040, S. 225.
[3] 对此也见 *Huber/Faust*，Schuldrechtsmodernisierung, 2002, Kap. 13 Rn. 99 ff.
[4] 参见 *BGH* NJW 1992, 1232。

有设权效果的确认函的前提要件在此已经被满足（详见第九章边码 19）：双方当事人均是商人，并且在其各自的商事营业的范围内行为。由 Läufer 寄出的传真明确地确认了通过电话订立的买卖合同，并且再现了合同的核心内容。确认函在合同商谈结束后不迟延地被送达至 Kraft。鉴于对格式条款纳入合同的信赖，Läufer 也值得保护，这是因为他既没有不诚实行为，额外纳入行业通用的格式条款也没有构成对约定合同内容的如此显著的偏离，即根据诚实信用原则 Läufer 不得期待受领人无异议的接受（《民法典》第 242 条）。最后，Kraft 亦没有不迟延地对确认函的内容提出异议。

b）责任排除条款的有效性（一）

然而，根据格式条款内容控制规则，还存在责任排除条款是否有效的问题。虽然《民法典》第 309 条第 7 项 b 的绝对禁止条款不适用于经营者 Kraft（《民法典》第 310 条第 1 款第 1 句），但是仍需审查对非管理岗的职员或工人的所有行为的责任排除是否构成《民法典》第 307 条第 1 款和第 2 款意义上的对合同相对方违反诚信且不合理的不利益——通过《民法典》第 310 条第 1 款第 2 句，该条亦因为经营者的利益获得适用。根据《民法典》第 307 条第 2 款第 2 项，不合理的不利益主要指以下情形，即责任排除"如此限制基于合同性质产生的主要权利或义务，以至于危及合同目的的实现"（禁止掏空合同主要权利）。

在 1977 年《民法典》第 305 条以下的初始规则（《格式条款规制法》）生效之前，德国联邦法院虽然从《民法典》第 242 条和第 315 条中得出针对有管理职能的履行辅助人的重大过失和故意行为免责的条款无效，但是认可"单纯的"职员或工人行为免责条款的效力。[1] 有争议的是，在 1977 年之后，是否还应当坚守这一规则。[2] 通说认为，《民法典》第 309 条第 7 项 b 的免责禁止通过《民法典》第 310 条第 1 款第 2 句和第 307 条第 2 款第 2 项的规定原则上也适用于"单纯的"员工的重大过失或故意的行为。[3] 德国联邦法院此后至少在过错违反主合同义务的情形下遵循了这一观点。[4] 这是因为，至少在此类情形中，格式条款违反了上述《民法典》第 307 条第 2 款第 2 项规定的掏空禁止。一项如同在 Läufer 的格式条款中包含的不限于针对轻过失或者违反从义务的责任排除条款整体无效，这是因为不存在为维持效力的限缩性解释。[5]

综上，Läufer 对 Gramlich 的不当行为的责任并未被合同的格式条款排除。

---

① 有争议的司法裁判仅见 BGHZ 20, 164, 167 f.。
② 关于争议现状参见 *BGH* NJW 1984, 1350, 1351 中的论述。
③ 仅参见 *OLG Köln* BB 1993, 2044。
④ *BGH* NJW 1985, 914, 915 f.
⑤ 参见 BGHZ 92, 312, 316。

8.《民法典》第 377 条第 2 款的责任未被排除（一）

然而，责任排除或许还可能因《商法典》第 377 条第 2 款的拟制承认成立。因此，还应当审查异议责任以及不适法异议时拟制承认的构成要件：

a）双方商事买卖（＋）

本案成立双方商事买卖，这是因为 Kraft 和 Läufer 是经营一项需要商人建构的营业的经营者，并因此根据《商法典》第 1 条属于商人，并且本案中的货物交易都属于经营他们各自的商事营业（参见《商法典》第 343 条第 1 款）

b）交付（＋）

货物在 4 月 1 日到达 Kraft 的控制范围，即他事实上可以进行检验（交付）。

c）买受物的瑕疵（＋）

松脂罐具有《民法典》第 434 条第 1 款第 2 句第 1 项上的物之瑕疵（见上文 A（一）2），并因此构成《商法典》第 377 条第 1 款上的瑕疵。

d）出卖人善意（＋）

然而有疑问的是，Läufer 是否具有《商法典》第 377 条第 5 款的善意。由于 Läufer 本身对买受物的瑕疵不知情，所以决定性的是，Gramlich 的恶意是否应当被归属于 Läufer。

首先审查的是类推适用《民法典》第 166 条第 1 款的知情归属（即：知情代理）。《民法典》第 166 条第 1 款意义上的知情代理人是指根据本人的工作安排而被委任之人，其在交易中代表本人自己负责地完成特定的工作以及获取在此过程中产生的信息并在必要时转达。[1] 仅通过手工劳动完成工作任务并且没有显著的自我决定空间的叉车司机不能满足上述要件。

然而同样可资考虑的还有，作为履行辅助人的 Gramlich 根据《民法典》第 278 条可被归责地违反了 Läufer 对 Kraft 承担的披露买受物瑕疵的义务。但是，在披露义务上，《民法典》第 278 条对辅助人的适用同样取决于相关辅助人的角色。据此，例如一名质检员，而不是一名叉车司机，会被视为出卖人关于物之瑕疵披露义务的履行辅助人。[2] 否则，在特定情形下后果严重的出卖人瑕疵担保责任可能会被过度地扩张。

e）不适法异议（＋）

因此，作为买受人的 Kraft 本应在没有过错的迟延的情况下（《民法典》第 121 条第 1 款第 1 句）检验货物，并对经检验可被识别的瑕疵提出异议。上述假设在本案中并未发生，这是因为负责该工作的员工 Langer 已经去度假，他和 Kraft 均没有为这批货物寻求其他检验。Langer 在交货三周之后才提出的异议已经迟延，这是

---

① BGHZ 117, 104, 106 f.

② 参见 Palandt/*Grüneberg*，BGB § 278 Rn. 19。

因为如果不存在 Langer 的有过错的迟延——根据《民法典》第 278 条这一迟延被归属于 Kraft，以及如果没有 Kraft 本身组织安排上的过错，通知本应能够更早地被作出。

f) 拟制承认的排除效力（+）

然而，在本案中还须审查，《商法典》第 377 条第 2 款的拟制承认是否也排除《民法典》第 280 条第 1 款的损害赔偿请求权。根据普遍的观点，是否排除取决于，请求权因未及时异议的物之瑕疵抑或因违反如适当包装商品的义务等其他合同义务产生。[①] 这一区分是正当的且理由在于，一方面异议不真正义务的目的同样包括通过通知使出卖人能够避免因该瑕疵导致的其他损害（对此见本章边码 9），但是另一方面出卖人不应免于负担违反其他义务的后果。

Kraft 基于《民法典》第 280 条第 1 款主张的请求权的目的是赔偿瑕疵结果损害（见 AI6）。同样，最后至少共同造成损害的 Gramlich 的义务违反构成对主给付义务的不当履行，而不是对其他合同义务的违反。虽然损害的是罐头包装，但是其本身属于货物不可区分的构成部分，并且作为瑕疵损害了商品的常规出售。与此相反，Läufer 依法履行了正确包装商品（托盘、纸箱和塑料薄膜）的从义务。

因此，《民法典》第 280 条第 1 款的请求权产生于上述迟延异议的瑕疵，并因迟延意义而被《商法典》第 377 条第 2 款的拟制承认所排除。

（二）结论（一）

依据《民法典》第 280 条第 1 款结合《民法典》第 437 条第 3 项、第 433 条和第 434 条第 1 款第 2 句第 1 项的请求权未成立，这是因为虽然 Läufer 对构成违反义务的损害部分松脂罐具有过错，但是损害赔偿请求权被《商法典》第 377 条第 2 款的拟制承认所排除。

B. Kraft 依据《民法典》第 831 条第 1 款结合第 823 条第 1 款对 Läufer 主张支付 120 000 欧元的请求权

（一）请求权构成要件

1. Gramlich 属于《民法典》第 831 条第 1 款第 1 句意义上的事务辅助人（+）

事务辅助人是由本人委托并按照本人指示实施行为的人。Gramlich 是叉车司机，在 Läufer 的企业里被委托实施企业内部运输的工作，他作为员工必须按照雇主 Läufer 的指示工作。因此，Gramlich 是 Läufer 的《民法典》第 831 条意义上的事务辅助人。

2. Kraft 的非法损害（+）

另一个构成要件是，Gramlich 的行为满足《民法典》第 823 条以下的侵权行为

[①] 惯常的司法判决，主要见 BGHZ 66, 208, 212 f.；*Reinicke/Tiedtke*，Kaufrecht, 8. Aufl., 2009, Rn. 1047 ff.；*K. Schmidt*，Handelsrecht, § 29 Rn. 113 f.

的客观构成要件。针对 Kraft 的商品遭受的 100 000 欧元的损失，Gramlich 的行为满足《民法典》第 823 条第 1 款的客观构成要件，这是因为他的不当行为是构成 Kraft 遭受财产损害的等值原因（见 AI5）。根据《民法典》第 252 条，应赔偿因盈利丧失所生之损害。

3. 行为属于履行事务（＋）

松脂罐的损害与委托给 Gramlich 的装货工作具有直接的关联性。

4. 赔偿义务未被《民法典》第 831 条第 1 款第 2 句排除（＋）

Läufer 或许首先可以通过证伪《民法典》第 831 条第 1 款第 1 句规定的过错推定，从而排除承担其事务辅助人的侵权责任。为此，他必须释明，他在挑选、装备或监督事务辅助人时已尽到必要的注意，或者即便尽到必要注意时也会产生这一损害（《民法典》第 831 条第 1 款第 2 句）。鉴于 Gramlich 因酗酒工作而"臭名远扬"并且 Läufer 对此未采取任何措施，因此 Läufer 无法主张这一免责证明，特别鉴于 Gramlich 醉酒是造成这一具体不当行为的原因。

5. 赔偿义务未被《商法典》第 377 条第 2 款排除（＋）

《商法典》第 377 条的构成要件获得满足（见 AI8）。

然而通说认为，《商法典》第 377 条第 2 款的拟制承认仅适用于广义上的合同瑕疵担保责任。因侵权行为产生的请求权与《民法典》第 280 条第 1 款的请求权不同，不属于广义上的合同瑕疵担保责任，因而不应因拟制承认被排除。[①] 这一观点特别因下述理由得以证成，即一个可能仅因轻微疏忽造成的异议迟延的严重后果仅在合同责任的领域中具有正当性。基于违反一般交易安全义务的侵权请求权，根据其构成要件和内容，原则上独立于瑕疵物的合同责任。否则，受损的买受人将被不正当地排除在一般的法益保护之外，并且处于比任何第三人都劣势的地位。《商法典》第 377 条的特殊的规范目的（交易的快捷、损害限制、争议避免；详见本章边码 9）也无法使合同的除外事实构成扩张至侵权责任。[②]

6. 责任范围

最后须审查，Kraft 能否要求赔偿全部的损失 120 000 欧元，或者是否应当根据《民法典》第 254 条计入他的共同过错。

a）共同过错的成立

共同过错的成立存在不同原因：

首先，Kraft 的共同过错可能产生于 Langer 的迟延检验和与此关联的迟延瑕疵发现，这是因为在 Langer 度假过程中松脂持续流出。此外，因 Langer 暂时离开但对已经被打开并浸泡松脂的纸箱未采取充分的防护措施，也可能会被视为共同过

---

① BGHZ 101, 337, 343 ff.；*Reinicke/Tiedtke*, Kaufrecht, 8. Aufl., 2009, Rn. 1052；不同观点见 *Schwark*, AcP 179［1979］, 57, 76 ff.

② 详见 BGHZ 101, 337, 343 ff.

错。根据《民法典》第 254 条第 2 款第 2 句结合《民法典》第 278 条，Langer 的不当行为也应当被归属于 Kraft。虽然通说认为，《民法典》第 254 条第 2 款第 2 句——其如同是该条独立的第 3 款一样地适用于《民法典》第 254 条第 1 款——是一条权利基础指引，其以在本案中的损害方和受损方之间存在合同关系为前提。但是，在存在如本案中的合同关系时，即便共同过错涉及侵权请求权也适用《民法典》第 278 条。① 同样不必要的是，辅助人 Langer 协助履行 Kraft 的合同给付义务。在此，Langer 被 Kraft 安排履行异议不真正义务并因此保护 Kraft 的合同利益即已足。②

最后，学徒 Abele 的重大过失的不当行为以特殊的方式共同导致损害的产生。同样地，这一不当行为也可能根据《民法典》第 254 条第 2 款第 2 句结合《民法典》第 278 条被归于 Kraft。然而，不当行为必须与工作具有内部实质关联性，且这些工作通过具体的合同关系转交给 Abele。无论如何，Abele 已经通过 Langer 协助检验商品。因此，必要的关联性借此得以证成，即 Abele 通过转交给他的工作进入危险根源的领域并且通过这种方式才使共同致损成为可能。

b）共同过错份额的确定

根据《民法典》第 254 条第 1 款，确定共同过错份额的关键是各个因果关系之间的比例。本案中发生的损失主要由 Kraft 的员工造成，这是因为他们导致火灾关键性因素的产生，而 Gramlich 的违反义务行为仅因一个非惯常的不幸事实而成为共同的原因。在第二步才计算双方过错的比例，尽管 Gramlich 故意隐瞒损害，但是可以认为双方承担同等过错。因此，Kraft 的共同过错总计为 2/3。

（二）结论（＋/－）

Kraft 虽然享有一项基于《民法典》第 831 条第 1 款要求赔偿其遭受损害的请求权，但是因他的员工 Langer 和 Abele 的不当行为可被归属于他而必须算作他的重大共同过错。因此结论是，Kraft 仅能主张 40 000 欧元。

三、测试题

1. 哪些债法特别规范适用于建造特殊用途油轮的合同？
2. 《商法典》第 373～381 条在多大程度上提高了出卖人的地位？
3. 出卖人可以保有因买受人受领迟延的自助变卖所得吗？
4. 为什么定期商事买卖属于相对定期行为的特殊情形？
5. 如何理解《商法典》第 377 条意义上的交付？

---

① BGHZ 9，316，319.
② BGHZ 3，46，50.

6. 在《商法典》第 377 条第 1 款的框架下，为何在确定检验期间和检验范围时要特别考虑个案中的情形？

7. 当买受人对《民法典》第 434 条意义上的物之瑕疵不适法地提出异议时，依据《商法典》第 377 条产生何种法律后果？

第十一章

行纪行为

Literatur：*G. Hager*，Die Prinzipien der mittelbaren Stellvertretung，AcP 180 (1980)，239 ff.；*Kiehnle*，Das Selbsteintrittsrecht des Kommissionärs (§ 400 HGB) und das Verbot des Selbstkontrahierens (§ 181 BGB)，AcP 212 (2012)，875 ff.；*Koller*，Interessenkonflikte im Kommissionsverhältnis，BB 1978，1733 ff.；*ders.*，Das Provisions- und Aufwendungsrisiko bei der Kommission，BB 1979，1725 ff.；*Lieder/Wüstenberg*，Kommissionsgeschäft und Forderungszuordnung—Dogmatische Grundsatzfragen des § 392 Abs. 2 HGB，Jura 2016，1229 ff.；*Schütte*，Leistungsstörungen im Kommissionsrecht，1988；*Schwark*，Rechtsprobleme der mittelbaren Stellvertretung，JuS 1980，777 ff.；*Wüst*，Geschäfte der Arras-GmbH，JuS 1990，390 ff.

> **学习提示**：行纪行为虽然严格地说不属于必修课内容，但是必修课学生应当认真学习本章。这是因为，通过举例行纪行为，可以完美地再现与考试相关的间接代理中的债法和物法难题（关键词：行为归属；第三人损害之赔偿；通过预先占有改定的所有权转移）①！

第三十九节　行纪行为的概念

1　　　《商法典》第 383 条以下的行纪行为是商行为，基于该商行为，作为行纪人的营业经营者负有**以自己的名义为他人（委托人）的利益**订立*实行行为的义务。

---

　　* 原文"Abschluss"，动词为"Abschließen"，直译为"订立""缔结"，这里的"实行行为"多指合同，因而采用"订立"的译法。——译者注

　　① 对此见 *Schwark*，JuS 1980，777 ff.。

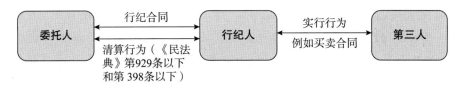

《商法典》第 383 条以下区分了三种不同类型的行纪行为：

- **"真正的"营业行纪**（《商法典》第 383 条、第 406 条第 2 款），其针对货物或有价证券的买入、卖出、互易或定作并且由是商人（《商法典》第 383 条第 1 款）或者是未登记小营业经营者（《商法典》第 383 条第 2 款）的行纪人以营业方式经营；
- **"非真正的"营业行纪**（《商法典》第 406 条第 1 款第 1 句），其针对其他不同于货物或有价证券买卖的行为（例如，出版商以自己的名义为作者的利益出版一本著作[①]）
- **"不固定的"行纪**（《商法典》第 406 条第 1 款第 2 句），是"商人"在经营其原则上从事其他业务的商事营业的同时间或实施的行纪（《商法典》第 406 条第 1 款第 2 句；即间或行纪人）。此外，鉴于保留使用《商法典》第 406 条第 1 款第 2 句的用语（"商人""商事营业"）很可能是出于编辑疏忽，因此还应考虑将该条规则类推适用于不经常以行纪人身份行为的未登记小营业经营者。[②]

此外，区分买入行纪与卖出行纪对行纪行为的清算方式而言非常重要（详见本章边码 14 以下）。

行纪行为因商事代理人、特许经营人和协议经销商数量的增加而丧失其重要性。尽管如此，行纪行为仍然在艺术品交易和葡萄酒交易中以及作为证券行纪在信贷机构的有价证券交易中扮演重要的角色。

通过使用行纪营业这一概念，同时表明**行纪人**和行纪代理商属于营业经营者（参见第六章边码 12、14）。由于旧《商法典》第 1 条第 2 款第 6 项被废除，"真正的"和"非真正的"营业行纪人仅在他们满足《商法典》第 1～6 条的构成要件时才属于商人。另一方面，当行纪由从事小营业经营的未登记行纪人（《商法典》第 383 条第 2 款）或者从事小营业经营的间或行纪人（类推《商法典》第 406 条第 1 款第 2 句；对此见本章边码 1）实施时，《商法典》第 383 条以下和第 343 条以下不包括第 348～350 条亦在行纪行为上获得适用。行纪人对委托人存在经济上依附的，可被视为准劳动者。[③]

2

> **示例：**Krämer 为了改善他的退休生活，在小范围内以古董行纪人的身份行为。某天，他的朋友 Gutmann 前来拜访，并表示有兴趣购买一个由 Eichel 仅是为了估值而临时托付给 Krämer 的明花瓶，Krämer 旋即与信赖其有处分权的 Gutmann 达

[①] 参见 RGZ 78，298，300。
[②] 参见 *P. Bydlinski*，ZIP 1998，1169，1174 援引 BT-Drs. 13/10332，S. 30。
[③] *BAG* AP Nr. 38 zu § 5 ArbGG。

成交易。即便欠缺对 Krämer 所有者身份的善意信赖，Gutmann 或许也可以根据《商法典》第 366 条第 1 款结合《民法典》第 932 条以下取得该明花瓶的所有权（详见第九章边码 42 以下）。然而，仅当 Krämer 以商人身份在经营其商事营业中处分明花瓶的所有权时，《商法典》第 366 条第 1 款始得适用。但是，Krämer 不是商人，这是因为他的行纪营业不需要一个商人的建构并且他也未被登记在商事登记簿上。虽然根据《商法典》第 383 条第 2 款第 2 句、《商法典》第 343 条以下——不包括《商法典》第 348～350 条——以及《商法典》第 366 条适用于非商人的行纪人，但是这一参照仅在"涉及行纪行为"时适用，因此，严格而言只涵盖委托人和行纪人之间的法律关系。但是，《商法典》第 383 条第 2 款第 2 句扩张适用于实行行为也显得尤为必要。[1]

3　　　不同于商事代理人，行纪人以自己的名义实施实行行为；不同于特许经营人和协议经销商，行纪人为他人的利益行为。[2] 因此，行纪是**间接代理**的一种应用情形。行纪人因与第三人订立的实行合同单独享有权利和负担义务。委托人仅承受实行行为（"为他人利益"）的经济后果，这是因为行纪人必须通过清算行为（例如：转移买入客体的所有权、让与买卖价款的请求权）将经济上的结果转移给委托人。然而，只有在与第三人订立的负担行为上，间接代理才是强制性的。在与第三人的处分行为中，行纪人完全可以以委托人的名义行为，即便其通常不会如此行为（参见本章边码 15）

> **要点：** 行纪是间接代理的一种应用情形。

第四十节　行纪法律关系

一、适用的法律

4　　　行纪合同是《民法典》第 675 条意义上的**事务处理合同**。因此，除适用《商法典》第 383 条以下外，通过《民法典》第 675 条无论何种情形都补充适用《民法典》第 633 条、第 665～670 条和第 672～674 条。有疑问的是，除此之外是否还补充适用服务合同规则或承揽合同规则，这对行纪人的通知终止权特别重要（《民法典》第 627 条或《民法典》第 314、649 条）。问题的答案取决于，个案中的行纪行为更多的是行为导向抑或结果导向。在此，应当引入为区分服务合同和承揽合同而

---

[1]　也见 *v. Olshausen*，JZ 1998，717，719 f.

[2]　*OLG Köln* OLGR Köln 2002，21.

提出的一般标准。结果是，大多数情形下取决于，行纪例如特别在行纪代理商的情形下是持续地处理多个事务（服务合同规则），还是实施单个事务（承揽合同规则）。[①]

> **示例：** 艺术品经销商 Köster 以行纪的方式为 Klein 出售一幅水彩画。不久后，Köster 停止买卖水彩画，并要求 Klein 取回这幅水彩画。Klein 坚持要求履行行纪合同。Köster 是否享有随时通知终止行纪合同的权利，这个问题的答案应当首先在《商法典》第 383 条以下条文中，并继而因《民法典》第 675 条的参引在《民法典》第 663 条、第 665～670 条和第 672～674 条中寻找。然而，商法未对行纪人的通知终止权作特别规定。事务处理人仅在有约定明确时才享有《民法典》第 671 条第 1、2 款规定的受托人随时通知终止委托的权利（《民法典》第 675 条）。因此有疑问的是，Köster 是否根据《民法典》第 627 条有权通知终止。[②] 有权通知终止的前提是，Köster 与 Klein 约定的行纪属于行为导向的事务处理。本案的案情更多地显示出应当补充适用承揽合同规则，这是因为本案的委托属于一次性的行纪行为。然而，承揽合同法规则仅赋予了定作人的随时终止权（《民法典》第 648 条）。出售水彩画的任务也不能导致成立因交易基础丧失的通知终止（《民法典》第 313 条第 3 款第 2 句），这是因为 Köster 自身造成这一情形的变化。只要《民法典》第 314 条的规则未当然地劣后于《民法典》第 313 条[③]，这一结论也同样适用于重大原因的终止。因此，Köster 继续负有尽力出售这幅水彩画的义务。

二、行纪人的权利和义务

（一）行纪人的义务

1. 实行义务

行纪人首要负有以通常商人的注意实行所承担的行为的义务。行纪人在实行所承担的行为时，应当维护委托人的利益，并且遵从委托人的指示（《商法典》第 384 条第 1 款）。这一规则具体意味着：

• 行纪人应当**尽力订立**一个尽可能有利的实行行为。存在特别约定时，行纪人亦可能负担成功订立之义务。当不适当地选择第三人时，依据《民法典》第 280 条第 1 款，行纪人因自己的过错承担责任。与此相反，行纪人仅在特殊情形下才对第三人履行实行行为承担《商法典》第 384 条第 3 款和第 393 条第 3 款的自己责任以及《商法典》第 394 条的保付责任（Delkrederehaftung）。保付的前提是，行纪人因特别的约定，或至少因其营业所地的商事习惯负担对第三人的履行负责的义务。通说认

5

---

① 参见 Ba/Ho/*Hopt*，§383 Rn. 6。

② 对此参见 OLG Saarbrücken NJOZ 2015，1445，1446。

③ 例如立法者的观点见 BT-Drs. 14/6040, S. 177；正确的不同观点见 *Schulze*，in: Handkommentar BGB, 10. Aufl.，2019，§314 Rn. 2。

为，保付是一种从属性的担保允诺，行纪人在第三人对委托人承担责任的相同范围内对委托人承担责任。[①] 作为对此的补偿，行纪人取得一项特殊的保付佣金（《商法典》第 394 条第 2 款第 2 句）。

- 行纪人应当负责**行纪货物**处于无瑕疵**的状态**，应当检查可辨识的瑕疵，并通过例如瑕疵异议（《商法典》第 377 条）等维护委托人对出卖人、运输或仓储经营者可能享有的权利（《商法典》第 388 条第 1 款）。当行纪货物存在腐烂或贬值的危险时，行纪人享有紧急变卖权并负有紧急变卖义务（《商法典》第 388 条第 2 款）。当行纪人保管货物时，只要其不能证明（证明责任倒置）即便尽到通常商人之注意也不能避免货物的灭失或毁损，则须承担货物灭失或毁损的责任（《商法典》第 390 条第 1 款）。在买入行纪人违反上述义务并且行纪对委托人而言也是商行为时，仅当委托人不迟延地检验交付的货物并通知可能的瑕疵时，才能够主张其权利（《商法典》第 391 条结合《商法典》第 377、379 条）。

> **示例：**协议经销商 Verdes 计划以香槟款待他的参加森雅新型跑车展览的客户。为此，Verdes 委托葡萄酒经销商 Weber 以自己的名义从葡萄酒进口商 Limbach 购买 10 箱香槟，由 Verdes 承担香槟的费用。Weber 未经检验便将 Limbach 交付的香槟转交给 Verdes。两周后，在顾客抱怨玻璃杯中的香槟有氧化的现象后，Verdes 遂向 Limbach 主张瑕疵担保权并向 Weber 主张损害赔偿请求权。
>
> 本案属于买入行纪，且所有的当事人都是商人。由于 Verdes 与 Limbach 之间没有合同关系且仅与 Weber 存在合同关系，因此他只能在 Weber 向其让与瑕疵担保权后主张该权利（让与请求权：《商法典》第 384 条第 2 款）。然而 Weber 无法让与他的瑕疵担保权，这是因为，他没有检验香槟以及没有按照《商法典》第 377 条对瑕疵适法地提出异议（参见第十章边码 10 以下）。Verdes 对 Weber 也不享有基于《民法典》第 280 条第 1 款结合《商法典》第 384 条第 1 款和第 388 条第 1 款的损害赔偿请求权，这是因为他自己迟延地提出瑕疵异议（《商法典》第 391 条第 1 款结合《商法典》第 377 条）。仅当 Weber 依法检验交付的货物并且他的抽样检查未发现异议事由时，Verdes 才能够即便在自己迟延异议时依然可以向 Weber 主张让与通过其抽样检验保有的瑕疵担保权，并向 Limbach 主张（《商法典》第 391 条第 2 句）。

- 行纪人应当向委托人告知关于其尽力实行行纪的必要**信息**（《商法典》第 384 条第 2 款）。在特定情形下，行纪人在订立行纪合同之前和之后负有建议和说明义务。[②]
- 未经同意，行纪人不得向实行行为的合同相对方预付款项或提供贷款（《商法典》第 393 条）。

---

① 详见 *K. Schmidt*，Handelsrecht，§ 31 Rn. 71。

② 对此一般性的见 *K. Schmidt*，Handelsrecht，§ 31 Rn. 63；限制见 OLG Schleswig WM 2016，1390：在证券行纪中，没有义务说明投资产品的特性。

•**未经授权**，行纪人**不得违背**委托人的**指示**行为。否则，委托人无须让实行行为对其发生效力，并且可以要求行纪人赔偿损害（《商法典》第385条第1款）。然而，当不存在对指示的实质性偏离或委托人知悉对指示的违反后同意实行行为时，委托人不享有拒绝权（《民法典》第242条）。此外，委托人的指示违反行纪合同的约定或者给行纪人增加不合理的新负担的，指示不具有拘束力。行纪人得依情势认为委托人在知悉事实状况时会同意的，亦可偏离指示。但是，行纪人必须将计划的指示偏离告知委托人，除非遇有急迫情形（《商法典》第385条第2款结合《民法典》第665条）。当指示是指定某个特定的出售或购买价格但行纪人偏离该指示时，适用《商法典》第386条的特别规则：根据该条，委托人有义务在行纪人通知后不迟延地——不存在有过错的迟延（《民法典》第121条第1款第1句）——拒绝实行行为。否则，实行行为被视为为了他的利益而成立。此外，当行纪人在通知实行行为时同时（非事后）自愿承担差价时，不得拒绝实行行为。[①]

2. 清算义务

在实行行为订立后，行纪人根据《商法典》第384条第2款负有以下义务：　6

•行纪人须将必要的**信息**告知委托人。行纪人特别须不迟延地告知委托人行纪的实行以及书面说明实行行为。行纪人未指明第三人姓名的，根据《商法典》第384条第3款，行纪人自己承担履行实行行为的责任。

•行纪人须向委托人返还所有其为实行行纪所得之利益（《民法典》第675条结合第667条）以及所有因事务处理所得之利益（《商法典》第384条第2款，清算行为）。除非有不同约定，以上规则也适用于行纪人因订立更加有利的条款而获得的额外收益（《商法典》第387条）。返还的方式取决于行纪的方式：买入行纪人须依据《民法典》第929条以下将取得的货物的所有权转移给委托人，并须将剩余的购买预付款返还委托人。对取得的汇票的背书不得附条件（《商法典》第395条）。出卖行纪人同样须按照《民法典》第929条以下向委托人转移所得金钱的所有权，或者须按照《民法典》第398条以下向委托人让与尚未履行的价款债权。行纪人须返还对未出卖货物的占有。

（二）行纪人的权利

1. 佣金请求权

行纪人基于行纪合同中的相应约定或者没有约定时根据《商法典》第354条第　7
1款对委托人享有佣金请求权。佣金请求权在实行行为订立时产生，但是原则上仍附行为的**付诸实行**这一延缓条件（《商法典》第396条第1款第1句）。当通过向行

---

① 参见 *K. Schmidt*, Handelsrecht, §31 Rn. 61 f.

纪人给付而实质地产生实行行为的经济效果时，成立《商法典》第 396 条第 1 款意义上的行为付诸实行。在此，全面的履行并不总是必要。然而，只有第三人而非行纪人的给付履行构成行为的实行，这是因为委托人仅对第三人的给付享有利益。当第三人的给付不合约定并且委托人（在给付转移给他后）或行纪人（基于委托人的指示）行使解除权时，最终不产生佣金请求权。根据《民法典》第 812 条以下，已经支付的佣金应当被返还。第三人部分给付或因瑕疵给付而减价的，应当相应地降低佣金请求权。然而，当存在当地习惯以及当事人约定（交付佣金）时或者行纪人订立的行为仅因委托人的个人原因未付诸实行的，行纪人即便未实行也享有佣金请求权（《商法典》第 396 条第 1 款第 2 句）。

> **示例**：Klein 以行纪的方式委托 Köster 出售两幅水彩画。Köster 将其中一幅画以 400 欧元的价格卖给了建筑商 Braun，Braun 用他的信用卡支付。另外一幅水彩画被他以 2 000 欧元的价格向工厂主 Felber 发出要约，并将画交给她供其"客厅试用"。Klein 获知此事后，便亲自将这幅画卖给了 Felber。Köster 要求支付两幅画的佣金。虽然用信用卡支付在信用卡公司向 Köster 的银行账户汇入后才产生履行效果（《民法典》第 364 条第 2 款），但是签约企业基于《民法典》第 780 条第 1 句针对信用卡公司成立的请求权在经济效果上与现金支付相同[1]，因此构成《商法典》第 396 条第 1 款意义上的实行。因此，在兑付之前，佣金请求权已经存在。在第二幅画的情形下，Klein 已经阻碍 Köster 订立实行行为，因此，不能适用《商法典》第 396 条第 1 款第 2 句后半句（"由行纪人订立"）。但是，佣金请求权可以基于《民法典》第 242 条产生［禁止出尔反尔（Verbot des *venire contra factum proprium*）］，这是因为 Klein 利用了 Köster 已经付出的促成 Felber 订约的努力。然而，需要注意的是，委托人根据《民法典》第 648 条可以随时通知终止如本案中的结果导向的行纪（见本章边码 4）。因此，根据这一规则，应当从佣金中扣除行纪人因合同终止而节省的费用、取得的收入或恶意放弃的收入。

有疑问的是，**清算行为中的给付障碍**如何影响行纪人的佣金请求权。对委托人而言重要的是，最终转移实行行为的经济效果并且清算行为因此获得顺利实施，故而佣金请求权不仅与事务处理义务，而且与《商法典》第 384 条第 2 款的返还义务具有牵连性（Synallagma）。[2] 因此，当清算关系中的给付障碍不是产生于委托人的控制领域（类推适用《商法典》第 396 条第 1 款第 2 句）时，佣金请求权原则上消灭（《民法典》第 323、326 条）。

2. 费用偿还请求权

8　　根据《民法典》第 675、670 条和《商法典》第 396 条第 2 款，行纪人享有要

---

① 参见 *BGH* NJW 2002，2234。

② 通说参见 *Koller*，BB 1979，1725，1729；不同观点见 *OLG Saarbrücken* NJOZ 2015，1445，1450；对《民法典》第 320 条的抗辩权的质疑见 RGZ 105，125，128。

求偿还所有为行为的实行支出的以及其得依情势认为有必要的费用的请求权（例如：运输和仓储费用，海关费用和诉讼费用等）。然而，不补偿行纪人自己和他的事务辅助人付出的劳动成本以及行纪人的一般营业成本，这是因为这些成本通过佣金获得补偿。行纪人可以要求预付款（《民法典》第 669 条）。买入行纪人尚未清偿第三人债权时，委托人为履行其偿还费用之义务，亦可选择清偿第三人债权（《民法典》第 267 条第 1 款、第 362 条第 1 款）、继受行纪人债务（《民法典》第 414 条以下）或者向行纪人提供相应数额的金钱。

3. 担保权

为担保对委托人的债权，行纪人享有下列担保权：　　　　　　　　　9

- 在委托人享有所有权的行纪物上的法定占有质权（《商法典》第 397 条）；
- 当如大多数的买入行纪一样由行纪人享有行纪物的所有权时在行纪物上的准质权受偿权（《商法典》第 398 条）；
- 针对实行行为中产生的债权，特别是卖出行纪人对买受人的价款请求权的优先受偿权（《商法典》第 399 条）；
- 《民法典》第 273 条的留置权以及（在双方商行为中的）《商法典》第 369 条以下的留置权。

4. 自我介入权

在买入或卖出存在交易所价格、市场价格或者官方固定价格的货物或有价证券　10
时，行纪人在不存在相反指示的情形下亦可以如此实行行纪，即行纪人自身作为出卖人交付其应当买入之物，或者自身作为买受人继受其应卖出之物。（《商法典》第 400 条第 1 款）。通说认为，自我介入权是一个形成权[①]，行纪人在行使该权利后（参见《商法典》第 405 条）即取得佣金权、费用偿还权和担保权（《商法典》第 403 条以下），并同时继受第三人的角色成为买卖合同的当事人。《商法典》第 400 条第 2～5 款和第 401 条为委托人提供了必要的保护，以使其免遭有权自我介入的行纪人的欺诈。上述条文属于强行法（《商法典》第 402 条）。在金融机构证券交易中，自我介入权因自 1995 年 1 月 1 日生效的有价证券交易新规而进一步丧失了其原有的重大实践意义。

---

① 参见 *BGH* WM 1988，402，404。

第四十一节　实行行为

一、实行行为中的债法关系

11　　　　实行行为的合同当事人是行纪人和第三人。根据间接代理的制度本质和**债务关系的相对性原则**，委托人和第三人之间不存在任何法律关系。行纪人是实行行为中的唯一权利人和义务人，这也在《商法典》第 392 条第 1 款关于实行行为债权权利的规定中再一次被明确确认：仅在根据《民法典》第 667、675 条和《商法典》第 384 条第 2 款负有让与义务的行纪人让与后，委托人才得向第三人主张债权。因此，在向委托人让与之前，第三人原则上只能通过向行纪人给付或因行纪人的债务免除摆脱给付义务。同样地，第三人应向行纪人主张其享有的形成权、瑕疵担保权以及不当得利请求权。

12　　　　然而，在实行行为中，针对合同关系相对性原则存在两项重要的**限制**：

　　　　• 行纪是间接代理中**第三人损害之赔偿**（Drittschadensliquidation）[1] 的一种典型应用情形：原则上单独享有相应合同赔偿请求权的行纪人，可以赔偿通常在委托人处产生的损害，故而致损的第三人不能从因行纪关系导致的损害移转中获得好处。[2] 由于第三人通常不知道委托人的存在，所以行纪人应当向第三人告知这一对其而言无法预见的特殊损害风险，以防止根据《民法典》第 254 条第 2 款导致的赔偿请求权的减少。[3]

　　　　• 根据《商法典》第 392 条第 2 款的预先让与拟制，实行行为所生债权在委托人与行纪人的内部关系中以及在与行纪人的债权人的关系中被视为委托人的债权（《商法典》第 392 条第 2 款）。这一拟制虽然未取代债权让与，但是其可排除行纪人的债权人对尚未让与的产生于实行行为中的债权在法律行为上的以及强制执行法上的追索，从而保护委托人。这一重要的规则产生以下具体后果：

　　　　——行纪人为履行或担保其债权人的债权对实行行为所生债权的**让与对委托人无效**。[4] 这是因为，行纪人对其债权人而言不是实行行为债权的所有者，故而其作

---

① 对此一般见 *Fikentscher/Heinemann*，Schuldrecht, 10. Aufl.，2006，Rn. 611 ff.。

② St 惯常的司法判决自 RGZ 58, 39, 42；*K. Schmidt*，Handelsrecht，§ 31 Rn. 98 ff.；批评见 *Peters*，AcP 180 [1980] 329, 350 ff.。

③ *K. Schmidt*，Handelsrecht，§ 31 Rn. 101.

④ 参见 RGZ 148, 190, 191.

为无权者处分。这同样也不适用债权人的善意取得，因为原则上不存在对债权的善意取得。

——委托人可以根据《民事诉讼法》第771条提起**第三人异议之诉**，以对抗强制执行中对实行行为所生债权的查封。[①]

——行纪人破产的，委托人根据《破产法》第47条对实行行为所生债权享有**取回权**。[②]

——**行纪人不得**以实行行为所生债权与第三人的债权进行**抵销**。这是因为，此时第三人是《商法典》第392条第2款意义上的行纪人的债权人，而委托人是反对债权的所有人。由于行纪人不是债权的所有者，故而也不存在待抵销债权的相互性。

——争议巨大的是，《商法典》第392条第2款是否同样否定**第三人抵销的效力**，即第三人主张以其对行纪人享有的债权抵销实行行为所生债权。[③]

> **示例：**Köster用行纪的方式帮助Klein将葡萄酒以1 000欧元的价格卖给Angermann。首先，Angermann主张以其因葡萄酒迟延交付而享有的金额为400欧元的损害赔偿请求权抵销这一买卖价款请求权。其次，Angermann计划以其在另外一个法律关系中对Köster享有的到期且可被执行的600欧元债权进行抵销，从而免除支付剩余价款。
>
> 有疑问的是，Angermann是否在上述两种情形中都应被视为《商法典》第392条第2款上的债权人，以及作为拟制预先让与结果的抵销是否因债权欠缺相互性而不能实施。通常的观点认为，无论如何，Angermann都能够以从实行行为中产生的作为关联性反对债权的损害赔偿请求权有效地与Klein进行抵销。这是因为，Angermann在此不是《商法典》第392条第2款意义上的Köster的任一债权人，而是实行行为的合同当事人。然而特别有争议的是，Angermann是否也能够以非关联性的600欧元债权主张抵销。司法裁判和部分文献认为，Angermann作为通常不会被告知存在行纪的实行行为的合同当事人，其利益原则上比Klein的利益更值得保护。最后，不同于行纪人的其他债权人，Angermann即便在预先让与时也可以根据《民法典》第406条进行抵销。因此，《商法典》第392条第2款的过广文义应当被目的性限缩，作为实行行为当事人的Angermann不应当属于该条意义上的行纪人的债权人。依据该观点，抵销仅当在Angermann为形成抵销基础恶意取得反对债权时才被排除。[④] 与之相反，另一部分文献认为应当完全排除无关联债权

---

① 参见RGZ 148, 190, 191。
② 参见BGHZ 104, 123, 127。
③ 参见 *Müller-Laube*, 20 Probleme, Problem 8, S. 33 ff.。
④ 参见 *BGH* NJW 1969, 276, 277；深入见 *Canaris*, §30 Rn. 77 ff.。

的抵销，这是因为在无关联债权上，第三人和行纪人的其他债权人之间不存在任何区别。① 若支持这一观点，则 Angermann 只能免于承担 400 欧元的买卖价款债务。

13　　　　然而，《商法典》第 392 条第 2 款的拟制根据该条文义仅适用于债权且只能针对行纪人的债权人。由此产生以下**限制**：

　　　• 通说认为，《商法典》第 392 条第 2 款不适用于基于实行行为中的债权取得的**替代物**。② 因此，卖出行纪中已经支付的买卖价款以及买入行纪中已经交付的行纪物在行纪人与债权人的关系中依然属于行纪人所有。通过转账支付买卖价款产生的行纪人的银行存款同样不再是《商法典》第 392 条第 2 款意义上的债权。追收债权所得通常会遭受行纪人的债权人的追索。③ 因此，委托人只能通过预先让与或者通过约定预先占有改定获得有效的保护（参见本章边码 16）。

　　　• 行纪人可以将从实行行为中产生的债权**向非债权人让与**。这一让与（例如向保理企业）在即便受让人知悉让与债权是行纪债权时亦有效。然而，行纪人在此类情形中负有义务，赔偿因其导致的不能返还给付（《商法典》第 384 条第 2 款）所造成的损害（《民法典》第 280 条第 1 款和第 3 款结合《民法典》第 283 条）。与之相反，为清偿或担保向债权人作出的债权让与对委托人相对无效（类推《民法典》第 135 条第 1 款第 1 句结合《商法典》第 392 条第 2 款），这是因为应当防止行纪人的债权人通过法律行为取得其根据《商法典》第 392 条第 2 款以强制执行的方式也不能获得之物。④

　　要点：通说认为，《商法典》第 392 条第 2 款不适用于第三人抵销，也不适用于债权的替代物或者向非债权人的债权让与。

二、实行行为清算时的物权法律关系

（一）卖出行纪中的物权法律关系

14　　　　在卖出行纪中，原则上委托人仍是行纪物的所有权人。卖出行纪人通常因委托人在行纪合同中授予**处分权**而以自己的名义出售行纪物（《民法典》第 929 条、第 185 条第 1 款）。行纪人欠缺有效授权而行为的，第三人可以在满足《商法典》第 366 条的构成要件（第九章边码 44）时善意取得。

　　示例：集邮家 Bauer 将一枚珍贵的邮票交由其社团同事 Verdes 进行价值评估。但是，Verdes 却将这枚邮票以行纪的方式交给邮票商 Köster 出售。Köster 以 3 000

---

① 详见 *K. Schmidt*，Handelsrecht，§ 31 Rn. 135.

② BGHZ 79，89，94；援引《商法典》第 422 条第 2 款和第 457 条第 2 句的不同观点见 *K. Schmidt*，Handelsrecht，§ 31 Rn. 138 ff.

③ *BGH* BB 1974，1551，1551.

④ 对此见 RGZ 148，190，191 f. 和 BGHZ 104，123，127；Canaris，§ 30 Rn. 75；在交易上的不同见 Lieder/Wüstenberg，Jura 2016，1229，1234.

欧元的价格卖给善意的 Angermann，并在扣除其 300 欧元的佣金后，将剩余收益交给 Verdes。在 Bauer 知悉这枚邮票被出售以及 Verdes 没有任何财产后，要求 Köster 返还全部的出售收益。

请求权基础是《民法典》第 816 条第 1 款第 1 句，其未被《民法典》第 987 条以下排除。[1] Köster 无权处分，这是因为他完全未从权利人 Bauer 以及也未有效地从委托人 Verdes 获得处分邮票所有权的授权。然而，根据《商法典》第 366 条第 1 款和《民法典》第 932 条，Köster 的处分对于 Bauer 有效。在处分所得上，应当区分交付的出售所得和佣金：无权但有效处分的行纪人虽然在原则上应当返还扣除佣金后的剩余出售收益，但是本案中善意的 Köster 通过《民法典》第 818 条第 3 款意义上的转交而丧失得利。[2] 另一方面，Köster 的 300 欧元佣金得利不得被视为处分所得，这是因为该佣金不是来自收益而是来自 Verdes 的财产，并且仅仅通过与收益的结算而成为 Köster 的财产。[3] 因此，Bauer 只能向 Verdes 主张权利。[4]

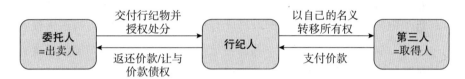

（二）买入行纪中的物权法律关系

在买入行纪中，行纪人亦通常以自己的名义实施履行行为。因此，委托人仅在 15 以下情形中直接从第三人处取得所有权：

• 在取得行为中行纪人例外地根据《民法典》第 164 条第 1 款以委托人的代理人和占有辅助人的身份行为，

• 当行为归属的构成要件被满足时，特别是货物取得人的身份对第三人而言不重要并且行纪人因支付给他的预付款已涵盖费用和佣金请求权金额而对超出《商法典》第 397 条质权的用于担保的所有权取得没有利益[5]，

• 第三人根据《民法典》第 362 条第 2 款在行纪人同意的情况下向作为取得人而非单纯作为行纪人指令之人的委托人交付。

然而，通常都是行纪人取得行纪物的所有权，并根据《民法典》第 929 条以 16 下向委托人转移所有权（《商法典》第 384 条第 2 款；对于购买有价证券还额外适用《有价证券保管和购买法》第 18 条第 3 款的特别规则）。然而，**行纪人的中**

---

① 参见 *Baur/Stürner*，Sachenrecht，18. Aufl.，2009，§ 11 Rn. 50。

② 参见 BGHZ 47，128，131；不同观点见 *Wolf*，JZ 1968，414，415。

③ 对此见 *Rabe*，JuS 1968，211，215；结论也见 *OLG Hamburg* MDR 1954，356，357。

④ 全部详见 *K. Schmidt*，Handelsrecht，§ 31 Rn. 106 ff.。

⑤ 详见 *Wüst*，JuS 1990，390，391 f.。

间取得（Zwischenerwerb）对委托人而言特别存在以下风险，即行纪人的债权人对经济上属于委托人的行纪物采取措施。为了尽可能地完全避免这一风险，有以下三则建议：

- **《商法典》第 392 条第 2 款**也类推适用于作为《民法典》第 433 条第 1 款第 1 句的债权替代物的行纪物。这一建议虽然获得部分文献的赞同，却不被通说认可（对此见本章边码 13）。

- 行纪人通过自我交易（《民法典》第 181 条）尽可能快地将行纪物的所有权转移给委托人，即作为所有权人和占有人的行纪人作出转移所有权和设立占有改定（《民法典》第 929、930 条）的要约，并随后作为委托人的代理人通过特定化和标记行纪物自己承诺要约。根据《民法典》第 181 条，该自我交易合法，这是因为行纪人通过转移所有权履行了《商法典》第 384 条第 2 款的返还义务。[1]

- 通过事先在买入行纪合同中约定的物权合意以及同时事先约定的占有改定（即：**预先占有改定**），委托人根据《民法典》第 929、930 条在第三人向行纪人转移行纪物的所有权并交付时即取得所有权。在此类情形中，行纪人仅在"逻辑上的一秒钟"取得所有权。然而，其前提是，作为行纪物的货物能够被委托人识别，属于种类物的应当予以特定化并作标记。在欠缺明示的所有权转移和预先占有改定的约定时，通说进一步假定，当事人已经在行纪合同中**默示地**达成了《民法典》第 920、930 条的所有权移转和预先占有改定的合意。[2] 这一观点的证成理由是行纪中的特殊利益状态，该利益状态使享有经济上利益的委托人尽可能迅速地取得行纪物。[3]

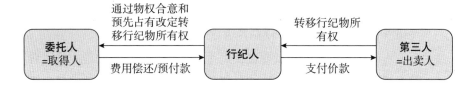

---

① *Flume*，BGB-AT，Bd. 2：Das Rechtsgeschäft，4. Aufl.，1992，§ 48 1.

② *BGH* NJW 1964，398；*BGH* WM 1965，1248，1248 f.

③ 参见 *K. Schmidt*，Handelsrecht，§ 31 Rn. 117 f.

第四十二节 本章复习

一、本章总结

□行纪行为＝商事行为，根据这一商事行为作为行纪人的营业经营者负有义务以自己的名义为了委托人的利益订立实行行为（参见《商法典》第 383、406 条）。

□行纪合同属于《民法典》第 675 条的**事务处理合同**，因此，除适用《商法典》第 383 条之外，还通过《民法典》第 675 条适用《民法典》第 663 条、第 665～670 条、第 672～674 条，以及补充适用服务合同法和承揽合同法。

□**行纪人的义务**：

• 在确保委托人的利益的前提下，努力订立一个尽可能有利的实行行为；

• 遵守委托人的指示（《商法典》第 384 条第 1 款、第 385 条以下）；

• 通知委托人（《商法典》第 384 条第 2 款）；

• 返还实行行纪所得（《民法典》第 675 条结合第 667 条）以及返还事务处理所得（《商法典》第 384 条第 2 款），即清算行为。

□**行纪人对委托人的请求权**：

• 费用偿还请求权（《民法典》第 675、670 条，《商法典》第 396 条第 2 款）；

• 实行行纪后的佣金请求权（《商法典》第 396 条第 1 款）；

• 为担保债权，行纪人享有《商法典》第 397 条以下的权利以及根据《民法典》第 273 条和（双方商行为时）《商法典》第 369 条以下的留置权。

□行纪是**间接代理**的一种应用情形，因此得出：

• 纪人因与第三人的实行合同单独享有权利和负担义务（也见《商法典》第 392 条第 1 款）。

• 穿透：

——《商法典》第 392 条第 2 款

——第三人损害之赔偿

• 委托人仅能借助清算行为获得实行行为的经济结果。

□在行纪行为中，针对**物权法律关系**应当区分：

• **卖出行纪人**通常不以所有权人的身份，而是以自己的名义依据委托人在行纪合同中授予的处分权卖出行纪物（《民法典》第 929 条、第 185 条第 1 款）。

• **买入行纪人**原则上首先取得行纪物的所有权，并应当按照《民法典》第 929

条以下将所有权转移至委托人（《商法典》第384条第2款）。因此，这一对于委托人而言充满风险的行纪人的中间取得被限缩在"逻辑上的一秒钟"的长度，并且通说认为当事人通常已经在行纪合同中默示地约定了《民法典》第929、930条的所有权移转和预先占有改定。

二、测试题

1. 未登记的经营小营业的行纪人订立行纪合同适用哪些法条？

2. 明斯特大学学生会为举办年度盛夏晚会以"行纪的方式"从当地的啤酒厂订购50桶啤酒，并约定未打开的啤酒由啤酒厂取回。此时成立何种类型的行纪行为？

3. 为什么关于行纪关系的客体是行为导向抑或结果导向的事务处理的问题是重要的？

4. 请您列举行纪人的权利和义务！

5. 保付具有哪些特殊性？

6. 在订立实行行为后，行纪人的佣金请求权还可能面临哪些风险？

7. 请您阐释《商法典》第392条第2款的意义！

第十二章 ◀
货运行为、货运代理行为和仓储行为

Literatur: *Basedow*, Hundert Jahre Transportrecht: Vom Scheitern der Kodifikationsidee und ihrer Renaissance, ZHR 161（1997）, 186 ff. ; *Bellardita*, Fachanwalt—Einführung in das Transport- und Speditionsrecht, JuS 2006, 136 ff. ; *Czerwenka*, Der Referentenentwurf zur Reform des Seehandelsrechts, TranspR 2011, 249 ff. ; *Fremuth/Eckardt*, Kommentar zum Transportrecht, 2000; *Gran*, Die Rechtsprechung zum Transportrecht in den Jahren 2005 und 2006, NJW 2007, 564 ff. ; *Hartenstein/Reuschle*, Handbuch des Fachanwalts—Transport- und Speditionsrecht, 3. Aufl. , 2015; *Herber*, Die Neuregelung des deutschen Transportrechts, NJW 1998, 3297 ff. ; *Koller*, Transportrecht, 9. Aufl. , 2016; *ders.*, Die Haftung des HGB-Unterfrachtführers gegenüber dem Empfänger, TranspR 2009, 229 ff. ; *ders.*, Reformvorhaben im Fracht-, Speditions- und Lagerrecht, VersR 2011, 1209 ff. ; *ders.*, Wer ist Frachtführer im Sinn des § 437 HGB n. F.?, TranspR 2013, 103 ff. ; *ders.*, Haftungsbeschränkungen zu Gunsten selbständiger Hilfspersonen und zu Lasten Dritter im Transportrecht, TranspR 2015, 409 ff. ; *Krien/Valder*, Speditions- und Lagerrecht, Loseblatt; *Luther*, Die Haftung in der Frachtführerkette, TranspR 2013, 93 ff. ; *Müglich*, Das neue Transportrecht, 1999; *Oetker*, Versendungskauf, Frachtrecht und Drittschadensliquidation, JuS 2001, 833 ff. ; *Paschke*, Reform des deutschen Seehandelsrechts, RdTW 2013, 1 ff. ; *Pfirmann*, Die vertragliche und außervertragliche Haftung des Frachtunternehmers wegen Folgeschäden, 2008; *P. Schmidt*, Vereinbarte Verpackung durch den Transportunternehmer: Nebenpflicht im Rahmen der §§ 407 ff. HGB oder werkvertragliche Hauptleistungspflicht?, TranspR

2010，88 ff.；*Steinborn/Wege*，Quo Vadis ADSp? —Verkehrsgestaltung，Branchenüblichkeit und stillschweigende Einbeziehung nach dem Ausstieg der Verbände der verladenden Wirtschaft，TranspR 2015，378 ff.；*Thume*，Das neue Transportrecht，BB 1998，2117 ff.；*Widmann*，Kommentar zum Transportrecht，3. Aufl.，1999；*ders.*，Allgemeine Deutsche Spediteur-Bedingungen，6. Aufl.，1999；*Wieske*，Transportrecht schnell erfasst，3. Aufl.，2012.

> **学习提示：** 货运法、货运代理法和仓储法不属于必修内容。尽管如此，本章阐释的有关上述行为的基本规则因它们与一般债法和物法的关联对必修课学生也是重要的（主要参见下文诸示例）。货运代理行为与行纪行为一样，属于间接代理的一种情形。仓储行为是一种特殊的保管行为，并且因集中仓储的形式引发了一些引人注目的一般性法律难题。货运合同是一种为第三人利益合同。最后，寄送买卖中的第三人损害之赔偿这一考试重点在 1998 年因新的《商法典》第 421 条第 1 款第 2 句和第 3 句在制定法上已得到部分解决（详见本章边码 10）。

第四十三节　运输法概述

1　　　《商法典》中有关货运行为、货运代理行为和仓储行为的规则涉及货物运输，并因此构成**运输法的一部分**。除此之外，运输法还包括：

　　•客运规则（《民法典》第 631 条以下和第 651a 条以下；《客运法》；《普通铁路法》；《铁路运输条例》第 8 条以下；《商法典》第 536 条以下；《航空运输法》第 44 条以下；关于民航乘客权利的《欧共体 261/2004 号条例》和《欧共体 1107/2006 号条例》；《国际铁路运输公约》及附件《国际铁路旅客运送协约》；《蒙特利尔公约》）。

　　•陆上货运规则（《机动车货物运输法》，《欧洲国际道路运输危险货物协定》，《国际公路货物运输合同公约》，《国际铁路运输公约》及附件《国际铁路货物运输合同统一规则》和附件《国际铁路运输危险货物规则》。关于行李：《铁路运输条例》第 25 条以下）、内陆水域货运规则（《关于内河货物运输合同的布达佩斯公约》《斯特拉斯堡内河航运责任限制公约》）、海上货运规则（《商法典》第 481 条以下）、空中货运规则（《蒙特利尔公约》/《华沙公约》。关于行李：《航空运输法》第 44 条以下）和邮政货运规则（《世界邮政条约》、德国《邮政法》）。

　　整个运输法以极其显著的**法律分散**为特征。法律分散一方面产生于依据运输工具（机动车、铁路、飞机、内陆船舶和海上船舶）或者运输客体（普通的物品和危险物品、行李、人）进行的交叉性区分；另一方面，来自对国内运输和国际运输的区分，对于后者优先适用国际的（例如《国际公路货物运输合同公约》、《国际铁路运输公约》、《蒙特利尔公约》/《华沙公约》；参见第十三章边码 12）或超国家的（例如《欧共体 261/2004 号条例》）统一法；此外还包括详细的格式条款，例如各种运输经济类协会自 2017 年再次共同推荐的 2017 年版德国货运代理格式条款。①法律基础的分散使关键法条的寻找和不同规范体系的必要协调变得尤为困难。

无论如何，几乎整个国内**货物运输法自** 1998 **年起**再次被合并在《商法典》第 407～475h 条，并适用于所有的运输方式。自此以降，德国法在基本结构上与国际货物运输法以及特别与《国际公路货物运输合同公约》保持一致。由此，德国法同时符合越来越自由化的欧洲货物运输服务内部市场的需求。然而，直到 2013 年，《商法典》第五编规定的海商法才被根本性地修订，以适应现代（集装箱）船舶运输的需求。海商法一如既往地深受国际法《海牙-维斯比规则》影响。

2

第四十四节　货运行为

一、货运行为的概念

根据《商法典》第 407 条，货运行为是一个商行为，通过该行为，承运人在运费已付时负有在陆地、内水或使用航空器运输货物的义务，并且该行为属于承运人对其（小）营业型企业的经营。这意味着：

3

• 货运行为与货运代理一样，仅涉及**货物运输**。客运（参见本章边码 1）因此未被涵盖。货运行为与运输距离无关，也不取决于货物的数量或运输的目的，因此在同一个建筑物内的搬家、起重工作、运输行李或者将垃圾运送至垃圾场都被视为货物运输。

• 不同于仅负责发送货物的货运代理人，承运人**亲自**运输货物。②

• 《商法典》第 407 条以下适用于**几乎所有的交通工具**（《商法典》第 407 条第 3 款第 1 句第 1 项）。自 1998 年以降，在德国境内使用航空工具（其概念见《航空运输法》第 1 条第 2 款）的运输也被纳入。只有海运行为③依然被排除在《商法

---

① 对此参见 *Neufang/Valder*，TranspR 2017，45 ff.。
② 关于区分见 *Koller*，NJW 1988，1756 ff.。
③ 见未在 Schönfelder 评注中刊印的《商法典》第 481 条以下条文；对此参见 *Rabe*，Seehandelsrecht，4. Aufl.，2000。

典》第 407 条以下的适用范围之外（参见《商法典》第 450 条与内河航运的区分）。

• 承运人必须是一个**营业经营者**（第二章边码 5 以下）。他经营一个货运营业还是其他的营业（间或承运人），并不重要。自 1998 年商法改革以来，承运人仅在满足《商法典》第 1～6 条的构成要件时属于商人。然而，《商法典》第 407 条以下以及第 343 条以下，不包括第 348～350 条，也适用于经营小营业的未登记承运人（《商法典》第 407 条第 3 款第 2 句）。

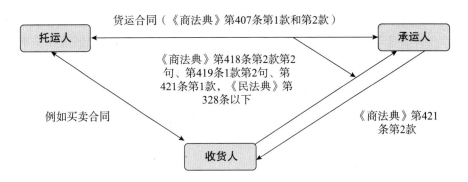

二、货运法律关系

（一）适用的法律

4　　作为运输法基本行为的货运行为被规定在**《商法典》第四编第四章**位于货运代理行为和仓储行为之前。第四章第一节的标题名为"一般规定"，包含关于路上、内水和航空货物运输以及铁路和邮政运输的统一规则（《商法典》第 407～450 条）。该章第二节将之前在欧盟条例中规定的搬家合同纳入《商法典》（《商法典》第 451～451h 条）。在集装箱运输时代中特别重要的基于统一的运输合同利用不同运输工具的货物运输〔多式联运；例如背负式运输（Huckepack-Verkehr），使用海船的门到门运输〕首次在立法上被纳入该章第三节，同时海商运输以及关于责任、损失通知和诉讼时效的特别规则也被纳入了（《商法典》第 452～452d 条）。[①]

托运人——其可以是货运代理人（参见本章边码 11）或者其他的承运人（参见《商法典》第 437 条），与承运人之间的货运合同是一种**具有事务处理性质**（照管义务，受指示拘束）的**承揽合同**（成功改变承运货物的所在地）。最后，通说认为，货运合同是一个真正利益收货人的合同（《商法典》第 418 条第 2 款第 2 句、第 419 条第 1 款第 2 句和第 421 条第 1 款），因此，在《商法典》第 407 条以下条文之外补充适用于货运合同的《民法典》第 675 条、第 631 条以下和第 328 条以下条文因详尽的商法规则几乎不再具有任何实践意义。

此外，对于最重要的货物运输形式优先适用国内或国际上的**特别规则**（参见本

---

① 详见 *Herber*，NJW 1998，3297，3306 f.。

章边码1)。在此，特别重要的有《国际公路货物运输合同公约》和《国际铁路运输公约》。在国际运输中，仅当无国际公约（内水航运）、国际公约不适用①、存在法律漏洞②或适用的冲突法③指向适用德国法时，才适用自主的德国法。④

（二）当事人的权利和义务

《商法典》第 **407** 条第 **1** 和 **2** 款规定了承运人和托运人的主义务。承运人须受领托运人的货物，在交货期（参见《商法典》第 423 条）内运输至指定地点，并在该地使受领人取得对货物的占有。交付障碍适用《商法典》第 419 条。承运人可以单独或与其他部分承运人、连带承运人、中间承运人和分包承运人共同运输货物（参见《商法典》第 437 条）。在运输货物中，承运人遵守托运人或受领人的指示（《商法典》第 418 条以下）。约定付款交货的（《商法典》第 422 条），承运人得仅在受领人以现金或等值化的支付方式（例如信用卡支付）支付时交付货物。根据《民法典》第 675 条和第 667 条，承运人须将所得利益返还托运人。在此之前，所得利益在与承运人的债权人关系上被视为已经移转给托运人，因此托运人为保护其利益可以在对承运人的强制执行中提起第三人异议之诉（《民事诉讼法》第 771 条）以及在承运人破产中享有取回权（《破产法》第 47 条）（移转拟制，对此也见《商法典》第 392 条第 2 款和第十一章边码 12）。

相应地，托运人（《商法典》第 407 条第 2 款）以及特定情形下也包括受领人（《商法典》第 421 条第 2 和 3 款）以连带责任的方式（《商法典》第 421 条第 4 款）负担以下义务：在交付货物时支付约定的报酬（运费）（《商法典》第 420 条第 1 款第 1 句），偿还可能的承运人费用（《商法典》第 420 条第 1 款第 2 句）以及支付可能的滞期费（《商法典》第 412 条第 3 款）。在托运人可能随时通知终止货运合同的情形中，承运人可以选择行使《商法典》第 415 条第 2、3 款所列举之权利（对此参见《民法典》第 649 条）。托运人依要求向承运人签发运单（《商法典》第 408 条以下，本章边码 6）、以文本形式通知货物可能存在的危险（《商法典》第 410 条）、以安全运输的方式包装和标识货物（《商法典》第 411 条）⑤、装货和卸货（《商法典》第 412 条第 1 款）以及提供特别是清关必要的货运单据和信息（《商法典》第 413 条）。不属于《民法典》第 13 条意义上的消费者的托运人，对因违反上述义务所致损害和费用向承运人承担无过错责任（《商法典》第 414 条）。⑥ 所有与运输存

5

---

① 例如在无运单时不适用《国际铁路货物运输合同统一规则》；关于《国际铁路货物运输合同统一规则》在多式联运中的适用范围见 BGH RdTW 2013, 447 ff.

② 例如《国际公路货物运输合同公约》针对大多数因从义务违反产生的损害赔偿责任的情形。

③ 例如《罗马第一条例》第 3 条。

④ 参见已经被《罗马第一条例》废除的《民法典施行法》第 27 条；*Herber*，NJW 1998, 3297, 3300.

⑤ 对此详见 *Mittelhammer*，TranspR 2014, 140 ff.

⑥ 对此亦参见 *Bellardita*, Der Absender im frachtrechtlichen Schuldverhältnis und seine Haftung, 2012.

在直接关联的请求权的诉讼时效原则上是 1 年（《商法典》第 439 条）。这也适用于竞合性的非合同请求权。[①] 但是，根据《商法典》第 439 条第 1 款第 2 句，当被请求人存在适格过错时，那么诉讼时效期间延长至 3 年。[②] 根据德国联邦法院的观点，该诉讼时效的延长既适用于主给付请求权也适用于损害赔偿请求权。[③]

6   承运人可以要求托运人签发含有《商法典》第 408 条第 1 款第 1 句所列举之既非终局性亦非义务性内容的**运单**。由托运人和承运人签署的运单不属于具有交付功能的有价证券，而是仅用于证明——直到有相反的证明为止——货运合同的订立和内容，以及承运人对外观状态良好的打包货物的完全接管（证明文件，《商法典》第409 条）。承运人也可以签发**提单**替代运单（《商法典》第 444 条第 1 款），提单与海运法中的海运提单（《商法典》第 513 条以下）类似。具有指示提单（参见《商法典》第 363 条第 2 款）形式的提单不仅拥有运单的证明力，还作为有价证券在以法律行为方式的所有权移转中提供关于对背书人权利和货物描述的善意信赖保护。

7   为担保所有因货运合同产生的债权以及因与托运人订立其他运输行为产生的无争议债权，承运人对承运货物和货运单据享有**法定的占有质权**；即使在交货之后，承运人 3 日内起诉主张占有质权并且货物尚在收货人的占有之下的，仍继续保有占有质权（《商法典》第 441 条）。质权的善意取得适用《商法典》第 366 条第 1 款和第 3 款，偏离优先原则（！）的多项质权之间的顺位被规定于《商法典》第 442 条。

（三）承运人的责任

8   （在实践和大学学业中！）特别重要的是，借鉴《国际公路货物运输合同公约》第 17 条以下所规定的承运人对因其自己的行为（《商法典》第 425 条第 1 款）或其辅助人（人员和履行辅助人，参见《商法典》第 428 条和第 436 条）的行为造成的**货物损害和迟延损害**承担**严格责任**。[④] 将上述责任建构为无过错责任[⑤]抑或责任标准特别高的过错责任[⑥]是一个理论性问题。无论如何，承运人仅在特别情形中免责（《商法典》第 427 条），或者当货物灭失（对此参见《商法典》第 424 条第 1 款的货物灭失推定）、损害或超过交付期限"即使尽到最大注意"仍不能避免时承运人免责（《商法典》第 426 条）。此外，责任规定还触及不同的宪法理念。[⑦]

---

①　BT-Drs. 13/8445，S. 77.

②　详见 *Ungewitter*，VersR 2010，454 ff.

③　*BGH* TranspR 2010，225，227；不同观点见 *OLG Frankfurt a. M.* TranspR 2005，405。

④　关于共同过错参见《商法典》第 425 条第 2 款和 *BGH* VersR 2008，97 ff.；关于《商法典》第 425 条第 1 款责任的起始时间见 *BGH* NJW-RR 2012，364；关于承运人在混合运输中的责任的法律基础见 *BGH* MDR 2016，469；关于一则带有参考答案的案例分析见 *Heyers*，Ad legendum 2012，27 ff.

⑤　例如一则关于《国际公路货物运输合同公约》的联邦法院判决 *BGH* NJW 1967，499，500。

⑥　例如正确观点见 *Herber*，NJW 1998，3297，3302。

⑦　详见 *Canaris*，§ 31 Rn. 38 ff.

只要承运人或他的辅助人非因《商法典》第 435 条意义上的故意或者有意轻率行为[1]而承担责任，那么为了承运人（《商法典》第 429 条以下）以及他的人员的利益（《商法典》第 436 条），应当从三个方面对依照《商法典》第 425 条第 1 款所给付之损害赔偿进行**限制**：

• 不同于《民法典》第 249 条以下，针对货物灭失给付的损害赔偿限于货物在承运地的价值，因此排除了恢复原状和对间接损害的赔偿[2]只限于金钱**价值补偿**（《商法典》第 429 条第 1 款）以及所承担的损害认定费用（《商法典》第 430 条）和补偿其他费用（《商法典》第 432 条）。

• 根据《商法典》第 431 条，《商法典》第 429 条和第 430 条规定的应给付的补偿费用在**金额**上受到限制，即在货物灭失时限于按托运包裹毛重每千克 8.33 个特别提款权（约 10 欧元），在迟延时不超过三倍运费（责任金额限制）。因此，对于重量相对较轻而价值较高的托运存在如下问题，即是否可以根据《商法典》第 435 条因承运人或他的人员的故意或者有意轻率行为打破责任最高限制。

• 针对因违反一项与运输相关联的合同义务产生的**纯粹财产损失**（例如：因违反货运合同中的告知义务而根据《民法典》第 280 条第 1 款结合第 241 条第 2 款产生的请求权），应给付的赔偿不超过货物灭失时应支付价款的 3 倍（《商法典》第 433 条）。[3]

根据《商法典》第 434 条第 1 款以及第 436 条，所有法定的（《商法典》第 426 条以下）和合同约定的责任免除以及责任限制也都适用于托运人或收货人对承运人及其人员享有的合同外请求权（例如《民法典》第 823 条以下、812 条以下和第 677 条以下的请求权）。[4] 然而，只要第三人未同意运输并且承运人明知或因过失不知托运人欠缺发送货物的权限，或者在交付承运前第三人或派生占有权人丧失货物的，不得针对第三人的合同外请求权主张责任特权。针对消费者达成的关于责任和责任范围的不同约定仅有限地可行，并且原则上只能个别约定（《商法典》第 449 条）。 ◀9

作为承运人合同相对方的托运人以及收货人均可以自己的名义主张因货物损失或迟延损失产生的货运合同请求权（《商法典》第 421 条第 1 款第 2 句的连带债权人）。对此，在 1998 年的运输法改革中确立了一项规则，其涉及与考试密切相关的**发送买卖中的第三人损害之赔偿**的问题群。只要托运人（出卖人）或者托运人为此 ◀10

---

[1] 关于明显忽视合同当事人安全利益的轻率见 BGHZ 158, 322, 328 f.；关于对《商法典》第 435 条意义上的适格过错的主张责任及证明责任见 *Marx*, TranspR 2010, 174, 176 ff.

[2] 参见 *BGH* NJW 2007, 58, 59.

[3] 关于《商法典》第 433 条对货物损害的一般性不适用见 *BGH* NJW 2014, 997；批评见 Koller, TranspR 2014, 114 ff.

[4] 对此详见 *Thume*, TranspR 2010, 45 ff.；关于充其量根据一般的私法原则产生的就针对独立辅助人的合同外请求权的责任免除和责任限制见 *Koller*, TranspR 2015, 409 ff.

委托的货运代理人依据货运合同为发送至收货人（买受人）而将买卖标的交由承运人，那么托运人即便自己未遭受损害也对承运人享有赔偿请求权，收货人遭受损害且对承运人享有一项独立的合同赔偿请求权。不同于一些学者所持之观点，此种情形不构成对法定风险移转时第三人损害之赔偿的制定法认可，这是因为收货人因作为利益收货人合同的货运合同构造依据《商法典》第 421 条第 1 款对承运人享有一项独立的请求权。① 鉴于《商法典》第 421 条第 1 款第 2 句的特别法优先，故仅当出卖人委托自己的人员运输，或者买卖标的在货运代理人之处且在其主张自我介入或将买卖标的交付承运人之前灭失时，才有必要以及能够回溯适用第三人损害之赔偿的一般原则。此外，以自己名义但为货主利益订立货运合同的货运代理人可以根据《商法典》第 421 条第 1 款第 3 句向承运人主张货主的损失。承运人委托次承运人运输的，只要主货运合同适用德国法②，收货人还可以额外地以自己的名义主张因这一法律关系产生的损害赔偿请求权（《商法典》第 437 条）③

> **示例：**货运代理人 Specht 接受委托为 C. H. Beck 出版社向位于亚琛的 Brandt 书店发送 50 本最新版的 "Palandt"（总重量：120 千克）。2017 版德国货运代理格式条款未成为合同的内容。在 Specht 主张自我介入后，这批贵重的货物在货运代理人 Specht 在慕尼黑的货运代理仓库转运时，因被委托清理 Specht 的载重汽车的打零工的仓储工人 Zoffel 在休息时随意地扔烟头失火灭失。尽管如此，C. H. Beck 出版社仍要求 Brandt 支付书款 3 500 欧元。Brandt 书店不仅拒绝支付书款，而且相反地主张 500 欧元的损害赔偿请求权，这是因为可证明由于暂时不能出售 "Palandt" 而丧失 500 欧元的销售利润。
>
> 出版社的书款请求权根据《民法典》第 433 条第 2 款产生，并且根据《民法典》第 326 条第 1 款第 1 句亦未消灭，这是因为书店承担运输风险（《民法典》第 447 条第 1 款）。书店亦不能再如在 1998 年之前一样根据《民法典》第 320 条以下述理由拒绝付款，即出版社应当首先将其根据《民法典》第 285 条对 Specht 享有的赔偿请求权让与出版社。Specht 通过主张自我介入同时获得了承运人的地位（《商法典》第 458 条）。因此，书店在满足《商法典》第 425 条以下的构成要件时，享有一项独立的合同赔偿请求权（《商法典》第 421 条第 1 款第 2 句），以至于出版社让与基于第三人损害之赔偿的请求权不再必要。因此，Brandt 继续负有支付买卖价款的义务，但是可以根据《商法典》第 425 条第 1 款和第 428 条第 1 句要求 Specht 赔偿自己的损失。这是因为，当 Zoffel 属于 "Specht 的人员"——属于在 Specht 经营中使用的辅助人（雇员、临时工和参与工作的家庭成员）并且为履行交给他的工作而行为时，Specht 即便不存在自己的过错也必须对因 Zoffel 的行为导致

---

① Ba/Ho/*Merkt*，§ 421 Rn. 2；不同观点见 *Oetker*，JuS 2001, 833, 839 ff.。
② 对此见 *Koller*，TranspR 2013, 52, 53。
③ *BGH* VersR 2009, 1141, 1143；对此亦参见 *Herber*，TranspR 2013, 1 ff. 和 *Koller*，TranspR 2013, 220 ff.。

的货物灭失损害承担责任（《商法典》第 428 条第 1 句）。Zoffel 作为打零工者（长期的和/或完全的劳动关系并非必要）同样属于 Specht 的人员。然而，关键还在于，Zoffel 是否在为 Specht 履行其工作时扔掉烟头。对此所需的与清洁工作的内部关联或许可因下述理由成立，即在从事较重的体力劳动时吸烟休息也属于工作，并且本案中致损的行为和工作之间存在紧密的地点和时间关联。诚然，这一关联并不必然存在。[①] 如果认为 Specht 应当承担责任，那么接下来即是确定 Specht 的责任范围。如果根据《商法典》第 435 条不适用《商法典》第 429 条第 1 款的责任限制（价值补偿），那么 Specht 应当仅赔偿书店丧失的出售利润（结果损害）。然而，《商法典》第 435 条的构成要件未获满足。虽然因 Zoffel 明显疏忽注意义务[②]而可视为行为轻率，但是这一轻率行为因无意而非因《商法典》第 435 条要求的意识到可能造成损害发生，因此，只考虑承运地的价值补偿。该价值补偿首先按照货物的市场价值予以确定，在本案中，账单金额 3 500 欧元表明了货物的市场价值（《商法典》第 429 条第 3 款第 2 句）。然而，鉴于 Specht 的责任根据《商法典》第 431 条第 1 款在金额上额外地限于发送货物总重量的每千克 8.33 个提款权（本案中约 1 000 欧元），因此书店 Brandt 只享有此金额的赔偿请求权。

第四十五节　货运代理行为

一、货运代理行为的概念

根据《商法典》第 453 条，货运代理行为是一项商行为，基于该行为，货运代理人获得报酬并负有处理货物发送的义务，并且货运代理行为属于货运代理人对其（小）营业型企业的经营。这意味着：

- 与日常习惯用语不同，货运代理人原则上**不亲自运输**，而是只组织第三方（承运人、海运承运人、仓库营业人和后续货运代理人）实施运输（"物流"）（《商法典》第 454 条第 1、2 款）。然而货运代理人与行纪人一样享有自我介入权（《商法典》第 458 条），其在实践中的普遍应用使得货运代理人同时具有承运人和/或仓库营业人（参见本章边码 3 以下）的地位。[③]

- 货运代理只包括动产（**货物**）的发送，因此不包括客运。

11

---

① 对此一般性地参见 MüKoBGB/Wagner, 7. Aufl., 2017, § 831 Rn. 25 ff.
② 参见 BGHZ 74, 162, 169 ff.
③ 详见 K. Schmidt, Handelsrecht, § 33 Rn. 2 ff.

• 发送的处理须属于**对营业型企业的经营**（《商法典》第 453 条第 3 款第 1 句）。然而，营业并非必须以实施货运代理行为为目的，亦无须具有《商法典》第 1～6 条的商事营业属性（《商法典》第 453 条第 3 款第 2 句）。因此，营业经营以其他业务为目的的间或货运代理人，以及未登记的小营业经营的货运代理人均适用《商法典》第 453 条以下。此外，《商法典》第 343 条以下，不包括《商法典》第 348～350 条，也适用于未登记的小货运代理人的货运代理行为（《商法典》第 453 条第 3 款第 2 句）。

> **要点：**货运代理人原则上不亲自运输货物，而是交由承运人为货主的利益运输货物。

二、货运代理的类型

12   货运代理的法定基础类型仍然是在实践中日益罕见的**自己名义事务处理型货运代理**。在该类型货运代理中，货运代理人以自己的名义为货主的利益订立必要的实行行为（货运合同、航海货运合同、仓储合同、货运再代理合同）（参见《商法典》第 457 条）。因此，此类货运代理属于间接代理的一种情形，并在结构上**类似于行纪行为**。原则上，合同关系只存在于货主与收货人之间、货主与货运代理人之间、货运代理人和承运人之间，以及承运人和收货人之间。与行纪行为相同（参见第十一章边码 12），此处债务关系的相对性也因第三人损害之赔偿制度、《商法典》第 457 条第 2 句的规定和为收货人利益的货运代理合同的保护功能被突破（也见本章边码 18）。

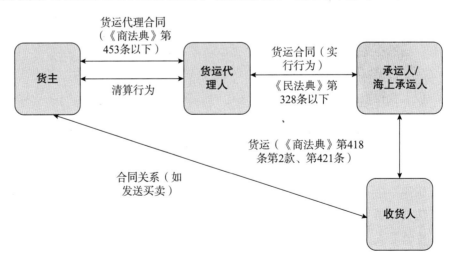

1998 年运输法改革以降，货运代理人在有相应的授权时也可以**以货主的名义**实施实行行为（《商法典》第 454 条第 3 款），由此货主成为实行行为的当事人。

此外，当货运代理人（非常普遍地）通过**自我介入**（《商法典》第 458 条）或**集合运输**（《商法典》第 460 条）的方式运输货物时，或者当为货运代理人的服务约定一个固定报酬（**固定费用货运代理**，《商法典》第 459 条）时，货运代理合同实质上**适用货运法**。

三、货运代理关系

（一）适用的法律

自 1998 年起，货运代理法首要被规定于《商法典》第四编第五章（《商法典》第 453～466 条）。此外，通过《民法典》第 675 条，委托法以及承揽合同法（单次发货）和服务合同法（持续的业务关系）也获得补充性的适用。[①] 其余在传统的以自己名义为事务处理型货运代理中的漏洞同样可以通过适用行纪法得以填补。此外，《商法典》第 458～460 条的货运代理形式在运输方面适用货运法。最后，作为交易格式条款的德国货运代理格式条款在商业实践中具有举足轻重的地位。[②] 例如，2017 年版德国货运代理格式条款编码 22 以下含有一些针对未被强行法（如《商法典》第 425 条以下、第 462 条第 1 款，《国际公路货物运输合同公约》第 17 条以下）所涵盖的责任情形的规则。[③]

13

（二）当事人的权利和义务

制定法在《商法典》第 454 条第 1 款和第 2 款中明确规定了货运代理人的义务。货运代理人须依照指示、在没有指示时按照最符合货主的可辨识利益或（替代性的）典型利益，选择运输工具、运输路线和实施运输的经营者，以及保障货主可能享有的损害赔偿请求权（**发送义务和利益维护义务**；《商法典》第 454 条第 1、4 款）。货运代理人违反指示行为时，货主无须让实行行为对其产生效力（类推适用《商法典》第 385 条第 1 款）。构成货运代理行为核心的货运代理人发送义务在订立实行行为时即已履行，因此实行行为的合同当事人不能再被视为货运代理人的履行辅助人，以及《民法典》第 278 条和《商法典》第 462 条第 2 款亦不获适用。[④] 此外，所有明确约定的或基于商事习惯产生的**与运输相关的服务**都属于货运代理人的义务，特别例如货物的保险、包装、标识和海关处理（《商法典》第 454 条第 2 款）。当货运代理人因货运代理获得利益时，负有告知和汇报义务（《民法典》第 675、666 条）以及**返还义务**（《民法典》第 675、667 条）。这特别适用于，货运代理人负有亲自或委托承运人（参见《商法典》第 422 条）向收货人收取货款［付款交货（Wertnachnahme）］和运费［付运费交货（Kostennachnahme）］的义务的情形。

14

---

① Ba/Ho/*Merkt*，§453 Rn. 5.

② 然而也参见如今《商法典》第 466 条第 2 款规定的限制。

③ 关于 2003 年版德国货运代理格式条款的责任见 BGH VersR 2015, 260 ff.

④ *BGH* NJW 1988，640.

15   货运代理人虽然原则上只需向货主签发货物受领的收据（类推《民法典》第368 条），但是从货运代理合同或《民法典》第 242 条中可以产生签发其他**货运代理文件**的义务，特别包括国际货运代理协会联合会推荐的货运代理文件和运输文件，例如货运代理人收讫货物证明（FCR＝Forwarders Certificate of Receipt＝具有证明力的单纯受领收据），也包括特别是在信用证业务中使用的多式联运提单（FBL＝FIATA *Multimodal Transport Bill of Lading*＝具有交付效力的意定指示证券）。

16   相应地，货主不仅应当在货物交付承运人或海上承运人时立即支付约定的报酬（《商法典》第 453 条第 2 款、第 456 条），还应当在必要时包装货物、标识货物以及提供相关的文件，并且以适当的形式告知一切必要的信息（《商法典》第 455 条）。最后，货主有责任向货运代理人补偿货运代理人认为必要的**费用**（《民法典》第 675、670 条），除非存在固定费用货运代理（《商法典》第 459 条）、在自我介入情形下与运输有关的费用（《商法典》第 458 条）或者集合运输（《商法典》第 460 条）的情形。

17   货运代理人因所有基于货运代理合同产生的债权以及因从与货主订立的其他运输行为中产生的无争议债权，对由其占有的货物和附属于此的货运单据享有一项法定质权（《商法典》第 464 条）。

货运代理人的**责任**被规定于《商法典》第 461 条以下并准用《商法典》第 425 条以下（本章边码 8 以下），货主的责任被规定于《商法典》第 455 条第 2 款和第 3 款并准用《商法典》第 414 条。

所有货主和货运代理人之间的直接与货运代理服务相关的请求权的**诉讼时效期间**为 1 年（《商法典》第 463 条结合《商法典》第 439 条）。

18   **示例：**不莱梅的 Kraft 家具店从汉堡的生产商 Velten 那里订购了一些橡木柜，并请求"最晚于 3 月 20 日且不可更改"运送至不莱梅。Velten 自己花费委托货运代理人 Specht 将货物运送至不莱梅，且排除适用 2017 年版德国货运代理格式条款，Specht 以自己的名义与承运人 Frank 约定，Frank 到 Velten 处取橡木柜，并依约运送至不莱梅。由于 Frank 的疏忽导致橡木柜未能及时交付，Kraft 随即解除买卖合同。Velten 要求赔偿其丧失的利润，并向 Specht 和 Frank 主张了他的请求权。

Kraft 与 Velten 之间的合同属于发送买卖中的定期商事买卖。根据《商法典》第 376 条第 1 款第 1 句第 1 种情形，Kraft 有权解除合同，并且解除不以 Velten 的过错为前提。Velten 或许首先可以依据《民法典》第 280 条第 1 款，对他的合同当事人 Specht 提出请求。但是，案件事实并未显示 Specht 在挑选承运人 Frank 上存在过错。另外，由于 Specht 在订立货运合同时已经履行货运代理合同，故而不应依据《商法典》第 462 条第 2 句将 Frank 的过错归于 Specht（对此也见本章边码 14）。Velten 针对 Frank 享有的源于自己权利的损害赔偿请求权充其量或许可以从具有保护功能的利益第三人合同的角度产生。这是因为，二人之间不存在直接的合同关系。同样也不存在一项赔偿所失利润的侵权请求权。然而，Velten 或许亦可以基于代位权利对 Frank 采取措施。换言之，作为间接代理人的 Specht 或许能够根据第三人损害之赔偿的基本原则借助《商法典》第 425 条第 1 款的请求权向他的合同当事人 Frank 主张 Velten 的损失。[1] Specht 应当依照要求将以此种方式产生的赔偿请求权让与给 Velten（《民法典》第 675、667 条），由此 Velten 可以对 Frank 采取措施。这一解决方案优于基于利益第三人合同产生的直接请求权。这是因为，一方面存在如下质疑，货运合同的当事人在受益第三方受领人（参见本章边码 13）之外，是否也愿意将已经通过第三人损害之赔偿制度获得充分保护的货主纳入货运合同的保护范围。另一方面，第三人损害之赔偿制度强制要求在各自的合同关系中进行损害清算，并且通过这种方式提升了货运代理人的地位，通说认为，货运代理人的报酬请求权与货主的让与请求权（参见行纪中相应的权利义务关系，第十一章边码 7）存在牵连关系。

第四十六节　仓储行为

一、仓储行为的概念

根据《商法典》第 467 条，仓储行为是一项商事行为，基于该行为，仓库营业人有权获得报酬，负有仓储和保管货物的义务，并且该行为属于仓库营业人对其（小）营业型企业的经营。这意味着：

• **仓储和保管**货物构成仓储合同的主义务。单纯地提供仓库属于租赁而非仓储。根据混合类型合同规则，仓储法同样适用于仅作为货运合同或货运代理合同部分内容的仓储（运输中的仓储）。

• 仓储行为的标的仅是**他人的**（不同见《民法典》第 700 条）**可仓储的货物**（不包括金钱、有价证券、在密闭性容器之外生存的动物）。

• 《商法典》第 467～475h 条的仓储法也适用于未登记的**小营业经营者**和营业经营范围不包括仓储的**间或仓库营业人**。

19

---

[1]　参见 RGZ 62, 331, 334 f. 和 BGH NJW 1989, 3099 f.

二、仓储的类型

20   应当区分以下三种不同的**仓储类型**。

	单独仓储	集中仓储/混合仓储	总量仓储（不规则保管）
条文	《商法典》第 467 条以下	《商法典》第 469 条、第 467 条以下	《民法典》第 700 条（寄托贷）
构成要件	法定一般情形	替代物（《民法典》第 91 条）的仓储；仓库营业人明确的同意	替代物（《民法典》第 91 条）的仓储；特别约定
保管	分开保管（如货架仓库）	与其他同种类的替代物和货物混合保管（如粮仓）	按照仓库营业人的意愿保管
物法上的权利状况	存货人享有单独所有权和间接占有	各存货人的按份共有和间接共同占有（《民法典》第 947 条、第 948 条、第 1008 条以下和第 741 条以下）	仓库营业人享有所有权和占有
存货人的权利	根据《民法典》第 985 条和《商法典》第 473 条第 1 款第 1 句的返还请求权；根据《民事诉讼法》第 771 条的第三人执行异议之诉；根据《破产法》第 47 条的取回权	无须其他共有人的同意处分共有部分的权利（《民法典》第 747 条第 1 句），例如让与返还请求权；无须其他共有人的同意以及无须按照《民法典》第 749 条终止按份共有而请求交付共有部分的请求权（商法典第 469 条第 3 款）	返还同种类、同品质和同数量之物的请求权（《民法典》第 700 条结合《民法典》第 488 条第 1 款和第 607 条第 1 款）

示例：粮食经销商 Eisele 从农民 Volk 处以简单所有权保留的方式取得 100 公担小麦，并将货物存储于 Lauer 的粮仓。出于成本的考虑，Eisele 同意 Lauer 掺入 Droste 的 50 公担同种类和质量的小麦。在向 Volk 支付购买价款之前，Eisele 向善意的 Klein 出售了 50 公担小麦，并将其在这 50 公担小麦上享有的对 Lauer 的请求权让与给 Klein。Lauer 随后将 50 公担小麦交付给 Klein。在 Eisele 支付货款后，Eisele 最后要求交付剩余的 50 公担小麦。然而由于 Lauer 的疏忽，他向不知情的 Eisele 交付了 60 公担小麦。

Eisele 与 Lauer 约定了集中仓储。在 Eisele 支付货款之前，仓储的小麦的共有份额由 Volk 享有。因此，Eisele 作为无权利人处分了依据《民法典》第 929 条第 1 句和第 931 条向 Klein 出售的 50 公担小麦的共有份额。根据《民法典》第 185 条第 2 款第 1 句第 2 种情形，Eisele 之后支付货款仅嗣后地产生补正的效果。同样，Klein 也不能善意取得共有份额，这是因为 Eisele 的间接共同占有不能充分满足

《民法典》第 933 条以下意义上的权利表象事实构成。但是，在交付小麦时，Klein 善意地取得了被交付的小麦的所有权。这是因为，Klein 信赖了仓库营业人的法定权限，即根据《商法典》第 469 条第 3 款通过交付即可以使其获得单独所有权（类比《商法典》第 366 条第 1 款）。鉴于期间已经完成货款的支付，Eisele 从依据《商法典》第 469 条第 3 款被法定授权（《民法典》第 185 条第 1 款）转移单独所有权的 Lauer 之处至少取得了向其交付 60 公担小麦中的 50 公担小麦的单独所有权。然而有疑问的是，Eisele 是否也取得了过多交付的 10 公担小麦的所有权。通过援引《商法典》第 366 条第 1 款可以得出肯定的结论，这是因为 Eisele 信赖 Lauer 根据《商法典》第 469 条第 3 款享有的法定处分权。然而 Eisele 必须根据不当得利的基本原则向仓库库存返还 10 公担小麦的所有权，由此 Lauer 也能够向 Droste 交付其所享有的份额。[1]

三、仓储法律关系

（一）适用的法律

仓储合同是**保管合同的一种特殊类型**（《民法典》第 688 条以下）。仓储合同不属于交付仓储物始生效的实践合同，而是一种常见的诺成合同。[2] 除《商法典》第 467 条以下外，一般的保管法规范（《民法典》第 688 条以下）补充适用于仓储行为。《指示仓单条例》在其一些条文于 1998 年被纳入《商法典》后被废止。

21

（二）当事人的权利和义务

仓库营业人原则上应当在仓储合同的存续期内（《商法典》第 473 条）在自己的仓库内（《商法典》第 472 条第 2 款）仓储和保管货物（《商法典》第 467 条第 1 款）。仓库营业人负有义务合理**安置**货物，**确保**货物的经济状况以防灭失、毁损和第三人侵害[3]，定期**检查**货物[4]，以及将已经出现的或可能出现的货物变**化告知**存货人，并且在必要时实施自助变卖（《商法典》第 471 条第 2 款）。存货人是消费者时，仓库营业人还须在必要时额外地对货物进行包装和标识（《商法典》第 468 条第 2 款第 1 项）。在受领明显毁损或具有瑕疵的发送货物时，仓库营业人应当保全存货人的损害赔偿请求权并不迟延地告知存货人（《商法典》第 470 条）。最后，仓库营业人应当**允许**存货人实施为检查和保存货物所必要的行为（《商法典》第 471 条第 1 款第 1 句），以及在存货人要求时将货物提交保险（《商法典》第 472 条第 1

22

---

① 亦参见 K. *Schmidt*，Handelsrecht，§ 34 Rn. 50。

② BGHZ 46，43，49.

③ *BGH* NJW 1997，2385 ff.；安全锁。

④ *BGH* MDR 1951，669 f.

款）。即便在约定仓储期时，亦应按存货人的要求随时返还货物（《商法典》第 473 条第 1 款第 1 句）。

与承运人和货运代理人不同，仓库营业人仅根据**推定过错**的一般责任原则对货物的灭失或毁损负责（《商法典》第 475 条）。

23　　对于仓储，存货人至少享有出具**仓储受领单**的请求权（类比《民法典》第 368 条）。该单据是仓库营业人签发的私人证书，其仅书面证明仓储物的受领。根据《民事诉讼法》第 416 条，受领单具有证明力，并且可以被当事人设定为适格的权益证书（参见《民法典》第 808 条）。然而，存货人通常会获得一份**仓单**（**Lager-schein**）（《商法典》第 475c 条以下）。仓单属于有价证券，根据仓单，仓库营业人负有义务，履行基于仓储合同所负担之义务以及特别是在出具仓单时返还仓储物。仓单有禁止背书转让仓单、指示仓单和不记名仓单等三种。[①] 至少在作为指示证券时，仓单属于交付证券，其转让与本身交付货物一样产生相同的取得仓储物上权利的效果（《商法典》第 475g 条）。通过这种方式，存货人可以节省运输成本和时间，并仅通过交付指示仓单就可以转移仓储物的所有权或在其之上设定质权。应当区分仓储受领单、仓单和由存货人出具的**交货单**，后者包含对仓库营业人作出的将货物交由特定第三人的指示。

24　　**存货人**负有支付约定报酬（《商法典》第 467 条第 2 款）和费用偿还（《商法典》第 474 条）的义务。存货人原则上（根据《商法典》第 468 条第 2 款针对消费者存有例外）应当包装和标识货物，并且向仓库营业人提供必要的文件和信息（《商法典》第 468 条第 1 款）。存货人的责任被规定于《商法典》第 468 条第 3 款和第 4 款，并准用《商法典》第 414 条。

为了担保所有基于仓储合同成立的债权以及从与存货人订立的其他仓储、货运和货运代理合同中产生的无争议债权，只要仓库营业人占有货物并且能够通过交付证券处分货物，那么仓库营业人根据《商法典》第 475b 条对货物享有**质权**。这一质权也延伸至作为替代物的保险债权以及货运单据。

双方当事人享有的所有与仓储服务直接相关的请求权的**诉讼时效**期间为 1 年（《商法典》第 475a 条结合《商法典》第 439 条）。

---

① 详见 MüKoHGB/*Frantzioch*，§ 475c Rn. 5 ff.。

第四十七节　本章复习

一、本章总结

	货运行为	货运代理行为	仓储行为
条文	《商法典》第 407 条以下；《民法典》第 675 条、第 631 条以下、第 328 条以下；《国际公路货物运输合同公约》；《国际铁路货物运输合同统一规则》；2017 年版德国货运代理格式条款	《商法典》第 453 条以下、第 384 条以下；《民法典》第 675 条；2017 年版德国货运代理格式条款	《商法典》第 467 条以下；《民法典》第 688 条以下
行为内容	承运人通过陆地、空中或内水运输货物	为了货主的利益，以自己的名义并原则上通过承运人/海上承运人发送货物	仓储和保管他人可仓储的货物
所属行为	承揽合同	行纪行为	保管合同
合同关系	托运人和承运人之间的货运合同，其部分属于利益收货人合同（例如《商法典》第 418 条第 2 款和第 421 条第 1 款）	原则上货主和货运代理人之间的货运代理合同；货运代理人和承运人之间的货运合同（间接代理）	存货人和仓库营业人之间的仓储合同
承运人/货运代理人/仓库营业人的义务	根据托运人或收货人的指示受领货物并依合同约定运输货物（《商法典》第 407 条和第 418 条以下）	订立符合利益的货运合同并将货物交付承运人的义务（《商法典》第 454 条第 1 款）；根据《商法典》第 454 条第 2 款的从义务；返还所得的义务（《民法典》第 675、667 条）	原则上在自己的仓库中仓储货物（《商法典》第 467 条第 1 款和第 472 条第 2 款）；监控货物，并将不利的变化通知存货人（《商法典》第 471 条第 2 款）；随时交付（《商法典》第 473 条第 1 款第 1 句）
承运人/货运代理人/仓库营业人的责任（《商法典》）	《商法典》第 425 条以下的货物毁损责任和迟延损害责任	《商法典》第 461 条以下结合第 426 条以下的责任	灭失或毁损时的推定过错责任（《商法典》第 475 条）

续表

	货运行为	货运代理行为	仓储行为
承运人/货运代理人/仓库营业人的权利	收取运费（《商法典》第 407 条第 2 款和第 420 条）以及主张费用偿还（《商法典》第 420 条第 1 款第 2 句）	获得报酬（《商法典》第 453 条第 2 款、第 456 条）；主张费用偿还（《民法典》第 675、670 条）	收取仓储费和主张费用偿还（《商法典》第 474 条）
担保权	质权（《商法典》第 441 条以下）	质权（《商法典》第 464 条）	质权（《商法典》第 475b 条）
托运人/货主/存货人的义务和责任	支付运费（《商法典》第 407 条第 2 款、第 420 条），装载和卸载、提供信息（《商法典》第 410 条以下），根据《商法典》第 414 条原则上的无过错责任	支付报酬（《商法典》第 453 条第 2 款、第 456 条），包装货物等，提供信息（《商法典》第 455 条第 1 款），根据《商法典》第 455 条第 2 款原则上的无过错责任	支付报酬（《商法典》第 467 条第 2 款），原则上包装货物等，提供信息（《商法典》第 468 条第 1、2 款），根据《商法典》第 468 条第 3 款和第 4 款原则上的无过错责任
文件	运单、提单（《商法典》第 408 条以下、第 444 条以下）	货运代理文件（如货运代理人收讫货物证明，多式联运提单）	仓储受领单、仓单（《商法典》第 475c 条以下）、交货单
特别形式	搬家合同（《商法典》第 451 条以下）；多式联运（《商法典》第 452 条以下）	自我介入权（《商法典》第 458 条），固定费用货运代理（《商法典》第 459 条），集合装运（《商法典》第 460 条）	集中仓储/混合仓储（《商法典》第 469 条）

二、测试题

1. 为什么《商法典》第 407 条以下不适用于客运和海运行为？

2. 为什么也可以将货运代理人称为运输行纪人（参见《法国商法典》第 L.132-3 条以下"运输行纪人"）？

3. 在约定付款交货时，货运代理人承担哪些特殊的义务？

4. 仓储有哪些类型？

5. 指示仓单具有哪些特征？

6. 承运人、海运承运人、货运代理人和仓库营业人的法定质权可被善意取得吗？

第十三章

国际商法

Literatur：*Aktuelle Informationen im Internet*：http：//www. uncitral. org und http：//www. wto. org；*v. Bernstorff*，Incoterms 2010 der Internationalen Handelskammer（ICC）—Kommentierung für die Praxis inklusive offiziellem Regelwerk，4. Aufl，2017；*ders.*，Incoterms 2010，RIW 2010，672 ff. ；*Blaurock*，Übernationales Recht des Internationalen Handels，ZEuP 1993，247 ff. ；*Daun*，Grundzüge des UN-Kaufrechts JuS 1997，811 ff. ；*Ehricke*，Zur Einführung：Grundstrukturen und Probleme der lex mercatoria，JuS 1990，967 ff. ；*Ferrari/Kieninger/Mankowski/Otte/Saenger/Schulze/Staudinger* （*Hrsg.*），Internationales Vertragsrecht. EGBGB，CISG，CMR，FactÜ. Kommentar，3. Aufl. ，2019；*Förster*，Wesentliche Vertragsverletzung und Aufrechnung von Forderungen nach UN-Kaufrecht，NJW 2015，830 ff. ；*Frick*，Die UNIDROIT-Prinzipien für internationale Handelsverträge，RIW 2001，416 ff. ；*Herdegen*，Internationales Wirtschaftsrecht，11. Aufl. ，2017；*Kreindler/Schäfer/Wolff*，Schiedsgerichtsbarkeit，2006；*Kronke*，Ziele，Methoden，Kosten，Nutzen：Perspektiven der Privatrechtsharmonisierung nach 75 Jahren UNIDROIT，JZ 2001，1149 ff. ；*Kropholler*，Internationales Einheitsrecht：allgemeine Lehren，1975；*Nemeczek*，Die Vertragsübernahme als Regelungsgegenstand des UN-Kaufrechts，IHR 2011，49 ff. ；*Piltz*，Neue Entwicklungen im UN-Kaufrecht，NJW 2007，2159 ff. ，NJW 2009，2258 ff. ，NJW 2011，2261 ff. ，NJW 2013，2567 ff. ，NJW 2015，2548 ff. ；*Schlechtriem/Schroeter*，Internationales UN-Kaufrecht，6. Aufl. ，2016；*Schlechtriem/Schwenzer*，Kommentar zum Einheitlichen UN-Kaufrecht （CISG），7. Aufl. ，2019；*Schwab/Walter*，Schiedsgerichtsbarkeit，7. Aufl. ，2005；*Wertenbruch*，Die Incoterms—Vertragsklauseln für den internationalen Kauf，ZGS 2005，136 ff. ；*Zwilling-Pinna*，Update wichtiger Handelsklauseln：Neufasssung der Incoterms ab 2011，BB 2010，2980 ff.

学习提示：原则上，国际商法不属于考试内容。但是，现如今商法越来越不被视为纯粹的国内法，这是因为商事交易比其他的私人交易更为经常地涉及国际往来。因此，本章为以国际业务为方向的法律人简要介绍实践中重要的国际商法规则。

第四十八节　导　论

1　　　　国际商法由**国家的和超国家的法律规则以及国际商事交易中的习惯**组成，包括冲突法规范、超国家组织规范、国际合同中的法律风险防范实践、国际公约和示范法、国际商事习惯、一般法律原则和国际商事仲裁庭的仲裁实践。国际商法在部分内容上与国际贸易法（如世界贸易组织）和对外经济法（如进出口禁令）存在连结点。

2　　　　因此，根据通常的理解，国际商法的概念要比现代**商人习惯法**（*lex mercatoria*）更广，后者通常只包括由从事国际贸易的商人为了他们的特殊需求创造的超国家且合乎习惯的规则。现代**商人习惯法**的内容、它对国际上的合同构造和商事仲裁管辖的意义以及它与国内法律秩序之间的关系等在诸多方面尚处于迷雾之中。虽然存在一些著名的历史先例〔罗马的万民法（*ius gentium*）、中世纪的**商人法**（*ius mercatorum*）和盎格鲁-撒克逊的**商人法**（*law merchant*）〕，但是承认一个独立于国内法律秩序的世界贸易法对于许多，特别是德国的法律人而言依然存在很大的困难。这不仅仅只是法律理论问题（法特征、效力基础）只是对冲突法的传统统治地位的维护。鉴于对各种不同的**商人习惯法**的规范存量难以把握并且它们通常也只能在法律实践中被了解，人们也对法律规则的民主正当性、法律安定性的保障，对国家公共秩序的维护和对弱势合同方的保护等忧心忡忡。[1]

3　　　　下文将表明，**实践中**的国际商事交易已经适用大量的独立规则，这些规则仅部分地拥有国内的连结点。即便这绝对不是一个没有漏洞的法律体系，但是，例如国际货物贸易和国际支付以及国际运输法早已经在很大程度上适用国际特别法。超国家的**商人习惯法**如今在很多国家，特别在法国被视为**独立的法律渊源**（*règle de droit*），其在特定情形下也可能会成为法律选择条款的对象。此外，它们的不成文的原则连同对依据国际商事习惯或一般法律原则作出的仲裁裁决的承认，已经被许多国家的法院接受。[2] 因此，总体而言，商法再次成为（国际）法律统一运动的发动机和开路先锋。

---

① 详见 *Ehricke*，JuS 1990，967 ff.

② 例如奥地利最高法院对 Norsolor/Pabalk 案的判决 *OGH* RIW 1983，868 ff.

第四十九节　国际商法的渊源

一、国际私法

世界贸易的国际性与法律的民族国家性互相冲突。由此产生的法律问题依然首要通过以下方式解决，即人们根据每个商事法律关系的自然重心将其归入某个国家的法律秩序（冲突法的解决方案）。然而，归入结果不是依据商事冲突法的特别规则，而是根据国际私法的一般连结点标准得出（例如适用于债务合同的《罗马第一条例》第 3 条以下在 2009 年 12 月 17 日取代了旧《民法典施行法》第 27 条以下的国内规则）。

4

二、欧盟法

欧盟作为超国家组织不仅拥有为其成员国设定义务的权力，而且可以制定能够直接对成员国公民产生效力的法律。[①] 基础欧盟法（《欧盟运作方式条约》第 28 条以下、第 49 条以下、第 56 条以下、第 63 条以下、第 90 条以下和第 101 条以下）以及次级欧盟法（例如：《欧盟 2017/1132 号指令》第 13 条以下和第 29 条以下，参见第三章边码 21 前和边码 31 以及第五章边码 3；《商事代理人指令》，参见第六章边码 8；《资产负债表指令》和《国际会计准则条例》，参见第八章边码 4；《欧共体 261/2004 号航空乘客条例》，参见第十二章边码 1）均对欧盟境内的商事交易具有特别重大的意义。[②]

5

三、国际统一化的合同构造

（一）概述

私人自治这一基本原则同样适用于国际商法。因此，合同各方之间的约定优先。鉴于国际商法的不健全，当事人通常在一份合同中尽可能全面且详细地规定他们间的法律关系。国际组织和协会（如国际商会 ICC、国际法协会 ILA、国际货运代理协会联合会 FIATA、国际咨询工程师联合会 FIDIC；参见本章边码 24 以下）

6

---

① 详见 *Herdegen*，Europarecht，20. Aufl.，2018，§ 5 Rn. 9 ff.
② 详见 Kilian/ Wendt，Europäisches Wirtschaftsrecht，5. Auf l.，2016。

制定具体的合同条款、标准合同、表格或完整的条款集，并推荐它们在国际合同中使用，为当事人制定合同提供便利。国际法律风险防范实践以上述方式，为法律统一和在国际商事交易中的法律安定性作出了重大贡献。由于一些特定合同条款的广泛适用，它们甚至已经被视为商事习惯，并因此在没有合同约定时也获得适用。如果合同适用德国法并且合同条款属于格式条款，那么根据《民法典》第310条的规定，《民法典》第305条以下获得适用。

举例： 不可抗力时债务人免责条款［艰难情势条款（*hardship clauses*）］、价值保全和货币条款、情势变更时为调整合同的重新商谈条款、法律选择条款、审判籍条款、调解管辖条款、仲裁管辖条款；通说认为，国际上制定的格式条款包括国际商会制定的《跟单信用证统一惯例》（ERA/UCP 600，最新2007年版）和《托收统一规则》（ERI/URC 522，最新1995年版），它们视情形在商人之间亦可默示地构成合同内容。①

（二）范例：国际贸易术语（Incoterms）

1. 国际贸易术语的法律性质和效力基础

7　　用来解释商事惯用合同术语的国际规则（*国际贸易术语*），是最著名且使用范围最广的国际商事条款。它们由国际商会自1936年在长期以来惯常的合同实践的基础上整理得来。国际贸易术语是对特定**简略合同条款**的内涵的国际统一**定义**。通过援引某个国际贸易术语（有争议时仅以英文版为准），合同当事人可以明确规定双方的部分权利和义务——在实践中价款风险和运输风险的转移通常比较重要，由此节省了单个合同的烦琐条文，并实质地简化了国际贸易。根据不断发展的运输实践和风险预防实践进行多次调整形成了最新的国际贸易术语2010（第七次修订，自2011年1月1日起适用）。② 自1992年起，首要为国际商事贸易设计的贸易术语被联合国国际贸易法律委员会（UNCITRAL）（本章边码24）推荐适用于国际运输合同。至今，国际贸易术语在国内贸易中的应用亦非罕见，并且官方在2010年的第七次修订中对此亦有明确规定。③ 毋庸置疑的是，在个案中个别约定和强行法优于国际贸易术语。

8　　只要将内涵固定的国际贸易术语纳入合同约定，则无论如何都应当适用之。④国际贸易术语是否也可以无须纳入合同约定而被主张作为国际商事惯例或者甚至作为国际商事习惯法**适用**，对这一问题因国际商事惯例和习惯的地区多样性而存疑。

---

① 参见 Ba/Ho/Hopt，Anh. 11 und 12。
② 刊载于 Ba/Ho/*Hopt*，Anh. 6。
③ *Zwilling-Pinna*，BB 2010，2980，2981.
④ 参见 MüKoHGB/*K. Schmidt*，§ 346 Rn. 113。

因此，合同当事人应当在合同中明确约定适用最新的或者之前某个版本的国际贸易术语。[1]

> **示例：** 汉堡商人 Klotz 与数个巴西进口商用英文签订了出口德国白葡萄酒的合同。其中一份合同含有"FOB，汉堡，国际贸易术语 2010"条款，另外一份合同使用"Free on Board，汉堡"。在第一份合同中，明确使用了国际贸易术语 2010 中的 FOB 条款。然而，在第二份合同中存在解释上的困难，这是因为该条款在指向国际贸易术语 2010（或者也可能是 1990 或 2000?）之外，也可能指向德国的"Frei an Bord"规则或《美国对外贸易定义修订本》，其中 FOB 规则的内涵各不相同。当事人所欲之合同内容不能确定时，条款约定无意义并导致合同漏洞，为填补合同漏洞或许可视情形将国际贸易术语 2010 作为商事惯例纳入适用。然而其前提是，在国际葡萄酒贸易中通常适用国际贸易术语而不是《美国对外贸易定义修订本》。

2. 国际贸易术语的内容

国际贸易术语按照统一的格式以及在同一个标题下主要规定了交付和受领的 9
"地点"和"方式"、风险移转、运输费用的分担、进出口清关的执行和费用承担，以及运输文件问题。因此，国际贸易术语**无论如何不能**涵盖跨境买卖合同的**全部法律问题**，例如未规定合同订立、所有权移转和给付障碍等重要内容。对此适用当事人的其他约定、联合国买卖法（本章边码 13 以下）或者根据冲突法确定的或合同约定的国内法。

在传统上，全部 11 种（之前 13 种）国际贸易术语按照它们各自的首字母和出 10
卖人的**义务强度**（义务强度从 EXW 条款到 F 和 C 条款，最后到 D 组的 DDP 条款，逐渐上升）分为**四组**。此外，国际贸易术语 2010 优先按照**运输方式**分为**两组**（4 个条款仅适用于船舶运输，7 个条款适用于所有类型的运输），其中又按照传统分组分别归入 E 组（取货条款）、F 组（买受人承担主要运费）、C 组（出卖人承担主要运费）和 D 组（送货条款）。[2]

条款分组	费用和风险负担	具体条款 （国际贸易术语 2010）	运输类型
E 组	在出卖人工厂地交付货物时费用和风险转移	EXW（*Ex Works*） 工厂交货	所有运输类型
F 组	货交承运人地（例如交货地、船上交货等）时费用和风险移转	FCA（*Free Carrier*） 货交承运人； FAS（*Free Alongside Ship*） 船边交货； FOB（*Free On Board*） 船上交货	所有运输类型 船舶运输 船舶运输

---

[1] 关于约定适用更早版本的国际贸易术语的可能性见 *Bredow/Seiffert*，Incoterms 2000—Kommentar，Einführung，Rn. 16。

[2] Heidel/Schall/*Klappstein*，§ 346 Rn. 68；*Zwilling-Pinna*，BB 2010，2890，2892.

续表

条款分组	费用和风险负担	具体条款 （国际贸易术语 2010）	运输类型
C组	货交承运人（例如船上交货）时风险移转，但是费用在指定地点（例如指定港口）移转	CFR（*Cost and Freight*）　成本加运费； CIF（*Cost, Insurance and Freight*）成本、保险加运费； CPT（*Carriage Paid To*）　运费付至； CIP（*Carriage and Insurance Paid to*）运费、保险费付至	船舶运输 船舶运输 所有运输类型 所有运输类型
D组	风险和费用在指定地（例如指定地为边境、目的港）移转	DAT（*Delivered At Terminal*）终点站交货； DAP（*Delivered At Place*）　目的地交货； DDP（*Delivered Duty Paid*）　完税后交货	所有运输类型 所有运输类型 所有运输类型

11　　　　在海运和内河运输中，FOB 和 CIF 条款具有特别重要的实践意义。根据国际贸易术语 2010 的 **FOB 条款**，出卖人在货物交到船上后即已履行其交货义务，无须安全地摆放货物。在国际贸易术语 2000 中，船舷是关键的交付地，这间或会在风险分担上导致不公正的结果（主要指"起重机摆动情形"）。[①] 自货物交到船上之刻起，买受人承担货物灭失或损坏的风险以及与货物相关的全部费用。出卖人仍然承担包装、标示和运输文件以及办理出关手续的义务。**CIF 条款**是指，出卖人必须承担到目的港的运费用以及海洋运输保险费用。然而，当货物交到船上时，货物灭失或损坏的风险已经转移至买受人。此时，出卖人同样承担包装、标识和运输文件以及办理出关手续的义务。

四、国际公约

（一）概述

12　　　　德意志联邦共和国至今已加入 50 多个与商法有关的多边条约。根据《基本法》第 59 条第 2 款第 1 句，这些国际条约可通过单纯的附带条约内容附件（例如《联合国国际货物销售合同公约》）的同意法律或者通过文句相同的国内法律转化为德国商法。部分国际条约如同《汇票法》和《支票法》一样也适用于纯粹的国内案件。

[①] *Zwilling-Pinna*，BB 2010，2980，2982.

举例：1930/1931 年《日内瓦汇票和支票法公约》；1924 年《统一提单规则国际公约》（海牙规则）及 1968 年的修改议定书（维斯比规则）；1999 年《统一国际航空运输特定规则的蒙特利尔公约》（蒙特利尔公约）；1944/1976 年《国际货币基金公约》（IWF），主要对外汇往来具有商法意义；1994 年《世界贸易组织协定》（本章边码 25）；1956 年《国际公路货物运输合同公约》（CMR）；1958 年纽约《承认及执行外国仲裁裁决公约》；1980 年《国际铁路运输公约》（COTIF）。

（二）范例：国际上的联合国买卖法

1. 联合国买卖法的发展

早在 20 世纪末，**恩斯特·拉贝尔（Ernst Rabel）**就向位于罗马的国际统一私法协会（UNIDROIT）提出促进跨境货物销售法律统一的建议。同时，拉贝尔着手对不同国家的货物买卖法展开全面的比较法研究，并在 1936 年和 1958 年分两卷出版了他的研究成果《货物买卖法》。这一法律比较的经典文献在后来成为促成货物买卖法统一的基础。1964 年，终于迎来关于国际动产买卖统一法和订立国际动产买卖合同统一法的**《海牙公约》**的颁布，二者在 1973 年获得批准成为联邦法律而得以在德国适用。然而，海牙统一买卖法总共只获得 9 个国家的批准，并且在合同实践中仅被谨慎地适用。因此，1980 年在维也纳的外交会议上，以海牙统一买卖法和联合国贸易委员会的多份草案为基础制定了《联合国国际货物销售合同公约》（*United Nations Convention on Contracts for the International Sale of Goods*，**CISG**）。这份也被称为"维也纳联合国买卖法"的公约自 1991 年 1 月 1 日取代海牙统一买卖法在德国生效。至今已经有 91 个国家加入了这一公约（其中包括中华人民共和国、法国、意大利、奥地利、俄罗斯联邦、瑞士、西班牙和美国等）（截至 2019 年 5 月 1 日）。

13

2. 适用范围和适用前提

根据《联合国国际货物销售合同公约》第 1 条和第 3 条，其是适用于营业地处于不同国家的合同当事人订立的货物买卖合同和定作交付合同的特别法。与德国《商法典》不同，《联合国国际货物销售合同公约》的适用不以商人概念为连结点。因此，从根本而言，《联合国国际货物销售合同公约》不论从整体上还是部分上都不是德国法意义上的商事买卖特别法。然而，实践中的合同当事人全部都是商人，这是因为明显为家人和家庭使用的货物销售（消费者买卖）与船舶、航空器、有价证券、电力的销售以及经由拍卖或强制执行的销售一样被排除在《联合国国际货物销售合同公约》的适用范围之外（《联合国国际货物销售合同公约》第 2 条）。由于合同的跨境特征仅在合同当事人的**营业地**（《联合国国际货物销售合同公约》第 10 条）位于**不同国家**时产生，因此，当事人的国籍或销售的货物是否跨越两个成员国的边境，都不重要。

14

　　示例：Weber 拥有德国国籍，并分别在营业地弗莱堡和斯特拉斯堡从事葡萄酒批发。他分别在 5 月初、5 月中和 5 月底从营业地弗莱堡向位于兰斯（法国）的 Henriot 酿酒厂发送传真，为在斯特拉斯堡、弗莱堡和巴塞尔的饭店订购香槟。按照传真，Henriot 应将香槟交付到 Weber 在弗莱堡以及斯特拉斯堡的营业地和直接交付给巴塞尔的饭店。

　　本案中，《联合国国际货物销售合同公约》在三份买卖合同中的适用仅取决于，根据《联合国国际货物销售合同公约》第 10 条 Weber 在斯特拉斯堡或弗莱堡的营业地对于具体合同的订立是否具有最密切性。如果最密切的营业地是斯特拉斯堡，那么无论如何《联合国国际货物销售合同公约》都不会获得适用，这是因为合同双方的营业地均位于法国，以及货物从法国运输到德国或瑞士的跨境与合同当事人不同的国籍一样，都不会导致《联合国国际货物销售合同公约》的适用。相反地，如果最密切的营业地位于弗莱堡，那么《联合国国际货物销售合同公约》适用于全部三份买卖合同（也包括向位于斯特拉斯堡的营业地交付货物），即便在此期间查明 Weber 根本不是德国人而是法国人。根据《联合国国际货物销售合同公约》第 10 条，存在多个营业地的，最密切的营业地是在考虑到合同订立时当事人可知的各种情形下与合同及合同的履行（主要是交付义务）关系最密切的营业地。向弗莱堡（可知的订购和交付地点是弗莱堡）和向巴塞尔（可知的订购地点是弗莱堡）交付的关系最密切的营业地是弗莱堡。同样地，在向斯特拉斯堡营业地交付时，也可以主张订购地弗莱堡优先于交付地斯特拉斯堡。[①]

15　　　　当合同未明确且有效地约定适用《联合国国际货物销售合同公约》时，其在司法实践中仅在以下情形中获得适用：

　　　• 合同双方当事人的营业地在缔约国之内以及受理的法院同样在缔约国内，并且法院因法院地适用的国际私法规则指向某个缔约国法律而负有适用《联合国国际货物销售合同公约》的义务（**自动适用**，《联合国国际货物销售合同公约》第 1 条第 1 款 a 项）；**或者**一方或双方当事人的营业地虽然不位于缔约国内，但是案件管辖国的冲突法使管辖法院负有适用某一缔约国的法律的义务时（**基于冲突法指向的适用**，《联合国国际货物销售合同公约》第 1 条第 1 款 b 项和第 95 条）；**以及**

　　　• 当事人**没有排除**《联合国国际货物销售合同公约》，即其之适用既没有在冲突法上因选择非缔约国的法律，也没有在实体法上通过排除《联合国国际货物销售合同公约》或其个别条文（《联合国国际货物销售合同公约》第 6 条）被排除。

---

　　① 参见 *Ferrari*，in：Schlechtriem/Schwenzer，Kommentar zum Einheitlichen UN-Kaufrecht，6. Aufl.，2013，Art. 10 CISG Rn. 8.

3. 调整范围

根据《联合国国际货物销售合同公约》第 4 条第 1 句，其仅调整销售合同的**形** 16
式上订立和因合同产生的当事人**权利和义务**，因此，其从一开始便排除了（**外部漏洞**）权利能力和行为能力、意思瑕疵、违法和背俗、代理权、抵销、债权让与和债务继受等一般性的法律行为问题和债法问题。同样地，《联合国国际货物销售合同公约》有意地不规定关于所售货物所有权的移转（《联合国国际货物销售合同公约》第 4 条第 2 句 b 项）和侵害身体及生命的合同产品责任（《联合国国际货物销售合同公约》第 5 条）。对于以上问题，应当适用依据冲突法确定的国内法。最后，诉讼时效制度被独立规定于曾在 1980 年根据联合国买卖法予以调整的 1974 年诉讼时效条约，但是德国尚未加入。此外，当在《联合国国际货物销售合同公约》的基本适用范围内存在无意的规则漏洞（**内部漏洞**）时，应当首先通过类推（例如《联合国国际货物销售合同公约》第 13 条类推适用于传真通知）或者根据《联合国国际货物销售合同公约》第 7 条第 2 款适用《联合国国际货物销售合同公约》的原则填补漏洞（例如国际商事中的善意保护，《联合国国际货物销售合同公约》第 7 条第 1 款）。必要时可借助根据冲突法所适用的其他国内法填补漏洞。

4.《联合国国际货物销售合同公约》中的特别规则

销售合同形式上的订立被规定于公约的第二部分（《联合国国际货物销售合同 17
公约》第 14～24 条），实质上的买卖法被规定于第三部分（《联合国国际货物销售合同公约》第 25～88 条）。下文仅简短地介绍其与《民法典》第 433 条以下和《商法典》第 373 条以下的德国买卖法相比最重要的结构性和内容性差异：

• 原则上可以在承诺表示发出之前撤销订立销售合同的**要约**（《联合国国际货物销售合同公约》第 16 条；与之相反，比较《民法典》第 145 条）。

• 根据《联合国国际货物销售合同公约》第 19 条第 2 款和第 3 款，仅当要约人没有不迟延地就欠缺合意提出异议时，销售合同以未实质上变更要约之**承诺**的内容订立。因此，不同于德国通说（第九章边码 8），在此适用最终言词理论。

• 要约人可以仅通过不迟延地发出迟延通知而使已经**迟延**发出的承诺表示产生效力。这一通知无须送达（《联合国国际货物销售合同公约》第 21 条第 1 款；参见与之不同的《民法典》第 149 条、第 150 条第 1 款）。

• 没有其他约定时，出卖人仅须在合同订立后的合理期间内**交付**货物（《联合国国际货物销售合同公约》第 33 条第 3 项和第 52 条第 1 款；参见与之不同的《民法典》第 271 条第 1 款）。

• 买受人原则上有义务受领**部分给付**（《联合国国际货物销售合同公约》第 51 条第 1 款；参见与之不同的《民法典》第 266 条）。

• 在 2002 年修订《民法典》第 275 条、第 280 条以下、第 323 条以下和第 434

条以下条文时，《联合国国际货物销售合同公约》中的**给付障碍法的基础结构**被德国立法者视为榜样。[1] 通过在《民法典》中对统一给付障碍法理念的原则性继受，特别是引入了《民法典》第 280 条的义务违反概念（对此参见《联合国国际货物销售合同公约》第 25、45、61 条和第 71 条以下的根本违约和非根本违约）、根据《民法典》第 281 条第 1 款第 1 句和第 323 条第 1 款原则上以设定宽限期为前提的履行优先（对此参见《联合国国际货物销售合同公约》第 47 条和第 49 条）、《民法典》第 323 条以下的可无过错解除（对此参见《联合国国际货物销售合同公约》第 49 条和第 64 条的可放弃合同，其仅受到《联合国国际货物销售合同公约》第 79 条以下的限制）以及《民法典》第 325 条的解除和损害赔偿结合之可能（对此参见《联合国国际货物销售合同公约》第 45 条第 2 款和第 61 条第 2 款），使得之前在这一领域中存在的差异减少。尽管如此，德国的立法者仍然坚守例如关于履行不能（《民法典》第 275、283、326 条）以及区分主义务和从义务违反（《民法典》第 282 条和第 324 条）等特别规则。对此《联合国国际货物销售合同公约》完全没有或者充其量以其他形式作出规定（例如，参见《联合国国际货物销售合同公约》第 25 条中对根本违约和非根本违约的区分）。在趋同的范围内，在个别的权利救济，如补正履行、解除和合同废止，损害赔偿以及减价中，依然存在不尽相同的前提要件。[2]

- **仅当**一方当事人证明他、他的人员（《联合国国际货物销售合同公约》第 79 条第 1 款）或第三人（《联合国国际货物销售合同公约》第 79 条第 2 款）的违约因某项事前不能预见且在他们的影响范围之外的事由而产生时，对违约**不承担责任**（参见与之不同的《民法典》第 276 条和第 278 条中的过错责任原则）。

- **迟延**交付无须催告即构成违约（《联合国国际货物销售合同公约》第 33 条和第 58 条；参见与之不同的《民法典》第 280 条第 2 款、第 286 条第 2 款和第 288 条以及《商法典》第 376 条）。

- **合同废止**与给付障碍的类型无关，其仅当存在根本违约[3]（《联合国国际货物销售合同公约》第 25 条）或在合同一方设定的宽限期经过无果后始为可能（《联合国国际货物销售合同公约》第 49 条第 1 款和第 64 条第 2 款；参见与之不同的《民法典》第 323 条以下规定的解除规则）。不仅在货物的**性质不符合约定**时（《联合国国际货物销售合同公约》第 35 条第 1 款：质量瑕疵、任何的错误交付、任何的数量瑕疵、包装瑕疵），而且在存在**权利瑕疵**时（《联合国国际货物销售合同公约》第 41 条以下），买受人原则上（例外：《联合国国际货物销售合同公约》第 44 条）仅当在合理的期间内（《商法典》第 377 条："不迟延"）主张违约（《联合国国际货

---

[1]　BT-Drs. 14/6040, S. 86.

[2]　对此见 *Schlechtriem*, Schuldrecht BT, 6. Aufl., 2003, Rn. 177 ff.。

[3]　对此见 *BGH* NJW 2015, 867 和 *Förster*, NJW 2015, 830 ff.。

物销售合同公约》第 38 条以下和第 43 条）时，才针对善意的出卖人取得买受人权利。

- 损害赔偿请求权（《联合国国际货物销售合同公约》第 74 条以下）总是只以金钱为内容（参见与之不同的《民法典》第 249 条第 1 款之恢复原状优先）。
- 到期即产生的计息义务（《联合国国际货物销售合同公约》第 78 条）的利率未被规定（参见与之不同的《商法典》第 352 条的法定利率）。
- 合同当事人的保全货物义务被总括性地规定，且部分规定不同于《民法典》/《商法典》（《联合国国际货物销售合同公约》第 85 条以下）。

五、国际示范法

由国际组织和由联合国贸易法委员会特别针对商法制定的示范法，应当仅作为倡议和指南服务于不同国家的立法者对他们的法律作出的可能的协调融合。此外，示范法还可能成为国际合同的基础。然而，示范法毕竟不是国家法。因此有争议的是，合同当事人是否可以如同援引格式条款一样仅在实体法上——在依据冲突法所适用的任意性国内实体法的框架内（本章边码 4）——援引示范法，以及当事人是否可以将示范法作为冲突法上的法律选择的客体。[①] 当将其视为冲突法上的法律选择时，仅保留适用国内实体法中的国际强制法（对此亦参见《罗马条例 I》第 9 条的干预规范）。 　　18

举例：1992 年的《联合国贸易法委员会国际贷记划拨示范法》，2006 年修订的1985 年《联合国贸易法委员会国际商事仲裁示范法》。

六、一般法律原则

根据《国际法院规约》（海牙国际法院）第 38 条第 1 款第 3 项，一般法律原则　　19是国际法的补充性渊源。作为商人习惯法的一部分，一般法律原则在国际商事交易中同样具有漏洞填补的功能。此外，合同当事人间或会（例如在仲裁条款中）明确约定适用一般法律原则。毋庸置疑的是，国际公约和示范法也受一般法律原则的影响。只有那些至少以类似形式存在于最重要的国家的国内法中的法律原则才被承认为一般法律原则。因此，一般法律原则的查明以全面的法律比较为前提。有时，国际组织如国际统一私法协会负责这项工作，并将某个规范领域中的一般法律原则进行汇编（例如国际统一私法协会的 2004 年《国际商事合同通则》）。只有如此，一般法律原则才可以作为示范法或者成为法律选择的客体（本章边码 18）。由于法律

---

① 详见 *Schinkels*, GPR 2007, 106 ff.

原则的不精确性，在疑难案件中适用法律原则存在困难，并造成一定程度的法律不确定。

举例：私人自治原则、诚实信用原则、不当得利原则、基于权利滥用和权利失效对权利行使的限制、征收保护。

七、国际商事惯例

20　　国际商事惯例与国内商事习惯（对此见第九章边码 11 以下）的区分仅在于，存在对商事惯例超过一段合理时间有规律、统一且自愿的实际应用的**重要贸易领域的国际化程度**。然而，这一区分并未显著降低查明国际商事惯例的困难。在国际贸易中，国际商事惯例原则上优先于国内商事习惯。如同国内商事习惯一样，在德国商法获得适用时，国际商事惯例因**《商法典》第 346 条**的转化规范亦具有法律上的拘束力。[①] 此外，国际商事惯例也常见于合同约定（也参见《联合国国际货物销售合同公约》第 9 条第 2 款），并且就此与**风险预防法律实践**交叉重叠（对此见本章边码 6 以下）。

举例：仅依商事惯例确定的简写合同条款的内涵（如交单付现；"FOB"，其后未附加 2010 国际贸易术语，参见本章边码 8）。

八、国际商事习惯法

21　　国际商事习惯法可能在国家间的国际法领域中产生，也可能在私法领域中形成。然而在国际领域，习惯法的适用范围受到其他法律渊源（一般交易条款、一般法律原则、条约）的多方面限制。

举例：不可抗力时对合同拘束的废止。

九、国际行为准则（*Codes of Conduct*）

22　　国际组织（如联合国、联合国贸易和发展会议、经济合作与发展组织、国际商会、国际劳工组织）为跨国企业和其成员国的行为设定的规则不属于直接的法律渊源，这是因为它们仅具有**推荐性特征**（软法）。然而，这些规则可能是国际条约的内容或者某商事惯例或商事习惯法的基础。此外，对于国内立法者而言，它们还可以辅助法律解释以及推动法律修订。在德国法上，不遵守"软法"可构成对《商法典》第 347 条第 1 款的通常商人之注意的违反。

---

① 　*BGH* WM 1984，1000，1003 —*obiter dictum*（*法官附带意见*）。

举例：2011 年经济合作与发展组织跨国企业准则；2016 年国际商会国际投资准则；联合国贸易和发展会议技术转让国际行为守则（1985 年草案）。

十、国际商事仲裁庭的仲裁实践

与英美法系中的国内法官法不同，仲裁庭的仲裁实践仅属于次级法律渊源。其原因主要在于，大多数的仲裁裁决保密并因此不予公开。仲裁裁决也经常因出于成本和时间的考虑以及便于仲裁裁决的承认和执行而不包含论证。尽管如此，仲裁庭的仲裁实践有助于不成文的国际商法的形成和具化。

23

第五十节　国际商法组织

一、政府间组织

政府间组织基于国际法上的条约成立，并且拥有独立的**国际法上的权利能力**。它们通常是联合国的专门机构，并通过协作协定与联合国展开合作。

24

举例：联合国国际贸易法委员会（UNCITRAL，维也纳）；联合国贸易和发展会议（UNCTAD，日内瓦）；经济合作与发展组织（OECD，巴黎）；国际海事组织（IMO，伦敦）；国际民用航空组织（ICAO，蒙特利尔）；万国邮政联盟（UPU，伯尔尼）；国际电信联盟（ITU，日内瓦）。

1995 年成立的**世界贸易组织**（*World Trade Organization*，WTO，日内瓦）在国际商法中具有特殊的地位。世贸组织以 1947/1994 年的《关税与贸易总协定》和乌拉圭回合协定为实体法基础，为其当下 164 个成员国（截至 2019 年 4 月）之间的经济交往构建组织性框架。自 2012 年俄罗斯联邦加入后，世贸组织的成员涵盖了所有世界上重要的经济体。其不同于之前的关税与贸易总协定的机关，具有独立的国际法上的权利能力。世贸组织执行并不断更新关税与贸易总协定体系中的所有协议，并且特别提供内部的争议解决程序。世贸组织的最高机构是至少每两年召开一次的部长级会议。**关税与贸易总协定体系**致力于有关货物和服务的世界贸易的逐步自由化，自 1994 年成功举办乌拉圭回合后，至今已有多份条约〔主要包括 GATT＝1947/1994 年的《关税与贸易总协定》（*General Agreement on Tariffs and Trade* von 1947/1994），GATS＝1994 年《服务贸易总协定》（*General Agreement on Trade in Services* von 1994），TRIPs＝《与贸易有关的知识产权协定》（*Agree-*

25

ment on Trade-Related Aspects of Intellectual Property Rights），TRIMS＝《与贸易有关的投资措施协议》（*Agreement on Trade-Related Investment Measures，Marrakesh Agreement establishing the World Trade Organization*）]。然而，这些国际法上的条约首先适用于成员国，故而对其在国内的直接适用存在争议。[①] 应当通过适用最惠国待遇原则以及歧视禁止等制度，消除对世界贸易的关税性限制（关税、对外贸易的税收和配额）和非关税性限制（例如管理性和技术性规范）以及制止倾销行为、现金补贴和侵害智慧财产权。[②]

二、非政府间国际组织

26　　最著名的非政府间国际商事组织是总部位于巴黎、在 100 多个国家有分部（截至 2019 年 4 月）的**国际商会**（*International Chamber of Commerce*，ICC）。国际商会成立于 1919 年，其目的是促进国际贸易，其成员包括数以千计的来自各个行业的国际企业。国际商会的工作（例如制定和推广国际贸易术语、《跟单信用证统一惯例》和《托收统一规则》）由各个委员会实施，其工作涵盖所有与国际贸易相关的问题。此外，自 1922 年起，由秘书处推动在世界范围内按照国际商会仲裁规则开展仲裁程序。

其他的非政府间国际组织还包括国际航空运输协会（IATA，蒙特利尔）、国际铁路联盟（UIC，巴黎）、国际道路运输联盟（IRU，日内瓦）、国际货运代理协会联合会（FIATA，格拉特布鲁格）和国际法协会（ILA，伦敦）。

三、国际私人商事仲裁管辖

27　　与实体商法的日益国际化不同，国家的法院管辖至今仍是完全的国内化建构，并且被规定在各具传统特色的严格程式化的国内程序法中。因此，当跨境合同的当事人将可能的法律争议，特别是为了双方当事人的平等而诉诸"国际化"时，他们只能约定由某个国际仲裁庭管辖。关于国内商事仲裁管辖已经在上文第一章边码 8 中予以介绍。因此，此处仅介绍国际私人商事仲裁管辖的特殊之处。

只要待裁的案件事实具有外国连结点，那么仲裁便属于**国际仲裁**（例如，参见《贸易法委员会国际商事仲裁示范法》第 1 条第 3 款）。在国际的层面上加上**"私人"**是必要的，其旨在区分为裁决私人法律案件而组建的仲裁庭与政府间的以及混合的国际贸易法仲裁庭，后者解决双边的和多边的国家间争议（例如世贸争端解决

---

① 详见 *Herdegen*, Internationales Wirtschaftsrecht, 10. Aufl., 2014, § 10 Rn. 100 ff.
② 详见 *Barth*, NJW 1994, 2811 f.

程序中的争端解决机构）以及国家与私人之间的争议（例如国际投资争端解决中心，ICSID，华盛顿特区）。

在国际层面上，存在一些例如规定 1998 年 1 月 1 日仲裁庭规则的国际商会、美国仲裁协会（AAA，纽约）和苏黎世商会等拥有固定仲裁程序的机构性私人商事仲裁组织。针对临时仲裁管辖，主要规定于联合国贸易法委员会在 1976 年颁布的《仲裁规则》。仲裁裁决的国际承认和执行不仅通过众多的多边协定（主要是 1958 年的《纽约公约》）和双边协定（例如 1929 年的《德国瑞士条约》），也经常通过国内程序法（例如《民事诉讼法》第 1061 条）得到保障。另外，仲裁裁决在实践中获得普遍的承认，并且通常至少因为可能遭受的非正式制裁（例如协会除名、抵制措施）而得到遵守。此外，1985 年制定并在 2006 年修订的联合国贸易法委员会示范法致力于国内仲裁程序法的统一，其亦被作为范例服务于 1998 年的德国《仲裁程序法》修订（《民事诉讼法》第 1025 条以下；另见第一章边码 8）。

28

第五十一节　本章复习

一、本章总结

□国际商法由调整世界贸易的国家和超国家的**法律规则以及习惯**组成，包括冲突法、超国家组织法如欧盟法、国际合同中的风险预防法律实践（如国际贸易术语 2010）、国际条约（如 1980 年《维也纳联合国买卖法》）、国际示范法（如 1985 年的《贸易法委员会国际商事仲裁示范法》）、国际商事习惯、一般法律原则和国际商事仲裁庭的仲裁实践。国际商法与国际贸易法和对外经济法存在部分交叉。

□国际商法上的**组织**首先包括基于国际法条约成立的具有独立国际法权利能力的政府间组织（如世界贸易组织、联合国贸易法委员会、联合国贸易和发展会议）。非政府间国际商事组织，例如 1919 年为促进国际贸易成立的总部位于巴黎的国际商会（ICC）和国际航空运输协会（IATA）。国际上的机构性私人商事仲裁组织存在于如国际商会和美国仲裁协会（AAA）。1976 年联合国贸易法委员会针对临时仲裁管辖制定了《仲裁规则》。

二、测试题

1. *国际贸易术语规定了哪些法律问题？*

2. 汉堡的商人 Klotz 与他的纽约合作伙伴 Green 达成交付纺织品"FOB，汉堡，国际贸易术语 2010"的协议。双方当事人未注意到，依照 Klotz 的意愿纳入合同中的 Klotz 买入格式条款与 2010 国际贸易术语"FOB"的预定内容存在部分不同。他在适用德国法时可以主张优先适用国际贸易术语的内容吗？

3. 1980 年《维也纳联合国买卖法》（《联合国国际货物销售合同公约》）中的统一给付障碍法理念——其部分作为 2002 年德国给付障碍法修订的范例——具有哪些特征？

4. 世界贸易组织和关税与贸易总协定体系的目标是什么？

测试题答案 ◄

第一章

问题1：商法以交易的快捷性（例如《商法典》第377条）、更高的交易保护（例如《商法典》第15条以下、第366条）、扩张的私人自治（例如《商法典》第350条和《民法典》第310条第1款）以及有偿原则（《商法典》第352条以下）为基本特征。

问题2：狭义的商法仅包括只适用于商人的法律规范和商事习惯，广义的商法不仅仅只适用于商人。

问题3：《德意志普通商法典》（至1900年）和《德意志普通票据法》（至1934年）自1871年起成为帝国法并生效，补充适用各城邦的民事特别法（例如普鲁士的《普鲁士国家一般邦法》、巴登的城邦法和萨克森的《民法典》）以及主要从罗马的学说汇纂中发展而来的共同法。

第二章

问题1：通说认为，具有经营性营业特征的活动不应违法或背俗（《民法典》第134、138条）。在早先的司法判例中，与卖淫女订立有偿提供性行为的合同通常被视为背俗行为。[①] 然而这一观念不仅已经发生转变[②]，而且自2002年起不再符合制定法的规定。[③] 因此，与生活用语相一致，持续、有偿以及独立实施的性工作如今

---

① BGHZ 67，119，122.

② 参见 *OLG Frankfurt*/M. NJW-RR 1991，243，246 zu § 196 BGB a. F.

③ 参见《性工作法》（ProstG）第1条，BGBl. I 2001，S. 3983.

也被视为营业。

问题 2：自由职业工作者包括律师（《联邦律师条例》第 2 条）、审计师（《审计师条例》第 1 条第 2 款）、税务咨询师（《税务咨询法》第 32 条第 2 款）、医生（《联邦医生条例》第 1 条第 2 款）、建筑师[1]、学者、艺术家、作家、家庭教师、口译员（也参见《自由职业者合伙法》第 1 条第 2 款第 2 句）。

问题 3：经典的回答：视情形而定！如果遗嘱执行人基于其依职权享有的管理权和处分权以自己的名义为继承人的利益经营属于遗产的商事营业［即托管方案（Treuhandlösung）］，那么其作为经营者属于商人并且对营业债务承担个人责任。与之相反，如果遗嘱执行人基于继承人的授权以继承人的名义经营商事营业（意定代理方案），那么继承人是经营者。[2]

问题 4：判断需要一个商人的构造所依据的是对营业经营的类型（质的标准：惯常业务的性质和种类、具体业务的运作模式、产品和服务的多样性、顾客群体的类型）以及规模（量的标准：投入资本和运营资本的金额、营业额、信贷需求的额度、员工数量、营业场所的数量和规模、宣传的规模和仓储的容量）的整体考量。

问题 5：一方面，根据《商法典》第 2 条的文义，对已登记营业经营者商人身份的信赖完全可以通过《商法典》第 2 条获得保护（有争议，详见第二章边码 26 以下）；另一方面，《商法典》第 5 条的拟制在欠缺营业活动时（特别是当属于自由职业活动时）因不满足法条的事实构成不能获得适用（参见第二章边码 28）。

问题 6：根据《商法典》第 6 条第 1 款，只有作为有权利能力的商事组织的有限合伙取得商人身份。然而，根据通说，承担个人责任的合伙人的商人身份与此相关联。只有已经履行出资的有限合伙人（参见《商法典》第 171 条第 1 款），不单纯因其合伙人身份而成为商人（参见第二章边码 33）。

问题 7：这个问题没有统一的答案。对于基于经营一项真正的商事营业（《商法典》第 1 条）的商人而言，其商人身份在着手经营一项立即或在不久的将来需要商人构造的营业，或者小营业持续地升级为商人营业时开始。其商人身份在完成清算行为后终局性地停止营业，或者在持续降级至小营业时根据《商法典》第 2 条第 3 句完成在商事登记簿中的注销登记，以及未登记时降级至低于《商法典》第 1 条第 2 款规定的门槛时终止。对于任意商人（《商法典》第 2 条和第 3 条）以及拟制商人（《商法典》第 5 条）而言，其商人身份在商事登记簿中登记时开始，在注销登记或者终局性地停止营业经营时终止。对于依组织形式的商人而言，其商人身份在其作为法人或有权利能力的人成立时、因此通常是登记于商事登记簿时（不同仅见《商

---

[1] *BGH* WM 1979，559，559.

[2] 参见 BGHZ 12，100，102。

法典》第 123 条第 2 款）开始。形式商人为公司的，其商人身份在因其完全终止而丧失法律人格时终止；形式商人为商事合伙的，其商人身份在商事登记簿中注销登记以及终局性地停止营业时终止。

问题 8：表见商人与拟制商人之间的区别见下表。

	表见商人（第二章边码 36 以下）	《商法典》第 5 条的商人（第二章边码 26 以下）
教义归属	习惯法承认的权利外观责任情形	商人身份的制定法拟制
功能	对善意第三人的具体保护	为全体当事人的利益消除商人身份的不确定性
前提要件	权利外观的可归责性 第三人善意 以及有因果关系的信赖行为	单纯地在商事登记簿中登记（无须登记人的可归责性；无须主张登记之人的善意和有因果关系的信赖行为）
法律后果	表见商人不是商人，并且只是为了善意第三人的利益在一定范围内被作为商人对待	《商法典》第 5 条的商人无论如何至少在私人的商业交易和诉讼程序中是商人，并且自己可以主张商人身份

问题 9：商法也部分地适用于构成表见商人（第二章边码 36 以下），作为经营行纪、货运、货运代理或仓储业务的营业经营者（《商法典》第 383 条第 2 款、第 407 条第 3 款、第 453 条第 3 款和第 467 条第 3 款，详见第二章边码 19），作为商事代理人或者商事居间人（《商法典》第 84 条第 4 款以及《商法典》第 93 条第 3 款；详见第六章边码 6 以下，边码 10 以下）的非商人。此外，在以下情形中存在类推适用商法条文的可能，即这些商法条实质表达一般民法的法律理念（例如《商法典》第 354 条，第 358～360 条），或者当事人以商人的方式参与商业交易（例如商人确认函规则，详见第九章边码 19）。

第三章

问题 1：与商人的信息自决权存在冲突（《基本法》第 2 条第 1 款结合《基本法》第 1 条第 1 款）。然而，对信息自决权的侵犯因登记义务事项以及在当时的侵犯形式上因查阅人的资讯利益而正当化。[①]

问题 2：登记官 R 对商事登记簿的管理属于非诉管辖事务。因此，K 享有《家庭事务和非诉事务管辖法》中的权利救济（即《家庭事务和非诉事务管辖法》第 58 条以下的抗告）。对此并不取决于，R 在具体情形中是一名法官（对此见法官保留

---

① *Canaris*，§ 4 Rn. 4.

事务《司法事务官法》第 17 条）抑或（通常情形）是一名司法事务官（《司法事务官法》第 3 条第 2 项 d）作出拒绝决定。

问题 3：制定法上并未规定此类事项的登记义务。然而，司法判决间或扩张有登记能力事项以及甚至登记义务事项的目录。在文献中，全权代理权的授予是否类推适用《商法典》第 53 条第 1 款属于登记义务事项，以避免通过授予全权代理权规避经理权公示，存有争议。如果支持全权代理权的授予属于登记义务事项，那么全权代理权的消灭亦属于登记义务事项。[①]

问题 4：共同点：由初级法院作为履行公共职责但无裁判法官特权管理、登记簿的公开性（然而《商法典》第 9 条规定的查阅权比《土地登记簿法》第 12 条第 1 款第 1 句的查阅权更广）、**申请原则**、有限登记能力、登记官享有形式和实质审查权、抽象的信赖保护、积极公示和消极公示相结合。不同点：除继承外在土地登记簿上的登记总是具有设权性、土地登记簿之登记不公告、针对商事登记簿之登记不同于《民法典》第 891 条不存在正确性推定、强制登记仅存在于商事登记簿（《商法典》第 14 条）。

问题 5：积极公示，是指第三人可以信赖实际登记于登记簿中的内容。与之相反，消极公示保护第三人对未登记于登记簿以及未公告之事实亦实际上不存在的信赖（详见第三章边码 11）。

问题 6：涉及设权性登记时，权利状况因登记变更，因此对于登记人而言，主张因登记产生的对其有利的权利状况在登记后始得可能。因此，在此情形中，《商法典》第 15 条第 1 款仅在登记与公告之间具有意义（详见第三章边码 12）。

问题 7：原则上应当撤回（详见第三章边码 12）。为了使此类登记清晰易懂，例如应当作如下描述："当时向 P 授予的但是至今未登记的经理权业已消灭。"

问题 8：不同于经理权，代办权的授予（详见第七章边码 19 以下）不属于制定法上的有登记能力事项（详见第三章边码 7）。然而，对代办权存续的合理信赖根据在此点上与《商法典》第 15 条第 1 款同源的《民法典》第 170 条以下的一般规定的标准进行保护。如果支持在全权代理上类推适用《商法典》第 53 条第 1、2 款的少数观点，在此也类推适用《商法典》第 15 条第 1 款。[②]

问题 9：不同于对具体信赖的保护，制定法在抽象信赖保护的情形中放弃要求存在仅能通过特定的信赖事实构成（例如登记簿查阅，或者登记簿之外的告知）才产生的具体信赖状况。甚至（用刑法的语言表达）也不要求存在对登记簿内容或制定法规则的符合事理想象的潜意识。更多的是，理论上存在形成具体信赖的可能即已足。一方面，相较于具体的信赖保护事实构成（例如《民法典》第 171 条以下），

① 支持见 *Canaris*，§ 4 Rn. 10 f.。
② 赞同见 *Canaris*，§ 4 Rn. 11.。

权利外观责任因此被扩张。另一方面，由于至少必须存在形成信赖的抽象可能性，根据通说，该条文的立法目的造成对《商法典》第 15 条第 1、3 款的两项目的性限缩，分别是：未作在先登记时的登记义务限制（详见第三章边码 12），该规则只适用于交易和诉讼行为（详见第三章边码 16、24）。

问题 10：为了登记人的利益，《商法典》第 15 条第 2 款原则上排除形成不同于登记簿内容的信赖，例外存在于公告后 15 天内或其他信赖构成事实优先的情形（详见第三章边码 19 以下）。

问题 11：《商法典》第 15 条第 3 款的公告错误可能因对正确登记的错误公告（狭义公告错误，例如数据传递错误），或者对错误登记或者未登记的事实公告而产生（详见第三章边码 21）。

问题 12：从属性的习惯法规则是一般权利外观责任的结果。与《商法典》第 15 条第 3 款的抽象信赖保护相比，它们适用更加严苛的前提要件。这体现在归责性和权利外观的因果关系上（详见第三章边码 27 以下）。

问题 13：依据《民法典》第 839 条结合《基本法》第 34 条，可以针对登记法院所在的联邦州成立职务责任请求权（第三章边码 5 以及考试案例 2）。公证员依据《联邦公证员法》第 19 条的前提要件承担责任。

问题 14：企业登记簿本身不产生实质公示效力（第三章边码 31）。但是如果来自商事登记簿、合作社登记簿和职业合伙登记簿的数据不正确地在企业登记簿中公告（参见《商法典》第 8b 条第 2 款第 1 项和第 10 条），那么在此情形下《商法典》第 15 条第 3 款直接（针对商事登记簿）或者通过《职业合伙法》第 5 条第 2 款（针对职业合伙登记簿）、《合作社法》第 29 条第 3 款、第 42 条第 1 款第 3 句和第 86 条（针对合作社登记簿）适用。其余情形适用一般权利外观责任基本原则（对此也参见第三章编码 28）。

第四章

问题 1：共同点：标识功能、绝对权利。不同点：商号是商事营业的名称、商号的信息功能、商号的财产法属性、商号的可转让性、商号的特别保护规则。

问题 2：应当确保的是，亚商号和经营标志不能替代商号使用或者与商号混淆（第四章边码 3）。因此，二者不能如此构造，以至于其可以由任何一个商人作为商号使用。否则，因非法的商号使用可能招致特别是《商法典》第 37 条的制裁（详见第四章边码 30 以下）。

问题 3：

商号功能	相应的商号原则
标识功能	商号可区分（《商法典》第 18 条第 1 款、第 30 条），单独转让禁止（《商法典》第 23 条），商号唯一，商号公开（《商法典》第 29 条以下、第 37a 条、第 125a 条、第 177a 条；《股份法》第 36 条以下、第 80 条；《有限责任公司法》第 7 条以下、第 35a 条；《合作社法》第 25a 条）
资讯功能	商号真实（《商法典》第 18 条第 2 款第 1 句），商号公开（《商法典》第 29 条以下、第 37a 条等）
宣传功能	商号可区分（《商法典》第 18 条第 1 款、第 30 条），商号公开（《商法典》第 29 条以下、第 37a 条等），商号存续（《商法典》第 21、22、24 条）
价值承载功能	商号存续（《商法典》第 21、22、24 条）

问题 4：当商号在其构成部分（商号核心、物名后缀、法律形式后缀）中含有适合造成关于在所称交易领域中的实质性（"实质性门槛"，竞争相关）交易关系的（营业主、地区、年龄、营业经营的类型和规模）误导的内容时（误导适格性实质标准，《商法典》第 18 条第 2 款第 1 句），该商号违反误导禁止原则（详见第四章边码 19）。然而，在登记法院的程序中，只有误导明显时才被审查（明显性程序标准，《商法典》第 18 条第 2 款第 2 句）。

问题 5：虽然《商法典》第 22 条和第 24 条区分了不同的营业主变动类型，但是继续使用商号时的前提要件实质上相同：原先的商号应当被合法使用；营业主变动应当有效，并且至少涵盖企业核心；原先的商号所有者、他的继承人以及商号中含有其姓名的个人退伙人或他的继承人应当明确同意商号的继续使用（详见第四章边码 23）。

问题 6：商号因其财产法要素原则上属于破产财团，并因此在同意继续使用商号（《商法典》第 22 条）上也适用破产管理人的管理。然而，破产管理人也只能附带企业一同转让商号（《商法典》第 23 条）。此外，有疑问的是，破产管理人在出让人名商号或混合商号时，是否因姓名保护而需要获得债务人的同意。通说认为，在对债务人的利益（姓名权）和债权人的利益（商号价值的实现）进行衡量时，应当原则上区分：在个体商人和商事合伙中使用其姓名的债务人的人格权更加重要，因此其可以根据《民法典》第 12 条介入商号的出让。[1] 与之相反，在公司商号中，债务人因将其姓名加入商号而已经完全放弃了姓名权。[2] 已经破产的公司的商号被转让的，产生替代商号构成的问题。[3]

---

[1]　BGHZ 32, 103, 111 und 113 f.；也见 *Müller-Laube*, 20 Probleme, Problem 1, S. 1 ff.
[2]　BGHZ 85, 221, 224；详见 *Canaris*, § 10 Rn. 66 ff.；部分不同观点见 *K. Schmidt*, Handelsrecht, § 12 Rn. 45 ff.
[3]　详见 *Cziupka / Kraack*, AG 2018, 525 ff.

问题 7：Rasch 博士实施了壳公司设立（也称：储备公司设立）。在此情形中，该有限责任公司作为一个没有企业的法人存在。从商号不可分的角度，Rasch 的行为可能会遭受商号法上的质疑，即商号不能与企业分离转让（《商法典》第 23 条）。然而，根据完全的通说，壳公司的转让是合法的。这是因为，由于在壳公司转让中根本不存在一个具有经营能力的经济统一体外形的企业以及权利主体与商号一同完整地转让给取得人[1]，故而不同于《商法典》第 23 条所禁止的单独转让，在本案中不存在商号和企业的分离而导致对商业交易的误导。

问题 8：由于商号 Mathäus Müller、Max Meier 和 Sebastian Schmidt 依然分别仅由一个公司使用，因此本案中商号的调换不违反《商法典》第 30 条。然而，商号变更违反商号真实原则以及特别违反《商法典》第 23 条的立法思想。这是因为，通过在本案中设计的两次商号变更这一迂回路径最终导致商号未附带相关企业被转让并且因此造成商业交易中的混淆，故而不能被允许。[2]

问题 9：鉴于不合法的商号后缀"博士"[3]（《商法典》第 18 条），Waitz 可以向主管法院申请启动商号滥用程序（《商法典》第 37 条第 1 款）。此外，他还可以根据《商法典》第 37 条第 2 款第 1 句针对 Müller 不合法的商号使用主张民法上的停止请求权，这是因为他作为竞争者所享有的受该法条保护的竞争者利益遭受侵害。[4] 同时，他还可以根据《反不正当竞争法》第 8 条第 1 款和第 3 款结合《反不正当竞争法》第 3 条和第 5 条第 1 款第 3 项主张停止请求权。[5] 如果可以证明 Waitz 因其竞争者对博士头衔的不正当使用而遭受损害，其可以额外根据《民法典》第 823 条第 2 款结合《商法典》第 37 条第 2 款第 1 句和《反不正当竞争法》第 5 条第 1 款第 3 项、第 9 条第 1 句请求损害赔偿。[6]

第五章

问题 1：商事的营业（商事营业）仅指《商法典》第 1~6 条意义上的商人的企业。因此，根据现行法，自由职业并且未在商事登记簿上登记的小营业经营的个体企业不属于商人的营业。

问题 2：是的。只要诉讼与营业所的营业如同本案一样（合同订立和履行地均在不莱梅的营业所）存在关联，那么商人便可以在其分营业所所在地被诉（《民事

---

[1] 关于壳公司转让产生的公司法上的问题参见 *K. Schmidt*, Gesellschaftsrecht，§ 4 Ⅲ。

[2] 参见 *OLG Hamburg* OLGZ 1987，191，192。

[3] 但是律师合伙中唯一的博士合伙人退伙后可以保留合伙中的博士头衔参见 *BGH* NJW-RR 2018，998。

[4] 参见 BGHZ 53，65，70。

[5] *Bornkamm/Feddersen*, in：Köhler/Bornkamm/Fed dersen, Gesetz gegen den unlauteren Wettbewerb UWG, 37. Aufl.，2019，§ 5 UWG Rn. 4.151 ff.；*OLG Hamm* NJW-RR 1989，549.

[6] 参见旧《反不正当竞争法》*Hadding*，JuS 1976，581，583 f.。

诉讼法》第 21 条第 1 款的特殊审判籍）。Groß 因其经理与 Klein 订立的买卖合同而负担交付香蕉的义务。《商法典》第 50 条第 3 款规定的前提要件不存在，这是因为未以不同的商号经营各个营业所。

问题 3：Velten 与 Klotz 订立了一份企业收购合同（资产收购），根据《民法典》第 453 条第 1 款（时装店企业属于"其他标的"），该合同准用《民法典》第 433 条以下条文。据此，承租权移转的失败在满足下列条件时构成《民法典》第 435 条意义上的企业的权利瑕疵，即该瑕疵对企业整体而言具有重大意义并且因此总体上构成企业的瑕疵（参见第五章边码 5）。这一前提在本案中成立，这是因为，按照合同约定在原先的店面继续经营时装店对 Klotz 而言具有决定性意义。因此，Klotz 根据《民法典》第 437 条第 2 项、第 433 条、第 434 条、第 323 条、第 326 条第 5 款享有解除权。此外，根据《民法典》第 437 条第 3 项、第 433 条、第 434 条、第 280 条第 1 款和第 3 款以及第 283 条，当承租权移转失败（可能仅因《民法典》第 276 条第 1 款第 1 句意义上的默示保证）可归责于 Velten 时，Klotz 可以要求赔偿因承租权未转移而遭受的损失。

问题 4：不考虑权利滥用的情形，当取得一家其财产主要是土地的公司的全部股权时，虽然根据通说，参股收购（股权收购）不适用《民法典》第 311b 条第 1 款的形式规范[①]；但是，根据《有限责任公司法》第 15 条第 3、4 款，转让有限责任公司股权的义务以及相应的履行行为需要公证证书。

问题 5：必要的不是有效地取得商事的营业，而（仅）是永久的或暂时的事实上的营业主变动，其至少涵盖总体商事的营业的核心或者一个独立的分营业所（详见第五章边码 9）。

问题 6：Dreier 没有向真正的债权人 Velten，而是向 Klotz 作出其负担的损害赔偿给付。仅当 Velten 必须将 Dreier 向 Klotz 作出的给付对其产生效力时，Dreier 才因此免除给付义务。在债权让与的情形中，善意的债务人在向原债权人作出给付时受《民法典》第 407 条第 1 款的保护。然而，本案恰恰属于相反的情形：债权未被让与给 Klotz，并且 Dreier 未向原债权人而是向假定的受让人作出给付。但是，Dreier 受《商法典》第 25 条第 1 款第 2 句的保护，其事实构成在本案中成立。据此，Klotz 对于 Dreier 而言被视为新债权人，因此根据《民法典》第 362 条第 1 款，Dreier 可以向 Klotz 作出产生债务免除效果的给付。

问题 7：继承人只能通过即时更改商号（《商法典》27 条第 1 款结合《商法典》第 25 条第 3 款）、在考虑期内停止商事的营业（《商法典》第 27 条第 2 款）或者在准用《商法典》第 25 条第 2 款（通说）时通过对责任限制进行登记并公告以及通知而获得责任限制的可能（详见第五章边码 19 以下）。

---

① BGHZ 86，367，369 f.

问题 8：《商法典》第 28 条的事实构成，不同于《商法典》第 25 条第 1、2 款以及《商法典》第 27 条的事实构成，不以继续使用商号为前提。

问题 9：《商法典》第 28 条规定如下情形，一个"个体商人的"企业作为出资被投入一个新设立的商事合伙；与之不同，《商法典》第 130 条、第 161 条第 2 款、第 173 条、第 176 条第 2 款规定了加入一个已存在的商事合伙，其企业主身份没有变动地存续。因此，《商法典》第 28 条首要涉及原个体商人的企业主与新设立的商事合伙之间的责任存续，自商事合伙成立后才通过《商法典》第 128 条、第 161 条第 2 款、第 171 条以下成立合伙人的个人责任以及因此成立"加入者"的个人责任。与之相反，《商法典》第 130 条、第 161 条第 2 款、第 173 条、第 176 条第 2 款（只）规定入伙人的责任，这是因为合伙作为存续的营业主所承担的责任已经从相应的请求权基础和《商法典》第 124 条第 1 款、第 161 条第 2 款产生。最后，具有实践意义的区别是，不同的责任约定仅在《商法典》第 28 条第 2 款的情形中产生对外效力（与之相反参见《商法典》第 130 条第 2 款、第 161 条第 2 款、第 173 条第 2 款）。

第六章

问题 1：Haller 是商事代理人，这是因为独立地工作这一要素毋庸置疑地居于优势地位。① 在此，起决定性的是法律上的而不是 Haller 所欠缺的经济上的独立性。② Haller"商事代理人"的标识一如既往地在大多数情形下具有推定功能。

问题 2：劳动法院（《劳动法院法》第 5 条第 3 款结合《商法典》第 92a 条）！

问题 3：商事居间人总是属于职业性的媒介居间人，并且只可以订立有关商事交易中的客体的合同。商事居间人作为合同双方当事人的利益代理人，原则上从各方当事人获得一半居间报酬。

问题 4：较大规模的不动产居间人作为具有商人身份的民事居间人（参见《商法典》第 1 条和第 93 条第 2 款）适用《民法典》第 652 条以下以及适用商法，《商法典》第 93 条以下除外。

问题 5：行纪代理商如同商事代理人一样持续地被委托为他人的利益订立合同，同时如行纪人一样以自己的名义作为间接代理人行为。

第七章

问题 1：Pfeiffer 在此使用通常的语言用法，显然是为了利用经理因其对外广泛

的代理权和在内部关系中授予经理权前提的身份信赖而享有的社会威望。但是，他因此也同时巧妙地回避了针对其职位的问题。这是因为，经理权是一种代理形式，不是在与经理权相区分的内部关系中确立的职业。Roth 法官此时只能猜测。通常情况下，Pfeiffer 是商人的商人雇员并且因此是行为辅助人（对此见第六章边码 2 以下）。仅当经理权同时在 Pfeiffer 与雇主之间的关系——即在内部关系中表明他拥有一个重要的职位时，Pfeiffer 才是《劳工组织法》第 5 条第 3 款第 2 句意义上的高级雇员。[①] 最后，Pfeiffer 还可能以非执行事务合伙人身份取得经理职位。

问题 2：不是。经理权是代理权——即通过法律行为设立的代理权（参见《民法典》第 166 条第 2 款第 1 句）——的一种特殊形式。即便经理权的职权范围为保护交易而被法定这一事实，也不能改变经理权属于意定代理权。

问题 3：从经理权中法定排除的有本人的私人行为、所有者行为、基础行为以及出售土地和在土地上设定负担（详见第七章边码 11）。

问题 4：当下通说认为，根据《商法典》第 12 条提交的商事登记申请本身而言不是所有者行为，并且因此原则上可以通过意定代理为之。[②] 然而，仅当登记申请根据《商法典》第 49 条第 1 款自身同时属于登记义务行为时，经理权含有申请登记之权利。[③] 其余情形下，应当明确授予经理对申请登记的特别代理权。据此，Rasch 分别正确地依据《商法典》第 107 条和《商法典》第 53 条第 1 款驳回了对 Reich 入伙（基础行为）和授予 Pfeiffer 经理权（所有者行为，《商法典》第 48 条第 1 款）的登记申请。唯一有争议的是，根据《商法典》第 107 条对变更住所的登记申请是否合规，这是因为变更住所是否具有基础行为的特征本身存有争议。[④]

问题 5：意定限制原则上仅对内有效。只有法律允许的共同代理（第七章边码 13 以下）、分支经理权（第七章边码 17）和对经理权的显著滥用（第七章边码 12）对第三人产生效力。

问题 6：不合法，这是因为作为有限合伙人的 König 根据《商法典》第 170 条被强制性地排除代表 ABC 有限合伙，并且在合伙协议中不存在其他约定时也被强制性地排除执行 ABC 有限合伙的事务，因此其对于 Probst 而言是第三人。混合共同经理权的授予只有与机关上有代表权的有限合伙事务执行人相结合时方为可能。Probst 受 König 的拘束只有在该有限合伙的事务执行人创设一个真正的共同经理权时产生，即事务执行人同时授予 König 经理权并因此 Probst 的代理权单边或完全受 König 代理权的拘束。

问题 7：应当向对营业所有管辖权的初级法院申请登记分支经理权（《商法典》

---

① BAG NJW 2010，313，314 f.

② 参见《家庭事务和非诉事务程序法》第 10 条第 2 款和 Ba/Ho/Hopt，§12 Rn. 3。

③ 有争议；例如 BGHZ 116，190，193 f.；Canaris，§12 Rn. 15 und Joost，ZIP 1992，463，465。

④ 支持基础行为见 K. Schmidt，Handelsrecht，§16 Rn. 30；反对观点见 Canaris，§12 Rn. 14。

第 13 条）。经理权局限于该营业所的事实既不属于登记义务事项，根据德国联邦法院的观点也不属于登记能力事项[①]，这是因为经理权被登记于对该营业所享有管辖权的登记簿即可表明经理权限于该营业所。然而，有疑问的是，这一规则是否同样适用于经理权局限于主营业所的情形，这是因为此时无后缀导致与同时也有权代理分支机构的经理权无法区分。[②]

问题 8：根据《商法典》第 55 条，缔约代理人是代办权人，其是商事代理人抑或是被授权在本人营业之外以本人名义订立交易的行为辅助人。

问题 9：这一问题触及《商法典》第 54 条的教义结构，特别是该条第 3 款之功能。营业主应当证明，不同于《商法典》第 54 条的推定代办权被限制，以及第三人对此限制知情或者应当知情。[③]

问题 10：通说认为，《商法典》第 56 条仅适用于针对特定的交易不存在一项对雇员明示的、默示的或容忍授予的代办权。其与表象代理权一样，以诱发权利外观事实构成（在商品出售处的职位）和交易相对方的善意信赖为前提。

第八章

问题 1：《商法典》第 238~342e 条分为六章：第 238~263 条（适用于所有商人的一般规范），第 264~335b 条（对资合公司以及资合两合公司的补充性规范），第 336~339 条（对已登记合作社的补充性规范），第 340~341y 条（对金融机构、保险企业和养老保险基金以及特定的原材料企业的补充性规范），第 342 条和第 342a 条（会计委员会）以及第 342b~342e 条（会计审查机构）。

问题 2：商法上的会计报告和税法上的会计报告（《税收总则》第 140 条以下、《个人所得税法》第 4 条以下）因实质基准性原则互相关联，即商法会计原则同样适用于税法（《个人所得税法》第 5 条第 1 款第 1 句）。之前适用的形式基准性原则（旧《个人所得税法》第 5 条第 1 款第 2 句）被 2009 年《资产负债表现代化法》废除（详见第八章边码 2）。

问题 3：合规簿记原则决定了全部的会计报告（《商法典》第 238 条第 1 款第 1 句，第 243 条第 1 款，第 264 条第 2 款）。只要其未被制定法规定，那么根据通说，合规簿记原则构成商事习惯，其特别通过司法判决和德国审计师公会的公告而被具体化和续造。

问题 4：不同于《商法典》第 238 条第 1 款第 1 句的误导性文义，商人簿记义务的客体（详见第八章边码 8 以下）不是对《商法典》第 343 条以下的商行为订立

[①] BGHZ 104，61，64ff.

[②] 详见 Canaris，§ 12 Rn. 19。

[③] 详见 *K. Schmidt*，Handelsrecht，§ 16 Rn. 111 ff.

的汇编以及对商人整体财产状况的展示，而是对所有仅造成商事营业（不包括私人财产）财产变动（而不是商行为）的商业交易的记载。

问题 5：财产目录和资产负债表（详见第八章边码 12 和 15）是关于商事营业的资产和债务的目录，其在营业开始时以及在每个营业年度结束时制定。财产目录按照类型、数量和价值记载每一项资产和负债（《商法典》第 240 条），与之不同，资产负债表中的资产和负债以账户的形式展示并且不记载数量地汇总到每个科目下，对此至少资合公司（《商法典》第 266 条）和资合两合公司（《商法典》第 264a 条第 1 款和第 264c 条）应当遵守法定的最低结构格式。

问题 6：年度盈余被计入资产负债表中表明资金来源的负债一栏下的"自有资本"。

问题 7：基于法定的标准（《商法典》第 243 条以下）和合规簿记原则（《商法典》第 243 条第 1 款以及国外的（例如美国的 GAAP）或国际的（《国际会计准则》/《国际财务报告准则》）规则，应当依据下述原则制定年度决算：决算清晰、决算真实、资产负债表一致性、形式的和实质的资产负债表连续性、期间递延、谨慎原则以及真实和公允原则。此外还应遵循各种估值原则：营运原则、决算日和单独估值原则、名义价值原则、购置价值原则和最低价值原则（详见第八章边码 14）。

问题 8：首先应当区分商事资产负债表中的折旧（详见第八章边码 14）和税收资产负债表中的折旧（例如《个人所得税法》第 6、7 条）。商法规定了以直线式和递减式的计划性折旧（《商法典》第 253 条第 3 款第 1～4 句）和计划外折旧（《商法典》第 253 条第 3 款第 5 句和第 6 句 3）。

第九章

问题 1：根据《商法典》第 345 条，即便只是单方商行为，关于商行为的规范亦原则上适用于合同双方当事人，由此导致非商人也适用于商法，此举相比于一般规则对非商人可能部分更有利（例如《商法典》第 348 条以下）、部分更不利（例如《商法典》第 355 条）。

问题 2：他应当证明，该行为是一个私行为且当时对交易相对方而言亦可被辨识（参见第九章边码 9）。

问题 3：根据《民法典》第 151 条，仅无须受领的承诺表示的到达可被放弃。不能被放弃的是承诺表示本身。因此，承诺表示应当至少对外以默示的方式作出（例如通过占用行为）。与此相反，根据《商法典》第 362 条，承诺可以被拟制。与《民法典》第 663 条的差异除构成要件上的细微差别外，还特别包括《商法典》第 362 条通过承诺拟制产生一项合同履行请求权，与之相反，根据《民法典》第 663 条，仅成立一项因对合同订立的信赖的损害产生的合同损害赔偿请求权。《商法典》第 362 条不构成强制缔约，这是因为当事人可以自由决定不迟延地拒绝订立事务处理合同的要约。

问题 4：商人确认函是由合同当事人一方向另一方出具的、函告其认为的某一份通过口头、电话、电报或电传方式缔结的合同之成立和内容的书函。宣示性确认函没有补充或偏离地确认事实上已经订立的合同的内容，与之相反，设权性确认函要么有补充要么偏离地确认已经订立的合同或者确认事实上尚未订立的合同。

问题 5：寄函人为证明之目的，希望通过确认函确认一份尚未完全书面记录但是至少从寄函人的视角看显然已经订立的合同。与之相反，订单确认函属于对已作出的要约（"订单"）的一种特殊的承诺形式，合同因承诺始告成立。订单确认函偏离要约的，构成要约拒绝和新的要约（《民法典》第 150 条第 2 款），单纯的沉默原则上不能构成对新要约的承诺。

问题 6：商人确认函规则保护寄函人对合同相对方的沉默构成对书函同意的信赖。因此，这一对商人确认函的沉默具有表示价值的规则的边界，是寄函人按照诚实信用不得再将受领人的沉默理解为对确认函内容的同意。当确认人或他的辅助人（《民法典》第 166 条）相信确认函将被无异议地接受而有意不正确地复述已达成约定中的并非不重要的合同次要点（不诚信），或者确认函的内容明显错误地偏离合同商谈的结果（重大偏离）时，确认人不受商人确认函规则的保护。

问题 7：根据《商法典》第 360 条，Groß 负有责任交付中等品质和种类的商品。然而，物之瑕疵担保责任可能因将责任限制在可见瑕疵的格式条款"所购如所见"而被排除（参见《民法典》第 444 条）。针对一名如同商人 Eisele 的企业主，格式条款可以无须明示地指示而被默示地订入合同（《民法典》第 310 条第 1 款第 1 句结合《民法典》第 305 条第 2 款）。在本案中，当交易相对方知悉存在这一格式条款并且其能够辨识格式条款使用人希望仅在纳入该格式条款时才订立合同时即已足。[①] 根据《民法典》第 307 条第 1、2 款，这一格式条款亦非无效，这是因为其在很大程度上符合《民法典》第 442 条第 1 款第 2 句的基本理念。此外，作为任意法的《商法典》第 360 条被在汉堡批发市场上适用的商事习惯——所有商品在购买时检查可见瑕疵并且出卖人在此范围内免除物之瑕疵担保责任——所排除（《商法典》第 346 条）。Eisele 对该商事习惯的知情并不重要。因此，仅当 Eisele 获得保证或者 Groß 恶意隐瞒瑕疵时，Eisele 才可主张减价（《民法典》第 444 条）。

问题 8：

《商法典》规则	《民法典》规则	《商法典》规则	《民法典》规则
第 346 条	第 133、157 条	第 354a 条	第 399 条第 2 种情形
第 347 条	第 276 条第 2 款	第 355 条	第 248 条第 1 款

---

① Vgl. BGHZ 117, 190, 195.

续表

《商法典》规则	《民法典》规则	《商法典》规则	《民法典》规则
第 348 条	第 343 条	第 358 条以下	第 271 条
第 349 条	第 771 条	第 360 条	第 243 条第 1 款
第 350 条	第 766、780、781 条	第 362 条	第 145 条以下
第 352 条	第 246 条	第 366 条以下	第 932 条以下、第 1207 条
第 353 条	第 288 条第 1 款 1 句、第 291 条	第 368 条	第 1234 条
第 354 条第 1 款	第 612、613 条	第 369 条以下	第 273 条
第 354 条第 2 款	第 488 第 2 款、第 670 条		

问题 9：

规范目的	特别规则
给付义务的具体化	《商法典》第 346 条、第 347 条、第 358 条、第 359 条、第 360 条、第 361 条
商人行为的有偿性	《商法典》第 346 条、第 352 条、第 353 条、第 354 条
商法上的交易保护	《商法典》第 354a 条、第 362 条、第 366 条以及商人确认函规则
商人交易的担保需求	《商法典》第 355 条以下和第 369 条以下
商事交易的快捷和便利	《商法典》第 346 条、第 350 条、第 355 条以下，第 362 条、第 368 条、第 377 条以及商人确认函规则；《民法典》第 310 条第 1 款第 1 句结合《民法典》第 305 条第 2 款
商人较低的保护需求	《商法典》第 346 条、第 348 条、第 349 条、第 367 条；《民法典》第 310 条第 1 款

问题 10：根据通说，往来账原则上不具有提供信贷的功能。[1] 被计入往来账中的单个债权虽然在会计期间不得被执行，但是它们会届期并且应当计息。只要往来账的约定未如同结算客户的借贷信用账户一样含有关于往来账信贷的特别约定，那么另一方当事人因此在会计期间的决算前也总是可以要求弥补负的余额（与之相反，参见《民法典》第 490 条第 1 款基于重要理由通知终止贷款的必要性）。然而，持续性地提出此类弥补请求将导致往来账的便利功能的丧失，因此应当进行限制并且通过这种方式，往来账至少事实上具有了信用的特征。

问题 11：首先，Graf 可以扣押 Kleins 对 Ackermann 享有的持续性金钱债权（《民事诉讼法》第 829、832、835、850 条以下）。与此相反，因受往来账的拘束，Graf 不能再扣押已经转入结算账户的工资。Graf 仅可以扣押当下的或将来的日余

---

[1] Canaris，§ 25 Rn. 6.

额以及会计决算余额。[1]

问题12：被扣押的债权应当能够充分确定。在扣押将来往来账余额时可通过对已存往来账的标识使扣押债权被充分确定。[2]

问题13：《商法典》第366条按其文义仅保护取得人和质权人对出卖人和出质人的处分权的善意信赖。有争议的是，对以他人名义实施处分的处分人的代理权和对处分人的商人身份的善意信赖是否同样被保护。无争议的不被保护的是对处分行为的其余有效构成要件如处分人的行为能力或行为的可撤销性的善意信赖（详见第九章边码43以下）。

问题14：不同于《民法典》第273条第1款规定的一般留置权，商人留置权不仅使得有权拒绝自己的给付（债法的要素），还可以根据《商法典》第371条使得从对留置权人占有的交易相对方的动产或有价证券的变价所得中受偿。

第十章

问题1：该合同是一份关于生产不可替代物的商事合同。根据《商法典》第381条第2款和《民法典》第650条，对此除适用《民法典》的买卖法即《民法典》第642、643、645、648、649条（不适用验收，取而代之的是《民法典》第446条以下的重大时刻）外，还额外适用《商法典》第373条以下。

问题2：《商法典》第373条简化了出卖人在买受人迟延时的提存和自助变卖（详见第十章边码3）。《商法典》第375条将指定买卖的特定化从单纯的买受人协助行为提升至买受人的主给付义务，对其违反导致根据《商法典》第375条第2款第1句结合《民法典》第280条以下和第323条产生出卖人的权利（权利基础指引）。此外，在特定情形下，出卖人还可以亲自进行特定化（详见第十章边码5）。在定期商事买卖中，虽然买受人的权利扩张至损害赔偿，但是仅当买受人立即通知出卖人他的履行请求时，才可以在放弃解除权的情形下保有他的履行请求权（详见第十章边码6以下）。《商法典》第377条规定的买受人的异议责任为出卖人在双方商事买卖中快速了解其交付的无瑕疵性，并且使其在不适法异议时免于承担可能的瑕疵担保请求权（详见第十章边码8以下）。最后，买受人因《商法典》第379条第1款负有临时保管其依法异议的货物的义务（详见第十章边码17）。

问题3：根据《商法典》第373条第3款，"为迟延的买受人的利益"进行自助变卖。因此，出卖人仅能保有所欠买受价款和其因变卖支出的费用。但是，出卖人不享有例外获得的额外变卖所得。

---

[1] 参见第九章边码37以下以及BGHZ 84, 325, 329 und 371, 373。

[2] BGHZ 80, 172, 181.

问题 4：如同《民法典》第 323 条第 2 款第 2 项的相对定期行为一样，《商法典》第 376 条事实构成的构成要件是，约定的给付时间对买受人而言显然如此重要，以至于遵守或者不遵守给付时间将导致整个合同的生效或失效。这一法律后果显示了特殊性。这是因为：一方面与《民法典》第 280 条第 1、3 款，第 281 条相比，买受人享有的损害赔偿权和解除权被《商法典》第 376 条修正；另一方面，买受人仅当在其立即向出卖人通知其履行请求时才可以在放弃解除权的情形下保有其履行请求权（详见第十章边码 6 以下）。

问题 5：当货物到达买受人的控制范围，即买受人可以事实上检验货物时，成立交付。[①]

问题 6：《商法典》第 377 条第 1 款包含三个不确定法律概念（"不迟延的""正常的""可实施的"），其使得在个案中考虑各种情形成为可能（商品的性质、拥有的检验技术、买受人的专业性、存在的商事习惯）。

问题 7：根据《商法典》第 377 条第 2 款，不适法异议的，已交付的货物视为被承认（关于法律后果详见第十章边码 15）。

第十一章

问题 1：除《民法典》第 145 条以下外，《商法典》第 362 条亦适用于行纪合同的订立，这是因为未登记的经营小营业的行纪人（《商法典》第 382 条第 2 款）属于其营业经营是为他人处理事务（《商法典》第 362 条第 1 款第 1 句）的营业经营者。

问题 2：不成立《商法典》第 383 条以下意义上的行纪，这是因为似乎以行纪人身份行为的学生会并不从事营业经营。然而，可能成立民法上的行纪，对此适用《民法典》第 675 条，并且在具体情形下可能会类推适用《商法典》第 383 条以下的个别条文。但是无论如何问题依然存在，即尽管这一按照当事人真实意愿使用的表述是否不成立一份附带啤酒厂回购义务的买卖合同？

问题 3：除《商法典》第 383 条以下外，服务合同法或者承揽合同法通过《民法典》第 675 条亦适用于行纪合同。这导致在行纪人的通知终止权上存在不同（《民法典》第 627 条或《民法典》第 314、648 条？）

[①] BGHZ 93, 338, 345.

问题 4：

行纪人的权利	行纪人的义务
实行后的佣金请求权（《商法典》第 396 条第 1 款）	为委托人的利益以及按照委托人的指示订立实行行为（《商法典》第 384 条第 1 款）
费用偿还请求权（《商法典》第 396 条第 2 款，《民法典》第 675、670 条）	返还所得（《商法典》第 384 条第 2 款第 2 半句）
担保权（《商法典》第 397～399 条：法定占有质权，准质权受偿权，优先受偿权，留置权）	保护行纪物
具体情形下的自我介入权（《商法典》第 400 条以下）	通知委托人

问题 5：在保付（《商法典》第 394 条）中，行纪人基于特别的约定或者因其营业所在地的商事习惯例外地负担对第三人履行实行行为负责的义务。对此，行纪人获得特别佣金。

问题 6：仅当第三人按照合同实现实行行为的经济成果（《商法典》第 396 条第 1 款意义上的实行）并且通过清算行为将该成果移转给委托人（通说）时，行纪人始得实现其佣金请求权。实行行为或清算行为中出现给付障碍的，行纪人因此丧失佣金请求权（详见第十一章边码 7）。

问题 7：根据《商法典》第 392 条第 2 款，实行行为所生债权在委托人和行纪人之间的内部关系中以及在与行纪人的债权人的关系中视为委托人的债权。这一预先让与拟制使尚未被让与的实行行为中的债权不再受行纪人的债权人实施的法律行为上的以及执行法上的追索（详见第十一章边码 12 以下）。

第十二章

问题 1：根据《商法典》第 407 条第 3 款第 1 项的定义，货运行为仅指在陆地、内水或使用航空器的货物运输。海运行为（根据《商法典》第 450 条与内水船运相区分）适用《商法典》第 481 条以下特别规则。

问题 2：对于以自己的名义为他人的利益订立实行行为的事务处理型货运代理（《商法典》第 457 条）而言，这是一个完全正确的称谓，这是因为此类货运代理行为与行纪行为存在众多相同点（第十二章边码 12）。然而，相比于行纪行为而言，以他人名义订立实行行为的货运代理、固定费用的货运代理（《商法典》第 459 条）以及自我介入的货运代理（《商法典》第 458 条）和集合装运的货运代理（《商法典》第 460 条）更类似于货运行为。

问题 3：只要货运代理人负有亲自交付货物的义务，那么其仅在支付购买价款时得向收货人交付货物。通过第三人交付的，货运代理人应当在货运合同中约定该第三人的付款交货义务。根据《商法典》第 422 条第 3 款、第 458 条以及《民法典》第 280 条第 1 款，违反付款交货义务将导致（部分情形无过错的）责任。货运代理人通过付款交货取得购买价款后，负有返还该价款之义务（《民法典》第 675、667 条）。

问题 4：单独仓储（《商法典》第 467 条以下的常规情形）、集中仓储/混合仓储（《商法典》第 469 条）和未被规定在《商法典》第 467 条以下的总量仓储（《民法典》第 700 条）。

问题 5：仓单是一种有价证券，在该有价证券上，仓库营业人负有履行因仓储合同所负担之义务以及特别是出具仓单时返还仓储货物的义务。指示仓单是一种交付证券，其转让与交付货物本身一样产生相同的取得仓储货物上权利的效果（《商法典》第 475g 条）。通过这种方式，存货人可以节省运输成本和时间，并仅通过交付指示仓单就可以转移仓储货物的所有权或在其之上设定质权。

问题 6：根据《商法典》第 366 条第 3 款结合该条第 1 款，承运人、海运承运人、货运代理人和仓库营业人的法定质权（又如行纪人的法定质权）可以因至少对托运人、海运发货人、海运托运人、货主或存货人处分权的善意信赖而被取得。然而，对不属于相应运输合同客体的货物的相应质权的取得仍以对合同当事人的所有人身份的善意信赖为必要。

第十三章

问题 1：国际贸易术语主要规定了交付和受领的"地点"和"方式"、风险移转、运输费用的分担、进出口清关的执行和费用承担以及运输文件问题。

问题 2：这一问题涉及国际贸易术语的法律性质。如果因其所具有的为大量国际合同事先确定的内涵而将国际贸易术语归入格式条款，[1] 那么应将此处提出的问题视为格式条款相互冲突这一特殊情形。[2] 然而，更多的观点认为，更应当将约定使用的国际贸易术语的国际内涵视为对缩写的个别合同约定的解释规则的汇总，该个别合同约定通常见于对特定国际贸易术语的商谈的而非"提出的"（《民法典》第 305 条第 1 款第 1 句）选择。根据《民法典》第 305b 条，作为一项缩写并因此需要解释的个别合同约定的固有组成部分，国际贸易术语 2010 "FOB"的内容优先于 Klotz 的格式条款。

问题 3：《联合国国际货物销售合同公约》原则上以相同的方式规定了所有给付障碍的构成要件以及买受人的法律救济（《联合国国际货物销售合同公约》第 45 条以下）和对出卖人的法律救济（《联合国国际货物销售合同公约》第 61 条以下）。

---

① 例如 Ba/Ho/*Hopt*，Anh. 6 Incoterms Einl Rn. 14。
② 对此参见 *Musielak*/*Mayer*，Examenskurs BGB, 4. Aufl.，2019, Rn. 84ff。

根据给付障碍的类型进行的区分并不重要（仅参见《联合国国际货物销售合同公约》第 50、52 条，第 64 条第 2 款，第 65 条以下）。核心的概念是（根本或非根本）违约，其完全被一般化地解释为不履行合同主义务或从义务（《联合国国际货物销售合同公约》第 25 条、第 45 条、第 61 条、第 71 条以下），并因此涵盖所有形式的未履行、迟延、瑕疵交付、错误交付和从义务违反。

问题 4：应当通过适用最惠国待遇原则以及歧视禁止原则等制度，消除对世界贸易的关税性限制和非关税性限制以及制止倾销行为、现金补贴和侵害智慧财产权。

文献索引 ◀

一、教科书和体系书

Bitter，*Georg*/*Schumacher*，*Florian*，Handelsrecht mit UN-Kaufrecht，3. Aufl.，2018

Brox，*Hans*/*Henssler*，*Martin*，Handelsrecht，22. Aufl.，2016（引作：*Brox*/*Henssler*）

Bülow，*Peter*/*Artz*，*Markus*，Handelsrecht，7. Aufl.，2015（引作：*Bülow*/*Artz*）

Canaris，*Claus-Wilhelm*，Handelsrecht，24. Aufl.，2006（引作：*Canaris*）

Gruber，*Joachim*，Handelsrecht—Schnell erfasst，6. Aufl.，2019

Hofmann，*Paul*，Handelsrecht，11. Aufl.，2002（引作：*Hofmann*）

Kindler，*Peter*，Grundkurs Handels- und Gesellschaftsrecht，9. Aufl.，2019

Klunzinger，*Eugen*，Grundzüge des Handelsrechts，14. Aufl.，2014

Lettl，*Tobias*，Handelsrecht，4. Aufl.，2018（引作：*Lettl*，Handelsrecht）

Meyer，*Justus*，Handelsrecht—Grundkurs und Vertiefungskurs，2. Aufl.，2011

Mock，*Sebastian*，Gesellschaftsrecht，2. Aufl.，2019（引作：*Mock*，Gesellschaftsrecht）

Oetker，*Hartmut*，Handelsrecht，8. Aufl.，2019（引作：*Oetker*，Handelsrecht）

Saenger，*Ingo*/*Aderholz*，*Lutz*/*Lenkaitis*，*Karlheinz*/*Speckmann*，*Gerhard*（Hrsg.），Handels- und Gesellschaftsrecht—Praxishandbuch，2. Aufl.，2011

Schmidt，*Karsten*，Handelsrecht，6. Aufl.，2014（引作：*K. Schmidt*，Handelsrecht）

ders.，Gesellschaftsrecht，4. Aufl.，2002（引作：*K. Schmidt*，Gesellschaftsrecht）

Steinbeck，*Anja*，Handelsrecht，4. Aufl.，2017

Weller，*Marc-Philippe*/*Prütting*，*Jens*，Handels- und Gesellschaftsrecht，9. Aufl.，2016

Wank，*Rolf*/*Maties*，*Martin*，Handels- und Gesellschaftsrecht，3. Aufl.，2018

Wörlen，*Rainer*/*Kokemoor*，*Axel*，Handelsrecht mit Gesellschaftsrecht，13. Aufl.，2018

二、评注

Baumbach，*Adolf*/*Hopt*，*Klaus J.*/*Merkt*，*Hanno*，Handelsgesetzbuch，38. Aufl.，2018（引作：Ba/Ho/*Bearbeiter*）

Ebenroth，*Carsten Thomas*/*Boujong*，*Karlheinz*/*Joost*，*Detlev*/*Strohn*，*Lutz*，Handelsgesetzbuch—Kommentar，Band 1（§§1-342e），3. Aufl.，2014，Band 2（§§343-475 h），3. Aufl.，2015（引作：E/B/J/S/*Bearbeiter*）

Ensthaler，*Jürgen*（Hrsg.），Gemeinschaftskommentar zum Handelsgesetzbuch mit UN-Kaufrecht，8. Aufl.，2015（引作：GK/*Bearbeiter*）

Großkommentar zum Handelsgesetzbuch，begr. von Hermann Staub und nunmehr hrsg. von Claus-Wilhelm Canaris，Mathias Habersack und Carsten Schäfer，15 Bände，4. Aufl. 1983 ff.，5. Aufl. 2008 ff.（引作：Großkomm/*Bearbeiter*）

Heidel，*Thomas*/*Schall*，*Alexander*，Handelsgesetzbuch：HGB—Handkommentar，2. Aufl.，2015（引作：Heidel/Schall/*Bearbeiter*）

Heidelberger Kommentar zum Handelsgesetzbuch，Handelsrecht，Bilanzrecht，Steuerrecht，bearb. von Peter Glanegger u. a.，7. Aufl.，2007（引作：HK/*Bearbeiter*，HGB）

Heymann，Handelsgesetzbuch，Kommentar，begr. von Ernst Heymann und nunmehr hrsg. von Norbert Horn，Band 1（§§1－104 HGB），Nachdruck der 2. Aufl. von 1995，2012；Band 2（§§105－237 HGB），2. Aufl.，1996；Band 3（§§238-342a HGB），Nachdruck der 2. Aufl. von 1999，2012；Band 4（§§343-475 h HGB），2. Aufl.，2005（引作：Heymann/*Bearbeiter*）

Koller，*Ingo*/*Kindler*，*Peter*/*Roth*，*Wulf-Henning*/*Morck*，*Winfried*，Handelsgesetzbuch，Kommentar，9. Aufl.，2019（引作：KKRM/*Bearbeiter*）

Münchener Kommentar zum Handelsgesetzbuch，hrsg. von Karsten Schmidt，7 Bände，3. Aufl. 2010 ff.，4. Aufl. 2016 ff.（引作：MüKoHGB/*Bearbeiter*）

Oetker，*Hartmut*，Kommentar zum Handelsgesetzbuch（HGB），6. Aufl.，2019（引作：Oetker/*Bearbeiter*）

Palandt，Kommentar zum Bürgerlichen Gesetzbuch, 78. Aufl. , 2019（引作：Palandt/*Bearbeiter*）

Röhricht，*Volker*/*Graf von Westphalen*，*Friedrich*/*Haas*，*Ulrich*，Handelsgesetzbuch—Kommentar, 5. Aufl. , 2019

Schlegelberger，*Franz*，Handelsgesetzbuch—Kommentar, 6 Bände, 5. Aufl. , 1973 ff.（引作：Schlegelberger/*Bearbeiter*）

三、案例集和复习教材

Alpmann，*Josef*/*Braasch*，*Patrick*，Handelsrecht, 17. Aufl. , 2017

Bayer，*Walter*/*Lieder*，*Jan*，Examens-Repetitorium Handels- und Gesellschaftsrecht，2015

Fezer，*Karl-Heinz*，Klausurenkurs im Handelsrecht—Ein Fallbuch, 6. Aufl. , 2013

Fleischer，*Holger*/*Wedemann*，*Frauke*，Handelsrecht einschließlich Bilanzrecht（Prüfe dein Wissen）, 9. Aufl. , 2015

Haack，*Claudia*，Handels- und Gesellschaftsrecht，11. Aufl. , 2016

Hemmer，*Karl Edmund*/*Wüst*，*Achim*，Die 35 wichtigsten Fälle zum Handelsrecht，8. Aufl. , 2018

Hemmer，*Karl Edmund*/*Wüst*，*Achim*/*Tyroller*，*Michael*，Handelsrecht, 11. Aufl. , 2016

Jula，*Rocco*，Fallsammlung zum Handelsrecht, 2. Aufl. , 2009

Lettl，*Tobias*，Fälle zum Handelsrecht，4. Aufl. , 2019

Martinek，*Michael*/*Bergmann*，*Andreas*，Fälle zum Handels-, Gesellschafts- und Wertpapierrecht，4. Aufl. , 2008

Maties，*Martin*/*Wank*，*Rolf*，Handels- und Gesellschaftsrecht, 4. Aufl. , 2016

Müller-Laube，*Hans-Martin*，20 Probleme aus dem Handels- und Gesellschaftsrecht，3. Aufl. , 2001（引作：*Müller-Laube*，20 Probleme）

Saar，*Stefan*/*Müller*，*Ulf*/*Bernert*，*Günther*，35 Klausuren aus dem Handels- und Gesellschaftsrecht mit Lösungsskizzen, 3. Aufl. , 2006

Schwabe，*Winfried*，Lernen mit Fällen—Handels- und Gesellschaftsrecht，8. Aufl. , 2018

Steding，*Rolf*，Handels- und Gesellschaftsrecht, 3. Aufl. , 2002

Timm，*Wolfram*，Höchstrichterliche Rechtsprechung zum Handels- und Gesellschaftsrecht：75 Entscheidungen für Studium und Examen, 1995

Timm，*Wolfram*/*Schöne*，*Torsten*，Fälle zum Handels- und Gesellschaftsrecht (JuS-Schriftenreihe)，Band 1，10. Aufl.，2018；Band 2，9. Aufl.，2019

Wank，*Rolf*，Fälle mit Lösungen zum Handels- und Personengesellschaftsrecht——Examinatorium，2006

术语索引 ◀

以下中文数字指代本书中的章数，阿拉伯数字指代各章中的边码。

续表

德文	汉译	书中位置
—des Vertragshändlers	——协议经销商	六 16
Bekanntmachung	公告	三 6
Besitzkonstitut	占有改定	十一 16
Bestätigungsschreiben	确认函	—
—Anfechtbarkeit des Schweigens	——沉默的可撤销性	九 21
—Arten	——类型	九 18
—Begriff	——概念	九 17
—Handelsbräuche	——商事习惯	九 17
—Nichtkaufleute	——非商人	九 19
—Rechtsfolge der Lehre vom	——确认函规则的法律后果	九 20
—Rechtsnatur	——法律性质	九 17
—Schutzwürdigkeit des Bestätigenden	——确认人值得保护	九 19
—Voraussetzungen der Lehre vom	——确认函规则的前提要件	九 19
Bestimmungskauf	指定买卖	十 4 以下
Betreibereigenschaft	经营者属性	二 25
Betriebsbezogenheit	经营相关	九 7 以下
Bilanz	资产负债表	八 15
Bilanzrechtsmodernisierungsgesetz	《资产负债表法现代化法》	八 1/2/4/5/13/14
Buchführung	簿记	八 8 以下
Bürgschaft	保证	九 25
CIF-Klausel	CIF 条款	十三 10 以下
CISG	《联合国国际货物销售合同公约》	十三 13 以下
Code de commerce	《法国商法典》	— 1/9
CSR-Richtlinie	《企业社会责任指令》	八 4
Deklaratorische Handelsregistereintragungen	宣示性商事登记	三 8
Delkredere	保付	十一 5
Doppelte Buchführung	复式簿记	八 11
Einbringung eines Unternehmens	以企业出资	四 22；五 21 以下

续表

德文	汉译	书中位置
Einfirmenvertreter	专属商事代理人	六 7
Einkaufskommission	买入行纪	十一 15 以下
Entgeltprinzip	有偿原则	一 6；九 27 以下
Europäische Union	欧盟	十三 5
Fallprüfung	案例考试	一 10 以下
Falschlieferung	错误交付	十 10/17 以下
Fiktivkaufrnann	拟制商人	二 26 以下
Filiale	分支机构	*见分营业所*
Filialprokura	分支经理权	七 17
Firma	商号	—
—Aktiengesellschaft	——股份公司	四 14
—als Geschäftsname	——经营名称	四 4
—als Namensrecht	——姓名权	四 5
—Arten	——类型	四 9
—Begriff	——概念	四 1 以下
—bei Änderungen im Handels-gewerbe	——商事营业的改变	四 26
—Bildung	——构成	四 11 以下
—Einzelkaufmann	——个体商人	四 12
—Entstehung	——产生	四 15
—Erlöschen	——消灭	四 16
—Firmenbeständigkeit	——商号存续	四 20 以下
—Firmeneinheit	——商号唯一	四 28
—Firmenfortführung	——商号继续使用	四 20 以下
—Firmengrundsätze	——商号基本原则	四 17 以下
—Firmenmissbrauchsverfahren	——商号滥用程序	四 13
—firmenrechtlicher Unterlassungsanspruch	——商号法上的停止请求权	四 32
—Firmenschutz	——商号保护	四 30 以下
—Firmenunterscheidbarkeit	——商号可区分	四 29
—Firmenwahrheit	——商号真实	四 18 以下
—Funktionen	——功能	四 10

续表

德文	汉译	书中位置
—Genossenschaft	——合作社	四 14
—Geschäftsbezeichnung	——经营标志	四 6
—GmbH	——有限责任公司	四 14
—Inhaberwechsel	——营业主变动	四 22 以下
—Irreführungsverbot	——误导禁止	四 19
—Kurzbezeichnung	——简写标志	四 8
—Minderfirma	——亚商号	四 3
—Nachfolgezusatz	——继受后缀	四 24
—Name des Unternehmensträgers	——企业主的名称	四 2
—Namensänderung	——名称变更	四 21
—Öffentlichkeit	——公开	四 15
—Personenhandelsgesellschaft	——商事合伙	四 13
—Rechtsscheinhaftung	——权利外观责任	四 13
—Reform des Firmenrechts	——商号法改革	四 1
—Umwandlung	——改组	四 25
—Untrennbarkeit	——不可分	四 27
—unzulässiger Firmengebrauch	——商号的非法使用	四 30 以下
—Verbot der Leerübertragung	——单独转让禁止	四 27
—Verlautbarung	——公告	四 15
—verwandte Erscheinungsformen	——相近的表现形式	四 6 以下
—Zweigniederlassung	——分营业所	四 28
Fixhandelskauf	定期商事买卖	十 5 以下
FOB-Klausel	FOB 条款	十三 10 以下
Forderungsübergang bei Wechsel des Unternehmensträgers	企业主变动时的债权移转	五 12 以下
Formkaufmann	形式商人	二 32 以下
Forstwirtschaft	林业	二 20 以下
Frachtgeschäft	货运行为	—
—anwendbares Recht	——适用的法律	十二 4
—Begriff	——概念	十二 3
—Frachtbrief	——运单	十二 6

续表

续表

续表

德文	汉译	书中位置
—Bürgschaft	——保证	九 25
—Entgeltlichkeit	——有偿性	九 27 以下
—Gattungsschulden	——种类之债	九 41
—Gutglaubensschutz	——善意信赖保护	九 42 以下
—Kontokorrent	——往来账	九 30 以下
—Leistungsinhalt	——给付内容	九 41
—Leistungszeit	——给付时间	九 40
—Nichtkaufleute	——非商人	二 12/19；九 6
—Pfandverkauf	——质物出卖	九 46
—Rechtsquellen	——法律渊源	九 1
—Schuldanerkenntnis	——债务承认	九 26
—Schuldversprechen	——债务允诺	九 26
—Sonderregelungen	——特别规则	九 10 以下
—Sorgfaltspflicht	——注意义务	九 23
—Vertragsstrafeversprechen	——合同惩罚允诺	九 24
—Verzinsung	——计息	九 27
—Zurückbehaltungsrecht	——留置权	九 47
—Zustandekommen	——成立	九 15 以下
Handelsgesetzbuch	《商法典》	一 5/9
Handelsgewerbe	商事营业	二 14 以下；也见营业
Handelsgewohnheitsrecht	商事习惯法	见习惯法
Handelskauf	商事买卖	—
—Aliudlieferung	——他物交付	十 10/17
—Annahmeverzug	——受领迟延	十 3
—Aufbewahrungspflicht	——保管义务	十 19
—Begriff	——概念	十
—Bestimmungskauf	——指定买卖	十 4 以下
—Fixhandelskauf	——定期商事买卖	十 5 以下
—Gewährleistung	——瑕疵担保	十 8 以下
—Hinterlegung	——提存	十 3
—Meliuslieferung	——更优交付	十 17
—Minderlieferung	——过少交付	十 10/17

续表

德文	汉译	书中位置
—Notverkaufsrecht	——紧急变卖权	十 19
—Rügelast	——异议责任	十 8 以下
—Selbsthilfeverkauf	——自助变卖	十 3
—Untersuchungs- und Rügepflicht	——检验和异议义务	十 8 以下
—und Verbrauchsgüterkauf	——消费品买卖	十 2
Handelsmakler	商事居间人	—
—Begriff	——概念	六 10
—Kleingewerbe	——小营业	六 10
—Maklerverhältnis	——居间关系	六 11
Handelsrecht	商法	—
—Anspruchsgrundlagen	——请求权基础	一 11
—Anwendungsvorrang	——优先适用	一 1
—Fallbearbeitung	——案例分析	一 11
—Geschichte	——历史	一 9
—internationales	——国际的	十三 1
—Nebengesetze	——附属制定法	一 5
—Rechtsquellen	——法律渊源	一 5
—Reform	——改革	二 2；四 11
—Sonderprivatrecht der Kaufleute	——商人的特别私法	一 1 以下；九 1
—subjektives System	——主观主义体系	一 1
—Verhältnis zu anderen Rechtsgebieten	——与其他部门法的关系	一 2 以下
—Verkehrsschutz	——交易保护	二 44 以下；三 10 以下；七 1
—Wesensmerkmale	——本质特征	一 6
Handelsrechtliche Rechnungslegung	商法上的会计报告	八 1 以下
Handelsrechtsreform（1998）	1998 年商法改革	二 2；四 11
Handelsregister	商事登记簿	—
—Antragsgrundsatz	——申请原则	三 4
—Bekanntmachung	——公告	三 6

续表

德文	汉译	书中位置
—BRIS	——商业登记簿互联系统	三 31
—deklaratorische Eintragungen	——宣示性登记	三 8
—Einsichtsrecht	——查阅权	三 9
—eintragbare Tatsachen	——可登记事项	三 8
—eintragungsfähige Tatsachen	——有登记能力事项	三 7
—eintragungspflichtige Tatsachen	——登记义务事项	三 8/12/22
—formelle Publizität	——形式公示	三 9
—formelles Registerrecht	——形式上的登记法	三 2 以下
—Funktionen	——功能	三 1
—Geldwäsche	——洗钱	三 1
—Gewohnheitsrechtssätze	——习惯法规则	三 27 以下
—Handelsregisterverordnung	——《商事登记条例》	三 3
—Inhalt	——内容	三 7 以下
—konstitutive Eintragungen	——设权性登记	三 8
—materielle Publizität	——实质公示	三 10 以下
—negative Publizität	——消极公示	三 11
—positive Publizität	——积极公示	三 11/20 以下
—private Datenbanken	——私人数据库	三 2
—Prüfungsrecht des Register-richters	——登记官的审查权	三 5
—Rechtspfleger	——司法事务官	三 2
—Rechtsscheinhaftung	——权利外观责任	三 9
—Rechtsscheinzerstörung	——权利外观的消除	三 19 以下
—Registerführung	——登记簿管理	三 2
—Registerzwang	——强制登记	三 8
—Schutz des Eintragenden	——登记人的保护	三 19 以下
—Staatshaftung	——国家责任	三 5
—Übergangsfrist	——过渡期	三 19 以下
—unrichtige Bekanntmachung	——不正确的公告	三 21
—Unternehmensregister	——企业登记簿	三 31
—Veranlassungsprinzip	——诱因原则	三 25/27
—Vertrauensschutz	——信赖保护	三 10/15

续表

德文	汉译	书中位置
Handelsschiedsgerichtsbarkeit	商事仲裁管辖	—
—internationale	——国际的	十三 27
—nationale	——国内的	一 8
Handelsvertreter	商事代理人	—
—Abschlussvertreter	——订约商事代理人	六 7
—Arten	——类型	六 7
—Ausgleichsanspruch	——补偿请求权	六 9
—Begriff	——概念	六 6
—Einfirmenvertreter	——专属商事代理人	六 7
—EU-Richtlinie	——欧盟指令	六 8
—Geschäftsbesorgungsverhältnis	——事务处理关系	六 8
—im Nebenberuf	——副业	六 7
—Kleingewerbe	——小营业	二 19；六 6
—Mehrfirmenvertreter	——复合商事代理人	六 7
—Pflichten	——义务	六 8
—Rechte	——权利	六 8
—Untervertreter	——复商事代理人	六 7
—Vermittlungsvertreter	——媒介商事代理人	六 7
—Vertragsbeendigung	——合同终止	六 9
—Wettbewerbsverbot	——竞业禁止	六 8
Handlungsgehilfe	行为辅助人	六 2 以下
Handlungsvollmacht	代办权	—
—Abschlussvertreter	——订约商事代理人	七 26
—Arten	——类型	七 21
—Begriff	——概念	七 19
—Erlöschen	——消灭	七 27
—Erteilung	——授予	七 20
—Gesamthandlungsvollmacht	——共同代办权	七 25
—Umfang	——权限	七 21 以下
Herausgabeanspruch	返还请求权	—
—des Kommittenten	——委托人的	十一 6
—des Versenders	——货主的	十二 14

续表

德文	汉译	书中位置
Hilfspersonen	辅助人	*见商事辅助人*
Hinterlegung	提存	十三 3
ICC	国际商会	十三 26
IHK	国际商会	十三 26
Incoterms	国际贸易术语	九 11；十三 7 以下
Inhaberwechsel	营业主变动	—
—Firmenfortführung	——继续使用商号	四 22 以下
—Forderungsübergang	——债权移转	五 12 以下
—Haftungskontinuität	——责任延续	五 8 以下
Internationales Handelsrecht	国际商法	—
—Allgemeine Rechtsgrundsätze	——一般法律原则	十三 19
—Begriff	——概念	十三 1 以下
—CISG	——《联合国国际货物销售合同公约》	十三 13 以下
—Codes of Conduct	——国际行为准则	十三 22
—EU-Recht	——欧盟法	十三 5
—GATT-System	——关税与贸易总协定体系	十三 25
—Haager Einheitliches Kaufrecht	——海牙统一买卖法	十三 13
—Incoterms	——国际贸易术语	十三 7 以下
—Internationale Handelskammer	——国际商会	十三 26
—internationale Handelsschieds-gerichtsbarkeit	——国际商事仲裁管辖	十三 23/27 以下
—internationaler Handelsbrauch	——国际商事惯例	十三 20
—internationales Handelsgewohnheitsrecht	——国际商事习惯法	十三 21
—Internationales Privatrecht	——国际私法	十三 4
—Kautelarpraxis	——法律风险预防实践	十三 6 以下
—Konventionen	——公约	十三 12 以下
—lex mercatoria	——商人习惯法	十三 2 以下
—Modellgesetze	——示范法	十三 18
—nichtstaatliche internationale Organisationen	——非政府间国际组织	十三 26
—Rechtsquellen	——法律渊源	十三 4 以下

续表

德文	汉译	书中位置
—UNCITRAL	——联合国国际贸易法委员会	十三 24
—Welthandelsorganisation	——世界贸易组织	十三 25
—Wiener UN-Kaufrecht	——维也纳联合国买卖法	十三 13 以下
—zwischenstaatliche Organisationen	——政府间组织	十三 24 以下
Internationales Transportrecht	国际运输法	十二 1 以下
Inventar	财产目录	八 12
Irreführungsverbot	误导禁止	四 19
Istkaufmann	当然商人	二 14 以下
Jahresabschluss	年度决算	八 13 以下
Kammer für Handelssachen	商事审判庭	一 7
Kannkaufmann	任意商人	二 18 以下
Kaufmann	商人	*见商人概念*
Kaufmännische Bürgschaft	商人的保证	九 25
Kaufmännische Dienste	商人的事务	六 2
Kaufmännische Einrichtung	商人的构造	二 14 以下
Kaufmännische Geschäftsbesorgung	商人的事务处理	九 28
Kaufmännische Hilfspersonen	商人的辅助人	——
—Auszubildender	——学徒	六 4
—Franchisenehmer	——特许经营商	——
—Handelsmakler	——商事居间人	六 10 以下
—Handelsvertreter	——商事代理人	六 6
—Handlungsgehilfe	——行为辅助人	六 2 以下
—Kommissionär	——行纪人	六 11；十一 2
—Kommissionsagent	——行纪代理商	六 14
—selbständige	——独立的	六 5 以下
—Selbständigkeit	——独立性	六 1
—Überblick	——概览	六 1
—unselbständige	——不独立的	六 2 以下
—Vertragshändler6	——协议经销商	六 15 以下
—Volontär	——帮手	六 4

续表

德文	汉译	书中位置
——Reform	——改革	二 2 以下
——Scheinkaufmann	——表见商人	二 36 以下
——subjektives System	——主观主义体系	一 1
——Systematik	——体系	二 3
——tätigkeitsbezogener Grundtatbestand	——行为相关的基础事实构成	二 4 以下
Kleingewerbetreibende	小营业经营者	二 18 以下
Kommission	行纪	——
——antizipiertes Besitzkonstitut	——预先占有改定	十一 16
——anwendbares Recht	——适用的法律	十一 4
——Arten	——类型	十一 1
——Aufwendungsersatzanspruch	——费用偿还请求权	十一 8
——Bedeutung	——含义	十一 1
——Begriff	——概念	十一 1
——Benachrichtigungspflicht	——告知义务	十一 5 以下
——Delkredere	——保付	十一 5
——dingliche Rechtslage	——物权法律关系	十一 14 以下
——Drittschadensliquidation	——第三人损害之赔偿	十一 12
——Einkaufskommission	——买入行纪	十一 15 以下
——Gelegenheitskommissionär	——间或行纪人	十一 1 以下
——Geschäftsbesorgung	——事务处理	十一 4
——Herausgabeanspruch des Kommittenten	——委托人的返还请求权	十一 6
——Insichgeschäft	——自我交易	十一 16
——Kleingewerbe	——小营业	十一 1 以下
——Leistungsstörungen	——给付障碍	十一 7
——mittelbare Stellvertretung	——间接代理	十一 3
——Pflichten des Kommissionärs	——行纪人的义务	十一 5 以下
——Provisionsanspruch	——佣金请求权	十一 7
——Rechte des Kommissionärs	——行纪人的权利	十一 7 以下
——Relativität der Vertragsbeziehungen	——合同关系的相对性	十一 11 以下

续表

续表

德文	汉译	书中位置
—Sicherungsrechte	——担保权	九 36
—Verrechnung	——结算	九 34
—Voraussetzungen	——构成要件	九 32
—Zustellungssaldo	——送达余额	九 37 以下
Konventionen	公约	*见国际商法*
Kurzbezeichnung	简写标志	四 8
Ladenvollmacht	店铺代理权	——
—Rechtsnatur	——法律性质	七 28
—Umfang	——权限	七 30
—Voraussetzungen	——构成要件	七 29
Lagebericht	状况报告	八 18
Lagergeschäft	仓储行为	——
—anwendbares Recht	——适用法律	十二 20
—Arten der Lagerung	——仓储类型	十二 24
—Begriff	——概念	十二 19
—Gelegenheitslagerhalter	——间或仓库营业人	十二 19
—Kleingewerbe	——小营业	十二 19
—Rechte und Pflichten der Parteien	——当事人的权利和义务	十二 21
—Urkunden	——文件	十二 22
Lagerschein	仓单	十二 22
Landwirtschaft	农业	二 20 以下
Leistungszeit	给付时间	九 40
Lex mercatoria	商人习惯法	十三 2 以下
Markenrecht	商标法	四 7/33
Mehrfirmenvertreter	复合商事代理人	六 7
Mehrlieferung	过多交付	十 10/17 以下
Minderfirma	亚商号	四 3
Minderlieferung	过少交付	十 10/17 以下
Mischunternehmen	混合企业	二 23
Missbrauch der Prokura	经理权的滥用	七 2/12
Mittelbare Stellvertretung	间接代理	十一 3；十二 2

续表

德文	汉译	书中位置
Multimodaler Transport	多式联运	十二 2/4
Nachnahme	付款交货	十二 14
Nebengewerbe	附属营业	二 22
Nicht-aber-teils-doch-Kaufmann	非-但-部分-又是-商人	二 19
Nichtkaufleute	非商人	二 12/19；九 6
Novation	债务更新	九 36
Offene Rechnung	未付账单	九 30
Offenlegung des Jahresabschlusses	年度决算的公开	八 20
Ordnungsmäßige Buchführung	合规簿记	八 5
Partnerschaftsregister	职业合伙登记簿	三 30
Personenbeförderung	客运	十二 1
Pfandverkauf	质物出卖	九 46
Preußisches ALR	《普鲁士国家一般邦法》	一 9
Prokura	经理权	—
—Anscheinsprokura	——表见经理权	七 5
—Außenvollmacht	——外部意定代理权	七 5
—Duldungsprokura	——容忍经理权	七 5
—Eintragung	——登记	七 8
—Erlöschen	——消灭	七 18
—Erteilung	——授予	七 13 以下
—Filialprokura	——分支经理权	七 17
—Gesamtprokura	——共同经理权	七 13 以下
—Grundstücksklausel	——土地条款	七 11
—Innenvollmacht	——内部意定代理权	七 5
—Minderkaufmann	——不完全商人	七 3
—Missbrauch	——滥用	七 2/12
—Rechtsscheinhaftung	——权利外观责任	七 9
—Übertragbarkeit	——可转让性	七 6
—Umfang	——权限	七 10 以下
—Unterprokura	——复经理权	七 4
—Wesen	——本质	七 2

续表

续表

德文	汉译	书中位置
—Offenlegung	——公开	八 20
—Rechtsgrundlagen	——法律基础	八 4 以下
—steuerrechtliche	——税法上的	八 2
—Zwecke	——目的	八 3
Rechtsmängelgewährleistung	权利瑕疵担保	十 8 以下
Rechtsscheinhaftung	权利外观责任	—
—durch Firmierung	——通过命名商号	四 13
—Handelsregister	——商事登记簿	三 29
—Prokurist	——经理	七 9
—Scheinkaufmann	——表见商人	二 36 以下
Reform des Handelsrechts	商法改革	二 2 以下；四 11
Reform des Schiedsverfahrensrechts	仲裁程序法改革	一 8
Reform des Transportrechts	运输法改革	十二 2
Registerrecht	登记法	*见商事登记簿*
Rügelast bei der Kommission	行纪中的异议责任	十一 5
Rügelast beim Handelskauf	商事买卖中的异议责任	—
—Ablieferung	——交付	十 10
—Aufbewahrungspflicht	——保管义务	十 19
—Falschlieferung	——错误交付	十 10/17 以下
—Funktion	——功能	十 9
—Inhalt	——内容	十 11 以下
—Mängelanzeige	——瑕疵通知	十 15
—Mehrlieferung	——过多给付	十 10/17 以下
—Minderlieferung	——过少给付	十 10/17 以下
—Notverkaufsrecht	——紧急变卖权	十 19
—Obliegenheit	——不真正义务	十 8
—Rechtsfolgen bei nicht ordnungsgemäßer Rüge	——不适法异议的法律后果	十 17
—Rechtsfolgen bei ordnungsgemäßer Rüge	——适法异议的法律后果	十 18 以下
—Sachmangel	——物之瑕疵	十 10/17 以下

续表

德文	汉译	书中位置
—Voraussetzungen	——构成要件	十 10
—des Zwischenhändlers	——中间商	十 13
Sachmängelgewährleistung	物之瑕疵担保	五 5；十 8 以下
Saldierung	结算	*见往来账*
Scheinkaufmann	表见商人	—
—Abgrenzung von verwandten Erscheinungsformen	——与类似表见形式的区分	二 36
—Begriff	——概念	二 36
—Funktion	——功能	二 38
—Rechtsfolgen	——法律后果	二 47
—Rechtsnatur	——法律属性	二 37
—Subsidiarität	——补充性	二 40
—Voraussetzungen	——构成要件	二 39
Schiedsgerichtsbarkeit	仲裁管辖	*见商事仲裁管辖*
Schuldanerkenntnis	债务承认	九 26
Schuldversprechen 926	债务允诺	九 26
Schweigen im Handelsverkehr	商事交易中的沉默	九 15 以下
Seefrachtgeschäft	海运行为	十二 3
Selbständigkeit	独立性	二 6；六 1
Selbsteintrittsrecht	自我介入权	
—des Kommissionärs	——行纪人的	十一 10
—des Spediteurs	——货运代理人的	十二 11 以下
Selbsthilfeverkauf	自助变卖	—
Sorgfaltspflicht	注意义务	—
Speditionsgeschäft	货运代理行为	—
—Allgemeine Deutsche Spediteur-Bedingungen	——德国货运代理格式条款	十二 13
—anwendbares Recht	——适用的法律	十二 13
—Begriff	——概念	十二 11
—Haftung des Spediteurs	——货运代理人的责任	十二 17
—Kleingewerbe	——小营业	十二 11
—Nähe zum Kommissionsgeschäft	——类似于行纪行为	十二 12

续表

续表

德文	汉译	书中位置
—Normzwecke der §§25 ff. HGB	——《商法典》第 25 条以下的规范目的	五 24
—Publizität	——公示	三 31
—Sachmängelgewährleistung	——物之瑕疵担保	五 5
—share deal	——股权收购	五 5
—Übertragung	——转让	五 4/6
—Unternehmenskauf5 5	——企业收购	五 5
—Unternehmensträger5 2	——企业主	五 2
—Zwangsvollstreckung5 7	——强制执行	五 7
—Zweigniederlassung5 3	——分营业所	五 3
Unternehmensregister 331	企业登记簿	三 31
Unterprokura 74	复经理权	七 4
Untersuchungs- und Rügepflicht	检验和异议义务	*见通知义务*
Veranlassungsprinzip	诱因原则	三 25/27
Verkaufskommission	卖出行纪	十一 14
Vermittlungsvertreter	媒介商事代理人	六 7
Vertragshändler	协议经销商	—
—Ausgleichsanspruch	——补偿请求权	六 16
—Begriff	——概念	六 15
Vertragsstrafeversprechen	合同惩罚允诺	九 24
Vertrauensschutz	信赖保护	—
—Handelsregister	——商事登记簿	三 10 以下
—Scheinkaufmann	——表见商人	二 36 以下
—Vertretungsmacht	——代理权	七 1
—Verzinsung	——计息	九 27
Volontär	帮手	六 4
Warschauer Abkommen	《华沙公约》	十二 1；十三 12
Wechsel des Unternehmensträgers	企业主变动	五 8 以下
Weisungsrecht	指示权	—
—des Absenders	——托运人	十二 5
—des Empfängers	——收货人	十二 5
—des Kommittenten	——委托人	十一 5

续表

德文	汉译	书中位置
—des Versenders	——货主	十二 14
—Welthandelsorganisation	——世界贸易组织	十三 25
Wettbewerbsverbot	竞业禁止	—
—des Handelsvertreters6	——商事代理人	六 8
—des Handlungsgehilfen	——行为辅助人	六 3
Wiener Kaufrecht	维也纳买卖法	十三 13 以下
WTO	世贸组织	十三 25
Zivilprozess	民事程序	一 7
Zollverein	关税同盟	一 9
Zurückbehaltungsrecht	留置权	—
—Befriedigungsrecht	——清偿权	九 49
—Rechtsfolgen	——法律后果	九 49
—Sicherheitsleistung	——提供担保	九 48
—Ubersicht	——概述	九 47
Zustellungssaldo	送达余额	九 37 以下
Zweigniederlassung	分营业所	—
—Begriff	——概念	五 3
—Firma	——商号	四 28

译后记 ◀

本书的翻译缘于中南财经政法大学法学院李昊教授主持的"外国法学精品译丛"项目。2015年，在我完成德国博士学位论文答辩后，李昊教授联系我，希望为国内法学本科生和德国法初学者推荐、翻译德国商法领域的经典简明教科书。起初，我推荐了温德比西勒（Christine Windbichler）教授的《德国公司与合伙法》、布洛克斯（Hans Brox）教授的《德国商法》和波克（Reinhard Bork）教授的《德国破产法导论》。后因布洛克斯教授的《德国商法》已有国内同仁着手翻译，且恰逢波克教授的《德国破产法导论》在国内出版，遂分别选取本书和福尔斯特（Ulrich Foerste）教授的《德国破产法》替代。温德比西勒教授的《德国公司与合伙法》此前已由殷盛老师翻译出版，但鉴于在此期间德国公司法历经修订，原著亦被多次更新，这本经典的德国公司法教科书亟须新版译本，我于是请殷盛老师根据最新的版本进行修订，新版译本于2023年由中国人民大学出版社出版。福尔斯特教授的《德国破产法》则由我推荐当时在德国科隆大学攻读法学博士学位、现任教于烟台大学法学院的张宇晖博士翻译，该书后被纳入中国法制出版社的"欧洲法与比较法前沿译丛"，于2020年出版。

选择翻译本书，主要出于以下考量：第一，本书体系完整、重点突出，几乎涵盖了德国《商法典》（海商法除外）的核心内容；第二，本书内容简明、清晰，大量运用表格和图表，体系化并直观化地呈现重点内容；第三，本书对重要的知识点均辅以举例或示例，便于读者理解和掌握；第四，本书每章设有总结和测试题，可助读者巩固所学；第五，本书关键章节后附有案例题及参考答案，参考答案运用请求权基础与鉴定式方法将法条应用于具体个案，搭建了从法条通向实务的桥梁。对于本书的上述优点，可借用德国耶拿大学法学院科贝尔（Torsten Körber）教授对本书的评价作为总结："本书在教学法上堪称杰作，是关于德国《商法典》的最优秀的教科书之一。"

本书中译本依据原著于2019年出版的第12版翻译。在初译完成后的校对期间，原著第13版于2023年5月问世。新版主要根据2024年1月1日生效的《合伙法现代化法》（Personengesellschaftsrechtsmodernisierungsgesetz）进行了更新，兹作简要说明：

《合伙法现代化法》对德国民事合伙法进行了全面的改革，其一举摒弃以"临时性合伙"为立法模型的传统，转而确立以"存续性合伙"为立法模型，后者可独立参与商业交易、取得权利和承担义务。为此，德国立法者引入了有权利能力的民事合伙，民事合伙因而从私法上的债务关系升级为私法组织，全体合伙人的特别财产也转变为合伙的财产，合伙人退出不再必然导致合伙解散。为确保交易安全，立法者创设了民事合伙登记簿。此外，该法案同时扩大了商事合伙的适用范围，并原则允许自由职业者选择商事合伙这一组织形式从事职业活动。此外，德国立法者还参照德国《股份法》上的决议瑕疵制度，在《商法典》中引入商事合伙决议瑕疵制度。虽然本次改革全面且重大，但是鉴于本书侧重于商人的外部私法关系，较少涉及合伙的设立和内部组织运行，前述修订中与本书相关的主要是自由职业者可成立商事合伙以及新增的民事合伙登记簿。本次修法同时重新编排了《商法典》部分条文的内容和序号，为方便读者对照最新条文阅读，特将书中所涉《商法典》条文序号的变更汇总如下表：

旧法条文	新法条文
第 105 条第 2 款	第 107 条第 1 款、第 2 款第 1 句
第 107 条	第 106 条第 6 款
第 108 条	第 106 条第 7 款
第 114 条	第 116 条
第 123 条第 1 款、第 2 款	第 123 条第 1 款
第 124 条第 1 款	第 105 条第 2 款
第 125 条第 1～3 款	第 124 条第 1～3 款，第 6 款
第 125a 条	第 125 条
第 126 条	第 124 条第 4 款
第 128 条	第 126 条
第 130 条	第 127 条
第 139 条	第 131 条
第 143 条	第 141 条
第 146 条第 2 款	第 145 条

还需说明的是，为提升中文阅读的流畅度，本书中译本将原著正文中的参考文献移至脚注，但在正文中保留了法条条文序号，以便读者在阅读本书时同时翻阅法条。

对于本书的翻译与出版，首先衷心地感谢李昊教授将本书纳入译丛，同时特别感谢荣教授和德国贝克出版社惠予翻译授权。在翻译过程中，承蒙前中欧法学院欧方院长里希特（Clemens Richter）博士解答德文疑难，北京大学法学院研究生（具有本科商科背景）于钱源同学协助厘清个别财务会计术语。感谢译者指导的研究生沈奥、陈子骏、李欣怡、李昕阳、邱天参与本书部分章节校对并提出宝贵建议。感谢中国人民大学出版社施洋编辑在收到本书译稿后迅速反馈审校意见。最后特别感谢李昊教授和施洋编辑在译稿翻译打磨过程中的不断鞭策和鼓励。译事维艰，译者虽力求准确和流畅，但学力所限，讹误难免，恳请读者方家不吝指正。批评与建议请惠寄至：pingliang.ge@cupl.edu.cn，谨此深表谢忱。

葛平亮

2025 年 7 月 11 日于北京昌平

图书在版编目（CIP）数据

德国商法：第 12 版/（德）彼得·荣著；葛平亮译.
北京：中国人民大学出版社，2025.7. --（外国法学精
品译丛）. -- ISBN 978-7-300-33994-8

Ⅰ. D951.639.9

中国国家版本馆 CIP 数据核字第 202504FX35 号

Handelsrecht，12. Auflage
by Peter Jung
Copyright © Verlag C. H. Beck oHG, München 2020
Simplified Chinese Version © 2025 by China Renmin University Press.
All Rights Reserved.

外国法学精品译丛
主　编　李　昊

德国商法（第 12 版）

［德］彼得·荣（Peter Jung）　著

葛平亮　译

Deguo Shangfa

出版发行	中国人民大学出版社	
社　　址	北京中关村大街 31 号	**邮政编码**　100080
电　　话	010 - 62511242（总编室）	010 - 62511770（质管部）
	010 - 82501766（邮购部）	010 - 62514148（门市部）
	010 - 62511173（发行公司）	010 - 62515275（盗版举报）
网　　址	http://www.crup.com.cn	
经　　销	新华书店	
印　　刷	涿州市星河印刷有限公司	
开　　本	787 mm×1092 mm　1/16	**版　　次**　2025 年 7 月第 1 版
印　　张	23 插页 1	**印　　次**　2025 年 7 月第 1 次印刷
字　　数	467 000	**定　　价**　118.00 元

版权所有　侵权必究　　印装差错　负责调换